시간을 묻다

노동사회와 젠더

제리 A. 제이콥스·캐슬린 거슨 지음

국미애·김창연·나성은 옮김

한울
아카데미

이 도서의 국립중앙도서관 출판시도서목록(CIP)은 e-CIP 홈페이지(http://www.nl.go.kr/ecip)
에서 이용하실 수 있습니다.(CIP제어번호: CIP2010003967)

The Time Divide

Work, Family, and Gender Inequality

Jerry A. Jacobs

Kathleen Gerson

HARVARD UNIVERSITY PRESS

Cambridge, Massachusetts

London, England · 2004

■ 일러두기

1. 원서에 있는 저자 주는 번호로 표시했으며, 이와 관련한 역자 주는 *로 표시했
   다(표나 그림에 있는 *표시는 제외).
2. 원서에서 이탤릭체로 강조된 부분은 고딕체로 표시했다.

The Time Divide

Work, Family, and Gender Inequality

by Jerry A. Jacobs, Kathleen Gerson

2004 ⓒ Harvard University Press

Korean Translation edition ⓒ 2010 by Hanul Publishing Group

옮긴이의 글

1990년대 중반 서구의 '가족 친화 제도'가 소개된 이래 한국 사회에서 일과 가족 돌봄, 개인 생활 등을 어떻게 조화롭게 유지할 것인지의 문제는 학문적으로도 정책적으로도 꾸준히 관심을 불러일으키고 있다. 특히 저출산·고령화라는 인구학적 변화가 '국가 위기' 담론으로 급부상하면서 이른바 '일−가족 양립' 역시 시급히 해결되어야 할 과제로 논의된다. 그렇다면 야근이나 주말 근무, 또는 집에 일거리를 가져가는 등 장시간 노동이 증가하는 사회에서 일과 가족생활의 조화, 일과 자기돌봄(self-care)의 균형을 이루기 위해서는 어떤 조건이 고려되어야 하는가? 일과 가족, 여가의 조화로운 영위를 향한 관심은 어떤 관점을 견지해야 하는가? 일과 가족을 둘러싼 변화를 진단하고 대안을 모색하는 과정에서 핵심적으로 염두에 두어야 할 것은 무엇인가?

이러한 이슈에서 핵심은 '시간'이다. 이 책의 원저 *The Time Divide: Work, Family and Gender Inequality*(Harvard University Press, 2004)를 쓴 제리 제이콥스(Jerry A. Jacobs)와 캐슬린 거슨(Kathleen Gerson)은 많은 사람들이 일과 가족생활 사이에서 시간 압박을 느끼지만 그렇다고 시간을 더 많이 만들어낼 수는 없다는 점에 주목하면서, 시간의 이러한 속성이 일과 가족의 변화를 둘러싼 문제와 불가분의 관계임을 강조한다.

이 책은 미국 사회에서 일과 가족의 갈등, 그리고 이를 관통하는 시간의 문제를 다뤄온 일련의 연구들과 맥을 같이한다. 1990년 출판된 줄리엣 쇼어(Juliet Schor)의 『과로에 시달리는 미국인(The Overworked American)』은 평균노동시간이 급속도로 증가하고 휴가 사용이 상대적으로 줄어둚으로써 과잉노동하는 사회가 되어감을 지적한다. 이렇게 노동시간이 긴 사회에서 많은 사람들이 일과 가족생활에 시간을 충분히 할애하기 어려운 것은 당연하다. 1997년 알리 혹실드(Arlie Russell Hochschild)는 『시간의 족쇄: 일터가 가정이 되고 가정이 일터가 될 때(The Time Bind: When Work Becomes Home and Home Becomes Work)』에서 가칭 기업 아메코(Amerco)의 직원들과 회사의 가족 친화 정책을 대상으로 한 오랜 연구를 통해 회사에서는 이른바 '일-가족 양립'을 위해 탄력근무제 등의 가족 친화 정책을 마련해두고 있지만, 실제로 이를 사용하기 어려운 직원들은 가족생활을 온전히 지켜내지 못하고 극심한 시간의 속박을 경험하고 있음을 보여준다.

제이콥스와 거슨은 이러한 논의로부터 한 발 더 나아간다. 저자들이 볼 때, 쇼어가 제기한 과잉노동의 문제는 논쟁의 여지가 있다. 미국인의 시간사용에 변화가 있었던 것은 사실이지만, 전체 노동시간이 과거에 비해 증가한 것인지, 혹은 노동자 집단에 따라 노동시간의 차이가 커지고 있는지에 대해서는 보다 면밀히 검토할 필요가 있다는 것이다. 또한 이들은 일과 가족을 둘러싼 미국의 사회적·인구통계학적 지형의 변화가 몇 가지 '시간 불균등(time divide)'을 출현하게 했고, 이러한 시간 불균등이 많은 이들에게 시간 압박과 일, 가족, 개인생활 간의 갈등을 야기·심화시킨다고 주장한다. 저자들은 맞벌이 가구 및 한부모 가구의 증가에 따라 등장한 '일-가족 불균등', 노동력의 이원화에 따른 '직종 불균등', 실제 노동시간과 이상적 노동시간 사이에서 커져만 가는 '열망의 불균등', 일하는 부모와 부모가 아닌 노동자들을 분리시키는 '부모 역할 불균등', 여성들에게 값비싼 대가를 치르도록 하는 '젠더 불균등'에 주목한다.

저자들은 현재의 일-가족 갈등이 단순히 여성의 경제활동 참여가 증가한 데서 비롯되는 것이 아님을 보여준다. 이들은 노동시간의 변화뿐만 아니라 가족 구성에서 나타나는 변화, 다양한 노동자 집단의 차이, 직장 문화와 구조, 관련 정책 등이 시간 압박과 일 – 가족 갈등을 어떻게 구체화하고 있는지 보아야 한다고 지적한다.

이러한 논지는 한국 사회에 시사하는 바가 크다. 언제부터인가 우리는 일 – 가족 갈등의 돌파구로 주장되어온 탄력근무제나 가족간호휴가 같이 애써 마련한 장치들의 실효성이 낮다는 것을 깨달았다. 저렴하고 질 높은 서비스를 제공하는 보육시설은 여전히 필요하지만 그것만으로 일 – 가족 갈등이 해결될 것이라 기대하긴 어렵다.

하지만 일 – 가족 갈등과 양립에 관한 논의는 이러한 틀을 벗어나지 못하고 있는 것이 사실이다. 2008년 12월에 제정되어 탄력적 근무제도, 자녀출산·양육 및 교육지원 제도 등 소위 가족 친화 제도를 운영하는 기업 및 공공기관에게 가족 친화 인증을 부여하고자 한 「가족 친화 사회환경의 조성 촉진에 관한 법률」이 단적인 예이다. 또한 최근 들어 일 – 가족 갈등 및 저출산 문제를 해결하는 새로운 방식인 양 등장하고 있는 퍼플잡(Purple Job 혹은 Purple Collar Job)과 시간제근무의 도입도 마찬가지이다. 현실적인 필요에 쫓겨 성급하게 정책을 만들어내기에 앞서 노동 유연화를 확대하고자 하는 정책이 실질적으로 노동자들의 일 – 가족 갈등 경험에 어떠한 역할을 할 것인지를 분석할 필요가 있다. 노동자들의 실질적 체감을 담보하지 않은 채 다양하게 나열되기만 하는 정책들은 의도한 만큼의 성과를 발휘하기는커녕 오히려 기존의 한계를 반복하는 결과를 낳을 수 있다. 성찰 없이 쏟아지는 제도와 정책의 홍수로는 문제를 근본적으로 해결할 수 없다.

남성과 여성이 육아휴직을 공히 사용할 수 있음에도 사용자의 절대다수가 여성인 현실에서 시간제 근로는 여성, 특히 기혼여성을 대상으로 확산될 여지가 크다. 이는 일하는 기혼여성들 혹은 일하고 싶어 하는 기혼 여성들의 한쪽 발은 직장에, 그리고 다른 한쪽 발은 가족에 묶어둠으로써 돌봄의 공백을 메울 사회적·정책적 책임을 외면하는 것과 같다. 일과 가족의 조화로운 운영은 여전히 여성 혼자 풀어야 할 숙제인가?

여기에서 우리는 저출산, 고령화의 문제나 일 – 가족 갈등의 출현이 여성의 경제활동참여 증가에서 기인한다는 전제에도 문제를 제기해야 함을 알 수 있다. 이러한 전제의 기저에는 성별분업이라는 통념이 강력하게 자리 잡고 있기 때문이다. 가사와 돌봄을 담당해야 할 여성이 집 밖의 시장 노동에 참여하면서 일 – 가족 갈등이 발생한다는 인식이 바로 현재와 같이 여성에게만 배타적으로 적용되는 퍼플잡 같은 단시간 일자리 정책을 낳고 있는 것이다. 이러한 제도에 대해 여성들의 사용의사가 높게 나오는 것은 성별분업이 강고한 현실적 제약을 반영하는 것으로 보아야 한다. 장시간 노동 체제에 도전하지 않은 채 '편의성'과 '즉시성'만을 고려해서 도출되는 정책은 결과적으로 육아나 가사노동 책임으로부터 자유로운 노동자만이 '이상적인 노동자'로 인정받는 현실을 지속시킨다.

성별을 떠나 사회구성원이라면 누구나 경제활동과 사회활동, 타인과 자기 자신에 대한 돌봄을 수행할 수 있어야 한다. 그럼에도 의무와 권리로서 담보되어야 할 이러한 역할이 성별에 따라 배타적으로 부과되었을 때부터 일 – 가족 갈등의 문제는 제기된다. 이러한 전제에 도전하지 않을 때, 일 – 가족 갈등의 해결책은 누군가를 집으로 돌려보내는 방식으로 도출되기 마련이다. 그리고 이러한 전제에 도전하지 않는 사회에서 집으로 돌아가야 할 그 사람은 여성일 수밖에 없다.

저자들은 네덜란드와 핀란드의 사례를 통해 일 – 가족 지원정책이 성평등을 고려하지 않을 때 어떠한 결과를 낳는지 보여준다. 네덜란드는 연간 노동시간이 가장 짧아 가장 가족 친화적인 국가로 인식되지만, 그 이면에는 대부분의 여성이 시간제 노동에 종사하고 있으며 2차 노동자로 절하되는 현실이 숨어 있다. 이와 반대로 핀란드는 여성과 남성이 노동시장에서 평등하게 일하고 있지만, 장시간 노동으로 인해 시간 압박을 심각하게 경험하고 있는 나라이다. 이러한 사례는 성별에 관계없이 모든 사람들은 경제 및 사회활동, 돌봄을 위한 충분한 시간을 보장받아야 하며, 이를 위해서는 바로 시간 불균등 문제를 해결해야 함을 역설한다. 이에 더해 저자들은 여성이 남성보다 업무 헌신성이 낮다는 낡고 오래된 고정관념, 일하는 부모, 특히 일하는 어머니들이 가족생활을 회피하고 자녀를 방치한다고 비난하는 새로운 통념이 일 – 가족 지원 정책을 수립하는 데 큰 걸림돌이 되고 있다는 점에도 주목할 필요가 있음을 주장한다.

이러한 논의는 한국 사회에 다음과 같은 질문을 던진다. 한국 사회에서 일 – 가족 갈등을 경험한다고 여겨지는 '여성'과 '남성'은 누구인가? 한국의 노동자들은 일 – 가족 갈등을 어떻게 경험하고 있으며, 사회·정책적 변화들과는 어떤 관계를 맺고 있는가? 오랜 공사구분과 성별분업을 넘어서는 급진적인 삶의 방식을 준비하기 위해 우리는 어떤 물음을 제기해야 할까? 우리 삶을 둘러싼 보다 근본적인 변화는 어디에서 이루어져야 하는가?

역자들이 이 책을 만난 것은 2005년으로 기억된다. 이 번역 공동체는 석사 과정 당시 '가족'과 관련한 페미니즘 연구물을 읽고 토론하던 모임으로부터 시작되었다. 시간이 흘러 모임은 자연스럽게 해체되었지만, 역자들은 젠더 문제와 관련해 한국 사회에 의미 있는 통찰을 줄 수 있는 저서들을 소개하고 싶었다. 그러던 차에 이 책을 접하게 되었고, 함께 읽고 토론하는 과정에서 번역의 필요성을 절실히 느끼게 되었다. 그간 역자들에게도 많은 변화가 있었다. 누군가는 박사과정에 진학해 학업을 계속했고, 누군가는 정규직의 전일제 일자리를 얻었다. 또 누군가는 1인 가구를 꾸렸고, 어떤 이는 가족 간호를 병행해야 하기도 했다. 이러한 신상의 변화로 한동안 번역 작업을 중단하기도 했지만, 한편으로는 그러한 과정을 겪으면서 저자들의 논의를 각자의 입장에서 더 잘 공감하며 이해하게 되었다고 생각한다.

세 명이 함께 번역하는 것이 각자 3분의 1에 해당하는 시간과 노력만 기울이면 된다는 것을 의미하지는 않았다. 읽고 토론하는 시간, 다른 이의 견해와 입장에 참견하는 시간, 서로 다른 말투와 단어를 맞춰가는 시간, 동료의 작업 속도를 기다려야 하는 시간이 필요했다. 다행히도 우리는 번역과정에서 필요로 하는 서로 다른 장점을 가지고 있었고 그럼으로써 혼자 번역하는 것보다 더 나은 결과물을 낼 수 있었다고 자부한다.

오역을 줄이고 읽기 편한 문장을 만들기 위해 번역은 여러 번의 수정을 거쳤다. 그 과정에서 저자들의 오류를 발견해서 바로잡을 수 있었다. 그럼에도 잘못 번역된 부분이 있다면 이는 전적으로 역자들의 책임이다.

이 책이 번역되기까지 도움을 주신 분들이 많다. 무엇보다 바쁜 와중에도 역자들의 문의에 신속하게 답하고 한국어판 서문을 기꺼이 보내준 저자들에게 감사를 보낸다. 이 책의 번역과 출판 과정에서 조언을 아끼지 않으신 이화여대 여성학과 이재경 선생님께 감사드린다. 한국여성정책연구원의 마경희 연구위원은 통계 수치를 해석하는 데 어려움을 겪고 있던 역자들의 고민을 함께 해주었다. 그 도움이 없었다면 저자들의 오류를 파악하는 데 더 많은 시간이 걸렸을 것이다. 이 자리를 빌려 진심어린 감사를 드린다. 이화여대 아시아여성학센터의 이원형 연구원은 교정지를 꼼꼼하게 읽고 독자의 입장에서 날카롭고도 세심한 조언을 해주었다. 적지 않은 시간과 노력이 필요한 일임에도 선뜻 도움을 주어 감사드린다. 이 책의 출판을 수락해주신 도서출판 한울, 그리고 출판 작업을 진행해주신 윤순현 과장과 이소현 님께도 감사드리는 바이다. 무엇보다도 이화여대 여성학과 내 가족 세미나팀이 없었다면 이 작업은 시작되지 못했을 것이다. 자신의 통찰과 견해를 아낌없이 나누었던 여성학 지식 공동체의 힘이 크다. 이들에게 존경과 감사를 전한다.

옮긴이들

한국어판을 출간하며

우리의 책이 한국 독자에게 소개된다니 반가움을 금할 길이 없다. 사실 이 책에서 제기한 쟁점이 미국에만 해당하는 것은 아니다. 노동시간과 가족시간의 역학 변화는 전 세계 거의 모든 국가에서 일어나고 있다. 이 문제의 중요성에 입각해 점점 더 많은 연구결과가 나오고 있고 (Medalia and Jacobs, 2008; Heymann, 2006; Gornick and Meyers, 2003), 우리의 분석틀이 이에 기여하고 있음을 또한 기쁘게 생각한다.

한국 여성의 경제활동참가율은 급속도로 증가해왔다. 한국 통계청 자료를 살펴보니, 2006년도에는 전체 노동력 중 성인 여성이 차지하는 비율이 50.3%이고 40대 여성 중 약 3분의 2가 경제활동을 하고 있는 것을 확인할 수 있었다. 여성의 교육수준 또한 높아져서 남성의 교육수준과 거의 대등한 정도이다. 2004년 기준으로 25~34세 남성의 33%, 그리고 여성의 29%가 대학 졸업자였다. 그리고 마침내는 한국도 많은 유럽 국가들처럼 낮은 출산율을 보이고 있다. 이 모든 현상에 비추어보건대, 한국은 경제 선진국들이 경험한 과정을 유사하게 밟고 있다고 생각된다. 한국의 사례에서 가장 독특한 부분이라면 사회 변화의 속도가 극적일 정도로 빠르다는 점일 것이다. 다른 나라에서는 몇 세대에 걸쳐 일어났을 변화들이 한국에서는 한 세대 만에 발생했다(Park, 2007; Tsuya and Bumpass, 2004; Sung, 2003). 이러한 요인들로 인해 우리가 미국적 맥락에서 고찰한 문제들은 가까운 미래에 한국 사회의 현안으로 떠오르게 될 것이라 생각한다.

이 책은 일 - 가족 문제의 다양성을 강조하고 있다. 일과 가족을 둘러싼 광범위한 변화가 거의 모든 사람들에게 영향을 미치고 있지만, 계급, 성별, 가족 유형에 따라 받게 되는 영향력의 정도는 달라진다. 일례로 많은 중산층 가족들에게 긴 노동 시간이 중대한 압력이 되고 있는 반면, 노동계급 가족이나 빈곤 가족의 경우 경제적 불안정성과 불충분한 노동시간이라는 문제에 직면해 있다. 유연하지 못한 근무형태는 특히 직장 내 위계가 낮은 사람들이나 가족 형성기에 있는 사람들에게 문제가 된다. 사실상 생애 과정에 걸쳐 문제들은 여러 가지 형태로 발생한다. 즉 젊은 부부에게는 양육의 문제가, 학령기 자녀에게는 방과후 프로그램의 문제가, 노부모를 모시는 사람들에게는 노인 부양의 문제가 생긴다. 게다가 전 세계적인 경제위기는 여성의 경제활동을 더욱 중요한 것으로 부각시켜왔다. 경기 침체기에 여성 취업은 가족들을 위한 일종의 에어백 기능을 하지만, 다른 한편으로 여성이 노동력인 시대에 가족 형태에 상관없이 사람들이 일과 가족생활의 조화를 꾀할 수 있도록 어떻게 지원할 것인가라는 중요한 정책적 도전을 야기하기도 한다.

위에서 제기한 문제들은 향후 한국의 맥락에서 한국적 방식으로 나타날 것이다. 어떠한 모양새를 취하건, 이에 대응하기 위해서는 공공 정책과 기업 및 개별 가족의 해법 모두에 관심을 집중해야 할 것이다(Kim and Kim, 2004; Sung, 2003; Russell, 2000). 가족에게 필요한 사회적·감정적 요구들을 만족시키면서 모두에게 동등한 기회를 제공하는 것, 동시에 여성과 남성의 경제적 기여를 최상으로 이끌어내는 것이 어떻게 가능할 수 있을까? 우리는 이 책이 한국에서 심도 깊은 논의가 진행되는 데 기여할 수 있기를 바란다.

제리 A. 제이콥스, 캐슬린 거슨

감사의 글

우리가 이 프로젝트를 시작할 때만 해도 10년 후에 이렇게 많은 분에게 도와주고 응원해주어 고맙다는 인사를 전하게 될 줄은 생각지도 못했다. 작업이 진행될수록 많은 이들이 이 책을 그럴싸하게, 한층 나아지게 도와주었으니 우리는 더 많은 빚을 지게 되었다. 캐슬린 크리스텐슨(Kathleen Christensen)과 슬론 재단(Sloan Foundation)은 값을 매길 수 없을 만큼 귀중한 지원을 두 번이나 제공했는데, 그 덕에 이 프로젝트를 시작할 수 있었고 또한 지속할 수 있었다. 우리가 전력을 다해 작업할 수 있도록 열정적으로 지원해준 캐슬린에게 깊은 감사를 전한다. 많은 동료들이 바쁜 일정에도 우리와 함께 토론하고 초고를 읽고 의견을 제시해주었다. 특히 로절린드 바넷(Rosalind Barnett), 메리 블레어-로이(Mary Blair-Loy), 수잔 비앙키(Suzanne Bianchi), 앤드류 첼린(Andrew Cherlin), 신시아 엡스타인(Cynthia Fuchs Epstein), 프랭크 퍼스텐버그(Frank Furstenberg), 안 캐일버그(Arne Kalleberg), 드미 커츠(Demie Kurz), 아네트 라로(Annette Laureau), 존 몰렌콥(John Mollenkopf), 리아나 세이어(Liana Sayer), 에비아타 제루바벨(Eviatar Zerubavel)에게 고맙다는 인사를 보낸다. 자신의 시간과 날카로운 통찰력을 아낌없이 선물해준 이들이다. 또한 엘렌 갈린스키(Ellen Galinsky)와 테리 본드(Terry Bond)를 비롯해 가족노동연구소(Families and Work Institute)의 동료들에게도 인사를 전한다. 이들은 <전국 노동력 변동조사(National Study of the Changing Workforce)>를 수행했을 뿐만 아니라 그 풍부한 자료를 우리와 공유해주었다. 하버드대학교 출판부 가족들, 특히 마이클 아론슨(Michael Aronson)과 도나 부비어(Donna Bouvier)의 아낌없는 도움과 헌신에 감사드린다. 세라 윈슬로(Sarah Winslow)는 더할 나위 없이 뛰어난 연구조교였다. 알리 혹실드(Arlie Hochschild), 존 로빈슨(John Robinson), 줄리엣 쇼어(Juliet Schor)는 유용한 피드백을 주었을 뿐만 아니라 무엇보다도 우리가 새로운 지적 여정을 펼칠 수 있도록 도와주었다. 감사드린다.

이 책의 일부는 기존에 발간했던 논문을 다시 수록한 것이다. 제3장은 "Overworked Individuals or Overworked Families? Explaining Trends in Work, Leisure, and Family Time"이라는 제목으로 *Work and Occupations* 제28권 1호(pp. 40~63)에 게재된 바 있다. 제6장은 "Hours of Paid Work in Dual-Earner Couples: The United States in Cross-National Perspective"라는 제목으로 *Sociological Focus* 제35권 2호(pp. 169~188)에 수록되었다. 이 글을 재출간할 수 있도록 양해해준 Sage Publications와 North Central Sociological Association에 진심어린 감사의 마음을 보낸다.

노동시간과 가족시간이라는 문제에 관심을 갖고 끊임없이 고민할 수 있었던 데는 학문적 사유뿐만 아니라 개인적 관심도 한몫을 했다. 사실 우리는 이 책을 집필하는 기간이 가족으로부터 멀어지는 시간이기도 하다는 모순에 직면하곤 했다. 우리가 시간 압박에 관해 쓰면 쓸수록 우리의 삶은 더욱 바빠져만 갔다. 그리고 우리의 배우자들 또한 직장에 다니는지라 시간 압박을 느끼기는 매한가지였다. 현대의 일 – 가족 딜레마를 꿰뚫는 그들의 통찰이 없었다면, 그리고 그들의 한결같은 지원과 이해가 없었다면 우리는 이 책을 완성할 수 없었을 것이다. 우리 삶의 동반자인 새런 제이콥스(Sharon Jacobs)와 존 몰렌콥(John Mollenkopf), 그리고 우리 아이들 엘리자베스 제이콥스(Elizabeth Jacobs)와 매들린 제이콥스(Madeleine Jacobs), 에밀리 몰렌콥(Emily Mollenkopf)에게 마음속 깊은 곳에서 우러나는 감사를 보낸다. 우리는 이 책이 엘리자베스, 에밀리, 매들린 그리고 이들 세대에게 보다 나은 미래를 선물하는 데 일조하길 기대한다. 그들이 기회는 더 많이 누리고 시간 불균등은 훨씬 적게 경험하길 바라마지 않는다.

서문

20세기 후반 미국인들은 일과 가족생활을 꾸려나가는 방식에서 급격한 변화를 겪었다. 남성의 소득 증가가 둔화되고 여성이 점차 가정 밖 노동에 참여하게 되면서, 20세기 중반을 지배했던 생계부양자/전업주부 가구 형태는 다양한 일 - 가족 형태에 그 독보적인 자리를 내주게 되었다. 새로운 세기에 접어들면서 우리는 한때 우세했던 양부모/홑벌이 가구보다 맞벌이 가족과 한부모 가족 수가 많아지는 등 상당히 달라진 가족의 모습과 마주하고 있다.

가족 유형과 노동력의 성별 구성이 근본적으로 변화하는 현실은 일터에 새로운 도전을 제기해왔으며, 온종일 자녀를 돌보고 가사를 전담할 무급의 돌봄 제공자를 기대할 수 없는 수많은 가족에게 새로운 딜레마를 안겨주었다. 여성과 남성은 제도적 지원 혹은 길잡이가 될 만한 지침서조차 없이 일과 가족이 경합을 벌이는 와중에 줄타기를 해야만 한다.

직장과 가족생활 사이에 갈등이 증가하면서 그 배경을 조명하려는 질문이 봇물 터지듯 쏟아졌다. 일과 가족생활의 성격이 달라졌는지, 그 변화가 노동자와 일터에 미치는 영향은 무엇인지에 관한 구체적 질문들은 다음과 같다. 노동자가 임금노동에 느끼는 압박감, 특히 임금노동시간 때문에 느끼는 압박감이 실질적으로 변해왔는가? 만약 그렇다면 어떤 경향을 보이는가? 직업 구조와 노동환경은 어떤 방식으로 노동자와 그 가족이 맞닥뜨린 선택지와 딜레마를 만들어내는가? 여성과 남성은 이러한 갈등과 딜레마를 어떻게 경험하는가? 그리고 이 경험이 그들 가족에게 주는 함의는 무엇인가? 기업과 국가가 노동자와 그 가족에게 만족할 만한 해법을 제시하려면 어떤 정책을 도입해야 하는가?

일과 가족의 현재 상태와 미래 전망을 다루는 논쟁의 한 가운데에 바로 이러한 질문이 자리 잡고 있다.[1] 이 논쟁에서 핵심은 시간이다. 돈과 마찬가지로 시간이란 어떻게 할당하고 어떻게 사용할지를 끊임없이 질문하게 하는 유용한 자원이다. 그러나 돈과는 다르게 시간은 총량을 늘릴 수가 없다. 하루는 24시간, 1주일은 7일, 1년은 52주일뿐이다. 시간 압박을 느낀다고 해서 시간을 늘릴 수는 없다. 그렇기 때문에 일과 가족의 변화를 이해하는 출발점을 시간으로 삼는 것은 너무나 당연하다.

미국인들은 과거에 비해 일을 더 많이 하고 있을까? 그렇다고 한다면, 그 이유는 무엇이고 어떤 결과를 가져왔을까?[2] 대다수 사람들이 첫 번째 질문에 "그렇다"고 대답한다. 줄리엣 쇼어(Schor, 1991, 1998)를 비롯한 여러 연구자들은 새로운 사회 환경이 과잉노동하는 풍조를 널리 퍼뜨렸다고 주장한다. 이들은 탐욕스러운 노동 제도와 높아져만 가는 소비자 규범이 새로운 요구들을 쏟아내는 바람에 미국인의 일상이 침해당한다고 본다. 이와 반대 입장을 취하는 연구자들은 사람들의 통념과는 다른 답변을 내놓는다. 존 로빈슨과 제프리 갓베이(Robinson and Godbey, 1999) 등 일부 경제학자와 시간사용 연구자들은 노동시간이 증가하지 않았고 여가도 줄어들지 않았다고 주장한다. 또 대표적으로 알리 혹실드(Hochschild,

---

1 '일(work)'에는 가족생활에서 이루어지는 무수한 과제와 활동도 포함된다. 하지만 여기에서는 가정 내 무급노동과 구분하기 위해 일반적으로 임금노동을 지칭하기로 한다.

2 최근 여러 논문과 저서에서 돌봄과 돌봄 노동을 다루고 있다(Heymann, 2000; Harrington, 1999; Folbre, 2001). 이 연구들은 가족에 의한 돌봄 제공과 제도적 지원에 의한 돌봄 제공에서 나타나는 간극에 주목하며, 돌봄 노동이 보수도 낮고 인정받지도 못한다는 점을 강조한다. 돌봄 제공에 관심을 갖게 하기 위해서는 반드시 시간에 초점을 맞추어야 한다. 왜냐하면 가족을 보살피고 지역 사회에 참여할 개인의 여력을 한정하는 것이 바로 임금노동시간이기 때문이다.

1997) 같은 연구자들은 문화 변동이 노동자에게 가족생활에서 발생하는 성가신 문제와 씨름하는 대신 일터에서 시간 보내는 것을 선호하게 만들었다고 주장하면서, 사람들이 직면하는 '시간 족쇄(time bind)'에 초점을 맞춰왔다. 이러한 논쟁들은 일과 가족 변화의 궤적에서 새롭게 떠오른 갈등과 딜레마에 주목할 것을 강조하지만, 갈등과 딜레마로부터 야기되는 질문에 납득할 만한 대답을 제시하지는 못했다. 실제로는 극히 소수에게만 해당되는 복잡다단한 사회현상을 일반화하려는 시도가 의도치 않게 사회 변화의 성격을 잘못 진단하는 데 일조했을 수도 있다.

우리는 노동시간을 둘러싸고 벌어지는 논쟁에 주목하면서, 미국인들이 일−가족과 맺는 유대가 변화하는 원인과 양상, 그 결과를 새로운 관점에서 보려고 한다. 갈등과 전략이 전개되는 범위를 결정하는 것이 노동시간이기 때문에 일−가족 관계에 관한 연구는 바로 이 문제에서 시작해야 한다. 하지만 노동시간만이 이야기의 전부일 수는 없다. 직장 문화와 조직이 노동자의 경험과 반응을 어떻게 형성해왔는가도 이해할 필요가 있다. 그리고 노동자들이 일에 대한 헌신과 가족을 돌볼 책임 사이에서 깊어져 가는 딜레마를 해결하는 데 사회 정책이 어떻게 기여할 수 있는지도 고려해야 한다. 우리는 이 각각의 영역에서 최근 수십 년간 일어났던 일과 가족의 변형, 그리고 그 변화가 촉발한 논쟁에서 제기된 핵심적인 물음을 다루려 한다.

이를 위해 노동시간, 직장구조, 일−가족 갈등 사이에 복합적으로 얽혀 있는 고리를 다방면에 걸쳐 분석할 것이다. 또한 시계열적 자료 및 여러 국가들의 자료를 비교 분석하고 다양한 증거를 제시할 것이다. 이 자료들은 노동자의 개인적 상황, 견해, 선호를 조명해주는 역사적이고 비교관점적이며 동시에 횡단적인 조사를 경유하면서 현재의 경향을 판단할 수 있게 해준다. 이 각각의 자원은 노동시간, 직장 내 조직구조, 노동자 개인의 경험 사이에서 나타나는 연계성의 다양한 측면을 보여줄 것이다. 이를 통해 일과 가족생활의 균형을 맞추려는 최근의 움직임을 진단하고 일 – 가족의 조화를 지향하는 미래 전망을 논하는 데에 독창적 입장을 제시하고자 한다.

역사적 경향

1부에서는 노동시간의 변화 원인과 양상을 이해하기 위해 최근의 노동시간 추이를 역사적 관점에서 살펴본다. 수십 년 전과 현재의 노동자 상황을 비교함으로써 과연 과거에 비해 일을 더 많이 하는 것인지, 아니면 더 적게 하는 것인지를 알아본다. 또한 누가 일을 더 하고 덜 할지를 결정하는 데 오늘날의 노동자들이 보여주는 편차를 고찰할 것이다. 모든 노동자들의 전체 스펙트럼을 가로질러 면밀하게 관찰하고 그들의 상황을 역사적 맥락에서 검토함으로써 노동시간의 윤곽이 변화하는 방식, 그리고 변화하지 않는 방식을 폭넓게 개관하려 한다.

우리는 쇼어와 같이 노동시간이 급격히 늘어났다고 주장하는 연구자와, 로빈슨처럼 여가가 증가했다고 주장하는 연구자 사이에 존재하는 타협의 여지없이 명백한 의견차를 설명하기 위해 '과잉노동하는 미국인' 논쟁에 관한 우리의 견해를 제시할 것이다. 각각의 관점들이 서로 진실의 중심에 있다 하더라도, 각자는 불충분한 진실일 뿐이다. 이 논쟁은 "장님* 코끼리 만지기"라는 속담처럼 각각의 입장에서 제시하는 부분적 견해 때문에 막다른 골목에 처해 있다. 이러한 논쟁에서 나타나는 모순

---

* 국립국어원에서는 '장님', '맹인' 등의 차별적 단어를 '시각 장애인'으로 대체할 것을 권고(국립국어원, 『이런 말에 그런 뜻이?』, 2010)하고 있으나, 속담의 본래 의미를 전달하기 위해 그대로 사용했다.

을 이해하려면 우리는 '평균'이라는 신화에서 '차이'라는 현실로 눈을 돌려야 한다. 다시 말해서, 모든 노동자를 아우르는 일반적 평균치에서 노동자 각각이 일에 대한 헌신과 견해에서 보이는 차이로 관심의 초점을 옮겨야 한다.

'과잉노동하는 미국인' 논쟁은 전체 노동자의 평균 노동시간에 초점을 맞춘 데다 거의 전적으로 개인의 시간 수요와 의무에만 관심을 둔다. 하지만 우리는 최근 수십 년에 걸쳐 일어난 핵심적 변화를 가장 잘 이해하기 위해서는 개별 가구의 가용 시간을 살펴봐야 한다는 입장이다. 1970년부터 2000년에 걸친 <현 인구조사(Current Population Survey, CPS)>(U.S. Bureau of Labor Statistics, 2002a) 자료를 보면 부부의 노동시간이 개별 노동자의 노동시간보다 훨씬 급격하게 증가해왔다. 시간압박이 점점 더 거세진다고 느끼는 가구가 갈수록 많아지고 있다. 그런데 이는 개별 노동자가 직장에서 보내는 시간을 늘렸기 때문이기보다는 '임금노동' 대(對) '가사일'에 사용가능한 시간의 평형 상태가 달라지는 것을 경험하기 때문이다. 맞벌이 가구이건 한부모 가구이건 마찬가지다. 혁명적인 사회경제적 변화는 대다수 여성들을 일터로 나가도록 추동해왔고, 대부분의 가구가 두 명의 노동자 혹은 한부모에 의존하도록 해왔다. 시간 딜레마가 심각해지는 것은 변화하는 가족, 그리고 양보할 줄 모른 채 시간을 욕심내는 일터가 충돌하면서 빚은 필연적 결과이다.

노동자 관점과 직장구조

1부에서 노동시간 변화의 성격을 규명했다면 2부에서는 일 - 가족 갈등의 주관적인 측면을 살펴본다. 우리는 미국인들이 30년 전보다 일을 많이 하는지에 관해 통계적으로 설명하는 차원을 넘어서 노동자들이 현재 시간 압박을 어떻게 경험하는지 이해하려 한다. 과잉노동을 한다고 느끼는지는 사람에 따라 다르기 때문에 미국인들이 '실제로 얼마나 오래 일하는지'와 '어느 정도 일하기 희망하는지'를 비교할 것이다. 이러한 과정을 통해 하나의 경향을 발견하고 이를 일반화하려는 것은 아니다. 그보다는 노동자 사이의 차이, 특히 일을 줄이고 싶어 하는 사람과 일을 늘리고 싶어 하는 사람 사이에 어떤 중요한 차이가 있는지 밝히려는 것이다. 또한 직장과 가족 각 영역의 요구가 노동자에게 그리고 부모들에게 어떻게 부담을 지워왔는지 검토할 것이다. 마지막으로, 공식적인 직장구조와 비공식적인 직장 문화가 노동경험에 어떤 영향을 미치고 집안일에 관여할 기회에 어떻게 영향을 주는지 분석하려고 한다. 말하자면 노동환경에 따라 노동자들이 직면하는 갈등이 악화되거나 완화될 수 있음을 밝히려는 것이다. 직장에서 유난히 오랜 시간을 보내는 노동자에게는 노동시간 그 자체보다 유연성이나 자율성 등 업무 수행의 핵심적 측면이 더 중요한 영향을 미칠 수 있다. 노동자가 업무에 들이는 시간이 어느 정도이든 간에, 언제 일하고 어떻게 일할지 제어할 수 있는 권한을 갖는지가 차이를 낳을 수도 있다는 것이다.

노동자가 일에 대해 갖는 포부와 가족 성원으로서 지는 책임을 조화시켜 나갈 수 있도록 돕는 근무조건 그리고 노동자 경험에서 나타나는 특성, 이 모두를 고려하기 위해서는 논의의 초점을 노동시간 그 이상으로 확장해야 한다. 이에 2부에서는 직장의 조건, 남녀 간의 형평성, 부모 역할 사이의 연관성에 특별히 관심을 쏟으려 한다.[3] 이른바 가족 친화 정책

----

3 애니타 게리(Garey, 1999) 등 몇몇 학자들은 일과 가족의 연계를 고찰하는 데는 '엮기(weaving)'와 같은 은유가 적당하다며 '균형(balance)'이라는 용어를 의식적으로 쓰지 말아야 한다고 주장한다. 일과 가족의 상호작용을 설명하는 데 다른 용어가 더 유용할 수 있고, 어떤 하나의 용어로 상호작용의 모든 범위를 포착할 수 없다는 점에 동의한다. 하지만 우리는 시간이 제한된 자원이기 때문에 여러 활동에 할당되는 것이 불가피하다

은 노동자가 선택지와 전략을 만들어나가는 데 어떤 역할을 하는가? 직장의 방침과 노동자의 욕구 및 포부 사이에는 어떤 연관이 있으며, 또 어떤 간극이 있나? 노동자에게 유연성과 통제력을 허용함으로써 가족 요구에 충실할 수 있도록 허용하는 가족 친화 정책은 성 평등을 증진시킬까? 아니면 부모 역할과 이직 중 하나를 선택하도록 강요할까? 이러한 물음의 답을 찾기 위해서는 노동자들이 직면한 선택지와 협상, 노동환경에 따라 선택지가 달라지는 방식, 지원책과 선택지가 보다 광범위해질 경우 노동자들이 선호하는 순위에 주목해야 한다.

직장구조가 임금노동과 그 이외 삶을 통합하려는 노력을 돕는지 혹은 방해하는지뿐만 아니라 노동자가 자신에게 주어진 책임과 선택지를 어떻게 생각하는지 보다 구체적으로 살펴보기 위해 우리는 3,000명 이상의 노동자를 대상으로 1992년과 1997년에 실시한 <전국 노동력 변동 조사(National Study of the Changing Workforce)> 결과를 검토하려 한다.[4] 이를 통해 노동자가 직장에서 보내는 실제 시간이 딱히 그들의 희망사항을 반영한 게 아님을 알게 될 것이다. 또한 일을 더 적게 하고 싶은데도 유독 장시간 일하는 사람들과, 일을 더 많이 하고 싶은데도 상대적으로 단시간 일하는 사람들 사이에 시간 불균등이 증가하는 것을 발견하게 될

는 사실을 강조하기 위해 '균형'이라는 표현을 사용하고자 한다. 자세를 바꾸거나 동시에 여러 개의 공을 가지고 저글링을 하면서 균형을 맞춰야 하는 곡예사처럼, 평범한 사람들은 다양하고 심지어 병행할 수 없는 요구 사이에서 자신의 시간에 맞는 타협안을 찾게 된다. 많은 이들은 여러 역할과 그 각각의 역할에 투여할 시간을 결합시키거나 통합시키려 하고 있다. 그래서 우리는 이 용어들을 서로 교환 가능한 것으로 사용하고자 한다. 이에 스페인과 비앙키(Spain and Bianchi, 1996)처럼, 현대 생활의 복잡성을 포착하기 위해 '균형'이라는 용어를 사용한다는 의견에 동의한다.

4 우리는 가족노동연구소(Families and Work Institute)에서 수행한 <전국 노동력 변동 조사>(Bond, Galinsky, and Swanberg, 1998) 자료를 사용했고, 같은 이름으로 1992년에 실시한 조사 자료 또한 활용했다(Galinsky, Bond, and Friedman, 1993).

것이다. 과잉노동하는 미국인에 관심을 갖는 것이 아무리 중요하다고 해도, 자기 가족의 필요를 충족시킬 만큼 일거리를 충분히 찾지 못한 사람들의 상황을 도외시해서는 안 된다. 주당 근무시간이 길든 짧든 간에, 대다수 노동자가 실제로 맞춰가기 쉽지 않은 균형을 추구한다는 사실 또한 중요하게 고려해야 한다.

많은 노동자들이 부담을 느끼는 이유는 장시간 근무로 인해 가족의 요구에 소홀해지기 때문만은 아니다. 직장에서의 기대치 자체도 높아지기 때문이다. 오늘날 노동자들이 가족 친화 정책을 사용하지 않는 이유가 일터를 고단한 가족생활의 도피처로 간주하기 때문이라는 주장을 지지할 만한 자료는 사실상 없다. 직장 내 가족 친화 정책의 이용가능성과 실제 사용 수준을 포괄적으로 검토한 자료에 의하면, 대부분의 부모는 가족시간을 회피하는 것이 아니라 일과 가족생활을 잘 결합시키려 애쓰는 것으로 나타난다. 시간제 노동이나 일자리 나누기처럼 직업 경력에 커다란 손실이 따르는 선택지와, 간간이 재택근무를 하는 식으로 장기적 직업 전망에 위협을 덜 가하면서 유연성도 보장하는 선택지를 구분해보면, 대다수 노동자가 장기적인 직업 궤도에 손실이 적은 가족 친화 정책을 사용한다는 것을 알 수 있다. 공식적으로 마련되어 있는 정책뿐만 아니라 직장 문화를 살펴야 한다. 서류상으로는 불이익이 없다고 보장하지만 실제로는 대가를 치르게 하는 지원책을 사용할지 판단해야 하는 상황에서 노동자가 편안함을 느끼는지 아니면 불안함을 느끼는지에 결정적으로 영향을 미치는 것이 바로 직장 문화이기 때문이다.

이론상으로 보자면, 가족 지원과 남녀 간의 형평성은 가족 친화 정책을 수립하는 기본 원칙이다. 그러나 실제로는 이러한 정책이 여성과 남성 모두 불이익을 겪게 한다고 우려할 만한 이유가 상당히 많다. 가족 지원책이 규정에 명시되어 있더라도 실제 사용할 경우 직업 이력에 위협을 받을 수 있다는 것이다. 어떠한 경우에도 부모가 자녀를 돌본다는 이유로 불리한 입장에 처해서는 안 된다. 또한 여성이 불이익을 더 많이 받아서도 안 된다. 그러나 '가족 친화'가 반드시 '여성 친화' 혹은 '부모 친화'를 의미하는 것이 아니라는 사실에 의구심을 갖는 눈초리가 여전히 남아 있다.[5] 직장의 가족 지원 정책을 사용하는 것, 심지어 그러한 정책을 요구하는 것은 정책의 수혜자라고 일컬어지는 당사자들의 직업 이력을 위험에 빠뜨리기도 한다.[6]

노동자들은 관대한 가족 친화 정책과 승진 기회 간의 거래를 잘 알고 있다. 어머니와 아버지 모두 직장의 가족 친화 정책이 의미심장한 단서들을 수반하는 것에 불안해한다. 결과적으로 노동자들은 가족 관계와 경력 쌓기 사이에서 하나만을 선택하도록 강요받는다고 생각하며, 이러한 인식은 널리 퍼져 있다.

시간 딜레마와 남녀 간 형평성

미국인들이 일과 가족생활을 조직하는 방식에서 나타난 변동은 여성에게는 집 밖으로 나가는 새로운 길을, 여성과 남성 모두에게는 부모 역

---

5 특히 전문직의 경우 과도한 장시간 노동을 선택하지 않음으로 인해 혹독한 대가를 치를 수 있다. 이 문제에 관해서는 엡스타인 외(Epstein et al., 1999), 드라고와 콜벡(Drago and Colbeck, 2003)과 이 책의 제4장, 제5장을 참고할 것.

6 우리는 일련의 직업이 삶의 전반에 걸쳐 유지된다는 점을 언급하기 위해 '경력'과 '직업 이력'이라는 용어를 서로 바꿔가면서 사용한다. 직업 이력이 경력보다는 광범위한데, 이는 사무직과 생산직 모두를 포함하며, 일부 전문직에서 볼 수 있는 수직적 상승 궤도만을 의미하지 않는다. 필리스 모엔(Moen, 2003)은 많은 사람들이 시간을 거치며 갖는 직업을 설명하기에는 '경력'이라는 용어가 너무 협소하고, 특히 여성의 경우 더욱 그렇다고 강조했다. 게다가 모엔은 개인이 아닌 부부의 경력에 초점을 두고 연구하면서 새로운 사실을 발견해왔다.

할과 임금노동을 공유하는 새로운 선택지를 제시해왔다. 그런데도 일과 자녀양육이 이루어지는 체계는 훨씬 더디게 변화한다. 이런 이유로 미국인들은 새로운 기회와 함께, 생계벌이와 가족 영역의 책임 사이에서 생소한 갈등을 마주하고 있다. 이러한 변화는 단순하게 개인의 선호를 반영하는 게 아니다. 대다수 노동자가 추구하는 목적과 대다수 고용주가 부과하는 요구 간에 간극이 커지고 있음을 보여주는 것이다. 이 혼란은 대규모의 불가피한 사회 변화가 낳은 결과이기 때문에 광범위한 사회정책만이 그러한 변화가 만들어온 딜레마를 해소할 방책을 제공할 수 있다. 3부에서는 무엇이 노동자들의 족쇄를 풀어줄 수 있을지에 주목하려 한다.

무릇 좋은 정책이란 문제의 원인을 정확하게 분석하는 데서 출발해야 하기에 미국 노동자들이 처한 환경과 이들의 경험을 비교국가적, 이론적 관점에서 살펴보려 한다. 국가별로 노동자가 맞닥뜨린 장벽과 노동자를 지원하는 내용은 다르지만 경제 발달 수준이 유사한 후기 산업 국가들을 비교하는 것은 미국이 할 수 있고 해야만 하는 정책의 방향을 알려줄 뿐만 아니라 미국인의 노동 유형이 갖는 독특한 특징을 드러내는 데도 도움이 된다.[7] 여기서는 시간이라는 문제뿐 아니라 동등한 기회, 남녀 간 형평성, 자녀에게 경제적 안정과 양질의 돌봄을 제공해야 하는 부모의 책임 등을 보다 폭넓게 다룰 것이다.

미국의 노동시간 경향은 독특할까, 아니면 다른 선진 후기 산업 사회들과 유사할까? <룩셈부르크 소득연구(Luxembourg Income Study)> 자료에 근거한 선진 10개국 비교 결과는 미국의 노동시간이 다른 선진국

7 사무직과 서비스 관련업 종사 인구가 많고 기술 발달 수준이 높은 사회를 언급하기 위해 '후기 산업국', '선진 산업국', '부국(富國)'을 서로 교환 가능한 용어로 사용한다. '후기 산업' 시대 개막의 중요성과 사회적 함의에 관한 고전적 논의로는 벨(Bell, 1976)을 참고할 것.

보다 대체로 더 길다는 것을 보여준다(De Tombeur, 1995). 노동시간의 변화 범위 역시 미국 노동자에게서 더 크게 나타난다. 부부의 노동시간에 초점을 맞추면 미국적 유형이 유독 뚜렷해진다. 또한 미국인들은 휴가도 더 짧고, 여성의 노동시장 참여는 더 활발하다.

이렇게 비교해보면 정책이 얼마나 중요한지를 보다 확연하게 알 수 있다. 미국 노동자들이 느끼는 시간 딜레마는 후기 산업 시대 노동의 성격상 비롯될 수밖에 없는 불가피한 결과가 아니며, 미국인들이 문화적으로 과잉노동을 선호한다는 전제를 고스란히 반영한 것도 아니다. 다른 선진국들은 다양한 형태의 정책을 채택함으로써 노동자가 겪는 시간문제, 특히 맞벌이 가족이나 한부모 가족의 시간문제에 대안적인 해결책을 제공해왔다.

그러나 이들 국가 중에도 가족 지원과 남녀 간 형평성, 이 두 가지 목적을 동시에 성취한 나라는 없다. 국제 비교를 해보면 두 가지 목적 사이에서 심지어 거래가 이루어지기도 하는 것을 확연하게 알 수 있다. 예를 들어 네덜란드는 주당 노동시간이 가장 짧아 우리가 검토한 국가 중 가장 가족 친화적이다. 하지만 네덜란드 여성은 대부분 시간제로 일한다는 점에서 노동인구 내에서도 여전히 2차 노동자이다. 네덜란드는 성 평등을 희생시켜 시간 족쇄 문제를 해결한 것이다. 반면 핀란드는 여성의 노동시간이 남성과 엇비슷하다는 점에서는 성 평등을 향해 더 나아갔다. 하지만 모든 사람이 전일제 노동을 하는 상태에서 가족시간은 더 부족해지고 제도적 지원에 의존하는 맥락은 더 복잡해진다. 따라서 다른 나라가 만든 모델을 단순히 모방하는 것으로는 남녀 간의 형평성과 가족 지원 모두를 성취할 수 없다. 그렇다고 해도 다른 나라의 경험에서 시사점을 얻을 수 있으며, 미국의 가족과 직장이 가진 다양성에 적합하도록 틀을 새롭게 짜는 데 유용한 최상의 대안들을 선택적으로 차용할 수는 있다.

그렇다면 미국적인 전망은 어떤 형태일까? 독신 증가 추세나 문화적인 충격 또는 기술력, 그 어떤 것으로도 복잡한 사회 변화와 미국 가족이 직면한 새로운 딜레마를 포착할 수는 없다. 그렇지만 현재의 딜레마와 갈등이 몇 가지 뒤얽힌 '시간 불균등'의 출현을 수반하는 건 분명하다. 각각의 불균등은 제각기 중요하지만 어떤 것도 그 자체로만으로는 충분하게 이해될 수 없다. 현재 가장 많은 관심을 끄는 일 – 가족 불균등(work-family divide)은 맞벌이 가구와 한부모 가구가 증가하면서 등장한 가장 두드러지는 불균등이다. 그런데 우리는 마찬가지로 중요한데도 으레 간과되어온 여러 가지 시간 불균등을 발견했다. 예컨대, 노동력의 양극화가 증대되면서 지나치게 많은 시간을 요구하는 직업과, 노동자의 필요를 충족할 만큼의 시간도 돈도 제공하지 않는 직업 사이에 신종 **직종 불균등**(occupational divide)이 만들어졌다. 이와 함께 노동자들은 일에 헌신해야 하는 시간과 자신이 생각하는 이상적인 노동시간 사이에서 **열망의 불균등**(aspiration divide)을 경험하고 있다. 또한 자녀가 있는 노동자들은 빈약하고 부적절한 지원 때문에 엄청난 시간 압박을 감당하면서 부모가 아닌 노동자와 이질감을 느껴야 하는 **부모 역할 불균등**(parenting divide)을 겪고 있다. 그리고 마지막으로 말하지만 가장 중요한 것으로, 여성에게 가족의 필요와 직장의 요구를 조화시키려는 노력에 값비싼 대가를 치르도록 하면서 가장 혹독한 딜레마를 겪도록 방치하는 **성 불균등**(gender divide)을 들 수 있다.

이러한 여러 가지 시간 불균등은 서로 연관되어 있고 사회적으로 구성된 것이며, 21세기의 일 – 가족 변화 과정에 깊게 뿌리박고 있다. 사회정책의 효과를 높이려면 이 모든 불균등을 인지하고 이해하고 문제제기해야만 한다. 일과 가족생활 사이에, 과잉노동하는 사람과 일거리가 부족한 사람 사이에, 노동자에게 주어진 선택지와 노동자 자신의 선호 사이에, 자녀가 있는 노동자와 없는 노동자 사이에, 여성과 남성 사이에 등장하는 많은 시간 불균등에 주목해야만 현 시기 딜레마의 사회적 근원을 다룰 수 있다.

노동자에게 가족 친화적이고 성 평등한 노동환경뿐 아니라 자녀의 정서적 안녕과 가족의 경제적 전망 사이에서 양자택일하지 않아도 된다는 확신까지 제공하기 위해서는 어떤 정책을 만들어야 할까? 특히 일하는 부모에게는 어떤 정책을 제시해야 할까? 우리는 시간을 비롯한 다른 요인에도 초점을 맞춰 정책 범위를 고려함으로써 결론을 내리고자 한다. 노동자가 일과 가족을 잘 통합시켜 나가도록 도울 수 있고, 경제적 안정과 남녀 간 형평성, 부모 지원을 더 많이 제공할 수 있는 개혁에 관해 논할 것이다. 지금까지 가족 친화 정책에 관한 대부분의 논의는 노동시간을 더 유연하게 해야 한다는 데 집중되어왔다. 노동시간 유연화는 중요한 문제이지만, 일 – 가족 갈등을 줄이는 여러 전략 중 하나일 뿐이다. 직장 보육시설 마련, 수업일수 및 학령기 연장과 같은 정책은 부모들이 일을 더 많이 혹은 최소한 더 마음 편하게라도 할 수 있게 돕는다. 또한 주당 노동시간을 줄이고 의무휴가를 늘리는 정책은 직장이 직장생활 이외의 삶을 좌지우지하는 정도를 제한하는 효과가 있다. 즉 정책의 내용은 경제적 중요성, 확보할 수 있는 정치적 지지력, 가족과 직장에 미치는 영향력에 따라 달라진다. 또한 팩스, 휴대전화, PDA, 노트북컴퓨터 같은 새로운 기술들로 인해 노동자에게 유연성을 제공하는 동시에 고용주의 통제력을 강화시키는 상반된 상황이 어떻게 가능하게 될지 고려할 필요가 있다. 우리는 노동자의 필요와 욕구에서 발견한 변수에 비추어 남녀 간의 형평성 원칙과 경제적 안정, 이 두 가지를 타협시키지 않고도 일과 개인적 삶을 조화롭게 할 수 있는 일련의 선택지를 제안할 것이다. 이 모든 목적에 도달한다는 것은 보다 넉넉하게 가족을 지원하고 보다 유연하게 노동조건을 만들어가는 데 초점을 맞춘 복합적 선택지에다 노동시간 단축 정책을 추가하는 것을 의미한다.

일, 가족, 젠더 변화의 신화와 현실

이 책은 미국의 일과 가족생활 양상에 관해 새로운 증거와 참신한 관점을 제시할 것이다. 우리는 열띤 논쟁들을 다루고 조사 결과를 종합하는 과정을 거치면서 널리 퍼져 있는 신화를 무너뜨리고, 오늘날의 일 – 가족 딜레마가 갖는 성격과 그 윤곽을 보다 복잡하게 그려보려 한다. 물론 학문적 난제를 분석하는 차원에만 머물지는 않을 것이다. 오늘날 미국의 노동자들이 직면한 시간 딜레마에 관해 다소 복잡하기는 하지만 포괄적인 진단을 내림으로써 '과잉노동하는 미국인' 논쟁이 그렇게 성공적으로 전면에 배치되면서 만들어온 갈등과 딜레마를 해소할 수 있는 정책 개혁의 길을 제시하려고 한다. 우리는 광범위한 자료와 접근방법을 사용하면서 개인뿐 아니라 가족에도 초점을 맞추며, 여성노동력과 남성노동력에 영향을 미치는 변수를 검토하고, 시간이라는 주제를 직장구조와 직장 문화라는 차원 너머로 이동시킴으로써 일과 가족 변화에 관한 논쟁을 재구성하고자 한다.

차례

제1부
노동시간, 가족시간, 여가시간을 둘러싼 변화

1 노동의 과잉인가, 여가의 증대인가?

 미국 가족들의 삶은 점점 더 바빠지고 있다. 그 속도의 완급이 천차만별이긴 하지만 과거 세대와 비교해볼 때 삶의 속도가 빨라지고 있다는 점에는 다수가 동의하는 듯하다. 그런데 과연 이러한 인식이 정확할까? 이 장에서는 사람들이 일상생활에 치이느라 여가를 즐기지 못하게 된 것인지, 그게 사실이라면 과연 과잉노동 때문에 많은 이들이 궁지에 몰리게 된 것인지에 관한 첨예한 갈등을 살펴볼 것이다. '나를 위한 시간(time for life)'이 정말 부족한 것일까? 아니면 사회 비평을 하는 데 필요한 역사적이고 설득력 있는 관점이 부족한 탓에 모호하거나 산발적인 사회적 경향을 과장해버림으로써 시간에 쫓긴다고 느끼게 되는 것일까?

 질문이 단순한 만큼 일반적으로 제시되는 해답 역시 매우 간단하다는 점이 중요하다. 미국 노동시장과 가족에서 일어나는 복잡한 변화를 정확하게 담아내는 하나의 경향은 없다는 것이다. 좀 더 완벽한 설명이라고 해봐야 노동자들과 그 가족이 다양하다는 정도이다. 사실상 많은 노동인구가 그 어느 때보다 더 오래 더 강도 높게 일하고 있는 반면, 어떤 노동자들은 충분한 일거리를 찾지 못해 고전하고 있다. 미국인들이 일과 가족생활의 의무 사이에서 점점 더 갈팡질팡 하는 것은 사실이다. 그러나 노동인구의 분절 양상은 잘 드러나지 않는다. 말하자면 어떤 노동자들은 더 오랜 시간 동안 일하라는 요구에 시달리는 반면, 다른 노동자들은 자신과 가족의 필요를 충족시킬 만큼의 일거리를 찾으려고 고군분투하고 있다는 것이다. 이러한 분절 상황이 현실에서 드러난다면, 사람들이 일을 더 많이 하는지 아니면 여가를 더 많이 즐기는지를 두고 첨예하게 대립하는 주장들의 맥락이 해명될 수 있을 것이다.

점점 더 많은 미국 가족들이 과잉노동한다고 느끼며, 이는 사실이기도 하다. 어떤 노동자들은 지나치게 많은 시간을 직장에서 보낸다. 또한 그다지 긴 시간을 일하지 않더라도 맞벌이 가구나 한부모 가구로 살면서 난관에 봉착한 사람들이 무수히 많다. 가족생활을 위한 시간이 부족하다는 것은 단순히 개인적 선택의 차원이 아니라 우리의 경제와 노동조직 구조가 그러한 선택을 하게 만든 방식을 드러내준다. 시간에 쪼들리는 경험은 미국 사회의 성격과 구성이 장기간에 걸쳐 근본적으로 변화하고 있음을 반영한다. 이러한 관점에서 본다면 일상생활을 영위하는 데 필요한 시간이 부족하다는 것은 단지 개인의 문제가 아니라 아주 중요한 공적 쟁점이 된다.

'과잉노동하는 미국인' 논쟁

시간이라는 주제에 관해서는 학자나 정치인 못지않게 일반인들도 관심을 보인다. 그런데 시간 압박이 사회 문제 증가를 보여주는 보편 개념임에도 불구하고 시간 문제를 연구하는 학자들은 이 문제의 범위, 규모, 원인에 대해 각기 다른 주장을 편다. 쇼어는 『과로에 시달리는 미국인(The Overworked American)』에서 오늘날의 미국인들이 2차 대전 이래 가장 오랜 시간 일한다고 주장한 바 있다. 그녀는 노동시간이 세기에 걸쳐 감소하는 경향을 보이다가 최근 들어 다시 늘어났다고 보았는데, 이러한 진단은 사회문화적 자극이 되었을 뿐 아니라 대중에게 일 – 가족 갈등의 중요성을 환기시키는 계기가 되었다. 또한 미국인들이 다른 나라 사람들만큼 열심히 일하지 않는다(Goldberg, 2000)는 생각이 틀렸음을 일깨워주었다. 게다가 그녀의 주장은 오늘날 가족 경제가 여성 소득에 의존하게 되는 식으로 변화하면서 어떻게 점점 많은 가족들이 과잉노동을 인식하게 되는지에 주목하게 해주었다.

과잉노동이 일반화되고 있다는 쇼어의 논지는 국가적 논쟁을 불러일으키기도 했다. '과잉노동하는 미국인'이라는 명제와 관련해 다양한 관점들이 충돌했다. 어떤 학자들은 초과 근무의 증가(Hetrick, 2000)나 가족 내에서 접하게 되는 복잡한 문제의 도피처로 직장을 여기게 될 가능성(Hochschild, 1997)에 주목하면서 쇼어의 주장을 이어가기도 했다. 반면에 최근 수십 년간 노동시간이 거의 변하지 않았다고 주장하는 사람들도 있었다(Rones, Ilg, and Gardner, 1997). 또한 로빈슨 같은 연구자들은 '시간사용 일지' 데이터를 사용하여 여가시간이 그 어느 때보다도 많아졌다고 주장했다(Robinson and Godbey, 1999).

우리는 이렇게 갈등적이고 비타협적인 관점들을 어떻게 이해해야 할까? 이처럼 여러 주장이 극도로 대립하는 상황을 해결하기 위해서는 '과잉노동하는 미국인' 명제와 그 근거를 살펴볼 필요가 있다.

시간 측정

먼저 시간 측정 방식을 검토할 필요가 있다. 연구자의 관점에 따라 시간사용을 측정하는 방식에 차이가 있을 수 있다. 시간 측정에는 자기보고(self-reports), 시간사용 일지, 호출시점 기록법, 관찰연구 등 다양한 방법이 쓰인다. 자기보고와 시간사용 일지는 가장 흔하게 사용되는 측정도구인 동시에 논쟁거리 역시 많은 방법이다. 호출시점 기록법과 관찰연구

같은 방법은 잘 사용되지 않지만 대개 작은 규모의 조사에서 쓰인다. 활용도가 낮은 방법을 먼저 살펴보자.

호출시점 기록법은 경험을 구체적으로 기록함으로써 시간사용을 측정하는 것이다. 참가자들은 호출기를 가지고 다니다가 호출기가 울리면 그 시점에 하던 활동과 심리 상태를 기록한다. 이를 반복함으로써 시간사용과 그 경험에 관한 대략적인 윤곽을 그리게 된다. 호출시점 기록법은 어떤 일이 발생한 특정 순간과 최대한 가까운 시점을 포착하기 때문에 일지를 쓰는 것보다 즉각적이면서 정밀한 접근을 가능하게 해준다. 이 연구방법은 활용도 면에서 아직 초기 단계이기 때문에 어떤 가능성을 가졌는지, 또 그 가능성이 어떻게 발휘될지 가늠하기는 어렵다.[1]

물론 호출시점 기록법을 포함해 사례 조사, 시간사용 일지 등 모든 자기보고 방식에는 왜곡이 일어나기 마련이다. 사람들은 흡연이나 장시간의 텔레비전 시청과 같이 사회적으로 비난받는 행동을 드러내기 꺼릴 수 있고, 자녀의 숙제를 도와주는 것처럼 보람된 일이라고 생각하는 활동을 과장하는 것을 쑥스러워할 수도 있다. 관찰연구는 객관적 관찰자가 일터나 가정에서 실제 일어나는 일을 기술하는 것으로, 자기보고에서 일어날 수 있는 왜곡을 피하기 위해 사용되며(Coltrane, 1996; Lareau, 2000; Levine et al., 2001), 자기보고에 비해 심층적이다. 하지만 규모가 작은 조사에서만 사용할 수 있고, 연구대상이 되는 바로 그 일상을 흩뜨릴 가능성이 있다.

....

1 호출시점 기록법은 '경험추출방법(experience sampling method, ESM)'으로도 알려져 있는데, 응답자의 행동 및 심리상태를 추적하기 위해 '경험관찰체계'를 고안하는 데 흥미를 가졌던 심리학자들이 개발했다(Csikszentmihalyi, 1991). 이 접근법을 활용한 최근 사례는 슈나이더와 웨이트(Schneider and Waite, 2003)의 연구에서 찾아볼 수 있다. 시간사용을 측정하는 다양한 방법에 관한 논의로는 저스터와 스태포드(Juster and Stafford, 1985)를 참고할 것.

관찰연구와 이에 관련된 측정법들은 분명히 강점을 지니고 있지만 시간이 어떻게 경험되고 사용되는지에 관한 전반적인 상을 제공해주진 못한다. 이에 비해 대규모의 전국조사는 주당 노동시간 같은 주제에 관해 표준적이고 포괄적인 정보를 제공한다. 월별 실업률을 추적하는 <현 인구조사>는 노동시간에 관한 자기보고를 주요 정보원으로 삼는다. 물론 10년마다 실시되는 인구조사(U.S. Census)나 그 외 노동력 조사도 동일한 방법을 사용한다. <현 인구조사>는 최소 6만 명 이상을 대상으로 광범위하게 실시되는데, 취업상태뿐만 아니라 노동시간, 직종 및 종사산업, 학력 등을 포함해 조사대상의 생활 전반에 관한 사항들을 다양하게 질문한다. 매달 실시하는 조사에서는 조사 시점 1주일 전의 노동시간과 비노동시간(해당 주에 휴가가 포함될 경우), 통상 노동시간을 묻고, 매년 3월에 실시하는 조사에서는 현재 직업의 통상 노동시간과 이전 해의 최장 노동시간에 관해 묻는다.

그러나 <현 인구조사>의 정보가 부정확하다고 비판하는 사람들이 있다. 시간사용 일지 연구를 열렬하게 지지하는 로빈슨 같은 비평가들은 사람들이 뭐라고 응답할지 결정하는 시간은 단지 몇 초에 지나지 않기 때문에 성급하게 어림잡은 결과가 나오게 된다고 주장한다(Robinson and Godbey, 1999). 그는 장시간 노동하는 사람들의 경우 일하는 시간을 유난히 과장하는 경향이 있기 때문에 <현 인구조사> 자료에 근거한 쇼어의 주장 역시 노동시간을 과장한 추정치에 기대고 있어 신빙성이 낮다고 본다. 인구조사국의 연구가 매달 수천 명의 취업 실태를 반영한다는 사실에도 불구하고, 시간사용 일지를 옹호하는 사람들은 공식 노동통계가 추측과 과장에 기반을 둔다고 믿는다.

로빈슨은 시간사용 일지야말로 편향되고 부정확한 자기보고 방법의 단점을 해소하면서 보다 자세하고 주의 깊게 정보를 수집해준다고 주장한다. 시간사용 일지는 사람들이 전날 일어난 일들을 순서대로 열거하게 되어 있는데, 임금노동시간뿐 아니라 가사노동과 여가에 사용한 시간을 포함하기 때문에 무급노동시간도 측정할 수 있다. 따라서 시간사용 일지는 <현 인구조사>와 달리 연구자가 임금노동과 가사노동의 이중 노동 또는 이중 부담이라는 주제를 다룰 수 있게 해준다.

그러나 시간사용 일지 역시 비판받을 소지가 있다. 예를 들어 쇼어와 혹실드는 너무 바쁜 사람은 일지를 건성으로 쓰게 된다고 주장한다 (Schor, 1991; Hochschild, 1997). 그 말이 맞다면 여가시간이 증가하고 있다는 로빈슨의 주장은 미국인들이 너무 바빠서 일지를 제대로 쓸 시간마저 부족하다는 것을 반영하는 셈이 되어 버린다.[2] 자기보고가 노동시간을 과대 추정한다면, 시간사용 일지는 정말 바쁜 사람들과 그 가족이 겪는 시간 압박을 과소 추정하게 되는 것이다.

또한 시간사용 일지는 참여자가 일정한 양식에 자율적으로 기록하는 방식이기 때문에 응답결과가 제각각이게 된다. 예컨대 어떤 자기기입식 시간사용 일지는 종합적인 응답을 얻어내기 위해 취침 시간을 제외하고 총 33회를 기재하게 되어 있다. 이를 대략 따져보면 30분에 한 번씩 기술하는 셈이 되겠지만, 응답자가 몇 시간 동안 꾸준히 한 활동과 단 몇 분 동안만 한 활동의 비중을 구분하지 않은 채 그냥 순서대로 적을 수도 있다. 이 방법은 1985년까지 사용되다가 이후로는 전화조사로만 활용되었다(Robinson and Godbey, 1999: 68).

이러한 비판과 반론 속에서 과연 누구의 방법이 옳다고 할 것인가? 우리는 양쪽 접근법 모두 중요한 정보를 제공한다고 보지만, 왜곡 가능성을 지적하는 내용은 과장되어 있다고 생각한다. 자기보고와 시간사용 일

---

2 1990년대에 사용되었던 시간사용 측정 방법 중 전화를 통한 시간일지(Robinson and Godbey, 1999)는 인터뷰 대상자가 누락된 사건을 생각해내고 보다 상세하게 응답하는 데 도움을 준다.

지는 시간사용 방식을 이해하는 폭을 넓히는 데 상호보완적 정보를 제공한다.

우리는 자기보고가 신빙성 없이 과장되었다는 비판에 대응해 자기보고야말로 타당하며 왜곡에서 자유롭다는 것을 밝혀낸 바 있다(Jacobs, 1998). 비록 허점이 없는 것은 아니지만 자기보고를 통해 많은 사람들의 평균치를 산출해낼 수 있다. 정확한 노동시간을 계산하는 것보다는 출퇴근시간을 떠올리는 것이 심리적으로 쉽기 때문에 두 개의 측정치를 비교해서 노동시간을 밝힐 수 있다. 도착 시각에서 출발 시각을 빼면 통근시간은 물론 평균 노동시간이 나온다. 집 밖에서 보낸 시간이 자기보고에서 기술한 노동시간보다 다소 길 수 있지만, 그 전체 시간에는 점심시간뿐 아니라 업무와는 직접 연관이 없더라도 시간 소비에서 중요한 다른 활동 시간이 포함된다. 사실상 집 밖에서 보내는 시간을 보고한 결과는 노동시간을 보고한 결과와 상당히 일치하고, 이는 노동시간이 체계적으로 부풀려질 위험을 막는다.

더구나 노동시간이 규칙적이지 않은 사람들이 유독 잘못 측정되거나 과장될 가능성도 별로 없어 보인다. 또한 항상 바쁘다고 느끼기에 일터에서 보내는 시간을 과장하기 쉬운 일하는 어머니들도 실상 그럴 것 같진 않다. 개인의 정체성을 자신의 경력 속에 꽁꽁 싸맬 것 같은 전문직의 경우에도 마찬가지이다. 여러 집단을 살펴보더라도 일터에서 보내는 시간을 유난스럽게 과장하려는 사람들이 있다는 주장을 지지할 만한 근거가 없다. 노동시간 자기보고는 다양한 직종에 속한 다양한 인구학적 집단을 대상으로 이루어지지만, 여기에서 체계적인 왜곡이 일어난다는 증거는 거의 없다. 즉 주당 노동시간 공식 측정치와 자기보고 결과는 사람들의 임금노동시간 추세를 보여주는 안내서로 신뢰할 만하다.

시간사용 일지와 호출시점 기록 연구는 일터에서 보내는 시간 중 얼마만큼이 엄격하게 노동으로 정의되는 활동을 한 시간인지 알려준다(Robinson and Godbey, 1999; Schneider and Waite, 2003). 그럼에도 일터에서 보내는 모든 시간은 집과 가족생활에서 떨어져 보내는 시간이다. 따라서 각종 인구조사와 연구에서 통상적으로 사용하는 임금노동시간 정의는 일 - 가족 시간 분절을 의미하는 것으로 이해하는 편이 적절하다.

시간사용 일지에서 왜곡이 일어날 거라고 우려할 필요도 없다. 시간사용 일지 방법이 가장 바쁜 사람을 놓쳐서 노동시간을 과소측정하게 할까? 자세히 들여다보면 이러한 주장을 뒷받침할 만한 근거가 없다. 로빈슨의 시간사용 일지 연구에 참여한 사람들은 1주일 전의 노동시간을 묻는 표준적인 자기보고 문항을 포함한 여러 개의 질문에 응답했는데, 그 결과는 <현 인구조사>의 추정치와 비슷하게 나타난다.

시간사용 일지 연구는 인구조사국의 통계가 노동시간을 과잉 추정하지 않은 것과 마찬가지로 바쁜 응답자들을 과소 측정하지 않는다. 로빈슨과 앤 보스트롬(Ann Bostrom)은 1985년에 실시했던 노동시간 자기보고 결과가 <현 인구조사> 결과와 거의 일치한다고 주장했다(Robinson and Bostrom, 1994). 1995년 조사에서는 시간사용 일지 응답자들이 <현 인구조사>의 평균적 응답자보다 훨씬 바쁜 것으로 나타났다(Robinson and Godbey, 1999: 326).

결국 측정이라는 주제로는 시간사용을 다루는 광범위한 논쟁을 해명할 수 없다. 각각의 방법에 제한점이 있긴 하지만, 그렇다고 사용할 수 없을 정도는 아니다. 시간사용 일지 옹호자들이 확신하듯이 설사 공식 노동통계가 추측과 과장을 일부 포함하고 있다 하더라도 이러한 조사는 수천 명의 취업 상황을 월, 년, 10년 등 주기별로 집계한다. 또한 비록 시간일지가 가장 바쁜 사람들이 경험하는 시간 압박을 체계적으로 과소평가한다 하더라도 일상생활에 대해 폭넓게 파악하도록 해준다. 쌍방 간에 비판과 반론이 오가는 격전지에서 어느 방법 하나만이 유일한 승자라고 할 수는 없다. 차이가 있기는 하지만 사실 상 두 가지 접근 모두 유용한 정보를 제공하며, 상대 방법의 단점으로 지적하는 내용은 과장되어 있다. 주당 노동시간 자기보고와 시간사용 일지 기입은 일상생활에서 시간이 어떻게 사용되는지에 관한 그림을 보다 완벽하게 그려낼 수 있도록 상호 보완적인 정보를 제공한다. 하지만 일과 여가 사이의 균형이 왜, 어떻게 변화했는지에 관한 논쟁에 답을 주지는 않는다.

'과잉노동하는 미국인' 논쟁 재검토

측정에 대한 논쟁은 접어두고 '과잉노동하는 미국인' 논의의 실체를 보다 면밀하고 신중하게 검토해보자. 쇼어는 노동시간이 점차 증가한다는 주장을 뒷받침하기 위해 노동자의 평균 연간 노동시간을 측정했는데, 그 결과 1969년에서 1987년 사이에 남성의 연간 노동시간이 98시간 증가한 반면 여성의 경우는 305시간이나 증가했다고 밝혔다(Schor, 1991; Leete and Schor, 1994).[3]

그런데 연간 노동시간이 아니라 주당 노동시간으로 초점을 옮겨보면 다른 양상을 볼 수 있다. 미국인이 과잉노동하고 있다는 의견이 점점 반향을 일으키고는 있지만, 최근 몇 십 년 동안 주당 평균 노동시간에는 별다른 차이가 없다. 30년 전과 비교해도 미국인이 일터에서 보내는 시간의 평균값은 비슷하게 나타난다.

<그림 1-1>은 1960년 이래 주당 노동시간이 안정적임을 보여주는데, 지난 수십 년에 걸쳐 미국인의 주당 노동시간은 거의 변화하지 않았다.[4] 취업상태인 남성은 주당 평균 42~43시간, 여성은 35~36시간 일

---

3 쇼어는 3월에 실시한 <현 인구조사> 자료에서 전년도 통상 근무 주간과 주당 근무시간을 곱해 그림을 완성했다.

4 이 분석은 <현 인구조사> 자료에 근거한 것이다. 이 조사는 1960년대에 설계된 이래로 신뢰할 만한 데이터를 폭넓게 제공해왔으며, 주당 근무시간의 시계열적 추세를 검토하는 데 가장 유용한 자료일 것이다. 1993년 조사에서 노동력에 관한 질문에 사용된 용어

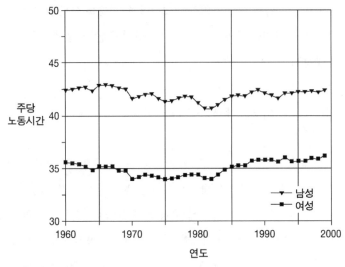

〈그림 1-1〉 성별 평균 노동시간 추세(1960~2000년)

자료: 「현 인구조사」.

한다. 이러한 수치는 시간사용 일지에서도 확인된 바이다. 로빈슨과 갓베이도 남성은 주당 평균 42시간, 여성은 37시간 일한다고 보고했다(1999: 326). 그러나 실제 일하는 시간을 측정해보면 시간일지와 <현 인구조사> 결과 사이에는 그다지 일관성이 없다.

지난 40여 년 동안 노동시간은 1~2시간 범위 내에서 오르내리기를 반복했다. 매년 아주 미세하게 나타나는 변화는 산업 주기의 변동을 반영한 것이다. 주당 평균 노동시간은 1980년대 초반 경제 후퇴기에 잠시 줄어들었다가 1990년대 경기 활성이 지속되는 동안 다시 상승했는데,

가 약간 달라졌으나 분석에는 거의 영향을 미치지 않았다. 1970~1990년 동안의 추세가 1970~2000년 동안의 기록과 흡사한 양태를 보이기 때문에 우리는 문항의 용어 변화가 별다른 영향을 미치지 않는다고 단정할 수 있다. <현 인구조사>의 상세한 내용은 미국 노동통계청(U.S. Bureau of Labor Statistics, 2002a)을 참고할 것.

여기서의 격차도 아주 미미하다. <그림 1-1>에서 일관성 있게 나타나는 경향을 살펴보아도 노동시간이 변화했다는 결론은 특정 시기들을 어느 한쪽 주장에 딱 들어맞게 비교해서 나왔다고 보기 어렵다. 사실상 어느 두 시기를 선택해보더라도 같은 결론이 나온다는 것을 알 수 있다.

노동시간의 경향을 파악하는 데는 여러 방법이 있다. 자영업자를 제외한 봉급생활자에게만 초점을 맞출 수도 있고, 농업처럼 노동 주기가 독특하고 다른 산업과 달리 자연재해 같은 요인에 의해 좌우된다는 이유로 제외되는 경우도 있다. 또한 쇼어가 그랬듯이 하향 취업자의 경우 어쩔 수 없이 '과도하게' 여가시간이 길어 다른 노동자의 여가시간을 확대 해석하게 만드는 함정으로 작용할 수 있기 때문에 제외된다. 측정의 초점은 지난 1주일 간의 노동시간 또는 지난 1년 중 가장 오래 종사했던 직업에서의 통상 노동시간에 맞춘다. 이런 여러 가지 측정 방식 속에서도 여전히 변치 않는 사실은, 어떤 식으로 정의를 내리더라도 지난 30년간 주당 평균 노동시간이 거의 변하지 않았다는 점이다.

주당 노동시간이 줄곧 안정되어 있었다는 사실과, 실제 일하는 데 들인 시간이 증가해왔다는 결론은 어떻게 조화를 이룰 수 있을까? 이 수수께끼 같은 상황은 역사적 관점에서 차이를 살펴봄으로써 일부 해명할 수 있다. 쇼어의 분석에서도 주당 노동시간이 약간이나마 증가한 시기가 유사하게 나타난다. <그림 1-1>을 잘 살펴보면 노동시간은 1980년대 초반 경제 후퇴기에 눈에 띄게 감소했다가 다시 증가했음을 알 수 있다.

그런데 보다 근본적으로 설명하자면, 이렇게 분명하게 상충하는 결과는 연간 노동시간과 주당 노동시간 중 어디에 초점을 두는가에 따른 것이다. 연간 총노동시간이 주당 노동시간과 연간 노동주간의 산물인 반면, 미국인이 과잉노동한다는 관념은 주중에 다른 일을 할 여지가 전혀 없이 온종일 일하는 이미지를 창출해낸 것이다. 그러나 쇼어가 밝힌 노동시간 증가분의 가장 큰 비중은 주당 노동시간이 길어져서라기보다는

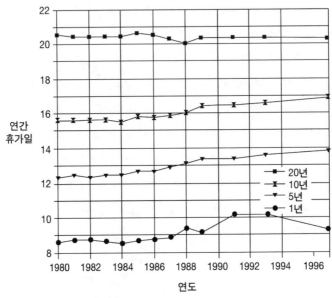

〈그림 1-2〉 근무연수별 휴가일수 추이(1980~1997년)

자료: 미국노동통계청, 추정치.

일반적으로 1년 중 일하면서 보낸 주간이 늘어난 경향을 반영한다.[5]

휴가기간이 줄어들고 있나?

매년 일하는 주간이 늘어난다는 것은 휴가기간이 줄어들고 있음을 의미하기도 한다. 대다수 유럽 노동자들이 매년 한 달 이상의 휴가를 사용할 수 있도록 법적으로 보장받고 있는 반면, 미국 노동자들은 다른 선진국에 비해 휴가일수가 적다(제 6장 참조). 그렇다면 미국인의 휴가는 오랜 시간에 걸쳐 점점 짧아진 것일까?

<그림 1-2>는 1980~1997년 사이의 휴가일수 추이를 보여주는데,

---

5 연간 노동시간은 대개 국제비교에서 사용되는데, 이는 제 6장에서 다룰 것이다.

지난 10년간 휴가일수에 약간의 증가세만 있을 뿐 실제로 1980년대와 1990년대 초 사이에 큰 변화가 없음을 알 수 있다. 일반적으로 휴가일수는 근무연수에 따라 증가하는데, 1년 미만 근무자의 경우 연간 유급휴가는 평균 9일이며, 5년 근무자의 경우는 평균 14일이다. 10년 근무자는 1년에 평균 17일의 휴가를 받고, 20년 근무자는 평균 20일 이상의 휴가를 받는다. 1984~1997년 동안에 1년, 5년, 10년 근무자의 휴가일수가 매년 약 하루씩 증가한 반면, 20년 근무자에게는 변화가 없었다. 휴가를 마음껏 즐기는 유럽인들과 비교하면 이 정도는 미미한 증가로 눈에 잘 띄지도 않지만, 그래도 과잉노동이 증가해서 휴가가 줄어들었다는 생각이 틀렸음을 짚어낸다는 의의가 있다.

그런데 이 측정치는 몇 가지 약점을 가지고 있다. 첫째, 이 수치들은 노동자들이 실제로 사용한 휴가일수가 아니라 근무연수별 휴가일수를 기재해 놓은 회사 측의 보고서를 반영한 것일 뿐이다. 둘째, 회사의 보고서에는 시간제 노동자, 하청업자, 유급휴가를 거의 받지 못하는 불안정한 지위의 노동자들이 배제되어 있다. 시간제 노동, 특히 임시직의 증가는 상당히 많은 노동인구의 유급휴가 감소로 이어질 수 있는데도 '표준' 노동자가 사용할 수 있는 공식적인 휴가일수에는 거의 변화가 일어나지 않았다.

그렇다면 노동자들은 자신에게 보장된 휴가를 얼마나 사용할까? <표 1-1>은 1992년의 <전국 노동력 변동조사> 결과를 보여주는데(Bond, Galinsky, and Friedman, 1993), 대부분의 노동자가 주어진 휴가일수를 거의 다 사용한다.[6] 미국인들은 대개 1년에 12일의 휴가를 받고 11일을 사

---

6 <전국 노동력 변동조사>는 1992년과 1997년에 실시되었다(Galinsky, Bond, and Friedman, 1993; Bond, Galinsky, and Swanberg, 1998). '휴가기간 사용일수'를 묻는 문항이 1997년 조사에는 포함되지 않는 등 몇 가지 질문이 바뀌긴 했지만 두 조사 모두 유용하다. 그런데 <전국 노동력 변동조사>가 미국 노동인구를 대표하려는 목적을 가졌음에도 불구하고, 동일 기간에 이루어진 <현 인구조사>와 비교할 때 남성과 여성의

〈표 1-1〉 직종별, 성별 유급 휴가일수 및 사용일수((1992년)

노동자 유형	유급휴가일수	사용휴가일수
전체	12.0	11.1
1년 이상의 정규직	14.2	12.5
남성	14.4	12.1
여성	14.0	12.9
전문직/관리직	18.1	15.7
남성	18.4	15.1
여성	17.7	16.4
기타	12.4	11.4
남성	13.0	11.1
여성	12.4	11.4

자료: 「전국 노동력 변동조사」.

용하는데, 이는 많은 유럽 국가의 휴가기간이 일반적으로 4~5주인 것에 비해 한참 부족하다.

휴가는 전일제 직원에게만, 그리고 일정 기간 이상을 근무한 사람에게만 주어지기 때문에 <표 1-1>이 보여주는 실태는 근무연수가 적어도 1년 이상인 전일제 노동자들이 직접 기재한 내용에 따른 것이다. 이들은 1년에 3주 미만(14.2일)의 휴가를 받아 2.5주(12.5일)의 휴가를 사용한다. 남성은 여성에 비해 휴가일수를 더 많이 비축한다. 전문직과 관리직의 경우 거의 4주의 휴가를 얻지만 3주 정도만 사용하는데, 정해진 휴가일수와 사용한 휴가일수 모두 비전문직에 비해 1주일 정도 많다. 이는 직

주당 평균 노동시간이 약 5시간 정도 과대 측정되어 있다. 바로 이 점이 시간사용에 초점을 맞추어 연구를 진행하면서 발견하게 되는 취약점이다. 우리는 이 조사의 표본이 장시간 노동자는 너무 많이, 단시간 노동자는 너무 적게 포함하고 있다는 한계를 염두에 두면서 조사 결과를 활용하고자 한다.

급 사다리의 제일 높은 자리에 있는 전문직 종사자들이 자신에게 보장된 휴가를 전부 쓰지는 않는다 해도 낮은 직급 종사자에 비해 많은 혜택을 누린다는 것을 명백하게 보여주는 실례이다.

미국인들은 실제로 다른 선진국 노동자에 비해 유급휴가가 적다. 휴가는 노동력에 따라 불평등하게 분배되는데, 고소득의 전문직과 관리직에게 더 많이 주어진다. 그러나 이러한 사실이 유럽인에 비해 적은 미국 노동자의 유급 휴가일수가 그마저도 줄어들고 있음을 나타내는 것은 아니다.

여성 노동인구의 증가

미국 노동자에게 보장된 휴가일수가 적긴 하지만 과거에 비해 줄어든 것은 아니므로 휴가기간을 가지고 연간 노동시간의 전체 증가분을 설명하기는 어렵다. 그보다는 다른 식으로 간단하게 설명할 수 있는데, 바로 여성 노동인구 증가에 따라 연간 노동시간도 증가했다는 것이다. 연간 노동시간이 증가한 시기 동안 여성들은 일터로 밀려들었고, 점차 전일제로 일하게 되었다. 수십 년 전과 비교했을 때 오늘날 대부분의 노동자, 특히 여성 노동자들은 더욱 더 많이 1년 내내 쉴 새 없이 일하고 있다. 여름에 정기적으로 2개월의 휴가가 주어지는 교사, 고정적이긴 하지만 특정 기간에만 일하는 농장 이주노동자 같은 극소수의 직업만이 1년 내내 일하지 않는 예외 사례라 할 수 있다. 직업에 따라 유급휴가가 보장되기도 하고 그렇지 않기도 하지만, 대다수의 노동자는 1년 내내 일하는 것으로 전제된다. 그런데 계절에 영향 받는 직업군을 제외하더라도 일시적인 사정으로 1년을 꽉 채워 일하지 않는 사람도 있다. 예컨대 1년이라는 기간 내에 일을 시작하거나 그만두기도 하며, 일정 기간 동안은 실업 상태에 처하기도 한다. 이런 경우는 시간제 노동을 했다고 보기도 어렵다.

여성 노동자의 수적 증가는 필연적으로 연간 노동시간을 늘린다. <현

인구조사>는 전년도의 고용 상태에 초점을 맞추기 때문에 어떤 노동자가 짧은 기간에만 일하려고 했는지, 아니면 지속적으로 일하려고 했는지를 구분하지 않는다. 1년 중 일부 기간 동안만 고용된 것으로 조사된 사람들 중 다수는 전년도의 어떤 시점에 막 취업을 해서 사실상 고용기간이 얼마 되지 않은 경우이다. 일례로 2000년에 실시한 <현 인구조사>에서는 1999년에 50주 미만 일한 것으로 조사된 사람의 60% 이상이 2000년 3월 조사에서도 여전히 취업 상태인 것으로 나타났다.

따라서 노동시장 진입과 퇴출 양상은 무엇이 단기노동으로 간주되는지를 상당부분 설명해준다. 여성의 노동 참여가 증가하면 노동시장 단절은 줄어들고, 한 해의 중간시점에 고용이 이루어지는 비중도 줄어들게 된다. 이에 결과적으로 연간 노동주간이 증가하는 것이다.

이는 남성에게도 적용된다. 노동시장 참여는 생애주기 전반에 걸쳐 다양하게 나타난다. 25세 미만의 젊은 층과 55세나 60세 이상의 고령층에서 다소 낮기는 하지만 말이다. 노동시장 참여가 낮은 생애 단계에서는 연간 노동주간도 짧다. 따라서 연간 노동주간이 소폭 달라지는 것은 노동시장의 주기적 변화와 연령이나 학력 같은 개인의 인구학적 특성의 변화에서 기인한다.

<그림 1-3>은 1950년에서 1998년에 이르는 50여 년 동안 여성의 노동시장 참가율이 전일제로 1년 내내 일한 여성의 비율 변화에 맞추어 조금씩 증가해왔음을 보여준다. 두 측정치의 연속 상관관계는 매우 높다 (R=.965). 연간 노동주간이 직군별 또는 계절별 수요에 따른 노동의 지속성 정도를 반영하기 때문에 연간 노동주간의 연장은 노동인구의 변동과 밀접하게 연관되며, 특히 여성 노동자의 증가와 깊게 얽혀 있다.

요약하면, 평균적인 미국 노동자의 연간 노동기간이 늘어난 것은 시장노동에 참여하고 경제적 독립을 성취하려는 여성들이 결연한 의지로 끈질기게 전진한 결과라 볼 수 있다. 노동시장 참여에서 일어난 엄청난 변

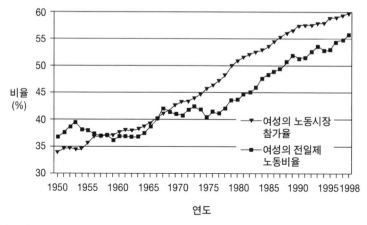

〈그림 1-3〉 여성의 노동시장 참가율 및 전일제 노동 비율(1950~1998년)

자료: 「현 인구조사」.

화와 가족시간이 점점 부족해지는 현상을 이해하기 위해서는 무엇보다
도 여성의 삶에서 일어난 혁명적 변동을 파악해야 한다.

여가시간이 증가했나?

 '과잉노동하는 미국인' 명제를 재구성하려면 1965년에서 1985년 사
이에 여가시간이 증가했다는 로빈슨과 갓베이(Robinson and Godbey,
1999)의 논의도 분석해봐야 한다. 이들은 쇼어가 논지를 펴는 데 근거가
되었던 <현 인구조사>와 같은 전국조사를 제외한 채 시간일지 방법을
사용하여 미국인의 여가시간이 지난 20년 동안 주당 35시간에서 40시
간으로 증가했다고 주장한다.
 로빈슨과 갓베이는 일하지 않는 특정 인구집단이 많아졌다고 지적한
다. 여기에는 상대적으로 여가를 많이 누릴 수 있는 집단이 포함되어 있

는데, 예컨대 비교적 젊은 시기에 은퇴하는 남성이나 20대의 대부분을 학교에 다니며 보내는 젊은이의 비율이 늘어나고 있다는 것이다. 학생이나 은퇴한 사람들은 평균적인 노동자에 비해 틀림없이 여가시간이 길기 때문에 이러한 집단이 많아지면 주당 평균 노동시간이 변하지 않아도 인구 전반에서 여가시간이 증가한다고 말할 수 있게 된다.

그러나 이 주장은 여성의 노동시장 참여 증가로 인해 위와 같은 변화가 충분히 상쇄된다는 점을 간과하고 있다. 실제 오늘날 성인 노동인구의 비율은 2차 세계대전 이후의 그 어느 시기보다 높다. 16세 이상 전체 인구 중 취업자 비율은 1950년에 56.1%였는데 1999년에는 64.3%로 상승했다. 도시근로자의 비율도 59.2%에서 67.1%로 엇비슷하게 높아졌다.[7] 증가 추세에 있는 65세 이상 인구를 제외할 경우 취업인구의 비율은 한층 가파르게 상승할 것이다. 따라서 노동시간의 전반적인 변화는 인구 증가분을 반영하게 된다.

노동시장 참가율의 증가는 두 가지 대조적인 경향을 보여준다. 하나는 여성 참가율의 급속한 증가이고, 다른 하나는 남성 참가율의 점진적 감소이다. 1970년 이래로 남성의 노동시장 참가율은 80.0%에서 75.6%로 떨어진 반면, 여성의 경우는 42.6%에서 59.6%로 증가했다. 따라서 여가시간을 둘러싼 의문점은 여가시간의 증가보다는 역사적으로 전무후무하게 높은 노동시장 참가율의 맥락에서 이해되어야 한다.

노동의 증가? 여가의 증대? 아니면 둘 다?

'노동의 증가'와 '여가의 증대'라는 두 명제는 겉보기에 상호 대립적

----

7 미국 인구조사국(U.S. Bureau of the Census, 1998), 표 644.

이다. 모든 사람은 동일하게 주어지는 일정량의 시간을 자신의 활동 범위 내에서 분배해야 한다. 따라서 노동시간의 변화와 여가시간의 변화는 제로섬 교환을 뜻하게 된다. 즉 노동시간이 늘어나기 위해서는 여가시간이 줄어야만 하는 것이다. 그리고 이러한 경향을 말해주는 수치들 중 그어떤 것도 완벽하지 않기 때문에 자료의 신빙성 자체만으로는 이 난제를 풀 수도 없거니와, 상충하는 여러 견해 중 어느 입장 하나를 선택할 수도 없다. 하지만 일단 노동자들 사이에 무수한 다양성이 존재한다는 점을 깨닫는다면, 여러 의견 간의 모순을 해결할 가능성이 생긴다. 그리고 각각의 견해에 담긴 진실의 핵심을 발견할 수 있다. 노동자들이 처한 일과 가정 영역에서의 모습은 상당히 다양하며, 이 두 영역은 각각에 시간을 얼마나 투여하는지, 그리고 그러한 시간 배분의 균형을 어떻게 생각하는지에 따라 차이를 만들어낸다.

'여가가 증가했다'는 주장은 전체 인구로 추정한 주당 평균 노동시간으로부터 나온다. 그런데 평균 시간이 논의를 시작하기에 좋은 출발점으로 보이기는 하지만 집단별로 시간을 사용하는 방식의 차이가 상당히 크기 때문에 여가시간의 평균은 결국 그렇게 의미 있는 수치가 아니다. 로빈슨과 갓베이의 연구를 예로 들어보자. 1995년에 여성 집단이 아이를 돌보는 데 들인 시간은 주당 약 4.8시간으로 나타난다(Robinson and Godbey, 1999: 329). 하지만 이 평균 시간은 사실 어떤 여성에게도 딱 들어맞지 않는다. 아이가 있는 여성은 아이가 없는 여성에 비해서 훨씬 많은 시간을 아이 돌보는 데 쓰기 때문이다. 조너선 거셔니(Jonathan Gershuny)의 연구도 유사한 함의를 갖는다. 이 연구에 따르면 평균적인 미국 여성은 하루에 약 3시간을 임금노동에 들인다(Gershuny, 2000: 172). 하지만 실제로는 시간제로 일하는 여성 중에서도 소수만이 이 평균치에 들어맞을지 모르는데, 이 수치에는 하루에 8시간 이상 일하는 수많은 여성들과 임금노동을 전혀 하지 않는 또 다른 수많은 여성이 포함되어 있기 때문이다.

다양한 집단에 걸쳐 있는 평균치를 강조하는 것은 시간사용연구가 대개 적은 표본에 의존한다는 사실을 반영하기도 한다. 이는 한부모 여성과 같이 비교적 크기는 작지만 중요한 집단의 일반적 경향을 분석하기 어렵게 만든다. 게다가 미국의 시간사용 일지는 개인의 단 하루에 대한 정보만 제공하기 때문에 주당 노동시간은 각기 다른 경험의 평균을 내어 만들어질 수밖에 없다. 결국 시간사용연구가 엇비슷한 결과만을 보여준다는 사실을 쉽게 짐작할 수 있다.

설사 인구 전체를 고려한다고 해도 우리는 여가시간이 더는 늘어나지 않고 심지어 최근 몇 년간 감소 추세에 접어들었다는 증거만 발견하게 될 것이다. 리아나 세이어(Sayer, 2001)는 임금노동, 가사노동, 양육, 쇼핑, 통근에 들이는 시간을 포함한 여성들의 총노동시간이 1965년 하루 480분에서 1975년에는 하루 430분으로 줄어들었다가 1998년에는 507분으로 증가했음을 보고한 바 있다. 남성들의 경우 역시 노동시간이 증가해서 1975년에는 하루 441분이었던 것이 1998년에는 481분으로 나타났다. 1965년에 하루 491분이었던 것에 비하면 아주 조금 줄어들었을 뿐이다. 지난 25년 동안 여가시간이 증가하는 경향은 나타나지 않았다. 전체적인 변화 자체도 미미하다. 그뿐 아니라 기준으로 삼고 있는 1965년의 시간 수치는 표본이 적고 논란의 여지가 많은 조사에서 도출된 것이다.[8]

여기에서 우리는 문제의 핵심이 무엇인지를 근본적으로 이해해야 한다. 눈에 보이는 여가시간의 증가는 임금노동시간이 아니라 가사노동시

---

8 로빈슨과 갓베이의 『나를 위한 시간(Time for Life)』(1999) 제2판에는 1995년까지의 경향이 새로 수록되어 있다. 1995년도를 분석한 결과는 세이어(Sayer, 2001)가 1998년 데이터를 사용해서 제시한 것과 비슷하다.

간이 감소하면서 파생된 것이다(Bianchi et al., 2000). 시간사용 연구자들은 요리, 청소, 쇼핑 등의 가사노동이 비록 무급이지만 실제로는 노동임을 인식해야 한다고 주장한다.[9] 아이를 돌보는 일이 노동과 무관한 활동으로 간주되곤 하지만, 인간의 활동을 임금노동, 무임금노동, 자기 돌봄(수면 포함), 여가라는 네 가지 범주로 구분했을 때 육아는 가사노동에 포함된다.

세이어는 1965년과 비교해 1998년의 여성들이 가사노동에 들이는 시간은 하루에 거의 2시간 이하라고 보고한다. 반면에 남성들이 가사노동으로 보내는 시간은 같은 기간 동안 하루 1시간 정도 증가했다고 한다(Sayer, 2001). 따라서 상대적으로 주당 노동시간의 변화가 미미한 가운데 여가시간이 증가한 것은 여성의 가사노동시간이 감소한 데 따른 것이다. 로빈슨과 쇼어는 두 가지 유형의 노동에서 나타나는 서로 다른 경향에 각각 초점을 맞추고 있다. 요컨대 코끼리의 각기 다른 부분을 만짐으로써 다른 결론에 도달하고 있는 것이다.

게다가 가사노동시간의 감소는 인구통계학적 구성이 변하고 있다는 것뿐만 아니라 다양한 집단에 속한 사람들의 행위에도 변화가 일어나고 있음을 반영한다. 로빈슨과 갓베이가 지적하듯 어떤 이들은 다른 사람에 비해 가사노동을 덜 한다. 예를 들어 혼자 사는 여성은 결혼한 여성보다, 아이가 없는 사람은 아이가 있는 사람보다 가사노동을 적게 한다. 평균 결혼연령과 첫 아이 출산연령이 높아지고 지난 30년 동안 가구당 자녀 수가 감소해왔기 때문에 가사노동에 할애하는 전체 시간이 줄어드는 것

---

9 어떤 사람들은 쇼핑을 노동으로 간주해야 한다는 생각을 비웃을 수 있다. 그러나 거서니(Gershuny, 2000)는 쇼핑이 판매직 같은 임금노동에 마치 동전의 한 면처럼 보완이 되는 필수적인 무임금 활동이라고 강조한다. 게다가 대부분의 국가에서 식료품 구입이나 자질구레하게 느껴질 수도 있는 일상적인 구매행위가 쇼핑시간을 상당히 차지한다고 지적한다.

은 당연하다(Cherlin, 1992). 직장이 너무나 많은 노력과 시간을 필요로 하기 때문에 출산을 미루거나 자녀를 적게 낳는 일이 생길 수 있으며, 실제로 일어나고 있다(Robinson and Godbey, 1999: 9; Gerson, 1985). 자녀가 없는 젊은 노동자가 초과근무를 한다는 사실은 임금노동이 끊임없이 시간을 요구하는 현실을 함의하기도 한다.

생애주기 관점에서 이러한 인구통계학적 추세를 보면 일하는 시간은 줄이지도 않은 채 사람들에게 여가시간만 더 허용하는 식으로 변화했다는 것을 알 수 있다. 부모들, 특히 대부분의 어머니들은 양육노동과 가사노동이 늘어나면 시간이 너무 부족하다고 느끼게 된다. 출산을 미루는 사람들이 많아지고, 그래서 이들이 자기 삶에서 출산과 양육에 들이는 시간을 통제할 때조차도 자녀를 둔 부모가 시간 때문에 겪는 곤경은 더 심각해질 수 있다.

가사노동 감소가 시간 압박 문제를 해결하는 적절한 방책은 아니라 하더라도 주목할 가치는 있다. 시간사용 연구자들의 논의에서처럼, 가사노동 감소는 그 부담을 덜어주고 대체해줄 가전제품과 서비스를 구매할 수 있을 만큼 가구 수입이 증가한 덕택에 끝도 없는 가사 일에서 점차 해방되고 있음을 보여주는 것일 수 있다. 사회문화적 변동에 따라 집을 얼룩 한 점 없이 완벽하게 유지해야 한다는 강박이 줄어들었다는 주장도 설득력이 있다. 하지만 가사노동 감소는 해방과 동시에 새롭게 등장한 압력을 드러내는 것이기도 하다. 예를 들어 일하는 부모의 상당수가 집안일을 중요하게 생각하면서도 정작 그 일에 사용할 시간이 부족할 수 있다. 제5장에 가서 우리는 일상의 공간을 질서정연하게 유지하기 어렵게 만드는 직장 때문에 다수의 노동자들이 얼마나 바쁘고 지친다고 생각하는지를 살펴보게 될 것이다. 사람들이 시간을 어떻게 분배하는가 만큼이나 어떻게 경험하는가에 관심을 갖는 것이 중요하다.

전반적으로 임금노동시간에 큰 변화가 나타나지 않더라도 인구통계학적 다양성은 여가시간이 공평하게 분배될 수 있는 자원이 아님을 보여준다. 일하는 부모는 시간 압박과 여가 부족을 경험할 수 있다. 반면에 젊은 독신자나 자녀가 없는 부부는 자신이 선택적으로 사용할 수 있는 시간을 더 많이 갖게 된다. 여가시간이 증가했다고 주장하는 사람들조차도 일하는 여성과 일하는 부모, 특히 일하는 어머니들이 임금노동과 무임금노동을 하는 데 엄청난 시간을 소모하고 있다는 것을 알고 있다.

점점 늘어만 가는 시간 위기의 본질과 범위를 이해하기 위해서는 전국 평균이라는 수치를 넘어 시간 압박을 가장 많이 느낄 거라 생각되는 사람들, 예를 들면 일하는 부모 같은 특정 집단에 초점을 맞추어야 한다. 부모들에게 초점을 맞출 경우 상당히 다른 실태가 드러날 것이다. 세이어(Sayer, 2001)는 어머니들의 전체 노동시간이 임금노동과 무임금노동을 모두 합해 1965년에 하루 504분이었고, 1975년에는 463분으로 감소했으며, 1998년에는 다시 547분으로 증가했다고 보고했다. 아버지들의 전체 노동시간은 1965년 하루 500분에서 1975년 494분으로 감소했다가 1998년 540분으로 증가했다.

우리는 시간사용연구를 바탕으로 가구당 평균 자녀 수의 감소에도 불구하고 부모가 자녀와 함께 보내는 시간은 오히려 늘어나고 있다는 점을 알 수 있다. 어머니가 자녀와 함께 하는 시간은 1965년에 하루 평균 87분이었는데, 1998년에는 104분으로 늘어났다. 같은 기간 아버지가 자녀와 함께 보낸 시간은 21분에서 57분으로 늘어났다(Sayer, 2001; Bianchi, 2000). 부모가 자녀와 함께 보내는 시간이 늘어난 것은 '집중적인 어머니 노릇'에 매진하는 어머니, 그리고 자녀와 친밀한 관계를 맺는 아버지라는 높아진 기대치에 많은 부모가 부응하려 했기 때문이기도 하다(Hays, 1997; Coltrane, 1996; Gerson, 1993). 이러한 문화적 강제 때문에 사람들이 시간을 부풀려서 기록할 수 있다손 치더라도, 대부분의 부모가 상당량의 시간을 자녀에게 투자하고 자녀에게 집중하게 만드는 맥락 또한 틀림없이 존재한다.

자녀와 보내는 시간의 증가치는 취업상태인 부모, 특히 어머니가 자녀와 충분한 시간을 함께 보내지 못할 것이라는 우려와 모순된다. 심지어 직장에서 가장 오랜 시간을 보낼 것으로 생각되는 고학력 집단에서 이러한 증가치가 더 많이 발견되기도 한다(Gershuny, 2000). 시간 압박은 가족의 모든 구성원에게 스트레스와 딜레마를 느끼게 한다. 그렇지만 와자지껄한 생활 속에서도 가족시간을 갖기 위해 유난히 분투하는 사람은 부모인 것 같다.

사람들은 스스로를 '멀티태스킹(multitasking)'하다고 생각하곤 한다. 그래서인지 자녀와 보내는 시간은 다른 일과 나눠 쓸 수 있는 시간이 되기도 한다(Sayer, 2001). 사람들에게 시간사용 일지에 "일차적 활동 이외에 무엇을 더 했는지" 기록하게 한 결과를 보면 일하는 부모가 느끼는 시간 압박이 더욱 분명하게 드러난다. 1975년에 부모들은 자녀와 보내는 시간의 30~40%를 다른 일도 같이 하면서 보내곤 했다. 1998년까지 어머니들은 자녀와 함께 있는 시간의 거의 70%를, 아버지들은 63%를 다른 일과 병행했다(Sayer, 2001: 222 <표 7-3>). 시간과 일에 쫓기는 부모가 된다는 것은 자녀가 부모에게 불만을 갖게 되는 이유 중 하나인 듯하다(Galinsky, 1999).

시간사용 일지가 부모들의 기분까지 도표화해서 보여주지는 않지만, '멀티태스킹'은 부모가 동시에 여러 가지 일에 끌려다닌다고 느끼는 방식을 이해하는 단서를 제공한다. 텔레비전을 켜둔 상태로 자녀와 그날 학교생활이 어땠는지 이야기하면서 식사를 준비하는 저녁시간을 더없이 편안하게 여길 수도 있고, 혹은 힘들었던 하루를 여전히 허둥대며 마감하게 된다고 생각할 수도 있다. 어떤 경우이건 응답자가 그 시간에 한 가지 '주된' 활동에 전념했다고 응답한 것이 전부를 말해주

지 않는다.[10]

물론 시간사용 일지가 유용한 정보를 주기는 한다. 그러면서도 정작 중요한 몇몇 질문에 대해서는 서슴없이 답을 내놓지 않는다. 시간사용 일지는 표본이 작기 때문에 한부모 여성과 같이 시간 압박에 유독 취약할 것이라 여겨지는 특정 집단의 경향성을 보여주지는 않는다. 사람들이 얼마나 고군분투하며 일하는지, 자신이 여러 가지 활동을 수행하는 것을 어떻게 생각하고 있는지 시간사용 일지를 통해서는 알기 어렵다.[11] 이에 비해 예컨대 관찰연구를 하면, 여성이 남성보다 단순히 양적으로만 자녀와 더 많은 시간을 보내는 게 아님을 알 수 있다. 여성은 가사노동과 부모 노릇, 그리고 양육에서 일차적인 책임을 더 많이 지고 있다 (Lareau, 2000; Peterson and Gerson, 1992).

가장 중요한 것은 대부분의 시간사용 일지가 하루치 정보에 의존하고 있어서 각기 다른 7명의 사람, 즉 요일별 기록자들의 시간사용 내역을 결합해서 '합성된 1주일'을 만들어낸다는 점이다(몇 가지 예외에 관해서는 Gershuny, 2000을 참고할 것).[12] 제각기 다른 사람들의 시간사용 일지를 토대로 구축한 주간 평균은 개개인의 1주일 생활이 어떤지, 부부들의 1주

---

10 로빈슨과 갓베이는 『나를 위한 시간』(1999)에서 사람들이 자기가 하는 활동을 어떻게 평가하는지 보여주었는데, 보통 휴가로 떠나는 여행은 기분 좋은 활동으로 분류되고 세탁은 하기 싫은 활동으로 분류된다. 그러나 이러한 일반적 분류가 시간사용 일지의 항목과 연결되지는 않기 때문에, 동시에 이루어지는 일군의 활동이 여유로운 활동으로 평가될지, 아니면 급하고 바쁜 활동으로 평가될지는 알 수 없다.

11 한부모 여성에 관해서는 로빈슨과 갓베이(Robinson and Godbey, 1999: 104)를 참고할 것.

12 거셔니(Gershuny, 2000)는 유럽 국가들에서 볼 수 있는 몇 가지 예외를 제시하고 있다. 조디 헤이만(Heymann, 2000)은 유형이 다른 시간사용 일지에서 얻은 결과를 보여주는데, 그 일지에서는 응답자들이 시간을 어떻게 보내는지뿐만 아니라 그들의 욕구가 무엇인지도 묻고 있다.

일 생활이 어떤지에 대해 밑그림조차 그려주지 않는다. 그뿐 아니라 누가 유독 오랜 시간 일하고 있고, 누가 유난히 적은 시간을 일하는지 말해주지 않는다. 그러므로 우리는 이런 정보만으로 단정적인 결론을 내리지 않도록 주의해야 한다.

게다가 시간사용연구의 분석결과들은 전국 평균에 초점을 맞추는 경향이 있어서 시간사용을 통해 파악할 수 있는 복잡한 사회적, 인구통계학적 지도를 그려주지 않는다. 이때 다양성은 일과 여가를 상당히 다른 방식으로 경험하는 여러 집단을 눈여겨봐야만 수집할 수 있다. 그러한 렌즈를 가지고 다시 살펴보면, 주당 평균 노동시간은 그다지 변하지 않은 반면 특정 노동자 집단별로 노동시간 분배에서 눈에 띄는 전환이 일어났다는 점이 명확해진다.

노동시간과 여가시간에서 나타나는 변화를 충분히 이해하기 위해서는 개인뿐 아니라 가구에도 초점을 맞춰야 한다. 개개인의 노동시간 평균이 변하지 않았다고 해도 홑벌이에서 맞벌이로의 대전환은 부부의 주당 노동시간이 양적으로 현저하게 증가할 수 있음을 의미한다.[13] 시간 위기의 출현과 심화는 대부분 여성이 가장인 한부모 가정이 증가하는 데서도 분명하게 알 수 있다. 한부모 여성들이 더 많은 시간을 일하고 있건 아니건 간에, 무급의 가사전담자가 없다는 사실은 한부모 여성에게 시간 압박에 더해 과도한 역할부담에서 오는 압박까지 느끼게 한다. 그리고 맞벌이 부부나 한부모들이 지난 30년 전에 비해 그렇게 심각한 시간 압박을 경험하지 않는다 치더라도, 이들은 지금 미국에서 상당한 비중을 차지하고 있다.

....

13 현재 미국에서는 최초로 모든 가족 구성원의 1주일 간 시간사용을 기록하는 시간사용일지가 수집되고 있다. 비앙키 등(Bianchi, Robinson, and Milkie, 2007)*을 참고할 것.
  * 원문에는 근간으로 표기되어 있으나 2007년에 출판되었으므로 본서에서는 독자들의 편의를 위해 출간년도를 반영해서 표기했다. 참고문헌에도 마찬가지로 적용했다.

따라서 노동시간이 증가했는가, 아니면 여가시간이 증가했는가를 따지는 논쟁은 '평균적 미국인'에 초점을 맞춰서는 해결되지 않는다. 어떤 집단에서는 여가시간이 줄어들었겠지만, 이제 막 직장생활을 시작하는 사회초년생이나 은퇴를 앞둔 집단에서는 여가시간이 증가했을 수 있다. 이는 충분히 가능한 이야기다. 또 생애 단계 중 가족형성기에 있는 사람들의 경우 임금노동에 할애하는 시간이 그다지 증가하지 않는데도 시간 위기를 심각하게 경험할 수 있다는 것 역시 있을 법하다. 그러므로 우리는 미국 노동자들을 둘러싼 환경의 복잡다단함에 주의를 기울여야 한다.

1970년 이후 주당 노동시간의 경향

노동자들이 유례없는 도전에 직면해 있다는 점은 의심의 여지가 없다. 이들은 가족생활에 필요한 요구에 대응하는 동시에 직장에서 끊임없는 주는 부담도 감당해야 한다. 20세기가 막을 내리는 몇 십 년 동안 가족 구조와 가구 구성은 엄청나게 변화했고, 이는 많은 노동자에게 시간 압박을 안겨주었다. 물론 시간 때문에 겪는 곤경은 일반화하기 어렵고, 전국적 추세를 진단하는 주요 논의에 함축된 내용에 비해 현실은 훨씬 다양하다. 변화와 그 변화가 야기하는 결과의 역동성을 이해하기 위해서는 다양한 노동자 집단이 처해 있는 모든 상황을 고려할 필요가 있다.

<현 인구조사>에서 노동시간을 측정하는 방법 중에는 지난 1주일간의 평균 노동시간을 묻는 것과 지난 1년 동안의 평균 노동시간을 묻는 것이 있다. "당신은 지난 1주일간 직장에서 통상 몇 시간을 일했습니까?"라는 질문을 통해 지금 다니는 직장에서 노동자에게 요구하는 시간

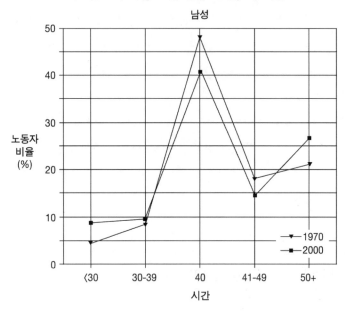

〈그림 1-4〉 주당 노동시간(1970년, 2000년)

남성

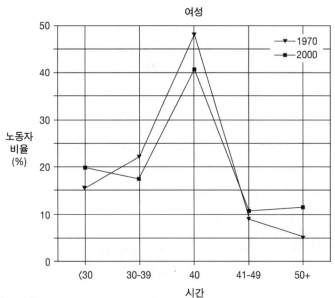

여성

자료: 「현 인구조사」.

이 어느 정도인지 알아낼 수 있다. 그런데 1년 동안 몸담았던 여러 직장의 노동시간을 모두 합한 경우와, 현 직장의 노동시간에만 초점을 맞춘 경우 그 결과에서 뚜렷한 차이가 없다는 점을 분명히 밝히기 위해서는 지난 1년 동안의 노동시간도 살펴봐야 한다.[14]

<그림 1-4>는 1970년과 2000년 주당 노동시간의 성별 분포를 나타낸 것이다. 법정 근로시간은 주당 40시간인데, 2000년의 경우 주 40시간을 근무한 노동자가 남성과 여성 모두 40%를 약간 웃돈다. 이는 1970년에 비해 약 10%p 정도 감소한 것으로 법정 근로시간의 전형성이 약화되었음을 의미한다. 그림에서 보는 바와 같이 30시간 이하 근무자와 50시간 이상 근무자의 비율은 증가하고 있다(노동시간에서 분산이 점차 커지고 있다는 점에 대해서는 Rones, Ilg, and Gardner, 1997을 참조할 것). 굳이 1970년과 2000년이 아닌 다른 연도를 선택해서 비교해보아도 약간의 증가나 감소는 보일지언정 그 경향성은 동일하게 나타난다. 요약하자면 주당 평균 노동시간이 현저하게 증가했다거나 그러한 추세가 일반화되어 간다고 주장할 근거는 거의 없다.

주당 평균 노동시간이 1970년대 이래로 크게 변하지 않았다는 점이 의아하다면, 이 명백한 안정성이 중요한 몇몇 변화 지점을 보이지 않게 만든다는 점에 유의해야 한다. 예컨대 평균치 주위의 편차가 증가해왔는데, 이는 어떤 노동자의 주당 노동시간은 더 길어졌고 어떤 노동자의 주당 노동시간은 더 짧아졌음을 나타낸다.[15]

....

14 제이콥스(Jacobs, 1998)는 노동시간을 주(週) 단위로 측정하는 것에 비해 연(年) 단위로 측정할 때 편차가 적다고 언급한다. 유감스럽게도 1970년에 실시한 <현 인구조사>에서는 응답자의 전년도 평균 노동시간을 측정하지 않았다. 이에 1976년부터 1997년에 이르는 기간 동안의 결과는 이전에 노동시간이 가장 길었던 직장에 관한 정보를 활용해 재추정했으며, 여기서 언급한 바와 유사한 결론을 얻었다.

15 쇼어(Shor, 1991), 배리 블루스톤과 스티븐 로즈(Bluestone and Rose, 1997)는 노동시

<표 1-2> 직종별, 학력별, 인종별, 성별 총노동시간

	남성			여성		
	모든 직업, 전주 평균 노동시간	30시간 미만 비율	50시간 이상 비율	모든 직업, 전주 평균 노동시간	30시간 미만 비율	50시간 이상 비율
총계 (1970년)	43.5	4.5	21.0	37.0	15.5	5.2
총계 (2000년)	43.1	8.6	26.5	37.1	19.6	11.3
집단별 (2000년)						
직종						
관리, 전문, 기술직	45.6	5.8	37.2	39.4	14.8	17.1
그 외	41.8	10.0	21.3	35.7	22.4	8.0
학력						
고등학교 졸업 미만	38.8	15.2	13.5	34.5	24.9	5.3
고등학교 졸업	42.6	7.1	21.5	36.7	18.7	8.0
전문대 졸업	42.2	11.1	24.8	36.0	22.5	9.3
대학교 졸업	46.0	5.3	38.8	39.5	15.6	19.5
인종						
백인	43.6	8.5	29.2	36.8	21.1	12.1
흑인	41.5	9.6	19.3	38.2	13.8	10.1
라틴계	41.2	8.2	17.0	36.9	17.0	6.6
아시아계	41.5	9.6	21.7	37.6	18.0	12.0

자료: 「현 인구조사」.

<표 1-2>는 농업을 제외한 직종을 대상으로 조사기간 동안 적어도 1시간 이상의 임금노동을 수행한 노동자들의 1970년과 2000년의 노동시간을 비교한 것이다. 장시간 노동이 만연한 상황을 드러내기 위해 기준을 주당 50시간으로 삼았다. 주당 노동시간이 50시간이면 가족이 함께 보낼 수 있는 시간은 상당히 제한된다. 예를 들어 주 5일 근무라면 직

간 양분화가 증대하고 있음을 지적하면서도 분산의 양 극단에 위치한 노동자보다는 평균적인 노동자에게 초점을 맞추었으며, 주당 평균 노동시간보다는 연간 노동시간에 주목했다.

장에서 매일 10시간을 보낸다는 의미인데, 여기에 점심시간으로 30분을 더하고 미국인의 평균 통근시간인 45분을 추가하면 하루 근무시간은 11시간 이상으로 늘어난다. 아침 7시에 일하러 나가도 저녁 6시 전에는 집에 못 돌아온다는 말이다. 이런 일정표라면 부모가 아이의 등교 시간에 집에 있기란 쉽지 않으며, 아이의 하교 시간에 맞춰 집에 오는 것 역시 당연히 불가능하다. 저녁 6시까지 운영하는 방과후 프로그램은 거의 없다. 많은 보육시설이 아침 7시부터 저녁 6시까지 문을 열지만, 대부분의 부모들은 어린 자녀를 그렇게 하루 종일 시설에 맡겨놓고 싶어 하지 않는다. 입주 보모를 활용한다면 부모는 자신의 스케줄에 맞춰 훨씬 더 여유를 갖고 움직일 수 있겠지만 비용 부담이 너무 커서 전문직 맞벌이 부부들도 선뜻 택하지 못한다. 즉 일하는 부모들에게 주당 50시간 근무는 자녀의 일상과의 조정을 어렵게 한다.

이렇게 비교해보면 주당 평균 노동시간은 전반적으로 안정되어 있지만 동시에 같은 기간 동안 주당 노동시간이 증가 혹은 감소한 사람의 비율은 증가했음을 확인할 수 있다. 2000년에는 전체 남성의 4분의 1을 웃도는 26.5%가 주당 50시간 이상을 일한 것으로 나타난다. 이는 1970년 5분의 1 정도였던 21.0%에서 상승한 것이다. 장시간 노동하는 비율의 증가는 여성에게서 더 뚜렷하게 나타난다. 주당 50시간 이상 일하는 여성의 비율은 1970년에 5.2%였는데, 2000년에는 10분의 1을 넘는 11.3%로 높아졌다. 반대로 주당 노동시간이 감소한 경우를 살펴보면, 주당 30시간 미만 일한 남성의 비율이 1970년에 4.5%였던 것에 비해 2000년에는 10분의 1에 가까운 8.6%로 증가했다. 여성의 경우 1970년에 15.5%가 30시간 미만 동안 일했지만, 2000년에는 5분의 1에 달하는 19.6%로 그 비율이 높아졌다. 주당 평균 노동시간은 증가하지 않은 반면 노동자들 사이에서 노동시간의 양극화가 서서히 증가하고 있음을 알 수 있다.

직장에서 보내는 기나긴 하루는 가족시간을 침범한다. 1주일에 50시간 이상 일하는 사람 중에서 절반에 이르는 49.5%가 보통 주말에도 일을 한다. 심지어 15% 정도는 주 7일 내내 일하는 게 다반사라고 응답했으며, 나머지 응답자들은 주말 중 하루만 쉰다고 응답했다. 주당 50시간 이상 일하는 남성의 과반수인 52.2%가 주말에도 일을 한다. 반면 여성은 평일에만 근무하려고 노력하는 경향이 더 강하다. 주당 50시간 이상 일하는 여성 중 '단지' 42.4%만이 주말에도 근무를 한다.[16]

주당 노동시간이 가장 긴 사람들은 누구일까? <표 1-2>에 의하면 전문직과 관리직임을 알 수 있는데, 이 직종에 종사하는 남성의 경우 3분의 1이 넘는 37.2%가 주당 50시간 이상 일한다. 이에 비해 다른 직종 종사자들은 5분의 1 정도인 21.3%가 50시간 이상 일한다. 여성의 경우 전문직과 관리직 종사자의 6분의 1, 그 외 직종 종사자의 14분의 1 미만이 주당 50시간 이상 근무를 하고 있어 두 집단 간의 차이가 크게 나타난다.

직종에 따른 이런 차이는 학력별로도 뚜렷하게 나타난다. <표 1-2>를 다시 보면 대학교 졸업 이상의 학력인 남성 5명 중 2명은 주당 50시간 이상 일한다. 이는 고등학교 졸업 미만의 학력인 남성 8명 중 1명만이 50시간 이상 일한다는 점과는 상당히 대조된다. 또한 대학교 졸업 이상의 학력인 여성은 5명 중 1명 정도가 주당 50시간 이상 일하는 것에 비해, 고등학교 졸업 미만의 학력인 여성의 경우에는 20명 중 1명 정도가 이에 해당한다. 학력수준이 높은 노동자군이 노동시간의 변화를 다루는 국가 차원의 논의에 직접 참여할 가능성이 높지만, 사실 그들은 노동 참여에서 나타나는 변동을 복잡하게 둘러싼 퍼즐의 한 조각을 대표할 뿐이다. 그들의 경험은 물론 중요하지만 이들 역시 점점 더 파편화되어 가는

---

16 이 통계치는 1997년도 <현 인구조사>를 기초로 하며, 해리엇 프레서(Harriet Presser)도 풍부하게 제시한 바 있다.

노동력의 일면일 뿐이기도 하다(Coleman and Pencavel, 1993a, 1993b; U.S. Bureau of Labor Statistics, 2000; Wilensky, 1963).[17]

학력이 높을수록 더 오래 일할 것 같지만, 주당 노동시간이 긴 사람들의 다수가 상대적으로 학력이 낮고 전문·기술·관리직 이외의 직종에서 근무한다는 점에 주목할 필요가 있다. <표 1-2>에는 제시하지 않았지만 주당 50시간 이상 일하는 사람 중 전문·관리직 종사자가 차지하는 비율은 절반에 못 미치는 45.7%이다. 하지만 이들이 전체 노동력의 약 3분의 1인 32.0%에 해당하기 때문에 '과잉노동하는 노동자'를 과잉대표하고 있다. 이와 마찬가지로 주당 50시간 이상 근무자 중 43.7%가 대졸 학력을 소지했는데, 이들이 전체 노동력의 28.3%를 차지하는 것에 비해서 과잉대표된다.

이처럼 학력과 직종에서 나타나는 차이를 두고 보다 나은 조건을 가진 사람에게 물질적 보상이 더 많이 주어지는 것일 뿐이라고 간단하게 해석해버리기 쉽다(Freeman and Bell, 1995). 이 관점에서 보면 노동시간의 분산은 소득 기회에서 나타나는 커다란 불평등을 반영하는 것이 된다. "승자독식(winner-take-all)" 경제(Frank, 1995)라는 묘사와 같이 고등교육을 받은 노동자는 더 오랜 시간 일하고 더 많은 것을 얻는 게 확실하다.

하지만 이러한 해석은 노동시간의 양분화를 촉진하는 많은 요소를 무시한 채 모든 차이를 개인의 취향과 선택으로 돌리는 그릇된 결과를 낳

---

17 1960년대 초, 자동화 시스템이 도입되면 대규모 실업사태가 일어나리라는 우려가 제기되었는데, 어떤 사회분석가들은 여가가 늘어나는 사회에서 어떻게 삶을 의미 있게 만들 수 있을지를 고민했다(예컨대 Faunce, 1963). 여가의 증가를 '문제'로 다룬 서적(Smigel, 1963)에서 해럴드 윌렌스키(Harold Wilensky)는 목소리 높여 경고했다. 비록 그가 1960년의 바쁜 엘리트들과 소스타인 베블런(Thorstein Veblen)이 언급한 1900년의 유한계급(Veblen, 1994[1899])을 직접 비교하지는 않았지만, 윌렌스키는 여가가 전문가 집단에서 증가하는 것은 아니라고 지적했다(Wilensky, 1963).

을 위험이 있다. 이러한 시각에는 고등교육을 받은 집단의 노동시간이 긴 것은 미스터리도 아니고 사회 문제도 아니라는 생각이 포함된다. 물론 개인의 취향이 어떤 식으로든 작용할 수는 있다. 그러나 노동시간의 양극화가 단순히 노동자의 선호 때문만은 아니라고 주장할 수 있는 이유들이 분명히 있다. 뒤에서도 살펴보겠지만 일례로 주당 노동시간이 긴 노동자들은 근무시간을 줄이기 원하고, 주당 노동시간이 짧은 노동자들은 근무시간을 늘리기 원한다(노동자의 현실과 선호 사이의 간극에 관해서는 제3장에서 살펴볼 것이다). 게다가 국제 비교 결과는 학력으로 인한 이런 차이가 국가에 따라 일관되지 않으며, 심지어 임금 불평등이 가장 심한 국가에서 이런 차이가 가장 큰 것도 아니라는 점을 보여준다.

점점 심해지는 노동시간 양극화는 고용주들이 구조적인 이유 때문에 노동력을 분화시키려 하는 현실 또한 보여준다. 미국 노동법은 '초과수당 비적용 근로자(exempt workers)'와 '초과수당 적용 근로자(nonexempt workers)'를 구분하고 있는데, 이는 전문직 및 관리직 종사자들의 주당 노동시간을 늘리는 데 일조하고 있다.* 이들은 대체로 노조에 가입되어 있지 않고, 1938년 제정된 「공정노동기준법(Fair Labor Standard Act, FLSA)」의 보호를 받지 못한다. 요컨대 고용주 입장에서는 주당 40시간 이상 일한 전문직 종사자에게 초과근무수당을 지급해야 할 의무가 없고, 초과근무수당 비적용 근로자들이 가외로 일한 시간에 대해서는 별도의 임금을 전혀 부담하지 않기 때문에 40시간만 일하도록 제한할 이유가 없다.

....

* 미국 연방법인 「공정노동기준법」은 주당 40시간 이상을 근로한 자에게 초과근무수당을 지급하도록 해서 대부분의 근로자가 이 법의 적용을 받는다. 그런데 여기에는 예외조항이 있다. 관리직이나 경영직 종사자, 전문가, 컴퓨터 전문가와 같은 근로자들이 이러한 예외조항에 해당되어 초과근무수당을 받지 못한다. 미국 노동부(United States Department of Labor) 홈페이지 노동법 가이드(Employment Law Guide)를 참조할 것 (www.dol.gov/compliance/guide/minwage.htm#).

<표 1-3> 인종별 격차(2000년)

인종	평균시간		50시간 이상 근무 비율		30시간 미만 근무 비율	
	비통제	통제	비통제	통제	비통제	통제
남성						
흑인	−2.06*	−1.15*	.573*	.746*	1.094	1.069
중남미계	−2.55*	−1.61*	.459*	.619*	.963	.991
아시아계 미국인	−2.01*	−1.78*	.665*	.617*	1.177	.965
백인	−	−	−	−	−	−
여성						
흑인	1.47*	1.58*	.807*	.869	.584*	.545*
중남미계	0.06	1.16*	.526*	.804*	.754*	.638*
아시아계 미국인	1.13*	1.99*	1.118	1.188	.750*	.629*
백인	−	−	−	−	−	−

* $p < .05$.

자료: 「현 인구조사」.

건강보험 같은 복리후생 구조와 배분방식도 고용주에게 노동력을 양분할 동기를 부여한다. 기업은 복지혜택을 주지 않아도 되는 시간제 노동자를 고용하는 동시에 전일제의 월급제 노동자들이 장시간 일하도록 압박함으로써 전체 인건비를 낮출 수 있다. 이러한 비용절감 전략은 장시간 노동자와 상대적인 단시간 노동자로 노동력을 양분하는 결과를 낳는다. 전체 인건비에서 복리후생 비용이 차지하는 비중이 증가함에 따라 이런 식으로 비용을 절감하려는 노력은 노동시장이 구조화되는 방식에 영향을 미칠 것으로 보인다. 요약하자면 미국 노동자들 사이에서 점차 증가하고 있는 시간 불균등을 단순하게 개인의 사적인 선호 차원으로 환원하는 것은 가능하지도 않을뿐더러 설득력도 없다. 고용주들은 일련의 제도적인 장치를 통해 노동자들을 직종별 지위에 따라 다르게 대우하고 있다.

<표 1-3>은 인종적 차이가 성별에 따라 다소 다르게 나타난다는 점을 보여준다. 백인 남성은 흑인이나 중남미계, 아시아계 남성보다 주당

평균 2시간 오래 일하는데, 이 차이는 주당 50시간 이상의 노동자 집단에서 더 크게 나타난다. 백인 여성은 아시아계 미국인 여성을 1시간 차이로 뒤쫓고 있고, 흑인 여성을 2시간 차이로 뒤쫓고 있다. 중남미계 여성과는 주당 근무시간이 유사하게 나타난다. 백인 여성들이 시간제로 일하는 경우가 많지만, 흑인이나 중남미계 여성과 비교하면 주당 50시간 이상 일할 가능성도 더 높다.

백인 남성과 그 비교대상인 흑인, 중남미계 남성 간의 노동시간 격차는 학력, 연령, 직종, 혼인상태, 자녀유무를 고려하면 대략 주당 1시간으로 줄어들지만, 그렇다고 그 격차가 완전히 사라지지는 않는다(<표 1-3> 참조). 아시아계 미국인 남성의 주당 노동시간이 짧은 것이 그들의 개인적 특성이나 직업이 다르다는 데서 기인하는 것만은 아니다.

여성의 경우 이야기는 역전된다. 여성들 간의 다양한 차이를 고려하면 주당 노동시간의 격차가 더 벌어진다. 연령, 학력, 혼인상태, 직종 요인이 유사한 경우에 백인 여성은 다른 인종 여성에 비해 주당 노동시간이 1~2시간 적다. 백인 여성의 경우 상대적으로 학력이 높아 근무시간이 긴 전문직이나 관리직에 종사할 것이라 여겨지고, 그래서 주당 노동시간이 길 것이라 예상되기도 한다. 그러나 백인 여성들은 시간제 노동에 종사하는 경우가 많기 때문에 이러한 효과를 상쇄하고 자신들의 전체 평균을 낮추고 있다.[18]

지난 몇 십 년 동안 미국인의 주당 평균 노동시간에 극적 변화가 일어난 것은 아니지만, 강하고 분명하게 시간 압박을 받고 있는 사람들이 늘

---

18 인종, 혼인상태, 기타 요인들로 인해 흥미롭고도 중요한 차이들이 발생하지만, 너무 많아서 상세하게 논의하기는 어렵다. 예를 들어 흑인 여성의 주당 노동시간이 긴 것은 단순히 그들의 혼인율이 낮기 때문은 아니다. 흑인 기혼여성들도 백인 기혼여성들보다 1주일에 약 3시간 정도 더 길게 일하는 것으로 나타나기 때문이다.

어나고 있는 게 사실이다. 여기에는 자신의 의사와 달리 매주 긴 시간을 직장에서 보내야 하는 노동자, 고용되어 있지 않은 누군가의 도움에 기댈 수 없는 맞벌이 부부와 한부모 가족이 포함된다. 노동 구조에 타협의 여지가 없고 직장의 요구가 지나치게 많아지는 추세, 그리고 직급이 높아질수록 그 부담이 커지는 현실은 많은 노동자들에게 딜레마와 문젯거리를 던진다. 게다가 성취지향적인 경력과 고도의 노력을 요하는 직장에서 일하면서도 한때 남편들에게 당연하게 전제되었던 전통적인 무급 배우자가 더는 존재하지 않는 상황까지 감당할 수밖에 없게 된 여성과 남성들이 점점 많아지고 있다. 그러나 고용주들은 충직한 노동자의 집에는 가족생활은 물론 배우자의 성공적 경력관리와 안정적 친목까지 포함한 모든 가사노동을 전담하는 무급의 배우자가 머무르거나 혹은 그래야만 한다고 간주하고 이와 같이 변화하는 현실에는 선뜻 부응하지 않았다. 사적 생활에서 이렇게 커다란 사회적 전환을 경험할 수밖에 없었던 맥락에서 본다면, 많은 미국인들이 시간에 짓눌리고 예전보다 일을 너무 오래 한다고 느끼는 게 당연하다.

현대 미국사회에 '시간의 족쇄'가 출현했다는 점은 확실하다. 그런데 이는 개인의 노동시간이 연장된 만큼이나 가족생활의 성격이 달라지고 여성의 노동시장 참여가 많아졌기 때문이기도 하다. 맞벌이 부부나 한부모들은 늘 시간 족쇄에 직면해왔다. 지난 30년 동안 일어난 주된 변화는 이러한 가족 상황에 놓인 사람들의 수가 현저하게 증가했다는 것이다. 게다가 임금노동에 더 많은 시간을 쏟아야 해서 생겨버린 시간 압박은 보편화된 현상이 아니다. 그보다는 공적인 의사결정 과정이나 여론 형성에 특히나 더 목소리를 낼 것 같은 전문·관리직 종사자에게 주로 나타난다는 게 맞다. 실제로 노동시간이 과도하게 길거나 두 개 이상의 직업에 종사하는 저임금 노동자들도 존재하는데, 이들은 생산직 노동자로서 전문·관리직에 종사하는 장시간 근로자 집단보다 그 비율이 낮다. 이러한 경향은 미국 노동자들과 그 가족이 직면하는 새로운 도전과 불안정성을 다루는 게 중요하다는 점을 보여주면서도, 섣부른 일반화를 넘어 노동자들이 마주한 딜레마가 다양하다는 것에도 관심을 가져야 함을 시사한다.

2 가족의 관점에서 본 노동시간

일 – 가족 갈등의 증가를 다룬 논의들이 취업 상태인 부모와 맞벌이 부부의 경험에 중점을 두어온 반면, 노동시간 경향을 분석한 연구물들은 전형적으로 노동자 개인에게 초점을 맞추고 있다. 이 장에서는 개개인보다는 성인 가족 구성원 모두의 총노동시간에 주목하려고 한다.

왜 개인이 아닌 가족을 봐야 하는가?

개인보다 가족에 초점을 맞추면 보다 풍부하고 유용한 렌즈를 통해 임금노동, 집안일, 여가시간 간의 균형 변화를 이해할 수 있다.[1] 자녀가 있는 맞벌이 부부, 그리고 한부모 가족은 직장의 요구와 보상 수준, 가족생활의 필요 사이에서 시간 압박을 느낄 가능성이 확실히 많다. 어느 정도까지는 서로에게 도움을 요청할 수 있는 맞벌이 부부에 비해 주로 여성이 가장인 한부모들은 훨씬 혹독하게 시간을 짜내야 할 수도 있다. 이들

---

1 모엔(Phyllis Moen) 등은 논의의 초점을 부부에 맞추었을 뿐만 아니라 남편과 아내의 직업 이력에 따라 일 – 가족 문제가 전개되는 방식을 탐구했다. 모엔(Moen, 2003), 클락버그와 모엔(Clarkberg and Moen, 2001), 모엔과 스위트(Moen and Sweet, 2002)를 참고할 것.

두 유형의 가구를 이어주는 공통점은 노동시간의 양 그 자체가 아니라 무급의 돌봄 제공자에게 의존할 수 없다는 점이다. 이들의 경험은 일-가족 갈등의 원인과 결과에 관한 논쟁의 핵심을 이룬다.

맞벌이 부부가 일과 여타 활동에 시간을 할당해온 방식에서 어떤 경향이 나타나는지, 그리고 여기에 영향을 미치는 변수가 무엇인지는 매우 중요한 문제인데도 이상하리만치 주목을 받지 못했다. 수많은 연구들이 부부가 가사노동과 집안 대소사에 시간을 배분하는 것에 관해서는 상세하게 설명해왔지만, 맞벌이 부부가 임금노동에 들이는 시간의 양에는 별로 주목하지 않았다.[2] 한부모 가구는 집안일을 나눠 할 성인 협력자가 없는데도 이들의 상황에 관심을 가진 조사는 훨씬 더 적다.

대다수 분석가들은 일-가족 갈등의 증가가 개인이 직장에서 보내는 시간이 증가하고 있음을 반영한다고 주장한다. 그러나 취업 상태인 부부의 총시간에 초점을 맞추어보면 다른 설명이 가능하다. 노동인구에 속하는 가족 구성원이 많아지면, 달리 말해서 집안을 돌보는 사람이 적어지면, 가족 구성원들은 제각기 집과 일터 사이에서 시간 압박을 강도 높게 느낄 수밖에 없다. 이처럼 개인의 평균 노동시간이 증가하지 않더라도 맞벌이 가구 또는 한부모 가구의 비율이 증가함으로써 보다 많은 사람들이 시간 족쇄에 묶이게 된다. 1970년의 맞벌이 부부 역시 마찬가지로 시간 압박에 시달렸을 터이지만, 지금보다는 그 숫자가 훨씬 적었다. 맞벌

---

2 프레서(Presser, 1994, 2003)는 맞벌이 부부의 교대근무 배분에 대해 조사했지만, 주당 노동시간의 길이 그 자체에 초점을 맞추지는 않았다. 스티븐 녹과 폴 윌리엄 킹스턴 (Nock and Kingston, 1988)은 주당 노동시간이 길어지면 부모가 자녀와 함께 보낼 수 있는 시간이 없어진다고 언급했다. 하지만 자녀와 보내는 시간이 적어지면서 줄어드는 것은 자녀에게 몰두해야 하는 활동이 아니라 자녀가 피상적으로만 관련되는 활동이라는 점을 발견하는 데 그쳤다. 게다가 녹과 킹스턴은 기혼 부부의 주당 노동시간 추세를 시계열적으로 조사하지 않았다.

이 가구가 일반화됨에 따라 이전에는 흔치 않았던 경험이 전형적 형태가 되어가고 있다.

앞서 보았듯이 일부 노동자의 주당 노동시간이 지나치게 길기는 하지만 전반적으로 개인의 주당 평균 노동시간이 급격하게 변했다고 주장할 근거로는 상당히 불충분하다. 오히려 가구유형이 폭넓게 변동하면서 다양한 범주의 노동자가 시간 압박을 더 심하게 느끼는 데 중요한 영향을 미쳤다고 보는 게 설득력 있다. 그런데 우리는 노동자의 삶에서 일터의 변화와 가족의 변화가 서로에게 갖는 상대적 중요성에 대해 아는 바가 거의 없다. 또 이러한 변화가 노동인구의 특성에 따라 어떻게 다르게 나타나는지도 거의 알지 못한다. 부부의 총노동시간은 증가했나? 노동시간은 부부에 따라 어떤 차이를 보일까? 그리고 어떻게 달라져왔나?

부부의 노동시간 측정

위의 질문에 답하기 위해 1970년과 2000년[3]의 노동시간을 비교할 수 있는 <현 인구조사>로 돌아가 기혼 부부 중 양쪽 모두 18세에서 64세에 속하는 사례를 살펴보았다.[4] 기존 연구에서는 주로 임금노동자에만

----

3 우리는 인구통계연감(March Annual Demographic Files)을 비교하면서 개인 노동시간이 아닌 가구 노동시간별로 체계화한 자료를 만들었고 가구별로 개인을 분류했다. 그런 다음 가구 내에서 가족들을 분류했다. 마지막으로 가족 내에서 결혼한 개인들을 대응시켰다. 전체 가구의 99.5%는 가족 내에 기혼자가 두 명, 즉 가구주와 배우자로 구성되어 있었고, 0.5%는 기혼자가 네 명, 즉 두 세대의 부부로 구성되어 있었다. 이 경우에는 가구 범위 내에서 가족에 따라 개인을 분류했고 그런 다음 각각 남편과 아내에 대응시켰다.

4 이 기준에 맞추어 2000년에는 2만 4,125쌍의 부부가, 1970년에는 2만 7,494쌍의 부부가 표본으로 산출되었다. 우리는 이 표본이 각 시점에서 기혼 부부의 특성을 충분히 반영할 수 있도록 하기 위해 인구통계연감 부록의 인적 비중(person-weight)을 사용해 데이

초점을 맞췄지만 여기서는 자영업자도 포함시켰다. 우리는 고용주와 피고용인의 관계가 아니라 노동시간에 관심을 갖고 있기 때문에 시간 제약에 직면하기는 마찬가지인 자영업자를 배제할 이유가 없다. 그러나 농업 종사자는 제외했는데, 농업의 노동시간 구성이 다른 산업과 근본적으로 다르기 때문이다. 또한 농업 규모의 감소 추세가 보다 중요한 경향을 파악하는 데 혼동을 야기할 수 있기 때문이기도 하다.

우리는 부부의 유형을 '맞벌이 부부', '남성 생계부양자 부부', '여성 생계부양자 부부', '두 사람 모두 실업상태인 부부'의 상호 배타적인 네 가지 범주로 구분했다. 그런 다음 조사 전 주에 적어도 1시간 이상 일했는지에 따라 사례 부부 각각을 네 집단 중 하나로 배정했다. 모든 부부의 학력수준과 연령을 확인했고, 자녀 수와 연령도 고려했다.[5] 한부모 가구도 이와 유사한 방법으로 분석했다.

가구 유형별 노동시간 경향

미국 가족이 경험해온 노동시간 변화를 이해하기 위해서는 노동시간이 가구 형태에 따라 어떻게 달라져왔는지뿐만 아니라 가구 유형 분포

터에 가중치를 부여했다.

5 엄밀히 말하면 1970년과 2000년의 학력수준은 비교할 수 없다. 1970년에 했던 조사에서는 학교 교육을 몇 년 받았는지에 대해 물었지만 2000년 조사에서는 가장 높은 학위가 무엇인지를 질문했기 때문이다. 따라서 이 자료들을 비교 가능한 형태로 만들기 위해 1970년의 응답수치를 ① 고등학교 졸업 미만 ② 고등학교 졸업(12년) ③ 전문대학 졸업 (13년~15년) ④ 대학교 졸업(16년 이상)의 네 가지 범주로 분류했다. 우리는 학력수준 측정 방법을 바꾼 것 때문에 결과가 얼마나 달라지는지를 알아보기 위해 1990년의 학력 조사 자료를 같은 방식으로 코드화해서 분석을 반복했다. 그 결과 이 장에서 보고한 것과 전반적으로 일치하는 결과가 나타났다.

〈표 2-1〉 남편과 아내의 합산 임금노동시간 경향
(비농업 종사 18~64세 기혼 부부/1970년, 2000년)

	1970				2000			
	%	모든 직업, 전주 평균 노동시간	남편의 노동시간	아내의 노동시간	%	모든 직업, 전주 평균 노동시간	남편의 노동시간	아내의 노동시간
전체(모든 부부)		52.5	38.9	13.6		63.1	40.5	22.6
맞벌이	35.9	78.0	44.1	33.9	59.6	81.6	45.0	36.6
남편 홀벌이	51.4	44.4	44.0	0.0	26.0	44.9	44.9	0.0
아내 홀벌이	4.6	35.5	0.0	35.5	7.1	37.2	0.0	37.2
실업	8.2	0.0	0.0	0.0	7.2	0.0	0.0	0.0
아내의 학력수준								
대학교 졸업	20.2	81.2	45.8	35.4	31.3	83.3	45.9	37.3
전문대 졸업	18.1	77.0	44.5	32.6	30.2	81.3	45.2	36.0
고등학교 졸업	16.4	77.6	44.0	33.6	31.5	80.3	44.4	36.4
고등학교 졸업 미만	15.9	77.8	43.5	34.3	7.0	78.3	41.8	36.5
자녀								
18세 이하 없음	33.4	79.5	43.2	36.4	42.7	83.5	44.7	38.8
18세 이하 있음	66.6	76.9	44.8	32.1	57.3	80.2	45.2	34.9
18세 이하 1명	23.6	78.3	44.3	34.0	22.5	81.1	44.8	36.3
18세 이하 2명	21.0	76.5	45.1	31.4	24.1	80.0	45.5	34.5
18세 이하 3명 이상	22.0	75.9	45.1	30.8	10.7	78.4	45.4	33.0

자료: 「현 인구조사」.

자체가 어떤 변화를 보이는지도 알아야 한다. <표 2-1>은 이 두 가지
문제를 모두 보여준다. 먼저 이 표는 1970년과 2000년 현재 네 가지 유
형, 즉 맞벌이 부부, 남성 생계부양자 부부, 여성 생계부양자 부부, 둘 다
실업 상태인 부부의 비율을 비교하고 있다. 20세기 중반에는 남성 생계
부양자 가구가 지배적이었지만 20세기 말에는 맞벌이 부부가 많아지면
서 그 양상이 눈에 띄게 변화했다. 1970년에는 남성 생계부양자 가구가
가장 많아 51.4%에 달했다. 반면 남편과 아내 모두 취업 중인 가구는 전
체의 3분의 1인 35.9%에 불과했다. 그런데 2000년에는 맞벌이 부부가
59.6%로 단연코 가장 높게 나타난다. 이렇게 가족이 변동하는 맥락에서
볼 때 일과 그 이외의 삶을 통합하는 것이 사회의 주요 관심사로 등장하

는 것은 당연하다.

맞벌이 가족과 한부모 가족이 수적으로나 사회적 중요성의 측면으로
나 남성 생계부양자 모델을 대체하고 있는 건 분명하다. 하지만 이렇게
가구구성이 변화하는 양상 속에서 노동시간도 변화했는지는 분명치 않
다. 변화 과정의 양상을 이해할 수 있도록 <표 2-1>에서는 각각의 부
부 유형이 임금노동에 투여한 시간을 비교해서 보여주고 있다. 부부 전
체를 기준으로 보면 남편과 아내 모두의 임금노동시간은 1970년 주당
52.5시간에서 2000년 현재 63.1시간으로 증가했다. 이는 상당한 변화
임이 분명하다. 게다가 주당 100시간 이상 장시간 일하는 가족의 비율은
전체 부부의 3.1%에서 9.3%로 세 배나 증가했다(표에 제시하지 않음). 기
혼 부부를 하나의 집단으로 보았을 때 이들이 임금노동을 벗어나 보낼
수 있는 시간은 30년 전보다 확실히 줄어들었다.

그런데 좀 더 구체적으로 들여다보면 부부의 노동시간 증가는 가구 유
형별로 노동시간이 증가한 데서가 아니라 맞벌이 부부의 비율이 전반적
으로 높아진 데서 파생된 것임을 알 수 있다. 남성 생계부양자 부부에서
나타나는 변화가 가장 미미한데, 이러한 '전통적' 가구들은 2000년 현재
평균적으로 주당 44.9시간을 일터에서 보내며 이는 1970년의 평균인
44.4시간에서 아주 약간 증가한 수치일 뿐이다.

단독 생계부양자 역할을 하는 여성의 노동시간 역시 1970년 주당 평
균 35.5시간에서 2000년 현재 37.2시간으로 아주 약간 증가했다. 더욱
중요한 사실은 이 기간 동안 부부 가구 중에서 여성이 단독 생계부양자
인 경우가 여전히 극소수에 지나지 않는다는 점이다. 아내가 노동인구로
진입했다고 해서 남편들이 직장을 그만두고 집에 머물게 되지는 않은 것
이다. 오히려 대다수 가족에서 소득자의 수가 많아졌다.

맞벌이 부부가 가장 급속도로 증가한 가구 유형이라면 노동시간에서
도 가장 큰 폭의 증가를 보이는 게 당연하다. 남편과 아내의 주당 노동시

간 총합은 81.6시간으로, 이는 1970년의 78.0시간에 비해 3시간 이상 길어진 것이다. 매우 긴 시간 일하는 것으로 집계된 비율도 8.7%에서 무려 14.5%로 급격하게 증가했다(표에 제시하지 않음). 맞벌이 부부의 총노동시간이 이렇게 증가한 주원인은 여성의 임금노동시간이 증가한 데 있다. 이 기간 동안 남편이 직장에서 보내는 시간은 평균적으로 단지 0.9시간 증가한 반면(2000년 주당 45.0시간, 1970년 주당 44.1시간), 아내의 경우는 2.7시간이나 증가했다(2000년 주당 36.6시간, 1970년 주당 33.9시간). 이 기간 동안 아내들이 집 밖의 노동에 더 맹렬하게 참여하면서 남편과 아내 간의 임금노동시간을 다루는 강조점 역시 상대적으로 이동하게 되었다.

부부의 노동시간에서 나타난 변화는 두 가지로 설명할 수 있다. 하나는 부부 유형별 분포가 달라졌다는 것이고, 다른 하나는 동일한 부부 유형 내에서도 개인의 노동시간이 차이를 보인다는 것이다. 그렇다면 각각에 상응하는 효과는 어느 정도일까? 맞벌이 부부의 총노동시간 증가가 그러한 상승에 일조한 것은 분명하지만 그보다 주된 효과는 맞벌이 가족이 예전보다 더 많은 가구들을 설명하게 되었다는 점이다. 예를 들어 1970년의 부부 유형별 합산 노동시간을 상수로 두고 여기에 2000년의 부부 유형 분포를 대입해보면 결혼한 개인들의 총노동시간은 52.5시간에서 60.5시간으로 증가한 셈이 된다. 달리 말해서 2000년 현재 모든 부부를 기준으로 볼 때 1970년에 비해 추가된 10.6시간 중 8시간은 홑벌이 부부에서 맞벌이 부부로 변동하면서 파생한 것이다. 비율로 보자면 기혼 부부의 노동시간 증가분 중 4분의 3 이상(77.7%)은 부부 유형이 맞벌이로 달라진 데서 발생했고, 4분의 1(22.3%)만이 부부들의 노동시간 증가, 특히 맞벌이 부부의 노동시간이 증가하면서 나타난 것이다. 즉 맞벌이 부부가 일에 들이는 시간의 총량이 근소하게 증가했다 하더라도 변화의 주원인은 맞벌이 부부 유형이 많아진 데 있다. 부부들의 임금노동시간이 실제로 증가하기도 했지만 이 집단의 규모가 급격하게 증가한 것과 비교하면 미미한 정도일 뿐이다.

주당 100시간 이상 과도하게 일하는 사람 역시 많아졌다. 오늘날의 부부들이 이전 세대에 비해 더 오래 일하는 것은 분명하며 확실히 과잉노동과 시간 압박에 시달린다고 느끼는 것 같다. 하지만 이들이 보통 사람들을 대표하는 것은 아니다. 근본적인 문제는 전형적인 주당 노동시간으로 일하는 맞벌이 부부조차도 예나 지금이나 시간이 별로 없다는 점이다.

지난 세대에 변화를 일으킨 주된 동력은 개별 노동자의 노동시간이 근본적으로 달라진 데 있다기보다는 남성의 소득여부에 관계없이 여성의 소득에 의존하는 가족의 수가 급격하게 증가했다는 데 있다. 맞벌이 부부들의 일과 가족생활 사이에 놓인 균형점이 전반적으로 변화하고 있다는 증거가 불분명하더라도 일 – 가족 갈등이 확산, 증가하고 있는 양상은 보다 직접적으로 다음과 같은 사실을 설명해준다. 요컨대 여성 고용이 증가하고 가족생활에 관한 인구통계학적 변동이 일어나는 데 반해, 남성이 직장생활 이외의 시간을 보내는 방식이나 직장이 운영되는 방식은 이러한 변동을 상쇄할 만큼 변하지 않고 있다는 것이다.

부부의 노동시간 해석

맞벌이 부부의 평균 노동시간이 아주 약간 늘어났을 뿐이긴 하지만 두 사람의 합산 노동시간이 현저하게 긴 부부의 숫자는 가파르게 증가해왔다. 직장에서 그렇게 오랜 시간을 보내는 부부는 대체 누구이며, 이들은 다른 부부와 어떻게 비교될까? 이들은 노동시간이 너무 긴 탓에 마치 곡예를 하듯 아이를 키워야 하는 상황에 처한 것일까? 아니면 자녀들도 집에 있을 시간이 적기 때문에 장시간 일하려고 하는 것일까? 이러한 질문에 답하기 위해서는 부부들이 어떻게, 왜 다른 방식으로 시간을 배분하는지 이해해야 한다. 학력수준, 직종, 자녀 현황 등의 사회적 특성이 어떤 부부는 장시간 일하고 다른 부부는 그렇지 않은 이유를 설명하는 데 어느 정도 도움이 될까?

개인의 노동참여 정도를 파악하는 것은 가구의 노동시간을 이해하는 데도 단서를 제공한다. 예컨대 기존 연구들은 학력수준, 연령, 자녀 수와 같은 인구통계학적 요인들이 누가 임금노동에 더 많이 혹은 더 적게 시간을 들이는지 설명해준다고 밝혀왔다. 제1장에서 보았듯이 학력이 높을수록 주당 노동시간은 길어지는 경향이 있다. 또한 노동시간은 30~55세 사이의 노동자 집단에서 정점에 달하는 것으로 나타나며, 그보다 높거나 낮은 연령대의 노동자들은 더 적은 시간 일한다. 자녀유무 역시 차이를 만들어내는데, 특히 여성의 노동시간에 크게 작용한다. 자녀유무는 남성의 임금노동시간에는 별다른 영향을 미치지 않는 반면, 여성을 장시간 노동에서 멀어지게 하는 경향이 있다.

개인에 관한 이러한 통찰을 가구에 적용해보자. 그러면 학력수준이 높아짐에 따라, 고령에 접어든 베이비붐 세대가 상당 부분 노동연한의 정점에 도달함에 따라, 가족규모가 감소함에 따라 노동시간이 증가해왔다는 것을 너무도 당연하게 발견할 수 있다. 종합하자면 이러한 대규모의 인구통계학적 경향은 노동 참여를 늘리도록 더 많은 사람들을 추동해내는 동력으로 작용한다.

그렇다면 이러한 인구통계학적 동력이 부부의 합산 임금노동시간에서 나타나는 변화를 설명해주는가? <표 2-1>은 노동시간 증가가 고학력자 부부에게 집중되어 나타났음을 분명하게 드러내준다. 아내의 학력이 대학교 졸업인 부부들은 1970년과 비교해 2000년에 2.1시간 더 일하는 것으로 나타났다. 반면 아내의 학력이 고등학교 졸업 미만인 부부들은 0.5시간의 증가를 보였다.[6] 이들 부부의 노동시간을 아내 학력이 대학교 졸업인 부부의 노동시간과 비교해보면 1970년에는 3.4시간의 차이를 보였으나 2000년에는 5.0시간으로 격차가 벌어졌다.[7] 이러한 변화는 주로 여성의 노동시간 증가를 반영한다. 학력수준이 대학교 졸업인 아내의 노동시간은 이 시기 동안 주당 2시간 가까이 증가했다.

어떤 가족들은 수십 년 전의 닮은꼴 가족에 비해 일터에서 더 많은 시간을 보내고 있기도 하지만 이러한 경향은 미미해보인다. 그런데 유독 한 집단에서만 노동시간 증가가 극명하게 나타나는데, 두 명의 합산 노동시간이 상당히 긴 부부들이 바로 그렇다. 이들은 고학력자일 가능성이 높기에 전문직과 관리직에서 압도적으로 높은 비중을 차지하고 있기도 하다. 이 집단이 월등히 눈에 띄기 때문에 과잉노동 문제에 대해 국가의 관심이 높아진다는 점에는 의심의 여지가 없다.

맞벌이 부부의 비율 증가를 측정한 것이든 그들이 임금노동에 들이는 노동시간 양의 증가를 측정한 것이든, 부부의 노동시간이 늘어난 주원인은 기혼여성의 노동시장 참여가 활발해진 데 있다. 그리고 기혼남성의 노동시간은 변하지 않거나 아주 소소하게 증가했기 때문에 여성이 집 밖으로 이동함으로써 나타난 변화가 남성이 임금노동에서 밀려난 변화에 의해 상쇄되지 않는다. 이러한 맥락에서 볼 때 가족들이 시간 압박에 힘겨워하는 이유를 파악하기 위해 노동자 개인의 노동시간이 급격히 증가했다고 가정할 필요는 없다. 20세기에 일어난 젠더 변동은 이전 세대에서 아내와 어머니가 수행할 것으로 기대되어 왔던 무급의 가사노동을 대신할 사람이 없는 상황에서도 여성을 임금노동의 세계로 추동해왔다.

....

6 이 결과는 메리 콜먼과 존 펜카벨(Coleman and Pencavel, 1993a, 1993b)이 노동시간에서 나타나는 학력수준의 차이를 도출한 결론과 일치한다.
7 남편의 학력수준을 기준으로 시대에 따른 변화를 살펴보아도 이러한 양상이 유사하게 나타난다.

맞벌이 부부의 특성 변화

맞벌이 가구의 급격한 증가가 가족의 임금노동시간을 늘리는 주원인이기는 하지만 주당 약 3시간이라는 절대 증가치도 시간 압박과 일 – 가족 갈등을 심화시키는 데 영향을 미친다. 물론 이 절대 증가치의 원인은 아직 분명하지 않다. 이렇게 노동시간이 길어지는 것은 일하는 사람들의 특성과 지향이 변화했기 때문일까? 아니면 사람들이 종사하고 있는 직업의 성격이 달라졌기 때문일까?

맞벌이 부부와 그들이 처한 환경을 구체적으로 들여다보면 그러한 동력을 파악할 수 있다. 부록의 <표 1>은 연령, 자녀 수, 학력수준, 남편과 아내의 종사 직종 등 기본적인 인구통계학적 요인을 포함하여 맞벌이 부부의 노동시간을 나타낸 단순한 모델인데, 1970년에서 2000년에 이르는 노동시간 증가분에 대해 3분의 2 가량의 설명력을 갖는다.[8] 즉 이는 3시간의 노동시간 증가가 대체로 맞벌이를 하는 사람의 부류가 달라진 데서 기인했음을 의미한다. 1970년과 비교할 때 2000년 현재 맞벌이 부부는 약간 높은 연령대에, 대학교를 졸업했고, 관리직에 종사할 가능성이 더 높으며, 18세 이하 자녀의 수는 더 적은 경향을 보인다. 이러한 변화를 참작해서 보면 일터에서 보내는 시간의 증가는 단지 주당 1시간 정도로 줄어든다. 이 모델은 노동자들이 일터에서 보내는 시간의 변동을 완벽하게 설명하고 있지는 않다. 하지만 이 기간 동안 발생했던 변화의

---

8 우리는 1970년과 2000년 데이터를 계산하면서 이 기간 동안 일어난 3시간의 증가분에 대해 맞벌이 부부의 남편과 아내가 임금노동에 들인 총시간을 예측하는 일련의 회귀방정식을 추정함으로써 설명하려고 했다. 인구통계학적 변화의 영향을 측정하기 위해 남편과 아내 각각에게 적용되는 네 가지 개별 척도를 포함시켰다. 네 가지는 연령, 연령 제곱, 학력수준(준거집단인 대학교 졸업자를 포함한 세 가지 척도), 직종(관리직, 전문직, 판매직)이며, 가족 척도로 18세 이하 자녀 수를 포함했다.

상당 부분을 분명히 설명해준다.[9]

　요컨대 노동시간과 가구구성에서 나타나는 변화는 사회경제적 변동과 얽혀 있는 것으로 보인다. 맞벌이 부부는 점차 보상수준이 높은 직종에 종사하는 비교적 고연령, 고학력 노동자들로 구성되고 있다. 노동자 사이의 시간 불균등 증가는 학력수준, 직종, 경제적 기회 등으로 노동자들을 가르는 여타의 사회경제적 구분짓기와 연관되어 있다. 장시간 일하는 사람들은 시간 압박과 가정불화를 겪을 수 있다. 반면 단시간 일하는 사람들은 부족한 소득이나 직업기회 차단 같은 어려움에 처할 수 있다. 이렇게 볼 때 노동시간은 여타의 사회경제적 불평등과 연관되어 있으며, 과잉노동은 보다 복잡한 일련의 경제적·인구학적 변화의 일부를 드러낼 뿐이다.

맞벌이 부모와 노동시간

　가족의 노동시간이 길어지고 있다면 최대의 관심은 자녀에게 잠재적으로 미칠 영향력에 집중된다. 이에 일터에서 오랜 시간을 보내는 사람들이 부모 노릇과 자녀양육에 견주어 어떤 범위에서 직장의 요구를 조절하고 있는지를 파악해야 한다. 자녀가 있는 부부의 총노동시간이 증가해왔나? 아니면 이 부부들은 자녀를 돌보기 위해 임금노동을 더 줄이려고 할까?

　앞서 제시한 <표 2-1>은 18세 이하 자녀유무에 따라 부부의 임금노동시간 경향이 어떻게 나타나는지도 보여준다. 2000년에 18세 이하의

---

9 이 결과는 부록 <표 1>의 모델 1과 비교해 볼 수 있다. 모델 1은 1970년과 2000년 사이에 나타난 3시간의 노동시간 증가분을 보여주며, 모델 2는 추세계수(trend coefficient)를 3시간에서 1시간으로 통제하면서 분석한 것이다.

자녀가 있는 맞벌이 부모는 그렇지 않은 부부에 비해 주당 3.3시간 적게 일하는데, 이는 1970년의 2.6시간과 비교해서 약간 늘어난 것이다. 또한 노동시간은 자녀의 수가 증가할수록 미미하게나마 감소한다. 2000년에 18세 이하의 자녀가 1명인 부부는 주당 평균 81.1시간 일하는 데 비해 18세 이하의 자녀가 3명 이상인 부부는 78.4시간 일한다.

그런데 일하는 부모의 노동시간 감소는 젠더 중립적이지 않다. 남편의 노동시간은 18세 이하의 자녀가 있고 그 수가 많아질수록 실제로 약간 증가한다. 즉 18세 이하의 자녀를 둔 부부의 노동시간 감소분은 일차적으로 어머니의 노동시간이 줄어듦을 반영하는 것이다. 2000년 현재 18세 이하의 자녀가 3명 이상인 아버지는 18세 이하의 자녀가 없는 기혼남성보다 주당 0.7시간 더 오래 일하는 반면, 18세 이하의 자녀가 3명 이상인 어머니는 18세 이하의 자녀가 없는 기혼여성보다 주당 5.8시간이나 적게 일한다. 이 차이는 1970년의 상황과 본질적으로 다르지 않다. 당시에도 18세 이하의 자녀를 3명 이상 둔 아버지는 18세 이하의 자녀가 없는 기혼남성보다 1.9시간 더 오래 일했지만, 어머니의 경우는 자녀가 없는 기혼여성보다 5.6시간 더 적게 일했다. 자녀가 1명 또는 2명인 맞벌이 부모도 이들 부부와 유사한 유형을 보인다. 하지만 그 차이는 일반적으로 더 작다.

취업 중인 부모의 상황을 보다 주의 깊게 들여다보자. <그림 2-1>은 맞벌이 부모의 임금노동시간 경향을 보여준다. 1970년과 비교해보면 2000년 현재 평균 80시간 주위에 몰려 있는 부부들이 더 적다. 대신 아주 오래 일하거나 아주 짧게 일하는 부부들이 많아져 스펙트럼의 양극단에 위치하고 있다. 개인 못지않게 부부의 경우에도 주당 노동시간의 시계열적 추세는 다양화와 양극화로 나타난다.

맞벌이 부모의 총노동시간은 18세 이하의 자녀가 없는 부부보다 약간 짧을 뿐 아니라 노동시간의 변화량도 더 적다. 1970년과 2000년 동안에

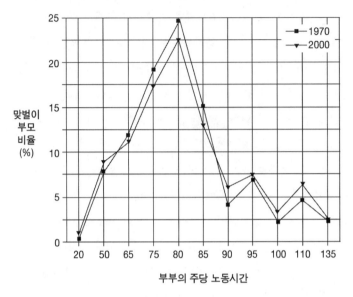

〈그림 2-1〉 맞벌이 부모의 합산 임금노동시간 경향(1970년, 2000년)

맞벌이
부모
비율
(%)

부부의 주당 노동시간

자료:「현 인구조사」.

일하는 부부의 합산 임금노동시간은 18세 이하 자녀가 없는 경우 약 4시간, 18세 이하 자녀가 있는 경우 약 3.3시간 증가했다. 또한 주당 100시간 이상의 장시간 노동에 시달리는 부부의 비율이 양 집단 모두에서 증가하기는 했으나, 18세 이하 자녀가 있는 부모의 경우에는 절대치와 비율 양쪽 모두, 그 증가 추세가 그다지 두드러지지 않는다. 주당 노동시간이 최소 100시간이고 18세 이하 자녀가 없는 부부의 비율은 9.5%에서 17.5%로 증가한 반면, 18세 이하 자녀가 있는 부부의 비율은 8.2%에서 12.2%로 증가했다(표에 제시하지 않음). 다시 말해 노동시간이 증가하는 경향은 어린 자녀 여부에 상관없이 부부에게 해당되지만, 가족 책임이 더 큰 이들에게는 그 정도가 덜한 것으로 보인다.

남성 생계부양자에서 맞벌이로의 전환은 자녀양육 단계에 있는 부모의 노동시간에 존재하던 젠더 차이를 없애지 못했다. 자녀 출산은 여전히 남성을 더 지독하게 임금노동에 참여하도록 몰아붙이는 반면 여성은 임금노동시장에서 내모는 경향이 있으며, 이는 자녀가 없는 부부와 비교했을 때 젠더 격차를 더 크게 만들어낸다. 그럼에도 자녀가 생겼을 때 여성이 임금노동시장에서 완전히 퇴장했던 과거의 지배적 유형과 비교해 보면 지금 상황은 상당히 완화된 것이다. 부모가 된다는 것이 여성과 남성에게 다르게 작용하는 현실은 지속되고 있지만 그 차이의 크기는 줄어들고 있다.

노동시간 증가를 부채질하는 것이 무엇이든, 그것이 부모에게만 집중되어 나타나지는 않는다. 즉 성별에 관계없이 임금노동에 더 많이 참여하려는 움직임이 부모가 자녀양육에서 겪는 어려움을 회피하려는 욕망 때문에 나타난 것으로 보이지는 않는다. 오히려 그와 반대로 취업 상태인 어머니는 자녀가 없는 여성보다 일터에서 더 적은 시간을 보내고 있으며, 취업 상태인 아버지가 자녀가 없는 남성에 비해 그렇게 긴 시간을 일터에서 보내는 것도 아니다.

주로 여성이 가장인 한부모 가구도 그 비율이 증가하고 있다. 2000년 현재 여성 한부모 가구의 비율은 전체 가족유형의 5분의 1 이상에 달하는 21.9%인데, 이는 1970년의 9.9%보다 두 배 이상 증가한 것이다(U.S. Bureau of the Census, 2002). 이들은 가족을 부양하기 위해 가급적 일을 많이 할 수밖에 없는 데다가 자녀와도 되도록 많은 시간을 보내야 한다. 이들이야말로 정말이지 시간 족쇄에 매여 있는 것이다.

그렇다면 여성 한부모들은 이렇게 경합하는 요구들 사이에서 어떻게 균형을 맞추고 있을까? <그림 2-2>는 이동의 방향이 장시간 일하는 쪽으로 몰리기보다는 노동시간의 다양성이 높아지는 쪽으로 퍼지고 있음을 보여준다. 주당 40시간 일하는 여성 한부모의 비율은 45.3%에서 37.4%로 10%p 가까이 줄어든 반면, 노동시간 범위의 양 극단에서 차지하는 비율은 증가했다. 그리고 이러한 상황에 있는 가족의 비율은 증가

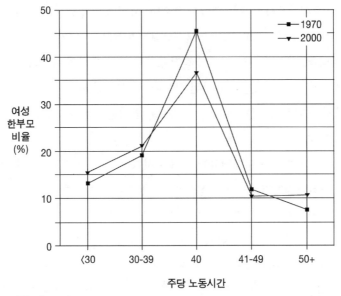

〈그림 2-2〉 여성 한부모의 임금노동시간(1970년, 2000년)

자료: 「현 인구조사」.

했지만 여성 한부모의 주당 평균 노동시간은 변하지 않아서 1970년과 2000년 모두 38.5시간이다.

남성 한부모 가구는 여성 한부모 가구에 비해 그 수가 여전히 훨씬 적다. 물론 아주 빠르게 늘어나고 있기는 하다. 남성 한부모 가구의 비율은 1970년 1.2%에서 2000년에는 2.4%로 두 배가 되었다(U.S. Bureau of the Census, 2002). 이들 역시 여성 한부모와 마찬가지로 시간 딜레마에 직면해 있다. 사실 이들의 주당 평균 노동시간은 여성 한부모와 거의 같다. 2000년에 36.8시간으로, 1970년에 비해 2시간 감소했다. 노동시간의 분포 역시 남성 한부모 집단에서도 그 범위가 넓어졌다. 한부모가 됨으로써 위압적인 시간 도전에 쩔쩔매는 현실에서 어머니나 아버지 모두 예외일 수는 없다.

노동시간 변화의 원인과 양상을 정확히 보려면 개별 노동자보다는 가족 전반에 초점을 맞추어야 한다는 게 우리의 입장이다. 이러한 관점은 노동시간의 증가 원인이 개별 노동자가 일터에서 보내는 시간의 급격한 증가보다는 가족 구성의 변화, 특히 맞벌이 부부와 한부모의 증가에 있다는 점을 분명하게 밝혀준다. 한부모의 상황을 상세하게 조명하지는 못했지만, 일터에서 보내는 시간이 유독 길지는 않더라도 이들의 시간 족쇄가 맞벌이 부부만큼, 혹은 그보다 더 가혹하다는 것은 의심의 여지가 없다. 그리고 지난 수십 년 동안 노동시간에서 나타난 전반적인 변화는 미미하지만, 주당 100시간 이상 일하는 부부가 출현했다는 점도 눈여겨볼 만하다. 이들은 고학력이면서 고위직에 종사하는 경향이 있다. 마지막으로 자녀가 있는 노동자들이 다른 노동자 집단에 비해 일터에서 보내는 시간이 더 길지는 않지만 자녀가 없는 기혼남성보다 오래 일하는 아버지들, 그리고 자녀가 없는 기혼여성보다 짧게 일하는 어머니들 간의 젠더 불균등은 지속되고 있다.

　가족 복지와 성 평등이 밀접하게 연관된다는 점에 주목해야 한다. 시간이 점점 더 부족해지는 것은 가족 구성과 젠더 관계가 변화하기 때문이며, 이는 기본적으로 사회구성적이고 경제적인 변동을 반영한다. 1인 소득에 의존하는 '가족임금'의 붕괴와 자신의 생활을 가정 중심으로 한정하지 않으려는 여성의 증가와 같은 진전은 그 뿌리가 깊으며, 결단코 되돌릴 수 없다. 그러나 이러한 진전이 부모가 가족생활보다 일을 더 선호한다는 것을 뒷받침하지는 않는다. 오히려 여전히 과제로 남아 있는 가정과 일의 균형 문제를 놓고 새로운 세대들이 치열하게 고민하고 있음을 암시하는 것이다.

　가족과 젠더 변동에 의해 야기된 주요 문제를 보다 충분히 이해하기 위해서는 여성의 삶에서 나타난 주된 변화와 남성의 삶에서 완고하게 변하지 않는 측면을 비교할 필요가 있다. 즉 임금노동 참여에는 별다른 차이를 보이지 않으면서 여성의 노동참여 증가를 상쇄할 만큼 가사일에 관여하지 않는 남성의 상황을 드러내야 한다. 현재 맞벌이 가족은 일터의 구속이 증가하는 맥락 속에서 가족의 요구에 대처하도록 방치되고 있으며, 취업 상태인 여성 한부모는 훨씬 혹독하게 시간 압박에 시달리도록 방치되고 있다.

　가족과 자녀의 행복한 미래는 이러한 인구통계학적 변화가 되돌릴 수 없는 것임을 인정한 상태에서 어떻게 정책을 펴느냐에 달려 있다. 분명 이러한 변화는 환영할 만한 것임에 틀림없다. 여성에게 기회가 확장됨으로써 여성과 그 가족 모두는 다양한 방식으로 이익을 얻어왔다. 어머니의 임금노동 참여는 부모가 모두 있는 가구에서는 아이 1인당 연평균 1만 달러의 소득 증가를, 한부모 가구에서는 1인당 1만 1천 달러의 소득 증가를 가져온다.[10] 이러한 수입은 가족에게 필수적인 경제적 자원을 제공하기도 한다. 또한 경제적 이익뿐만 아니라 결혼만족도 증가 등 비물질적인 이점도 더해질 수 있다. 로절린드 바넷과 캐릴 리버스(Barnett and Rivers, 1996)는 맞벌이 부부가 "더 행복하고 더 건강하고 더 부유하다"고 밝힌 바 있다. 로잔나 허츠(Hertz, 1986)가 주장했듯이 그들은 더 평등할 가능성도 높다. 자녀의 복지에 관한 우려가 되면서도 어머니의 임금노동을 통해 자녀들이 혜택받게 된다는 것은 점점 분명해지고 있다.[11] 그러나 여성 고용에 관한 긍정적 측면들이 직장 환경의 변화가 더뎌서 발생하는 딜레마를 덮어주어서는 안 된다. 특히 맞벌이 가족과 한부모 가족

....

10 2001년 3월의 <현 인구조사> 자료로 계산했다.

11 지난 20년 동안 이루어진 일련의 연구들은 자녀의 사회적 혹은 학업 능력이 어머니의 취업 여부에 달려 있지 않다는 점을 일관되게 증명해왔다(Hoffman and Youngblade, 1999; Galinsky, 1999; Parcel and Menaghan, 1994 참고). 수잔 비앙키(Bianchi, 2000) 역시 임금노동을 하는 어머니의 비율은 35%에서 71%로 증가했지만 오늘날의 어머니들도 1965년의 어머니가 자녀와 가졌던 시간만큼을 함께 보낸다는 점을 밝힌 바 있다.

은 상당히 어려운 도전에 맞닥뜨려 있으며, 종종 딱 부러지게 말하기 애매한 지원을 필요로 한다.

여성들, 특히 어머니들의 임금노동 세계로의 진입은 유감스럽게도 모순을 만들어왔다. 예컨대 어떤 조사에서 전체 미국인의 절반가량(48%)은 어머니가 직장에 나가면 미취학 아동이 방치된다고 생각하는 것으로 나타났다(National Opinion Research Center, 2002). 가족노동연구소에서 수행한 또 다른 조사는 직장에 다니는 부모 5명 중 2명 이상(42%)이 일하는 어머니의 다수가 자녀의 욕구를 충족시키기보다 직장에서 성공하는 일에 더 관심이 많다고 여기고 있음을 보여주었다(Galinsky, 1999: 11). 일에서의 중압감이 증가함에도 '집중적인 어머니 노릇'이라는 문화적 압력은 지속되고 있다(Hays, 1997). 직장에 다니든 그렇지 않든 간에 어머니들은 충족시키기 어렵고 상충하기까지 하는 사회적 기대에 직면해 있다. 이러한 문화적·정치적 모순은 가난한 여성 한부모에게는 성공할 가망이 희박한 직업을 종용하면서, 그리고 더 나은 직업 기회를 잡은 중간계층 어머니에게는 일터에서 너무 많은 시간을 보낸다면서 끈질기게 비난하는 모순적인 태도로 압박을 가해온다.

수적으로 적기는 하지만 아버지들 역시 엇갈리는 압력이 강화되는 현실에 처해 있다. 남성의 '가족임금'이 붕괴하고 여성의 소득을 필요로 하는 가구가 점차 많아지고 있음에도(Levy, 1999), 남성은 가족과 관계된 일에서 거대한 장벽을 마주하게 된다. 자녀를 돌보기 위해 일터에서 보내는 시간을 줄이려고 하는 아버지는 여전히 반대에 부딪힌다. 직장에 다니는 어머니에게 모든 관심이 집중되어 있기 때문에 아버지가 부모 노릇을 충분하게 할 수 있도록 돕는 사회정책은 시선 끌기 또는 보조 역할 정도로 제한되어 있는 게 현실이다.

노동자들은 일터에서 시간을 어떻게 보내야 하는지를 주문하는 높은 기대치와도 맞서야 한다. 가족시간이 압박으로 작용하는 것처럼 경쟁적인 일터는 사무실에서의 중압감을 가중시키고 있다. 직장에서 보내는 시간은 분명히 중요하다. 그러나 그것이 전부는 아니다. 똑같은 양의 시간을 보내더라도 직업 구조와 시간 배치가 어떠한지를 중요하게 고려해야 한다.

요약하자면 돈을 벌면서 새로운 세대를 돌보는 중요한 일을 조화롭게 공유하려는 포부를 가진 부모들은 서로 충돌하고, 어쩌면 양립할 수 없는 기대와 요구에 직면해 있다. 오늘날 미국 가족에게 가해지는 압력은 너무 많은 변화에서 비롯된 것이 아니라 변화가 너무 적기 때문에 만들어진 것이다. 가정 영역을 넘어 인생을 설계하고자 하는 여성의 욕구와 갈망이 증가하고 있지만, 여성을 직업 기회로부터 차단하고 남성에게 집안일에 관여하기 어렵게 제한을 두는 '지연된 혁명'을 극복하는 것은 어려운 일이다(Hochschild, 1989). 궁극적으로 가족시간 결핍이라는 문제는 너무 오래 일하는 부모들, 특히 어머니들을 비난한다고 해서 해결되지 않는다. 이미 발생한 가족 변동에 걸맞게 일터가 변화해야 한다.

제2부
일과 가족생활의 통합

3 미국인들은 과잉노동한다고 느끼는가?

　지난 수십 년에 걸쳐 주당 평균 노동시간에 그다지 큰 변화가 없었다 하더라도 일터에서 오랜 시간을 보내는 미국인은 분명 많아지고 있다. 그리고 이보다는 여성의 임금노동 참여가 가히 혁명적으로 증가하면서 새로운 노동자 집단이 만들어지고 가족생활이 변형됨으로써 여성과 남성 모두가 시간에 쫓기게 되었다는 점이 눈에 띈다. 이러한 역사적 변화는 중요한 의미를 갖는 극적인 사건이다. 그러나 변화 자체만으로는 정작 노동자가 느끼는 바를 알 수 없다. 일터에서 오랜 시간을 보낸다는 것은 오늘날과 같은 가족 대격변의 시기에 사적인 삶보다 공적인 삶을 중시하는 경향을 반영하는 것인가, 아니면 직장의 요구는 많아지는데 융통성을 발휘할 여력은 부족해 맞닥뜨리게 된 제약조건을 반영하는 것인가? 보다 핵심적인 질문을 던져보자. 노동자들은 집과 일터에서 맡고 있는 다양한 책임을 어떻게 꿰맞추려 하는가? 노동자들이 추구하는 이상과 현실에서 제공되는 대안적 방안 사이에는 어떤 간극이 있는가?

　노동자의 선택이 단순히 개인적 선호를 투영한 결과라고 볼 수 없다는 점은 분명하다. 노동의 세계는 개별 노동자가 통제할 수 있는 수준을 훨씬 넘어선 힘의 각축과정에서 무수한 방식으로 조직되고 구조화된다.[1] 따라서 노동자의 대응이 어떻게 달라져 왔는지를 파악하는 것만으로는 충분치 않다. 현재의 노동 참여 양상이 노동자의 선호를 반영하는지, 아니면 그들에게 제공되는 선택지가 갖는 한계점과 선택지에 대한 요구사항을 반영하는지, 그리고 그 정도는 어디까지인지 질문해야 한다.

이 장에서는 논의의 초점을 옮겨 현재 노동자들이 처한 상황을 검토하고자 한다. 즉 노동자의 대응 양상을 시계열적으로 분석하기보다는 이들이 일하는 데 실제로 들이는 시간과 이상적으로 선호하는 시간을 살펴보려 한다.[2] 물론 일터를 사적 생활의 탈출구로 여기는 노동자들이 어딘가에 있고, 또한 적어도 특정 시점에서는 그렇게 하고 싶을 수 있겠지만, 이를 보편적인 양상으로 단정지을 만한 근거는 거의 없다. 오히려 노동시간이 긴 사람들은 대개 사적 생활을 더 누리고 싶어 하는 듯하다. 물론 상대적으로 조금밖에 일할 수 없다면 지금보다 더 오래 일하고 싶어 하겠지만 말이다.

대다수의 노동자는 일을 핑계로 가족생활에서 벗어나려 한다든가 직장생활을 희생하면서까지 가족생활을 숭고하게 지키려 하지는 않는다. 그보다는 저마다 처한 노동 환경과 가족 상황에 관계없이, 일터가 제공하는 경제적·사회적 보상과 가족 위주의 생활이 가져다주는 기쁨과 도전, 이 둘 사이에서 합리적이고 공평하게 **균형**을 잡으려는 욕구가 점점 더 보편화되는 듯하다.

....

1 기업 구조가 노동자의 선택과 인식을 어떻게 구성하는지에 대한 초기 분석은 우리의 연구를 포함해 칸터(Kanter, 1977), 거슨(Gerson, 1985, 1993), 제이콥스(Jacobs, 1989)를 참고할 것.
2 우리는 가족노동연구소에서 1997년에 18세 이상 피고용인 3,551명을 대상으로 실시한 전화 설문조사를 참조했다. 자세한 사항은 본드 등(Bond, Galinsky, and Swanberg, 1998)을 참고할 것.

노동자의 선호 재검토

가족의 삶이 다양해지고 노동자가 새로운 상황에 직면하게 되면서 점점 더 많은 사람들이 공적 세계와 사적 세계 사이에서 분열을 느끼고 있다. 노동자들은 일을 많이 하든 적게 하든 상관없이 가족과 일 사이에서 필연적으로 등장한 갈등에 대처해야 한다는 압력과 딜레마에 봉착하게 되었다. 이 갈등은 실제로 일어나며 점차 증가하고 있다. 이러한 갈등이 노동자가 일터에서 더 오랜 시간을 보내기 원하는 데서 연유하는지, 아니면 그들이 선호하는 것과 그래야 한다고 느끼는 것 간의 간극이 커지는 데서 연유하는지는 불분명하다.

시간의 족쇄라는 개념이 등장한 것이야말로 노동자들 사이에서 일터를 가족생활에서 발생하는 복잡다단함의 탈출구로 생각하는 경향이 늘어나게 된 광범위한 문화적 전이를 반영하는 것이라는 입장이 있다. 이 관점에서 보면, 일터와 가정이 변화하는 중심부에 바로 노동자의 선호가 자리 잡고 있다. 혹실드는 가칭 기업 아메코(Amerco)를 연구하면서 노동자들이 어떻게 일터에서 오랜 시간을 보내며 가정의 복잡한 문제들을 극복하려 하는지에 관해 실례를 들어 설득력 있게 설명해냈다(Hochschild, 1997). 아메코 직원들의 주당 노동시간이 미국 전체 평균에 비해 1시간 정도 길기 때문에 과잉노동하는 부모의 대응 전략을 살피는 데는 이 사례가 적절할 수 있다. 하지만 미국 노동자들의 행동양식과 문화 변동에서 나타나는 전반적인 경향으로 일반화하기에는 무리가 따른다. 혹실드의 연구에 등장하는 노동자들은 1주일에 60시간을 일하는 고위 간부부터 "야근에 열중하는" 생산직에 이르기까지 대부분 주당 최소 50시간 이상을 일하는 것으로 묘사된다. 하지만 앞서 살펴본 바와 같이 이런 양상이 비중 있게 증가하고 있기는 하지만 평균적인 노동자의 모습을 대표한다고 보기는 어렵다.

문화적·구조적·개인적 차원의 변화 전반을 포괄할 수 있는 결론에 도달하기 위해서는 노동 구조의 모든 범위에 속하는 노동자를 폭넓게 살펴봐야 한다. 노동자의 경험은 보다 광범위한 사회경제적 힘에 어떻게 녹아드는가, 노동자의 선택과 인식은 그들을 둘러싼 환경과 조우하면서 어떻게 달라지는가?

또한 노동자들이 자신이 선택한 것과 어떤 선택이 강제된다고 느끼는 것 사이에서 어떤 방식으로 갈등을 겪는지를 이해해야 한다. 개인의 가치와 선호는 그 내용이 무엇이건 간에 개인의 행동을 완벽하게 설명해주지 못한다. 자신이 가장 원하는 바대로 실행할 기회를 누리는 사람은 거의 없으며, 특히 직장과 같이 조직화된 규율, 제약조건, 보상수준이 강력하게 영향을 발휘하는 곳에서는 말할 것도 없다. 노동자들이 가정과 일터에서의 책임을 조절하기 위해 어떤 전략을 어떻게 쓰고 있는지 이해하려면 노동자의 욕구와 행위를 노동 구조와 조직이라는 맥락 속에 위치시켜야 한다.

더구나 개인적 선호와 문화적 가치를 강조하면 사람들이 가족과 일 사이에서 취하는 조정 양상에 관해 다른 방식으로 설명하기가 어려워진다. 직장 차원을 넘어서 존재하는 문화적 영향력이 갖는 중요성을 그대로 받아들인다면 노동자의 선택에는 일련의 구조적·경제적·인구통계학적 힘들이 작동하고 있음을 알 수 있다. 따라서 우리는 일－가족 갈등이 증가하는 맥락 속에서 '문화'의 의미를 재검토해야 한다. 넓은 의미에서 보자면 문화적 가치는 모순을 드러내기도 한다. 예컨대 '노동 윤리'와 '가족 가치'를 강조하는 메시지가 동시에 유포되면, 이 대립적인 가치를 한꺼번에 수용하기란 상당히 어렵기 때문에 수많은 사람들이 분열감을 느끼게 되는 것이다. 또한 문화적 가치가 경합을 벌이게 되면 지침서(roadmap), 혹은 앤 스위들러(Ann Swidler)의 표현을 빌리자면 '도구(toolkit)'로서의 기능을 제대로 발휘하지 못하기도 한다.[3]

포괄적 차원으로서의 문화적 가치가 다양하고 서로 충돌하기도 하는 반면, 직장은 그 자체로 고유한 문화를 형성하고 있다.[4] 직장 문화는 노동자들이 일을 경험하고 자신의 선택지를 인지하는 방식에 영향을 미친다. 무릇 문화란 조직의 최고위층에 있는 이들에 의해 강제적으로 구성되기 쉽기 때문에 위계서열의 중간 이하에 속한 노동자들은 어쩔 수 없이 최대한 적응해야 한다.[5]

노동자는 직업적 특성과 이를 광범위하게 둘러싼 직장구조 및 문화의 맥락 속에서 일과 가족의 요구를 조정해야 한다. 경제, 노동시장, 가족생활 각각의 주기 안에서 노동자의 위치에 영향을 미치는 일련의 인구통계학적 요인 역시 노동자들이 직면하는 갈등을 형성하며, 또한 이에 대응하는 역량과도 관련이 깊다. 직장에서 보내는 시간이 길다는 사실이 다른 활동보다 일을 더 선호한다는 것을 얼마나 반영하는 것인지는 파악하기 어렵다. 그 긴 시간의 어느 정도가 일터에 존재하는 실질적인 압력과 제약 때문인 것인지, 혹은 어느 정도가 눈치껏 알아차려야 하는 분위기 때문인 것인지를 구별할 수 있을까? 일터에서 보내는 실제 시간과 노동자가 바라는 노동시간 사이의 관계를 검토해보면 노동자의 헌신 속에 개인의 선호와 직장의 압박이 혼재되어 있음이 드러난다. 또한 각기 다른

---

3 스위들러(Swidler, 1986, 2001)는 문화를 행동을 위한 도구로 본다. 캐슬린 거슨(Gerson, 2002)은 자율성 획득의 중요성과 타인을 돌보는 일의 중요성을 모두 강조하는 모호하고 모순적인 가치에 새로운 세대의 여성과 남성이 어떻게 대응하고 있는지 보여준다.

4 로자베스 칸터(Kanter, 1977)의 『기업의 남성과 여성(Men and Women of the Corporation)』에는 기업 구조가 어떻게 당사자들은 알아채지 못하는 방식으로 노동자의 선호에 영향을 미치는지가 잘 드러나 있다. 캔시안(Cancian, 1987)도 참고할 것.

5 특히 신시아 엡스타인 외(Epstein et al., 1999)는 가족 요구에 맞춰 일시적으로라도 노동 형태를 조정하려는 노동자에게 기업이 낙인과 불이익을 부여하는 문화를 만들어낸다는 점을 적나라하게 보여준다.

직장구조와 직장 문화를 경험하고 있는 여러 기업의 노동자들을 비교해 보면 직장 제도가 얼마나 다양한 방식으로 노동자들의 전략을 성별화하고 있는지 포착할 수 있다.

노동자의 요구와 고용주의 기대치

평균 노동시간이 그다지 증가하지 않았다 해도 많은 노동자들이 과잉노동한다고 느낄 만한 근거는 있다. 노동 구조는 크게 달라지지 않은 반면 사적 생활은 극적인 변동을 거쳐왔고, 이는 취업 상태인 부모들이 이전과는 전혀 다른 방식으로 쫓긴다고 여기게 만든다. 그런데 이를 다루는 논의는 노동자들이 어떻게 느끼고 있는지보다는 실제 임금노동시간의 역사적 추세에 초점을 맞춘다. 대부분의 전국조사에서도 선호하는 노동 스케줄에 관한 정보는 수집하지 않기 때문에 주관적 측면에서 어떤 변화가 있는지를 밝혀내기가 어렵다.[6]

어떤 학자들은 현재 대다수 노동자가 1950년의 노동자에 비해 노동시간이 몇 분 정도 짧기 때문에 과잉노동한다고 생각하지 않을 것이라 주장하기도 한다(Kneisner, 1993). 이렇게 단언하는 것은 가족 구조에서 일어나는 광범위하고도 근본적인 변화를 무시하는 것일 뿐만 아니라 오늘날 노동자들이 어떤 식의 노동 스케줄을 원하는지 간과하는 것이다. 현재의 미국인들이 노동에의 헌신을 어떻게 느끼는지는 노동시간의 역사적 궤적만큼이나 중요하다.

---

6 예외 사례로는 로빈슨과 갓베이(Robinson and Godbey, 1999)를 참고할 것. 이 연구에서는 시간 압박의 다양한 측면을 논의하기 위해 '시간 심화(time deepening)'라는 개념을 사용한다.

우리는 노동시장에서 양극화가 진전되고 있음을, 즉 요구가 지나치게 많은 직장의 노동자에게는 더 오래 일할 것이 요구되는 반면 짧은 시간 일하는 노동자에게는 경제적 지원을 줄이는 양상이 어떻게 확산되고 있는지를 살펴보았다. 이러한 경향에 반해 노동자들은 삶의 변화 속에서 가족과 일을 통합해야 할 필요를 더욱 절실하게 느끼고 있다. 고용주들이 노동자들을 양극화시키는 유인책들을 고려하고 있는 것만큼이나, 노동자들은 일터 밖의 삶을 누릴 수 있도록 시간과 유연성을 보장하는 괜찮은 직장을 확보해야 한다는 압력에 시달린다. 특히 부모인 노동자들의 경우에 더욱 그러하다. 따라서 고용주의 기대와 요구가 노동자의 의무 및 선호와 점점 더 마찰을 일으킬 것은 불을 보듯 훤하다.

가족 구조의 변화는 노동자의 삶을 몇 가지 방식으로 변형시켜왔다. 남성의 임금상승이 둔화되고 여성이 점차 소득활동에 참여하게 되면서, 이제 대다수 가구가 여성의 임금에도 의존하고 있다. 이러한 경제적 변동은 안정적이고 높은 보상을 보장하는 일자리를 향한 여성의 수요와 기대를 자극해왔고, 무급의 가사전담자가 없는 맞벌이 가구와 한부모 가구의 문제를 방치해왔다. 여성들은 적절한 시간 동안 일하는 좋은 직장을 선호하게 되었고, 맞벌이를 통해 생계 부양의 책임을 덜게 된 아버지들 역시 노동시간의 유연성과 일정 수준의 노동 통제권을 요구하게 되었다.

여성과 남성의 사적 생활 전반에서 일어난 엄청난 변화는 노동자의 선호가 바뀌는 데에도 영향을 미쳤는데, 그 내용은 직장에서 요구하는 바와 들어맞지 않는 방향으로 나타났다. 노동자는 조화와 유연성을 필요로 하는 새로운 상황에 처해 있지만, 고용주 입장에서는 길거나 짧은 노동시간을 제안하는 그럴듯한 이유가 존재한다. 시간과 돈, 이 중에서 과연 무엇 하나를 선택할 수 있는가? 가족의 경제적 여력을 고려할 수밖에 없는 노동자에게 양자택일은 너무나 어려운 결정이다.

이상적 노동시간 대(對) 실제 노동시간

노동력 구조와 특성이 변화하면서 직업 구조에 영향을 미치는 경제적 힘과 충돌하게 될 경우, 노동자들은 사실상 갈등하게 된다. 직장에서의 요구와 사적 필요 간의 마찰은 몇 가지 유형으로 나타난다. 대다수 사람들이 자신이 원하는 것보다 일을 더 많이 하도록 강요받는다고 느끼겠지만, 자신이 할 수 있는 것보다 더 많이 일하려는 사람도 있을 수 있다. 노동자들이 처한 환경이 제각각이니만큼 이들이 경험하는 시간의 족쇄도 그 유형이 다양하게 나타난다. 하지만 수많은 가족들이 시간 압박에 시달리고 있기 때문에 직장에서의 시간을 늘리려는 사람보다는 줄이고자 하는 사람들이 훨씬 많은 듯하다.

1997년에 실시한 <전국 노동력 변동조사> 결과는 노동자들이 일, 가족, 개인 생활에 실제로 들이는 시간과 선호하는 시간에 관련된 정보를 폭넓게 제시한다(Bond, Galinsky, and Swanberg, 1998). 이를 검토함으로써 실제 노동시간과 이상적 노동시간의 구체적 모습과 그 원인을 파악할 수 있다. 이 조사는 노동자가 지향하는 가치와 선호를 질문하고 있으며, 일과 가족의 관계, 일과 가족 간의 긴장과 갈등에 초점을 맞추고 있다는 점에서 다른 조사와 차별성을 갖는다. 이 조사에서는 응답자에게 1주일에 얼마나 많은 시간을 주된 직업과 기타 부업 활동에 썼는지 질문한다. 또한 "1주일에 총 몇 시간을 일하는 것이 이상적이라고 생각하는가?"도 질문한다. 이처럼 실제 노동시간뿐만 아니라 이상적 노동시간에 관해서도 묻기 때문에 응답자들의 전반적 노동 수준이 그들의 욕구를 반영하고 있는지를 밝힐 수 있다. 그리고 노동자 집단에 따른 선호도 편차가 실제 노동 수준에서 보이는 편차와 일치하는지 확인할 수 있다.

조사결과를 살펴보면 실제 노동시간과 이상적 노동시간 사이에 나타나는 차이를 가늠할 수 있다. <표 3-1>은 취업 상태인 여성과 남성의

〈표 3-1〉 성별 총노동시간과 이상적 노동시간 비교(1997년)

	남성	여성
총노동시간(모든 직업)	47.3	41.4
이상적 노동시간	37.5	32.1
차이(실제 노동시간-이상적 노동시간)	9.8	9.3
실제와 이상적 노동시간이 일치함(%)	20.5	21.4
노동시간을 늘리기 원함(%)	19.3	18.5
노동시간을 줄이기 원함(%)	60.2	60.1
5시간 이상 줄이기 원함(%)	58.4	58.6
10시간 이상 줄이기 원함(%)	47.4	48.8
20시간 이상 줄이기 원함(%)	28.3	27.9

* 주: 비율 총계는 전체 사례 수와 일치한다. 예컨대 5시간 줄이기 희망하는 남성 58.4%는 노동시간을 줄이기 원한다고 응답한 60.2% 내에서의 비율이 아니라 전체 남성에서 차지하는 비율을 의미한다. 즉 노동시간을 줄이기를 희망하는 남성의 절대 다수가 실제 노동시간과 이상적 노동시간 사이에 적어도 5시간의 격차를 겪고 있다고 할 수 있다.

자료: 「전국 노동력 변동조사」.

총노동시간 대비 이상적 노동시간을 비교한 것으로, 대다수의 노동자가 이 둘 사이에서 심각한 격차를 경험하고 있음을 알 수 있다. 응답자 5명 중 1명은 실제 노동시간과 이상적 노동시간이 정확하게 일치한다고 응답했지만, 5명 중 3명은 자신의 주당 평균 노동시간이 이상적 노동시간에 비해 길다고 느꼈고, 5명 중 1명은 현재보다 노동시간을 늘리고 싶어 했다(실업자의 경우 과소 노동하는 집단에 포함해서 현황을 파악해야 하지만, <전국 노동력 변동조사>는 현재 취업 상태인 사람만을 대상으로 실시된다).

노동시간을 줄이기 원한다는 응답을 구체적으로 보자면, 대부분 주당 최소 5시간을 꼽았다. 그리고 절반에 가까운 남성과 여성이 주당 10시간 이상 줄이기를 바라고 있으며, 4분의 1 정도는 20시간 이상 줄이기를 희망했다.

여성은 남성에 비해 평균 6시간 정도 적게 일하지만, 실제 노동시간과 이상적 노동시간 사이의 격차는 유사하게 나타난다. 남성은 9.8시간, 여성은 9.3시간 적게 일하기를 희망하는 것으로 나타나 거의 비슷한 시간만큼 줄이기 원한다는 것을 알 수 있다(차이는 통계적으로 유의하지 않음). 만약 여성과 남성 집단 모두 희망사항을 실현할 수 있게 된다면, 주당 6시간 정도의 그리 크지 않은 성별 격차는 그다지 유의미하지 않게 될 것이다.

오늘날의 미국인들이 이전 세대에 비해 실제 일하는 시간이 길든 그렇지 않든 간에, 대다수 사람들은 최소한 자신의 이상(理想)과 비교했을 때 과잉노동하고 있다고 느낀다. 과도하게 긴 노동시간은 그들이 원하는 이상이나 열망이 아닌 게 틀림없다. 물론 더 많이 일하고 싶어 하는 사람에게도 현재의 짧은 노동시간은 바라는 바가 아니다.[7]

노동시간을 줄이고 싶어 하는 사람의 비율은 1990년대에 증가했다. <전국 노동력 변동조사> 결과가 처음 공표된 1992년에는 평균적으로 주당 5시간 줄이기를 바라는 것으로 나타났다. 그런데 1997년 조사에서는 무려 9시간으로 뛰어올랐다. 그 비율도 남성과 여성 모두 50% 미만에서 60% 이상으로 증가했다(Jacobs and Gerson, 2000을 참고할 것). 이는 미국 노동자들이 더는 장시간 노동을 바라지 않는다는 것을 보여준다.

----

7 여기에서 우리는 전체 직업을 망라한 총노동시간을 고려하고 있다. 우리는 1997년에 두 가지 직업에 종사하는 사람들과 직업을 한 가지만 가진 대다수를 비교한 논문을 발표했는데, 분석 결과 두 가지 직업을 가진 사람들이 더 노동시간이 짧은 것을 선호하는 것으로 나타났다. 하지만 전체 사례 중 8%만이 두 가지 직업에 종사했기 때문에 과잉노동한다고 느끼는 대다수의 응답 속에서 이들 극소수의 경험을 구분해내기는 어렵다. 다시 말해서, 전체 사례를 대상으로 할 때 직업을 하나만 가진 사람들이 과잉노동한다고 느끼는 비율에 비하면 무시해도 무방할 정도로 근소한 상승치라 할 수 있다.

이상과 현실의 간극 분석

노동자들이 이상적으로 생각하는 노동시간과 현실 사이에 격차가 존재하는 것, 다시 말해 일터에서 보내는 시간이 너무 길다 혹은 너무 짧다고 생각하는 이유는 각자가 처한 개인적·직업적 환경에 따라 다르다.

주당 노동시간

좀 더 혹은 좀 덜 일하기를 바라는 집단의 비율은 실제 노동시간이 어느 정도인가에 따라 결과가 달라지게 된다. 즉 장시간 노동이 일상화된 집단 중에서 상당히 많은 수가 주당 노동시간을 줄이고 싶어 하고, 비교적 단시간 일하는 집단의 대다수는 노동시간을 늘리고 싶어 할 가능성이 높다.

<그림 3-1>은 이상적 노동시간과 총노동시간 사이의 격차가 응답자의 현재 노동시간과 밀접하게 연관된다는 것을 보여준다. 평균 노동시간이하로 일하는 사람들은 노동시간을 늘리기 원하는 반면, 평균보다 오래 일하는 사람들은 일을 줄이고 싶어 한다. 주당 50시간 이상 일하는 남성과 여성의 절대 다수는 노동시간을 줄이고 싶어 할 것이다. 실제로 이 집단의 남성 80%와 여성 90%는 지금 상태보다 일을 덜 하기를 희망했다. 실제 노동시간과 이상적 노동시간 사이의 격차는 상당히 큰데, 주당 50~59시간을 일하는 사람들은 노동시간이 13시간 이상 줄어들기를 희망하지만(남성 13.35%, 여성 17.72%), 60시간 이상 일하는 사람들은 거의 25시간이나 줄어들기를 원한다. 각 집단 내에서 개인들의 바람은 제각각이겠지만, 단지 여성의 6.4%와 남성의 17.6%만이 주당 50시간 이상 일하기를 원하는 것으로 나타난다. 지금 상태에서도 3분의 1이 넘는 남성(37.6%)과 약 5분의 1에 이르는 여성(19.8%)이 주당 50시간 이상 일하

〈그림 3-1〉 주당 실제 노동시간 및 이상적 노동시간(1997년)

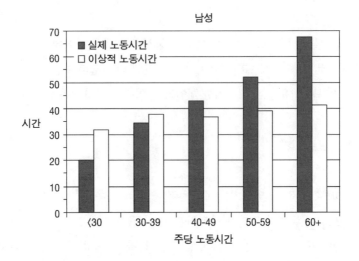

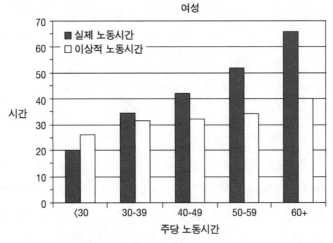

자료: 「전국 노동력 변동조사」.

고 있긴 하지만 말이다.

 이상과 현실 간의 격차는 어떻게 노동력이 점차 분절되어 왔는가를 보
여주는 또 다른 지표이다. 이 격차가 점차 벌어지면서 과잉노동하는 집

단과 불완전 고용상태에 있는 집단이 분리되었을 뿐만 아니라 각 집단 내에서 노동자의 선택과 욕구 역시 분리되어 버렸다.

과도하게 오랜 시간 일하는 사람들은 과잉노동한다는 느낌 역시 강하게 갖고 있다. 그렇기 때문에 과잉노동을 취향의 문제로 생각하는 것은 그들이 왜 그렇게 긴 시간을 일터에서 보내는지에 관해 아무런 설명도 해주지 못한다. 바꿔 말해 여가를 취향의 차원으로만 접근하면, 필요한 만큼 혹은 원하는 만큼 일하고 있지 못한 집단을 설명할 수 없는 것과 마찬가지이다. 이처럼 행위와 이상 간의 분리는 노동자의 선택이 실제 욕망을 반영하지 못할 수도 있다는 점을 말해준다. 노동자의 선택이 무엇을 함의하는지 충분히 파악하기 위해서는 고용주가 피고용인의 필요와 선호를 염두에 두고 있는지, 아니면 이와 달리 노동자의 선호와 이들이 접근할 수 있는 직장 간의 불일치가 증가하고 있는지를 질문해야 한다.[8]

학력과 직급

노동시간이 가장 긴 사람들은 비교적 고학력에 관리직, 전문직, 기술직일 가능성이 높다. <표 3-2>에 제시한 바와 같이, 이들은 긴 실제 노동시간과 짧은 이상적 노동시간 사이의 격차를 더 극명하게 경험하기 쉽다. 학력이 높을수록 실제 노동시간은 증가하는 반면, 원하는 노동시간은 줄어드는 경향을 보인다. 학력이 가장 높은 집단에서 이상적 노동시간과 실제 노동시간 간의 격차 역시 가장 크게 나타나며, 이는 남성과 여성 모두 마찬가지이다.

---

8 쇼어(Shor, 1991)는 실제 노동시간보다 더 많이 일하려는 노동자들이 늘고 있다고 언급하면서 이 지점을 예측한 바 있다. 그러나 그녀는 노동시장의 분리가 점증한다는 점보다는 노동시간이 일반적으로 증가하고 있다는 데 초점을 두었다.

이상적 노동시간이 고등학교 졸업 미만의 학력인 남성에게서 가장 길게 나타난다는 점은 눈여겨 볼 만하다. 이들은 대개 낮은 급여 체계에서 어느 정도 수입을 올리기 위해서는 비교적 오랜 시간 일해야 한다고 느낀다. 하지만 실제 노동시간은 대학교 졸업 이상의 학력인 집단에서 가장 긴데, 이 집단의 남녀 모두 3분의 2 이상이 노동시간을 줄이고 싶어 하는 것으로 나타난다(표에 제시하지 않음).

다른 직종에 속한 노동자들 사이에서 유사한 양상이 발견되기도 하는데, 전문직·관리직·기술직 노동자들은 과잉노동한다고 느낄 가능성이 높은 것으로 보인다. <표 3-2>를 살펴보면 이들 직종에 종사하는 여성의 경우 실제 노동시간보다 13시간이나 줄이기를 원하는 반면, 그 외 직종에 속한 여성은 7시간 정도 줄이기를 원하는 것으로 나타난다. 남성의 경우도 각각 12시간과 9시간으로 전문직에 종사하는 경우 격차가 더 크다. 전문·관리·기술직 종사자들은 다른 직종 종사자보다 장시간 일하는 경향이 있지만, 그들이 이상적으로 생각하는 노동시간은 그리 길지 않다. 전문직과 관리직에 속한 남성이 이상적으로 생각하는 노동시간은 다른 직종에 종사하는 남성과 엇비슷했다. 전문직과 관리직에 종사하는 여성은 다른 직종의 여성과 비교해 주당 2시간 정도 노동시간을 줄이기 희망하지만, 실제로는 4시간이나 오래 일하는 것으로 나타난다.

직급은 노동자의 필요와 욕구를 구성하는 데 핵심적으로 작동하는 요인이다. 전문직 여성이 전문직 남성에 비해 일을 덜 한다는 고정관념이 여전히 남아 있지만, 남녀 전문직 종사자 모두 임금노동과 그 밖의 생활 간의 합리적인 균형을 추구하려고 분투하는 것으로 보인다. 성별에 관계 없이 장시간 일하는 사람들은 노동시간을 줄이고 싶어 하는 반면, 노동시간이 줄어 당장 일거리가 부족한 사람들은 일을 좀 더 많이 하게 되기를 원한다. 최고 학력이면서 고소득을 보장받는 전문직과 관리직 종사자들은 장시간 노동을 하리라는 기대에 맞닥뜨린다. 승진 가능성과 높은

〈표 3-2〉 학력별, 직종별, 연령별, 혼인상태별, 성별 총노동시간 및 이상적 노동시간(1997년)

		남성			여성		
		총노동시간	이상적 노동시간	격차	총노동시간	이상적 노동시간	격차
학력수준	고등학교 졸업 미만	44.8	39.7	5.1	37.7	33.2	4.5
	고등학교 졸업	48.0	37.8	10.2	40.2	32.6	7.6
	전문대 졸업	45.4	36.1	9.3	40.2	31.7	8.5
	대학교 졸업	48.6	37.8	10.8	42.8	32.0	10.8
	대학원	50.6	38.4	11.6	47.0	32.1	14.9
직종	관리·전문·기술직	48.9	37.3	11.6	43.9	30.9	13.0
	기타	46.4	37.7	8.7	39.6	33.0	6.6
연령	16~25	41.8	37.1	4.7	37.8	36.0	1.8
	26~35	47.7	38.4	9.3	42.7	32.9	9.8
	36~45	49.5	37.6	11.9	41.7	31.4	10.3
	46~55	48.0	36.8	11.2	42.5	31.1	11.4
	56~65	44.9	35.7	9.2	40.2	32.4	7.8
혼인상태	기혼(또는 동거)	48.2	37.8	10.4	40.9	30.8	10.1
	비혼	45.7	37.1	8.6	42.0	33.8	8.2
	기혼/배우자 취업	48.1	38.2	9.9	41.4	30.4	11.0
	기혼/배우자 미취업	48.3	37.3	11.0	38.5	32.8	5.7
자녀 연령	6세 이하 자녀 있음	49.3	38.9	10.4	39.4	30.0	9.4
	6세 이하 자녀 없음	46.8	37.3	9.5	41.8	32.5	9.3

자료: 『전국 노동력 변동조사』.

급여를 보장하는 직업은 그 종사자를 과잉노동에서 벗어나게 하기보다는, 만약 조금이라도 일을 줄일 경우 사실상 불이익을 감내해야 하기에 더 오래 일해야 한다고 강력하게 압박하는 듯하다.

고학력이면서 고소득 직종에 종사하는 사람들의 노동시간이 다른 직종 종사자와 비슷하기 때문에 장시간 노동은 순전히 격무를 통해 급여 수준과 경력을 향상시키려는 합리적 선택일 뿐이라고 주장할 수도 있다. 그러나 경제적으로 다소 여유가 있다 하더라도 이들 역시 다른 노동자와 마찬가지로 금전적 고충뿐 아니라 직장구조가 부과하는 여타의 제약을 경험한다. 이러한 우리의 분석 결과는 유난히 긴 노동시간이 으레 경력 향상을 위한 필요조건인 듯 여겨지고 있더라도 그것이 반드시 노동자들의 열망을 반영한 것은 아니라는, 이미 널리 알려진 주장과 사례(예컨대 Epstein et al., 1999를 참고할 것)를 뒷받침하는 것이기도 하다.

연령과 생애 단계

사람들이 돈과 시간을 얼마나 필요로 하는지는 개인이 처한 환경에 따라 달라진다. 가족 책임은 가족생활에 필요한 시간적 요구량과 경제적 의무를 증가시키는 동시에 이 둘의 이해관계를 긴밀하게 만든다. 따라서 연령 및 생애 단계에서 개인의 상황이 달라지게 될 경우 노동자의 인식과 감정 역시 변하기 쉽다.

연령이 실제 노동시간과 이상적 노동시간 사이의 격차를 결정하는 데 영향을 미칠까? 일 – 가족 갈등이 노동시간을 줄이려는 욕구를 부추기는 근본적인 힘이라면, 실제 노동시간과 이상적 노동시간 간의 격차는 20대 후반에서 40대 초반 사이에 가장 크게 나타날 것이다. 이 연령대의 사람들은 대개 결혼해서 부모가 되고 어린 자녀를 키워야 할 책임을 짊어지고 있기 때문이다.

<표 3-2>에 제시한 바와 같이 이상적 노동시간의 연령대별 차이가 미미하거나 통계적으로 유의미하지 않다고는 해도, 실제 노동시간과 이상적 노동시간 사이의 격차는 가족 형성기와 경력 확립기에 속한 남성과 여성에게서 가장 크게 나타난다. 남성의 경우 실제 노동시간이 36~45세까지 증가하다가 그 이후에 다소 감소하기 시작하지만, 이상적인 노동시간에는 그다지 변화가 없다. 따라서 남성의 실제 노동시간과 이상적 노동시간 간의 격차는 45세까지 증가하다가 그 이후로는 계속 높은 채유지된다. 36~45세 연령대에서 그 격차는 거의 12시간이나 된다. 이 집단에 속하는 남성의 3분의 2 이상이 노동시간을 줄이고 싶어 한다. 그러나 어린 자녀가 있는 아버지들만이 이런 생각을 하는 것은 아니다. 자녀의 연령대가 훨씬 높은 50대 남성들 역시 거의 유사한 정도로 노동시간을 줄이고 싶어 하는 것으로 나타난다.

남성과 마찬가지로 여성들도 연령대에 관계없이 이상적 노동시간에는 큰 변화가 없다. 이상적 노동시간과 실제 노동시간 간의 격차는 46~55세 사이에서 11시간으로 가장 크며, 55세 이상 여성들의 경우에는 이보다 3시간 정도 줄어든다. 26~55세 여성의 60% 이상이 노동시간을 줄이고 싶어 한다.

여성과 남성 모두 노동시간을 줄이고 싶어 하는 이유가 첫 자녀 출산 및 양육 때문만은 아니다. 세대 간의 차이 때문도 아니다. 노동시간을 줄이고자 하는 관심은 가장 젊은 층에서와 마찬가지로 중년의 노동자 집단에게서도 강하게 나타난다. 이러한 결과는 연령 및 집단(cohort) 지위의 영향을 받는 게 틀림없다. 오늘날의 젊은 노동자들은 동일한 연령대의 과거 세대에 비해 보다 균형을 누릴 수 있게 해주는 노동 스케줄을 선호한다(Gerson, 2002).

성별에 따라 살펴보면 50대 남성들은 여가를 더 많이 보내려고 하는 반면, 30대 여성들은 가족을 돌보는 데 더 많은 시간을 들이려는 것으로 나타난다. 그러나 연령집단별로 드러나는 성차는 일반적으로 미미하다. 한때 남성들에게 보장되었던 종신고용 형태를 띤 임금노동에 여성들이 참여하기 시작하면서, 여성과 남성은 경력을 쌓기 위해 생애 전반에 걸쳐 유사한 방식으로 전략을 도모하고 있다.

이상적 노동시간과 실제 노동시간 사이의 격차는 연령 차이 그 자체보다는 일터에서의 요구가 연령대에 따라 이동하는 경향 때문에 더 심화되는 것 같다. 노동자들은 30~40대에 경력을 쌓으려 하는데, 이때 일터에서 보내는 시간이 불가피하게 길어지게 된다. 하지만 일을 더 많이 하려고 하는 욕구가 노동시간 증가분과 반드시 일치하는 것은 아니기 때문에 이상적 노동시간과 실제 노동시간 사이에 격차가 생긴다. 여성과 남성 모두 일터에서의 요구가 조금도 줄어들지 않으면서 동시에 가족의 압력은 증가하는 '생애 단계 압박(life stage squeezes)'을 경험하게 되는 것이다 (Oppenheimer, 1980; Estes and Wilensky, 1978을 참고할 것).

결혼여부, 자녀유무, 성별

생애 과정이 점점 더 예측 불가능해지면서 유동적이 되어가고 있기에 연령이라는 변수만을 가지고 개인이 처한 상황과 구조적 제약 간의 역동성을 드러내는 데는 한계가 있다. 사람들이 결혼 또는 출산을 결정하는 연령과 관계없이 가족 성원으로서의 책임은 대체로 가족생활에 필요한 시간을 늘리도록 종용한다. 따라서 결혼여부와 자녀유무는 이상적 노동시간과 실제 노동시간 간의 격차를 벌리는 데 영향을 미친다.

또한 성별이라는 차원은 사적 삶에 서로 다른 압박과 딜레마를 만들어 낸다. 결혼한다는 것, 게다가 부모가 된다는 것은 여성과 남성에게 다른 방식으로 작용할 가능성이 높다. 최근 수십 년간 가사노동을 분담하는 남성이 늘어나고 있다고는 하지만, 여성이 부담하는 몫이 여전히 지나치게 많은 데다 자녀 출산 후 그 짐은 더욱 무거워진다. 그리고 어머니에게 노동 부담이 한창 가중되는 시기에 아버지는 가족 부양을 일차적으로 책임지면서 계속되는 압박에 시달리게 된다(Gerson, 1993을 참고할 것). 즉 남성과 여성 모두 가족과 일 사이에서 분열을 느끼는 것은 마찬가지지만, 각자 다른 수위에서 갈등을 인식하고 상이한 방식으로 대응하기 쉽다는 것이다.

여성과 남성의 노동참여가 점차 유사한 형태를 띠게 되는데도 부모로서 받는 압력은 여전히 다르다. 또한 여성과 남성이 더 적은 시간 일하고 싶어 하는 욕구를 거의 유사하게 표출하더라도, 성별과 가족상황에 따라 그 관계가 복잡해진다. <표 3-2>를 보면 남녀 모두 결혼여부에 따라 이상적 노동시간이 다르게 나타난다는 것을 알 수 있다. 기혼 여성은 비혼 여성에 비해 주당 1시간 정도 적게 일하고 있는데, 노동시간을 3시간 가량을 더 줄이고 싶어 한다. 따라서 기혼 여성의 실제 노동시간과 이상적 노동시간 간의 차이는 비혼 여성보다 2시간 더 많게 나타난다. 기혼 여성은 지금보다 주당 10시간 정도 노동시간을 줄이고 싶어 하는 반면, 비혼 여성은 주당 8시간을 줄이고 싶어 한다.

반면에 기혼 남성은 비혼 남성보다 주당 약 2.5시간 더 일한다. 그러나 기혼이든 비혼이든 이상적으로 생각하는 시간은 비슷하게 나타나서,[9] 결과적으로 기혼 남성에서 보이는 격차(주당 10시간)가 비혼 남성(주당 8시간)보다 더 크게 된다. 여성과 남성 모두 결혼 생활로 인해 시간에 더 쫓긴다고 느끼지만, 그 이유는 약간 다르다. 기혼 남성은 비혼 남성에 비해 일터에서 더 오랜 시간을 보내며 괴로워하는 반면, 기혼 여성은 노동시간을 다소 줄이는 경향이 있고, 더 많이 줄이기를 희망한다.

---

9 이상적 노동시간에 대해 기혼 남성과 비혼 남성 사이에 나타나는 차이는 통계적으로 유의하지 않다.

기혼 집단을 살펴보면, 여성들 사이에서도 가족 상황에 따라 차이가 나타난다. 맞벌이를 하는 여성은 남편이 비취업 상태인 여성보다 주당 3시간 더 일하는데, 통계적으로 유의한 정도는 아니다. 그리고 이들은 실제 노동시간인 주당 41시간보다 11시간 짧은 주당 30시간 일하기를 원한다. 남편이 비취업 상태인 여성의 경우 실제 노동시간과 이상적 노동시간 사이의 격차는 6시간으로 나타난다. 두 가지 격차 역시 통계적으로 유의하지는 않다.

미취학 자녀를 둔 여성 집단에서도 유사한 결과가 나타난다. 이들은 주당 평균 노동시간이 39시간인데, 그들이 생각하는 이상적 노동시간은 30시간이다. 6세 미만 자녀가 없는 여성의 경우에도 실제 노동시간과 이상적 노동시간 사이의 격차가 주당 9시간으로 나타나, 미취학 자녀의 어머니들이 희망하는 결과와 통계적으로 별 차이가 없다. 미취학 자녀가 있고 남편과 맞벌이를 하는 조건은 여성의 실제 노동시간과 희망 노동시간에 영향을 미치지만, 이 둘 간의 격차를 극적으로 변화시키지는 않는다.

또한 결혼과 부모가 되는 것은 남성의 실제 노동시간과 이상적 노동시간에도 영향을 미치기는 하지만, 여성의 경우와 마찬가지로 그 정도가 미미하다. 그런데 남성의 실제 노동시간과 이상적 노동시간 간의 격차에 아내의 취업 여부가 거의 아무런 작용을 하지 않는다는 점은 주목할 만하다. 또한 미취학 자녀가 있는 남성의 경우 여성과 달리 실제 노동시간이 증가할 뿐 아니라 그들이 희망하는 노동시간도 상대적으로 높게 나타난다. 이는 어린 자녀를 둔 아버지가 가족의 재정적 필요로 인해 더 많은 시간을 일터에서 보내야 한다고 생각하기 때문인지도 모른다. 그런데 실제 노동시간이 이상적 노동시간에 비해 증가폭이 더 크다는 점을 고려하면, 보다 높은 비율의 남성이 사실상 노동시간을 줄이기 원한다고 볼 수 있다.

여성의 실제 노동시간과 이상적 노동시간 간의 격차가 크지 않은 것은 그들이 일－가족 갈등을 줄이기 위해 이미 전략적으로 적응해왔음을 어느 정도 반영한다. 어쨌거나 여성의 평균 노동시간은 이미 남성이 비해 짧기 때문이다. 하지만 위 사실을 통해 가족 상황이 성별만큼이나 중요하며, 어린 자녀를 둔 어머니와 아버지는 다른 집단에 비해 일터를 벗어나 더 많은 시간을 보내고 싶어 한다는 것을 알 수 있다. 결혼은 여성과 남성 모두에게 일터 이외의 개인생활을 더 많이 요구한다. 그러나 어린 자녀가 있는 기혼 여성이 노동시간을 줄이기 원하는 주요 집단이라고 단정 지을 근거는 충분하지 않다. 사실상 기혼 남녀의 절반 정도는 가족 상황에 상관없이 노동시간을 줄이기 원한다. 일각에서는 출산이 부모 모두의 노동시간을 증가시킨다고 주장하기도 한다. 그러나 우리가 분석한 바로는 어린 자녀가 있는 여성의 경우 이전 세대에 비해 그 정도가 완화되긴 했지만 어느 정도 임금노동시간을 줄이는 것으로 나타났다. 이러한 결과는 포괄적인 메시지를 던지고 있다. 즉 어머니든 아버지든 상관없이 모든 부모는 부모로서의 책임인 시장 노동과 돌봄 노동 간에 균형을 도모할 수 있게 해주는 직업을 필요로 한다는 것이다.

'선호'와 '이상'을 보완하는 대안 척도

'진짜' 원하는 것과 이상적으로 여기는 것을 엄밀하게 구별하려는 작업은 아무리 잘하려 해도 뜻대로 되기 어렵다. 이런 식으로 생각하는 것이 익숙하지 않기 때문에 사람들은 그저 질문을 받고 나서야 자신이 선호하는 바를 어렴풋이 떠올려 본다. 심지어 따져볼 게 많은 문제에 맞닥뜨렸을 때 그 대답은 질문이 어떻게 이루어지는가에 따라 달라진다. 노동시간의 경우, 시간과 소득 사이의 교환 조건을 포착하려고 질문했는지 여부가 핵

심이다. 일을 줄이는 데 따르는 소득 감소는 즉각적으로 나타나는 손해이
지만, 승진 기회 상실과 직업 안정성 감소는 훨씬 장기간에 걸쳐 있는 손
실이자 더 가혹한 대가이다. 노동시간은 일, 자아, 가족 복지 같은 측면과
복잡하게 얽혀 있기 때문에 여타 모든 조건을 동일하게 가정한 채 노동시
간의 변화를 상상하기란 어렵다. 예를 들어 일과 가족에서의 선택을 다룬
초기 연구를 보면, 여성과 남성 모두 노동시간을 줄이고 싶다는 희망을 현
실화하는 조건으로 소득과 미래의 직업 선택 기회가 보장되어야 한다는
점을 너나없이 꼽았다(Gerson, 1985, 1993).

우리가 분석에 사용한 '이상적 노동시간'이라는 척도는 노동자들이
자신의 이상에 도달하기 위해 기꺼이 무엇을 교환하려고 하는지, 또는
어떤 조건이 그들을 그렇게 행동하게 만드는지를 규명해주지는 않는다.
하지만 우리 사회가 추구해야 할 교환 유형을 탐구하는 데에는 이 척도
가 유용하다. 보다 이상적인 상태에서 사람들이 무엇을 열망할지를 파악
하는 것은 그 열망이 당장 실현될 수 있는 것은 아니라 해도 충분히 가치
있는 작업이다.

어떤 연구들은 교환의 개념을 명확하게 분석하려 시도하기도 했다. 그
리고 이상적 노동시간에 관한 문항을 다른 방식으로 구성함으로써 미국
노동자들이 일을 줄이기를 선호한다고 밝힌 바 있다. 그런데 노동시간이
짧아지면 소득 감소를 비롯한 기타 부정적인 결과가 발생한다는 점을 적
나라하게 제시하면서 교환 의사를 질문할 경우, 일을 줄이기 원한다는
비율이 낮아지고 일을 더 많이 하고 싶다는 비율이 훨씬 높아졌다. 하지
만 노동시간이 가장 긴 집단에서는 교환에 따르는 조건을 명시하든 숨기
든 간에 한결같이 노동시간을 줄이고 싶어 했다.

1998년에 실시한 <종합사회조사(General Social Survey)>에서는 이상
적 노동시간에 관해 다음 내용을 포함한 몇 가지를 질문했다(National
Opinion Research Center, 2002).

현재 당신이 더 많은 시간을 보내는 일과 더 적은 시간을 보내는 일을 바꾼다고 가정해봅시다. 다음 목록 중 시간을 늘리고 싶은 일은 무엇이며, 줄이고 싶은 일은 무엇입니까? 또한 현재와 동일한 시간을 들이고 싶은 일은 무엇입니까?

취업 상태인 응답자 중에서 32.0%가 일하는 시간을 줄이고 싶다고 응답했으며, 34.7%는 현재와 동일한 시간을 들이겠다고 응답했다. 20.8%는 더 늘리고 싶다고 응답했다. (12.5%는 '잘 모르겠음'과 무응답이었다.) 이는 우리가 검토했던 '이상적 노동시간' 문항에 대해 3분의 2가 짧은 노동시간을 선호했던 결과(Reynolds, 2001)와 유사하다.

그런데 임금 문제를 덧붙여 질문하면 응답 결과는 확연히 달라진다. <종합사회조사>의 또 다른 문항을 보자.

당신의 노동시간과 주된 직업의 소득(초과근무 수당 포함)에 관해 생각해봅시다. 다음 세 가지 중 하나만을 선택해야 한다면, 당신이 선호하는 것은 무엇입니까?
① 긴 노동시간과 소득 증가, ② 동일한 노동시간과 동일한 소득, ③ 짧은 노동시간과 소득 감소

시간과 돈의 교환이 선택지로 주어졌을 때 노동시간의 감소는 그다지 매력적이지 않게 된다. 28.6%는 긴 노동시간을, 50.5%는 동일한 노동시간을 선택했으며, 단지 8.9%만이 짧은 노동시간을 선택했다.[10]

----

10 이 8.9%는 1985년의 <현 인구조사> 부가조사 결과인 7.5%에 비해 약간 증가한 수치이다. 자세한 논의는 수잔 샹크(Shank, 1986)를 참고할 것. 샹크는 일을 줄이려는 욕구는 주당 노동시간이 가장 긴 사람들에게서, 일을 늘리려는 욕구는 주당 노동시간이 가장 짧은 사람들에게서 집중적으로 나타난다고 보고한 바 있다. 여기에서 핵심 질문은

(12.0%는 '잘 모르겠음'과 무응답이었다.)

이렇게 볼 때 노동시간 감소의 주요 장애물은 재정적 문제인 듯하다. 손해가 따를 수 있다고 덧붙이면 노동시간을 줄이고 싶다는 수요는 현저하게 줄어든다. 그러나 얼마나 일을 줄이는가, 소득이 얼마나 줄어드는가의 문제는 아직 풀어야 할 과제로 남아 있다. 1992년에 실시한 <전국 노동력 변동조사>에서는 교환 양상을 보다 충분히 이해하기 위해 다음과 같은 문항을 포함했다. "당신에게 매주 하루의 휴일을 추가로 준다면, 당신은 그 하루에 해당하는 임금을 포기할 의사가 있습니까?"

이 문항을 통해 일을 줄이는 데 내재하는 근본적인 이해관계를 파악할 수 있다. 당시 취업 상태인 응답자 중 24.3%는 휴일로 주어진 하루치의 임금을 포기하겠다고 응답했고, 3.3%는 경우에 따라 다르다고 응답했다. 시간과 돈을 교환하는 조건의 범위가 분명해질수록 일을 줄이고 싶다는 의지를 자발적으로 더 많이 드러낸다.[11]

1992년의 <전국 노동력 변동조사>에서는 이상적 노동시간보다 오래 일하고 있다는 응답자들에게 "일을 줄일 수 있다고 생각합니까?"라고 질문했는데, 60.9%가 부정적으로 대답했다. 또한 1997년 조사에서는 일을 줄이기 원하는 응답자들에게 실제로는 왜 그럴 수 없는지를 물

일을 줄이는 데 관심을 표출하는 집단이 노동인구에서 본질적으로 소수자인지 아니면 그저 수적으로 적을 뿐인지에 관한 것이다.

11 한 가지 더 주목해야 할 점은 "하루 임금에 해당하는 휴일" 문항이 "이상적 노동시간" 문항과 다소 결과가 다르다는 점이다. 노동시간이 가장 긴 사람들은 남성과 여성 모두 주 40시간 일하는 사람들에 비해 임금과 휴일을 맞바꾸려는 경향이 더 높아 두 문항이 일관된 결과를 보였다. 이는 이상적 노동시간 자료를 검토한 데서도 드러났듯이 최장 노동시간이라는 문제가 미국 노동자들이 끊임없이 일하는 것을 선호한다는 식의 취향에서 비롯되는 것이 아님을 뒷받침해준다. 그런데 노동시간이 가장 짧은 사람들 중에서도 이 교환 유형에 관심을 보이는 경우가 많아 "이상적 노동시간" 문항에서 발견되었던 것과 다른 양상을 보였다.

어보았는데, 절반에 가까운 46.8%가 돈이 필요하기 때문이라고 대답했다. 회사에서 허용하지 않는다는 이유를 꼽은 응답자도 18.7%로서 꽤 높은 비율을 보였다. 하지만 노동시간 선호를 구성하는 데 가장 막중한 역할을 하는 것은 역시 재정적 문제인 것으로 나타났다.

노동시간을 줄이는 데 대가가 따른다는 점을 분명하게 알리지 않은 채 선호하는 노동시간을 물으면 상당수가 짧은 노동시간을 원한다고 응답한다. 이상적 노동시간을 묻든 여러 활동별 이상적 시간 배분을 묻든 결과는 일관성을 보인다. 하지만 노동시간 감소에 대가가 따를 수 있다는 가능성을 포함시켜 질문하면 그 결과는 틀림없이 달라진다. 감소 정도에 편차는 있겠지만 노동시간을 줄이겠다는 응답은 어쨌든 줄어든다. 물론 일을 줄이고 싶어 하는 경향은 일을 가장 많이 하는 사람들에게서 일관성 있게 집중되며, 마찬가지로 일을 늘리고자 하는 욕구는 가장 적게 일하는 사람들에게 몰린다.

주당 노동시간을 단축하기 위해 지속적으로 추진되고 있는 공적인 노력들은 수많은 노동자의 요구를 대변하는 것이기도 하다. 하지만 이 노력은 소득과 생산성 감소라는 손실을 잠재적으로 전제한 채 이루어지고 있다. 만약 주당 노동시간 단축이 생산성을 높이고 임금 손실을 최소화한다고 전제한다면, 막연하게 얼버무린 표현으로 질문한 것보다 훨씬 흥미로운 결과를 가져올 수 있다. 물론 주당 노동시간 단축은 노동자를 지지하고 가족을 지원하며 노동 유연성을 강화하는 정책이 포괄적으로 전개되는 맥락 속에서 오로지 그 취지를 온전하게 유지할 수 있다.

이러한 전반적 모습에 들어맞는, 내재적 보상*이 이루어지는 직종은

---

* 성원이 조직을 위해 기여 혹은 근무한 대가로 받는 보상은 대체로 외재적 보상(extrinsic reward: 임금, 승진, 고용안정 등)과 내재적 보상(intrinsic reward: 업무의 다양성과 자율성 보장, 각종 지원의 수혜, 스트레스로부터의 해방, 조직 정의 실현 등)으로 구분된다. 김상욱, 「공공부문과 민간부문의 작업몰입과 조직몰입」, ≪한국사회학≫, 제36집 5호(2002), 한국사회학회.

무엇일까? 전문직을 비롯한 많은 직종의 노동자들은 자신의 직업에 애정을 갖고 있다. 메리 블레어-로이(Blair-Loy, 2003)가 재정분야 전문직을 대상으로 진행한 연구에 따르면, 그녀가 인터뷰한 여성의 다수가 자신의 일에 진심으로 헌신적이었지만, 바로 그 헌신이 가족에게도 열성적으로 헌신하는 것과 융화되지 않아 괴로워했다고 한다. 일을 통한 내재적 보상을 고려한다 하더라도, 어떤 직업이든 거기에 들이는 시간에는 한계가 있게 마련이다. 더구나 최근에는 전문직이 가진 매력조차 모호해지는 실정이다.

다른 직종과 마찬가지로 전문직 역시 과거와는 달라지고 있다. 엘리엇 프리드슨의 연구(Freidson, 1986), 이후 등장한 케빈 리히트와 메리 페넬의 연구(Leicht and Fennell, 2001) 등은 관료제의 성장과 시장의 힘이 행사하는 제약 때문에 전문직의 자율성이 여러 방식으로 침해되어왔음을 지적한다. 최근 들어 전문직의 노동시간이 늘어나는 것은 도전의식을 불태우며 일에 몰두하는 데서 비롯되는 것이기도 할 것이다. 그러나 흥미로운 업무를 통해 개인이 얻는 만족감이 긴 노동시간으로 인해 더 커지든 말든 상관없이 무조건 더 열심히 일하도록 몰아붙이는 압박 때문이라 보는 것이 더 타당하다.

불균등한 선택, 공유하는 열망

미국인의 과잉노동을 다루는 대부분의 논의가 여성과 남성이 일터에서 보내는 시간 자체에 초점을 맞췄던 것과 달리, 우리는 오늘날 노동자들이 일터에서 보내는 시간을 어떻게 느끼는지를 보다 구체적으로 검토했다. 과잉노동이라는 개념에 대한 사람들의 인식은 실제 노동시간뿐만 아니라 이상적 노동시간에 따라서도 다르게 나타나며, 이는 노동자들의 현실과 선호 사이에 확연한 간극이 있음을 의미한다. 대다수 노동자들은 자신이 처한 환경과 자신의 열망 사이에서 상당한 시간 불균등을 경험하고 있다.

그러나 이러한 사실이 모든 노동자 또는 대다수 노동자가 과잉노동한다고 느낀다는 것을 의미하지는 않는다. 노동자들은 일을 더 많이 하기를 원하는지 아닌지에 관해 그다지 일관된 생각을 갖고 있지 않다. 이런 모순적 태도는 과잉노동한다는 인식이 보편적으로 존재하는 것은 아니라는 점을 분명하게 해준다. 그러면서 동시에 과잉노동이 아주 오랜 시간 일해야 하는 직종의 종사자들과 가족 책임이 막중한 사람들에게 얼마나 중요한 문제인지를 보여준다. 이들은 가족시간을 회피하기 위해 일터로 달아나기는커녕 오히려 자신과 가족을 위해 많은 시간을 할애하면서 삶을 보다 조화롭게 꾸려나가려 한다.

과잉노동하는 미국인이라는 문제로 인해 자기 자신이나 가족의 요구를 충족시킬 수 있는 일자리를 찾지 못해 어려움을 겪는 노동자의 상황이 도외시되어서는 안 된다. 우리가 살펴본 것처럼 상대적으로 짧은 시간동안 일하는 이들은 노동시간을 더 늘리고 싶어 한다. 본질적으로 과잉노동 그 자체보다는 이상과 현실 간의 간극이야말로 오늘날 노동자들이 처한 문제의 핵심이다. 대다수의 여성과 남성은 과잉노동이나 과소노동이 아니라 삶의 균형을 원한다. 따라서 노동자와 그 가족의 경험을 이해하고 이들이 맞서야 할 도전을 파악하려면 노동자의 현재 상황과 이들이 원하는 바의 불일치를 역사적 추세의 차원으로만 접근하는 데 머물러서는 안 된다.

또한 이러한 결과는 노동자를 과잉노동하는 집단과 과소노동하는 집단으로 분리하는 또 다른 종류의 시간 불균등이 출현하고 있음을 말해준다. 이와 같은 분기점은 장시간 일하는 사람과 그렇지 않은 사람 간의 차이 속에서 확연히 드러난다. 우리는 업무 부담이 높은 직장에서 일하는 노동자들이 일을 줄이고 싶어 한다는 것을 지속적으로 확인해왔다. 직업 스펙트럼의 바로 반대편 끝에는 더 많은 시간 일하고 싶어 하는 노동자들이 위치해 있는데, 이들은 불완전 고용과 경제적 압박에 직면하기 쉬운 저학력의 생산직 노동자들이다. 그리고 아주 길거나 아주 짧은 시간 일하는 사람의 다수가 개인적 선호에 따라 그러한 일을 선택했음을 뒷받침하는 증거가 전혀 없다는 점에서, 시간 불균등의 출현은 노동자의 욕구보다는 고용주의 기대를 반영한다고 보는 게 더 타당하다.

일부 노동자 집단에서 장시간 노동이 확대되는 양상은 노동자들이 일터에서 더 오랜 시간을 보내려고 하는 바람이 문화적 변동으로 이어져 나타난 것이 아닌 듯하다. 원하는 것보다 더 오래 혹은 더 짧게 일하는 사람들에 비추어볼 때, 노동시장은 노동자의 선호를 반영한 선택지를 만들어주지 않는다는 것을 알 수 있다. 사실상 노동자 다수는 현재 상황과는 다른 노동 스케줄을 선호한다. 우리는 노동자들이 처한 직업 기회가 혼재되어 있는 현실에 주목해야 하며, 여기에 존재하는 여러 선택지들이 스펙트럼의 양극단에 있는 노동자의 필요와 열망을 충족시키는지 아니면 그렇지 못하는지에 주의를 기울여야 한다.

과연 누가 과잉노동한다고 느끼는지를 구체적으로 들여다보면 가족의 요구와 직업 선택지가 여러 가지 방식으로 상충하는 데에 일련의 힘들이 작동하고 있음을 알 수 있다. 자녀를 돌보는 것을 비롯해서 가족의 요구를 충족시킬 시간을 가장 필요로 하는 사람들이 과잉노동한다고 느낄 가능성도 가장 높다. 여기에서 성별은 중요한 요인인데, 이는 여성이 여전히 가족노동에서 가장 많은 부분을 담당하고 있기 때문이다. 그러나 어머니와 아버지 각자가 처한 다양한 환경에도 불구하고, 여성과 남성 모두 사적 생활을 위해 더 많은 시간을 원한다는 점은 틀림없다. 또한 이들은 지나치게 요구가 많은 직업과 그렇지 않은 직업 간의 분기점에서 갈등을 겪고 있다. 부모 노릇과 직장생활을 융화시키는 문제는 여성과 남성에게 개별적이고 분절적이며 불공평한 방안을 제시하는 것으로는 결코 해결될 수 없다.

노동자에게 주어지는 선택지들과 제약들은 서로 분리되어 있지만, 노동자들이 지향하는 열망은 상당히 유사하다. 성별, 계급, 가족 상황에 관계없이 대부분의 노동자들은 일과 가족이 조화롭게 꾸려나가야 할 중요한 삶의 과제라는 점에 동의한다. 여성이든 남성이든, 과잉노동하든 그렇지 않든 대다수의 사람들은 경제적 보상도 충분하면서 개인에게 만족감을 가져다주는 동시에 개인을 지배하지는 않는 직업을 원한다. 일과 그 이외의 삶 사이에서 합리적으로 균형을 잡고자 하는 열망은 광범위하게 퍼져 있다. 문제는 이러한 열망을 실현시킬 수 있는 자원이나 능력을 갖지 못한 사람들이 많다는 점이다.[12]

과잉노동과 일 – 가족 갈등에 관한 논쟁은 다양한 방식으로 확대되어야 한다. 먼저, 노동자들이 무엇을 하고 있는지뿐만 아니라 무엇을 요구하고 선호하는지에 대해서도 살펴볼 필요가 있다. 그리고 미국인들이 과잉노동을 하는지 여부에만 초점을 맞추기보다는 어떤 사람은 과잉노동하는 반면 어떤 사람은 더 일하고 싶어도 그렇지 못하는 식으로 점점 더 많은 미국인들이 불균등한 노동시장에 직면하게 되는 양상을 검토해야 한다. 블루스톤과 로즈가 지적했듯이, 우리는 과잉노동과 불완전 고용이라는 양 측면에 내재한 "경제적 수수께끼를 해결"해야 한다(Bluestone and Rose, 1997). 노동시간의 평균값에 초점을 맞추기보다는 일터에서 노동자들이 보내는 시간의 다양한 분포에 주의를 기울여야 한다. 과잉노동하는 미국인들은 가족시간과 여가시간을 희생하는 반면, 과소노동하는

---

12 미국인들이 열망을 공유하는 경향이 있다는 조사는 미국사회의 문화적 동향을 분석한 연구자들에 의해 보고된 바 있다. 예를 들어 디마지오 등(DiMaggio, Evans, and Bryson, 1996)과 울프(Wolfe, 1998)를 참고할 것.

미국인들은 경제적 곤경과 기회의 상실에 힘겨워한다. 개인이 처한 각각의 상황은 그 나름의 고충을 안고 있다. 따라서 평균치에 기반을 둔 일반화는 많은 사람의 경험을 간과하게 만들고 보다 일반적인 사회 변화의 역동을 이해하기 어렵게 한다.

또한 경제적·사회적 변화가 어떻게 고용주의 기대치와 노동자의 요구 사이에 격차를 만들어왔는지를 규명해야 한다. 고용주들은 책임이 막중한 노동자와 그렇지 않은 노동자를 구분해서 일터를 분절함으로써 이익을 얻게 된다. 표면상으로는, 한쪽에는 노동시간이 긴 노동자가 증가하고 그 반대편에는 시간제 노동자가 증가함으로써 일하는 부모와 비전통적 가족이 직면한 딜레마를 해결할 수 있는 혁신적 방법이 등장한 것으로 여겨질 수 있다. 그러나 노동자의 필요와 욕구라는 맥락에서 보면, 이러한 변화는 노동자가 처한 딜레마를 해결하기보다는 오히려 심화시킬 가능성이 높다. 여성과 남성은 모두 경제적으로 가족을 부양하면서도 가족과 자신의 생활을 위해 시간과 관심을 할애할 수 있도록 보장하는 직업을 필요로 한다.

만약 노동자들이 기회가 폭넓게 보장되면서 보상도 충분한 직업과 가족을 돌보는 것을 허용하는 직업 사이에서 양자택일해야만 한다면 가족의 필요와 경제적 필요 둘 다 궁극적으로 충족되기 어렵다. 그리고 만약 이렇게 직업을 구분해서 남성과 여성 사이의 불균등을 심화시키게 된다면 일과 가족생활을 둘러싼 문제는 악화될 것이다. 남성과 여성은 모두 직업 기회와 가족시간을 충분하게 제공하는 직업을 필요로 한다. 미국의 사회경제적 구조는 일하는 부모가 경제적 안정이나 장기간의 직업 전망을 위협받지 않고도 임금노동과 가족생활을 조화롭게 해나갈 수 있을 때만이 유·무형의 이익을 창출할 수 있다.

점차 증가하는 시간 불균등은 여러 가지 갈등을 만들어내고 있다. 이를 해결하기 위해서는 지금과 같이 새로운 가족의 시대에서 노동자들이 균형 잡힌 삶을 추구할 수 있도록 지지하는 직장구조와 직장 문화를 모색해야 한다. 이에 우선적으로, 시간이라는 차원을 넘어서 어떤 노동조건이 날마다 일 – 가족 갈등을 겪어야 하는 사람들의 삶에 영향을 미치는지 드러낼 필요가 있다.

4 일은 어떻게 우리의 일상을 침범하는가?

대다수 미국인들이 이상적이라고 생각하는 노동시간과 실제 노동시간 사이에는 큰 차이가 있으며, 이러한 격차는 많은 사람들이 일을 좀 덜 하고 싶다고 소망하는 현실을 보여준다. 그런데 이는 개인이 깊게 인식하는 갈등을 보여주는 빙산의 일각에 지나지 않는다.

이 장에서는 1992년과 1997년에 실시된 <전국 노동력 변동조사>를 참조해 노동자들이 일과 가족 사이에서 어떤 방식으로, 그리고 어느 정도로 갈등을 경험하고 있는지 살펴보려 한다. 또한 일, 가족, 여가 사이의 시간을 어떻게 배분하고 싶어 하는지를 검토하고자 한다. 이를 바탕으로 일이 가족생활을 침해하는 것인지, 아니면 가족이 일의 영역을 방해하는 것인지 논의할 것이다.

시간을 넘어서

직장에서건 가정에서건 일의 강도는 그 일을 하는 데 들이는 시간의 양만큼 중요하다. 측정하기는 어렵지만 최근 수십 년 동안 직장 일과 가사 일 모두 강도가 높아졌다. 직장에서 보내는 시간의 증가량이 미미하기 때문에 업무에 요구되는 노력, 에너지, 집중력 면에서의 근본적 변화가 잘 드러나지 않는 듯하다. 그리고 가사노동 그 자체는 열외로 치더라도 부모에 대한 기대치 역시 어떤 사회집단에서는 더 커졌다. 많은 미국인들은 자신이 일과 가족 사이에서 이리 저리 쫓긴다고 느끼기도 한다. 이는 가족생활에서 여러 가지 책임이 증가하며 서로 충돌하기 때문만이 아니라 업무 기대치와 부모 역할 기준치가 다 같이 높아지고 있기 때문이다.

지난 20세기 동안 노동생산성 향상의 결과로 미국인의 생활수준이 높아졌다는 사실은 대개 의심의 여지없이 받아들여진다. 물론 노동생산성 향상은 노동자들로 하여금 더 짧은 시간 동안 더 많이 생산할 수 있도록 해주는 새로운 기술이 출현했기에 가능한 일이었기는 하다. 그러나 신기술의 발달과 함께 높은 작업 강도를 요구하는 기대 역시 증가했음을 인식해야 한다. 영국의 노동사학자 크리스 나일랜드(Chris Nyland)는 노동시간 축소가 결국 노동 강도의 점진적 증가로 이어졌다고 주장한 바 있다(Nyland, 1989). 그는 주당 노동시간이 줄어들 때마다 노동자 1인당 생산성이 상승했음을 논증했다. 그렇게 본다면 20세기 후반에서 21세기 초반을 살고 있는 많은 노동자들이 19세기의 노동시간표대로 일하기란 불가능한 셈이다. 예를 들어 오늘날 자동차 공장 노동자들은 예전의 자동차 공장 노동자들이 하루 12시간 일했던 작업량을 8시간 동안에 해내기 위해 한시도 긴장을 늦춰서는 안 되는 것이다. 그리고 현대의 많은 직업들은 육체적 측면보다는 정신적 측면에서 더 힘든 경우가 많다.

또한 나일랜드는 주당 노동시간의 단축이 왜 고용 창출로 이어지지 않는지는 생산성 증가로 설명가능하다고 덧붙인다. 수완이 뛰어난 고용주들은 주당 노동시간이 줄더라도 생산성을 높이는 방법을 알고 있기 때문에 보통 기대하는 만큼 고용기회가 늘어나지 않는다는 것이다. 일부 사회운동가들은 노동시간 단축과 일자리 창출이라는 두 마리 토끼를 잡으려고 했지만 뜻대로 되지 않았다. 노동시간 단축을 고용창출로 이끌어내지 못한 '실패'는 사실상 몇몇 개혁가들이 기대했던 바, 다시 말해 보다 적은 시간을 투여해서 높은 생산성을 이끌어낸 모의실험이 성공한 데 원인이 있다. (이 문제는 제8장에서 더 자세히 논의할 것이다.)

이에 더해 1980년대 이래 가속화된 기업의 구조조정은 사무직 영역으로 확대되었고(Cappelli, 2001), 인재채용 전략이 도입되면서 더 적은 수의 노동자가 더 낮은 비용으로 더 많이 생산해야 하는 상황에 놓이게 되었다. 이렇게 직장에서의 압력이 거세지는 현상과 더불어 맞벌이 부부도 증가했으므로, 그들 중 상당수는 업무 요구도가 높은 직위에 속할 가능성이 높다. 이런 상황에서는 고용주의 기대와 그 기대에 부응하려는 노동자의 역량이 충돌하는 결과가 빚어진다.

노동 영역에서 나타나는 이러한 경향은 부모 역할 기대치와 기준이 특히 중산층 부모들 사이에서 미묘하게 확대되고 있는 것과 중첩된다. 샤론 헤이스(Hays, 1997)는 어머니들이 점점 더 많은 의무감을 느끼고 있다고 주장한다. 단순히 자녀를 보살피고 잘 먹이는 것뿐만 아니라 감성 계발과 지능 발달까지도 포괄해야 하는 식으로 말이다. 또한 헤이스는 산업화 초기부터 좋은 어머니 노릇의 내용이 변화해왔지만 본격적으로 그 내용이 확장된 것은 후기 산업화 시기에 들면서부터라고 지적한다. 그간 여성들에게는 공적 영역으로 진출할 기회와 더불어 그 의무에 전념해야 한다는 압력도 증가해왔다. 그러면서도 자녀의 신체적·정서적 안녕뿐 아니라 사회적 성공까지 책임져야 한다는 기대를 받고 있다. 부모 역할에 대한 눈높이가 높아지면서 개인적인 여가, 하물며 단순한 휴식이라도 취할 여지는 줄어들었다.

헤이즈가 강조했듯이 오늘날의 어머니들은 공적 영역에서의 진로를 계획할 때조차도 '집중적인 어머니 노릇'을 수행할 것이라는 기대를 마주하는 문화적 모순을 겪고 있지만, 아버지들에 대한 기대치 역시 높아지는 게 분명하다. 인자하지만 늘 집에 없는 생계부양자는 결코 '좋은 아버지'가 아니다. '좋은 아버지'란 자녀와 놀아주고 기저귀를 갈아주는 일에서부터 숙제를 도와주는 데 이르기까지 자녀의 모든 일상에 친밀하게 개입하는 사람이다. 물론 모든 아버지들이 이러한 기준을 충족시키지는 못하지만 좋은 아버지의 기준은 뿌리를 내려왔다. 또한 장애물이 적지 않은데도 아버지들은 이렇듯 늘어만 가는 기대치를 늘 마음에 담고 있다. 백인 중산층 아버지에게 가장 이목이 집중되어 오긴 했지만, 지난 수십 년간 모든 인종과 계급에 걸쳐 부모 역할을 분담하는 아버지는 꾸준히 증가해왔다.[1]

아네트 라로(Lareau, 2002)의 연구는 부모 역할, 특히 어머니 노릇의 기준이 높아졌다는 근거를 다양하게 제시하고 있다. 예컨대 중산층 부모들은 자녀의 연령 단계별로 여러 가지 특기활동을 시키는 '집중 양육(concerted cultivation)' 방식으로 자녀의 발달을 도모하려 분투하고 있다는 것이다. 많은 중산층 부모가 자녀를 축구연습장에서부터 피아노 학원까지 실어 나르는 자신의 모습을 문득 발견하게 되듯이, 자녀를 위주로 한 활동들은 가족생활을 지배하면서 더 정신없이 바쁘게 만들 수 있다. 라로는 자녀의 방과후 활동이 업무시간을 동강내기도 하고, 가족이 함께 저녁식사하기도 어렵게 하며, 심지어 주말까지도 송두리째 앗아가 버릴 수 있다고 지적한다.

중산층 부모들은 자녀의 일상에 열성적으로 개입할 것이라는 기대를 받고 있기 때문에 긴 노동시간이 더 문제가 된다. 이들은 직장에서 긴 시간을 보내며 업무에 대한 높은 기대치를 충족시켜야 하고, 집에 와서는 자녀 숙제를 도와주거나 축구교실에서 음악학원까지 데리고 다녀야 하

---

1 진 영(Yeung, 2001)은 오늘날의 아버지들이 이전 세대에 비해 자녀양육에 관련된 모든 일에 시간을 더 많이 들인다고 밝히고 있다. 물론 어머니들에 비하면 여전히 한참 뒤처진 다. 콜트레인(Coltrane, 1996), 퍼스텐버그(Furstenberg, 1995), 거슨(Gerson, 1993)도 참고할 것.

는 것이다. 그래도 이들은 이렇게 높아진 기대치를 충족시킬 만한 자원을 노동계급 부모보다 많이 가지고 있다. 돈뿐만 아니라 직장의 유연성 측면에서도 그렇다(Heymann, 2000).

좋은 부모 노릇을 기대하는 압력이 증가하는 데에는 구조적·인구학적 변동 역시 일조하고 있다. 가족 구성원의 숫자가 적다는 것은 부모 역할이 그만큼 줄어드는 것을 의미하고 양육에 따르는 부담을 줄이기 위해 자녀 수를 조절한다는 것을 나타내기도 하지만, 동시에 어린 동생을 돌볼 만큼 성장한 자녀가 그만큼 적거나 아예 없다는 것을 의미하기도 한다. 가족 규모가 줄어들수록 부모들이 각각의 자녀에게 집중해야 하는 관심의 양은 증가한다. 그리고 가족 구성원 수의 감소와 주택 내 1인당 공간 확대가 자녀들을 지리적으로 분리시키기 때문에 부모들은 자신의 통제 범위 밖에서 발생하는 예상치 못한 응급상황을 최소화하기 위해 동분서주해야 한다. 범죄에 대한 우려는 이러한 상황을 한층 심화시킨다. 1950~1960년대에 비구조화되어 있던 자녀의 놀이는 부모의 시간과 주의를 요하는 구조화된 활동으로 대체되고 있다.

수발을 받아야 할 노부모나 친지가 있는지의 여부는 가족 내 돌봄 노동에서 고려해야 할 또 다른 요소이다. 수명이 길어지면서 일생 중 몇 년 동안이라도 의존 상태로 보내게 되는 노령인구가 급성장했다. 2000년 현재 65세 이상 미국인은 3,500만 명에 달하며, 1990년에 비해 12%가 증가한 수치이다. 2050년까지 미국의 노령인구 수는 8,000만 명에 육박할 것으로 추산되는데, 이는 전체 인구에서 차지하는 비중이 12.6%에서 20.3%까지 증가하는 것을 의미한다(U.S. Bureau of the Census, 2002). 노인 돌봄은 자녀 돌봄에 비해 단일하지도, 예측가능하지도 않다. 질병의 성질, 발병 시기, 지속 기간이 너무 광범위하기 때문이다. 심장마비로 갑작스럽게 사망할 수도 있고, 몇 달간 혹은 몇 년 간의 암 투병으로 피폐해질 수도 있다. 알츠하이머병은 투병 기간이 길기 때문에 아무리 헌신적으로 간병하던 사람이라도 완전히 지쳐버릴 수 있다.

'샌드위치 세대'라는 말은 노쇠한 부모님과 어린 자녀를 동시에 돌봐야 하는 사람들이 어떠한 곤경에 처해 있는지를 포착하기 위해 도입된 용어이다.[2] 이런 상황에 놓인 사람들은 그 상황 자체가 얼마나 힘겨운지를 알고 있다. 그나마 다행인 것은 대개 자녀양육에 가장 집중해야 할 시기를 넘어선 40대 후반이나 50대가 되어서야 노부모를 돌봐야 하게 된다는 점이다. 이 장의 후반부에서는 일 – 가족 갈등에 영향을 미치는 요소 중 하나로 노인 돌봄에 관해서도 고찰할 것이다.

'비표준적인' 노동시간이 출현하면서 일과 가족시간의 통합이 더 복잡해졌다. 프레서(Presser, 2003)는 야간근무와 주말근무, 그리고 예전에는 개인시간으로 간주되던 시기까지도 송두리째 포함해 교대근무가 증가해왔다고 지적하면서 우리가 하루 24시간, 주 7일 경제체제를 향해 가고 있다고 주장한다. 이러한 경제체제 속에서 노동자들은 점차 저녁, 밤, 주말뿐 아니라 교대근무를 하면서까지 일하고 있다. 홑벌이 부부 중 약 4분의 1은 배우자가 비표준적인 시간표로 일하고 있다. 이 비율은 자녀가 있는 부부의 비율보다 훨씬 높다. 심지어 5세 이하의 자녀를 둔 부부의 경우에는 그 비율이 30.6%로 상승한다. 자녀 양육을 외부에 전담시킬 경제적 여유가 부족해서이건 혹은 순전히 아이는 반드시 부모가 키워야 한다는 신념을 가지고 있어서이건 상관없이 이런 부부들은 '2인조(tag-team)' 부모 역할이라는 전략을 채택하게 되는 것 같다. 그러나 이 전략은 가족관계와 가족생활에 심각한 부담을 지울 수 있으며, 별거율이나

---

2 이 용어는 '유리 천장'이나 '교대근무' 같은 용어만큼 널리 알려져 있지 않지만, 자녀 돌봄과 노부모 부양 사이에 끼어 있는 성인 남녀의 경험을 정확하게 포착하고 있다(Miller, 1981; Brody, 1985; 주요 요건에 대해서는 Soldo, 1996을 참고할 것). 여러 웹사이트에서 이 용어를 사용하고 있고, 자기계발서의 제목에도 이 용어가 등장하는 경우가 많다 (www.thesandwichgeneration.com; Zal, 2001).

이혼율을 높일 수도 있다. 이메일이나 휴대전화 같은 새로운 기술이 그렇듯이, 교대근무 방식은 가족의 요구가 더 많아지고 복잡해지고 있음에도 불구하고 일로 인해 가족생활이 침범당한다고 생각하도록 만드는 데 일조한다.

일-가족 갈등

많은 노동자들은 임금노동이 자기 삶에서 차지하는 영역이 너무 커서 나머지 삶의 여지를 좁게 만든다고 생각한다. 그렇다면 얼마나 많은 사람이 얼마나 자주 이러한 갈등을 경험하고 있을까? <그림 4-1>은 <전국 노동력 변동조사>(Bond, Galinsky, and Swanberg, 1998)를 토대로 해서 개별 노동자들이 일-가족 갈등을 어떻게 경험하고 있는지 나타낸 것이다.[3] 이 그림에서 몇 가지 핵심이 분명해지는 것을 볼 수 있다. 첫째, 많은 노동자가 일-가족 문제로 고민하고 있다. 둘째, 노동자와 그 가족이 놓인 상황은 매우 다양하고 일-가족 문제도 여러 방식으로 표출되기 때문에 고민의 수위 역시 경우에 따라 그 폭이 넓어지고 있다. 셋째, 일-가족 문제는 여성에게만 해당하는 것이 아니다. <그림 4-1>은 여성만큼이나 남성도 이 문제를 고민하고 있음을 보여준다.

일, 개인생활, 가족생활을 조화롭게 영위하는 데 약간이라도 갈등을 경험하는 비율은 여성이 55.5%, 남성이 59.8%로 절반을 웃도는 것으로

----

3 자세한 결과는 통계적 유의미성 검증 결과를 덧붙여 부록 <표 2>에 제시했다. <전국 노동력 변동조사>는 직업의 성격과 노동자의 직장 경험에 관해 <현 인구조사>보다 훨씬 상세한 정보를 제공한다. 또한 1977년의 <고용품질조사(Quality of Employment Study)>에서 사용된 여러 질문을 포함하고 있으며, 주기적인 실시를 통해 직장 관행과 노동자의 경험에 관한 정보가 제공될 수 있도록 고안되었다.

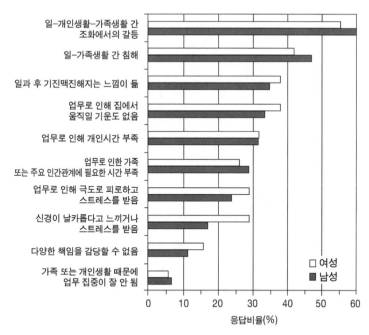

〈그림 4-1〉 성별에 따른 일-가족 갈등 경험(1997년)

자료: 「전국 노동력 변동조사」.

나타난다. 5분의 2 이상(남성 47.1%, 여성 42.0%)은 일과 가족생활이 "많이" 혹은 "약간" 서로 침해된다고 응답했다. 직장에서 하루 일과가 끝났을 때 "자주" 혹은 "매우 자주" "기진맥진하게 된다"고 느끼는 응답자는 3분의 1 이상(남성의 34.7%, 여성의 37.9%)인 것으로 나타난다. 직장 일 때문에 집에서는 움직일 기운도 없다고 느끼는 비율도 이와 유사하다. 사실 이러한 결과는 시간 때문에 압박을 느낀다는 인식이 역사적으로 가사노동이 감소해온 이유를 어느 정도는 설명해준다는 것을 보여준다. 미국인들은 예전에 비해 더 큰 집에서 사는데도 가사노동에는 시간을 더 적게 쓰고 있다. 서비스 구매를 통해서 그 간극을 메우기도 하지만, 대다수의 사람들은 각종 청구서를 처리하고, 집안을 정돈된 상태로 유지하고, 집과 자동차를 손보는 것과 같은 일상적인 일에 들일 시간이 부족하다고 말한다.

또한 4분의 1에서 3분의 1 정도에 해당하는 응답자는 일 때문에 자신과 가족을 위해 시간을 충분히 할애하기 어렵다고 느끼고 있었다. 이 부분에서는 남성이 여성에 비해 갈등을 약간 더 많이 경험하는 것으로 나타난다. 하지만 그 차이가 통계적으로 유의미하지는 않다. 일 - 가족 갈등이 여성에게 더 치명적일 것 같지만, 그렇다고 여성에게 국한되지는 않는다. 시간 압박을 다루는 통상적인 논의가 '일하는 엄마'의 문제라는 틀에 갇혀 있지만, 사실 오롯이 그들만의 문제는 아닌 것이다. 단적인 예를 들자면 남성의 근로시간이 더 길고 출장횟수도 더 많다. 맞벌이 가구와 여성 노동자가 증가하고 있다고 해도 남성은 가족의 삶에 충분히, 그리고 여성과 동등하게 참여하기 어렵게 하는 생계부양의 의무를 여전히 느끼고 있다. 자녀를 돌보기 위해 일찍 퇴근하는 것을 주저하거나 개인적인 이유를 들어 업무 할당을 거부하기 꺼리는 남성이 여성보다 훨씬 더 많다(Kmec, 1999).

물론 여성 역시 일 - 가족 갈등에 심각하게 시달리고 있다. 사실 이런 갈등 때문에 여성들은 가사를 담당하고 자녀를 돌보기 위해 근무 시간대를 변경하거나 직장 자체를 바꾸곤 한다. 이런 조치를 취하면서 당장의 충돌을 줄일 수는 있지만, 이렇게 조정하려는 노력 자체가 가족과 일 사이에 구조적인 갈등이 존재하고 있음을 의미하는 것이다.

부모들이 근무 스케줄이나 직장을 바꾸어가며 일을 줄이든 혹은 늘리든 관계없이, 많은 여성과 남성은 일과 가족생활 사이의 압박 때문에 정작 자기 자신을 위해 할애할 수 있는 시간이 너무 적다고 느낀다. 또한 가족에게 쓸 시간이 부족하다고 느끼는 노동자도 많다. 응답자의 약 4분의 1(남성 23.7%, 여성 28.9%)은 "자주" 혹은 "매우 자주" 업무 때문에 움직일 기운도 없다고 느끼거나 스트레스를 받는다고 응답했다. 하지만 이러한 긴장 때문에 일 – 가족 갈등을 감당할 수 없다고 시인하는 사람은 상대적으로 소수이다. "자주" 혹은 "매우 자주" 자신에게 주어진 책임을 다 할 수 없다는 응답은 전체의 10분의 1을 약간 웃도는 정도이고, 10분의 1에 못 미치는 응답자들은 가족생활 때문에 업무에 집중할 수 없다고 응답했다.

포괄적인 내용을 담은 문항에 그렇게 많은 사람들이 답변했다는 것은 여성들뿐만 아니라 남성들도 자신을 둘러싼 다중적 의무에서 변화를 겪고 있고, 여러 의무 사이에서 갈등하기도 하는 현실을 드러내준다. 대체로 성별 차이가 작고 통계적으로 유의미하지는 않지만, 이것이 곧 남성과 여성이 같은 방식으로 갈등을 경험한다는 것을 의미하는 것은 아니다. 일례로 일 – 가족 갈등이 낳는 심리적 비용은 여성이 더 혹독하게 치르는 것으로 나타난다. 이들은 "신경이 날카로워진다"거나 "스트레스를 받는다"고 느끼는 경우가 남성보다 더 많다(여성 29.0%, 남성 17.0%). 하루 일과가 끝났을 때 "소진되었다"고 느끼거나 업무 때문에 정서적으로 메말라간다고 느끼는 등 일 – 가족 갈등의 심리적 결과 역시 남성보다 여성에게서 더 심각하게 나타났다.

그런데 이런 논의들은 통상적으로 일하는 어머니에게만 초점을 맞춰서 오히려 누구에게도 도움이 되지 않는 결과를 낳고 있다. 이런 시각은 모든 부모가 겪는 갈등과 스트레스를 도외시할 뿐만 아니라 남녀 할 것 없이 모든 노동자를 창조적이고 평등한 해결책을 찾지도 못하고 요구하지도 못하는 존재로 만든다. 여성들은 자신과 가족의 경제적 전망을 택하거나 자녀 양육에 전념해야 하는 두 방안 중 하나를 선택해야 하는 갈림길에 여전히 서 있다. 많은 여성들은 향후 장기간에 걸쳐 영향을 미치게 될 단기간의 난관에 적응하려 하기도 하지만, 어머니가 되기를 미루거나 완전히 포기하는 여성들도 있다. 일하는 부모에 관한 연구에서 자녀가 없는 여성의 경험을 포착하기란 용이하지 않다. 그러나 성 불평등

이 완고하게 버티고 있는 한복판에서 일과 가족이 충돌할 때, 그 대차대
조표의 이면은 출산하지 않겠다는 선택으로 채워진다는 것을 인식해야
한다. 어떤 여성들이 가족의 요구에 부응하기 위해 업무를 조정하고 있
다면, 또 다른 여성들은 자녀를 갖지 않음으로써 그러한 요구 자체를 아
예 비켜가고 있는 것이다. 직업기회를 포기하든 출산기회를 포기하든,
두 전략 모두 제한적이고 불공평한 선택지 때문에 부득이하게 도출되는
것이다.[4]

아버지들 역시 갈림길에 서 있다. 그런데 그 성격이 다르다. 이들은 아
내와 동등하게 자녀를 돌보고 가족 책임을 나눌 여지를 주지 않는 조직
구조와 문화적 규범 때문에 어쩔 수 없는 상황에 처하기도 한다. 성별에
따라 희생하고 삶을 조정하는 방식은 다르게 나타난다. 하지만 여성과
남성 모두 대가를 치르고 있다는 점은 분명하다.

가족생활은 빼곡하게 채워진 노동 스케줄 때문에 구체적이고도 확실
하게 영향을 받는다. 예컨대 미국사회에서 가족이 함께 저녁식사를 하는
경우가 줄어들고 있다. 프레서(Presser, 2003)는 1980년대 후반의 가족 풍
경을 묘사하면서, 홑벌이 가족 중에서 어머니 다수(64.1%)와 아버지의
절반 정도(47.4%)가 매일 자녀와 함께 저녁식사를 하는 반면, 어머니와

---

4 실비아 휼렛(Hewlett, 2002)은 상당 비율의 전문직 여성이 무자녀 상태라고 보고하면서,
직업적으로 성공한 여성들이 엄마 되기를 포기하고 있다는 결론을 내린다. 그러나 개런
스 프랭크-루타(Franke-Ruta, 2002)는 이 분석을 비판한다. 그녀는 전문직 여성도 다른
직종에서 일하는 여성들처럼 늦어도 40세까지는 결혼을 하고 자녀를 출산하는 경향이
있다고 밝혔다. 또한 좋은 직장에 다니는 여성들은 안정적인 직장 생활과 헌신적인 관계
둘 다 정립하기 전까지 임신을 미룬다는 점에서는 가난한 여성에 비해 한결 형편이 낫다
고 지적한다. 가난한 여성들은 비교적 이른 나이에 견고하지도 않고 지속적이지도 않은
관계에서 출산하는 경향이 높기 때문이다. 물론 전문직 남성에 비해 전문직 여성이 활용
할 수 있는 기회는 여전히 부족하지만, 그래도 경제적 자원이 빈약한 여성보다는 선택지
가 많은 게 사실이다.

아버지 두 사람 모두가 항상 자녀와 함께 저녁식사를 하는 비율은 전체의 3분의 1(36.7%)에 지나지 않는다고 보고했다. 맞벌이 가족에서는 그 비율이 각각 4~5% 정도씩 떨어진다. 매일 저녁 자녀와 같이 식사하는 일은 한부모 여성에게도 어려운 일이다. 그렇게 할 수 있다고 응답한 경우는 5명 중 2명(42.7%)에 지나지 않는다. 이 수치들은 대부분 부모의 스케줄에서 영향을 받은 것이지만, 10대 자녀들이 바쁘기 때문이기도 하다. 프레서는 10대의 영향을 파악하기 위해서 자녀가 13세 이하인 경우와 18세 이하인 경우를 비교했는데, 보다 일상적으로 가족과 함께 저녁식사를 하는 쪽은 자녀들이 어린 경우였다. 물론 굳이 저녁식사를 함께 하지 않아도 가족은 잘 살 수 있다. 그렇지만 가족과 함께 하는 저녁식사는 그 밖의 다른 가족행사(rituals)에서 어떤 변화가 나타나는지를 읽을 수 있게 하는 전조로서 중요한 의미를 갖는다.

일-가족 간의 이상적 시간 배분 인식

대다수 노동자가 일-가족 갈등을 극도로 심각하게 겪는 것은 아니지만, 거의 절반 정도는 일정한 수준의 갈등을 경험하고 있다.[5] 그런데 이러한 수치만 고려하면 일-가족 갈등이 갖는 딜레마의 범위를 실제보다 좁게 인식하게 된다. 왜냐하면 그 수치들은 노동자가 자신의 시간을 어떻게 배분하기 바라는지 말해주지 않기 때문이다. 노동자들은 더 많은 시

---

5 이 결과는 1992년도의 <전국 노동력 변동조사>에서 도출된 것인데(Galinsky, Bond, and Friedman, 1993), 당시 조사에서 가족, 개인, 일 혹은 경력 간의 이상적 균형상을 응답자의 3분의 1에게만 질문하고 있어 아쉬움을 남긴다. 따라서 실제 시간 배분과 이상적 시간 배분의 비율을 정확하게 비교하기는 어렵다. 그러나 전체 표본 중에서 임의로 추출된 집단에게 질문했다는 점에서는 신뢰할 만한 비교치라 할 수 있다.

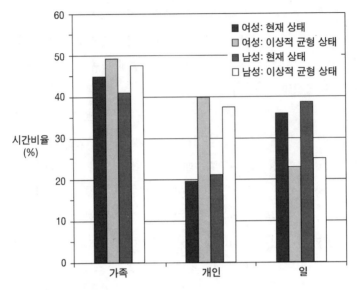

〈그림 4-2〉 일-가족 시간 배분의 현재 상태와 이상적 균형상(1997년)

자료: 「전국 노동력 변동조사」.

간을 가족에게 할애하기 원하는가, 아니면 일하는 데 들이기 원하는가?
이도 저도 아니라면 일과 가족의 영역을 벗어나 개인적인 시간을 더 많
이 갖기 바라는가?

이 질문에 명료한 대답은 없다. 한때 가정에서 느꼈던 기쁨을 이제는
일을 통해 얻을 수 있고 직장에서 겪었던 고충을 이제는 오히려 가정에
서 겪는다고 느끼게 된다면, 대부분의 사람들은 아마도 직장에서 더 많
은 시간을 보내려고 할 것이다. 그러나 우리는 일-가족 갈등을 경험하
는 사람들이 되도록 더 많은 시간을 가족생활과 개인생활에 쏟을 거라고
생각한다. 미국인들이 일-가족 갈등을 어떻게 경험하는지 충분히 이해
하려면 다음의 두 가지를 고려해야 한다. 첫째, 현재 미국인들은 삶의 다
양한 국면을 어떻게 조화시키고 있는가? 둘째, 이들이 더 많은 선택지를
제공받게 된다면 과연 어떤 선택을 할 것인가?

<그림 4-2>는 여성과 남성이 이야기하는 가족, 개인, 일 사이의 실제 상태와 이상적으로 생각하는 균형 상태를 비교해서 보여줌으로써 우리에게 통찰력을 제공한다. 평균적으로 남녀 모두 지금보다는 더 많은 시간을 가족과 개인생활에 할애하고 싶어 한다. 또한 남녀 모두 직장에서 일하는 시간을 줄이기 원한다. 구체적으로 살펴보자. 여성은 직장에서 보내는 시간을 13% 줄이고 가족과 보내는 시간을 4% 늘리기 원한다. 남성도 유사하게 직장에서의 시간을 14% 줄이고 가족생활에 들이는 시간을 7% 늘리고 싶어 한다. 남녀 모두 평균적으로 개인 시간을 상당히 많이 늘리기 원하는데, 여성은 지금보다 20% 정도, 남성은 15% 정도로 나타난다.

　　노동시간이 길어지면서 노동자들이 실제로 할애하는 시간과 이상적으로 생각하는 시간 간의 격차가 커지고 있다(통계 결과는 제시하지 않음). 주당 50시간 이상 일하는 사람들은 대체로 자신이 일에 쏟는 시간은 너무 많고 가족에 쏟는 시간은 너무 적다고 응답한다. 남녀 모두 자신이 이상적으로 생각하는 균형점이 현재 상태와 거리가 멀다고 이야기한다. 이들이 생각하는 균형 상태란 다른 결과에서도 일관되게 나타나는데, 직장에서 보내는 시간이 가장 긴 노동자들도 남녀 할 것 없이 현재보다 더 적게 일하길 원하고 있다(제3장 참조).

　　자신의 바람대로 할 수 있다면, 노동자들은 일에 들이는 시간을 줄이고 가족생활을 좀 더 배려할 수 있도록 새로운 일-가족 균형을 추구할 것이다. 물론 예외가 있기는 하지만 노동자 대부분이 가정에서 벗어나기 위해 오랜 시간 일하려고 하지는 않는다. 오히려 노동시간, 가족시간, 개인시간 간의 경쟁에서 패하는 것은 개인시간일 것이다. 직장과 가족의 요구 모두를 충족시키려는 남녀 노동자들은 일-가족 갈등에 시달리면서 정작 자신을 돌볼 시간을 거의 갖지 못하고 있다.

가족과 일의 상호 영향

일이 가족생활을 침범하기도 하고 가족생활이 직장생활을 방해하기도 한다면, 과연 어느 경우가 더 일반적일까? 많은 연구결과가 일이 가족생활에 끼어든다고 주장하는 것과 달리, 대개 이와 관련된 논쟁들은 가족의 요구가 일을 방해하는 것에 초점을 맞추고 있다. 밀접하게 얽혀 있는 두 영역 간의 관계를 이해하려면 일－가족 갈등의 정도와 강도뿐만 아니라 방해의 방향을 살펴보는 것이 중요하다. 가족의 요구가 일을 방해할 가능성은 분명히 존재하고 실제로 그런 양상이 나타나기도 한다. 그러나 더 긴급하게 관여해야 할 부분은 가족의 요구가 어떻게 노동자의 업무 수행을 방해하는지가 아니다. 그보다는 현재 대다수 사람들의 삶에 구조화되어 있는 노동의 세계가 어떻게 가족생활을 돌보기 어렵게 만드는가를 들여다보아야 한다.

가족이 직장생활을 방해하다

개인적 용무나 가족 문제가 일에 집중하는 것을 방해하는 시간은 어느 정도일까? <그림 4-3>은 그 영향력을 보여주는 도표이다. 남성 6명 중 1명, 여성 5명 중 1명이 지난 3개월 간 가족문제 때문에 하루에 몇 시간 정도 사무실을 비운 적이 한 번 이상 있다고 응답해 이런 경우가 드물지 않음을 보여준다. 하지만 자녀의 질병, 보육시설 휴무, 자녀문제 이외의 집안일 때문에 결근까지 하는 일은 흔치 않음을 알 수 있다. 그런데 아예 출근할 수 없는 상황에 대해서는 성별에 따라 그 비율이 다르게 나타난다. 여성은 자녀가 아플 때나 놀이방 등에 사정이 생겨 자녀를 맡길 수 없는 상황이 발생했을 때 결근하는 비율이 남성보다 높다. 조디 헤이만 (Heymann, 2000)이 지적했듯이, 근무시간을 조정할 수 없는 직장에 다니

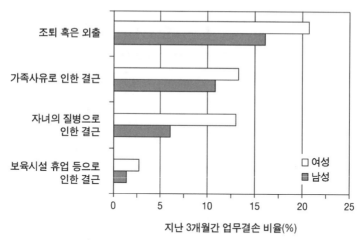

〈그림 4-3〉 성별 업무결손일수(1997년)

조퇴 혹은 외출

가족사유로 인한 결근

자녀의 질병으로
인한 결근

보육시설 휴업 등으로
인한 결근

□ 여성
■ 남성

지난 3개월간 업무결손 비율(%)

자료: 「전국 노동력 변동조사」.

면서 가족의 요구에 대응하기란 쉽지 않다. 부모들은 교사와의 면담이
나 병원 진료 예약에 맞추기가 어렵다는 점을 잘 알고 있다. 솔직히 말해
서 가족이 일을 방해하는 경우가 제한적으로만 일어난다는 사실은 현대
사회의 일터가 유연성을 보장하지 못하고 있다는 증거이다. 하지만 우
리 대다수가 부모이자 노동자라는 점을 생각해보면, 직장에서도 가족생
활을 염두에 두는 일이 가능해야 할 뿐만 아니라 적극 환영받아야 할 것
이다.

일과 가족 사이에서 긴장을 가장 많이 느끼는 사람은 누구일까? 그것
은 바로 부모이다. <그림 4-4>와 <그림 4-5>는 <그림 4-1>에서 제
시한 항목의 응답을 18세 이하 자녀 유무별로 비교한 것이다. <그림
4-4>는 10개 항목 중 8개 항목에서 18세 이하의 자녀를 둔 어머니들이
그렇지 않은 여성보다 불안감을 더 많이 표출하고 있음을 보여준다. "하
루일과가 끝나면 기진맥진해지는 느낌이 듦"과 "업무로 인해 극도로 피
로하고 스트레스를 받음" 등 2개 항목에서만 별다른 차이가 나타나지 않

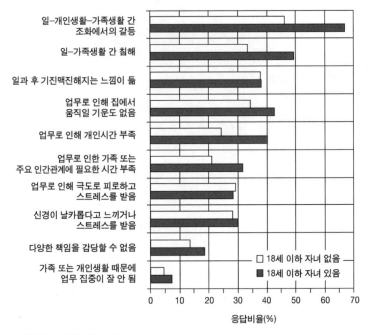

〈그림 4-4〉 18세 이하 자녀유무별 여성의 일-가족 갈등 경험(1997년)

자료: 「전국 노동력 변동조사」.

는다. 사실 이 항목은 일-가족 문제 자체보다는 직장생활에 더 중점이 있는 것이기도 하다. 아버지들은 10개 항목 중 "일-개인생활-가족생활 간 조화에서의 갈등", "일-가족생활 간 침해", "집에서 움직일 기운도 없음", "개인시간 부족", "가족시간 부족" 등 5개 항목에서 18세 이하 자녀 유무에 따라 차이를 보였다(〈그림 4-5〉 참조). 18세 이하의 자녀가 있는 부부가 비교적 심각하게 갈등을 경험하고 있는데, 여성들 간의 차이가 남성에 비해 크다.

어린 자녀가 있다는 사실이 갈등을 더 분명하게 느끼도록 해주는 한편, 18세 이하 자녀가 있는 집단 내에서는 자녀의 연령이 중요한 것 같지 않다. 6세에서 18세까지의 자녀와 0세에서 5세까지의 자녀를 구분해보

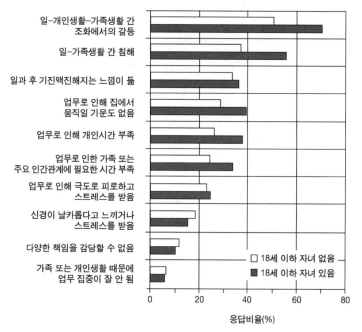

〈그림 4-5〉 18세 이하 자녀유무별 남성의 일-가족 갈등 경험(1997년)

일-개인생활-가족생활 간 조화에서의 갈등
일-가족생활 간 침해
일과 후 기진맥진해지는 느낌이 듦
업무로 인해 집에서 움직일 기운도 없음
업무로 인해 개인시간 부족
업무로 인한 가족 또는 주요 인간관계에 필요한 시간 부족
업무로 인해 극도로 피로하고 스트레스를 받음
신경이 날카롭다고 느끼거나 스트레스를 받음
다양한 책임을 감당할 수 없음
가족 또는 개인생활 때문에 업무 집중이 잘 안 됨

☐ 18세 이하 자녀 없음
■ 18세 이하 자녀 있음

응답비율(%)

자료: 「전국 노동력 변동조사」.

면 차이가 거의 없다. 부모가 받는 스트레스의 성격이 자녀가 성장하면서 달라질 수 있지만, 10대 자녀를 둔 많은 부모들이 증언하듯 반드시 감소하는 것은 아니다(Kurz, 2000).

직장이 가족생활에 끼어들다

가족생활이 일에 방해되는 것이 특히나 부모들에게 고충이기는 하지만, 일이 가족생활을 침범하는 것만큼 뚜렷하고 심각한 것은 아니다. 부록 <표 3>은 이에 관한 통찰을 가능하게 한다. 이 표는 일이 가족생활에 끼어드는 현상을 설명해주는 일련의 요소를 성별에 따라 회귀분석해

개괄적으로 제시한 것이다. 일이 가족생활을 침범하는 데에 인적 특성, 노동시간, 직장 여건이 얼마나 영향력을 미치는지 파악하기 위해 '부정적' 파급효과라는 복합척도를 사용했다.

노동력은 점점 더 다양해지고 있다. 이에 각양각색인 가족상황 속에서 각양각색의 자원을 가지고 살아가는 노동자들이 자신이 기대했던 만큼 다채롭지도 유연하지도 않은 직장의 요구와 구조에 어떻게 대응하고 있는지를 이해하는 것이 관건이다. 개인이 가진 자원뿐 아니라 직장구조와 제도가 일이 가족생활에 끼어드는 데 미치는 영향에 관해서도 파악해야 한다. 물론 노동시간이라는 문제가 그러한 영향력에서 차지하는 비중이 크다. 그렇다면 노동자의 근무일정은 어떨까? 노동자가 직장에서 발휘할 수 있는 자율성은 어느 정도일까? 이 요인들은 노동자의 개인적 상황만큼 문제가 될까, 아니면 그보다 훨씬 더 중요한 문제인 것일까? 이들의 관계를 파악하기 위해서는 노동시간, 노동 강도, 직무 유연성과 같은 요소를 검토해야 한다. 그리고 어떠한 선택 자체보다 그 선택을 통한 만족감이 개인의 삶에 보다 중요할 수 있기 때문에, 일이 가족을 방해한다는 인식과 직무만족도 간의 관계 또한 알아야 한다(Gerson, 2001; Hoffman et al., 1999). 부록 <표 3>은 노동자의 개인적 상황에서 출발해 노동시간과 노동 강도로 초점을 옮겨가면서 각각의 요소들이 남성과 여성에게 미치는 영향력을 비교해서 보여주고 있다. 또한 직무 유연성과 직무 만족도의 역할이 어느 정도인지, 성별에 따라 어떻게 나타나는지를 분석하고 있다.

여성의 경우 개인이 처한 상황이 중요한 영향을 미친다. 그런데 노동조건도 마찬가지이다. 연령이 낮은 여성노동자와 18세 이하의 자녀를 둔 여성노동자는 연령이 높은 여성이나 장성한 자녀를 둔 여성보다 혹독하게 갈등을 겪는다. 그러나 하루 중 직장에서 보내는 시간이 긴 여성, 집에 가서도 업무를 해야 하는 여성, 비표준적인 시간대에 일하는 여성,

업무 때문에 짓눌린다고 느끼는 여성도 갈등에 시달리기는 매한가지이다. 반면에 높은 자율성, 가족 친화적인 직장문화와 관리자의 지지와 같은 형태로 나타나는 유연성의 요소들이 갈등, 침해, 스트레스 인식을 줄여주는 데 긍정적으로 작용하는 것으로 나타난다.

돌봄을 필요로 하는 어린 자녀가 있다는 사실이 여성의 긴장을 배가시키는 건 너무나 당연하다. 하지만 이 문제가 갖는 중요성은 간과되고 있다. 가장 빠르게 성장하고 있는 임금노동력군 중 하나가 나이 어린 자녀를 둔 어머니이다. 이들의 숫자가 증가한다는 것은 일-가족 문제에 시달리는 노동자군이 증가함을 의미한다. 그런데 여성의 연령이 높아짐에 따라 갈등을 인식하는 정도가 낮아진다고 말하기는 다소 애매하다. 나이가 들어가면서 일-가족 갈등에 대처할 전략을 개발할 수도 있지만, 단순히 그 갈등에 무뎌지거나 반감이 줄어들게 될 수도 있기 때문이다. 학력의 경우, 다른 변수들을 모두 통제했을 때 여성의 일-가족 갈등 정도에 영향을 미치지 않는 것으로 나타난다.

또한 주당 노동시간이 길고 종종 집에 일거리를 가져오는 여성들의 경우 일과 가족생활 사이에서 더 갈등하게 된다. 강도 높은 노동시간의 연장이 가족생활을 침식하게 되는 일이 당연하게 여겨지기도 한다. 하지만 노동자들이 '비공식적으로' 일에 투여하는 시간과 일에서 오는 압박감이 미치는 중요성은 과소평가되는 것이다. 직장일의 물리적·시간적 경계가 점점 더 불분명해지기 때문에 임금노동이 가족시간과 사적 공간의 불청객이 되는 현상이 앞으로 더욱 일상화되고 심각한 문제가 될 가능성이 농후하다(Galinsky, Kim, and Bond, 2001).

근무일정과 압박감 역시 여성들 사이에 차이를 만들어낸다. 규칙적인 주간 스케줄이 아닌 비표준적 시간표로 교대 근무를 하는 여성은 일이 가족생활로 침범하는 것을 더 절실하게 느낀다. 그리고 일 때문에 자주 압박감을 느끼는 여성은 그렇지 않은 여성에 비해 일-가족 갈등을 경험할 가능성이 높다. 단지 일이 요구하는 시간의 양뿐만 아니라, 일의 강도와 근무시간대 역시 직장이 가정생활에 끼치는 영향력의 정도에 관련되는 것이다. 이미 프레서(2003)가 지적했던 것처럼, 점점 더 많은 노동자들이 비표준적 일정 속에서 더욱 강도 높고 스트레스가 많은 근무제도에 맞춰 일하게 경우 자신의 일이 사생활을 침해하고 방해한다는 인식도 높아질 수 있다. 어린 자녀를 둔 부모라면 둘 중 한 사람이 항상 자녀를 돌볼 수 있도록 하기 위해 교대제 일자리를 얻으려는 경향이 있다는 점을 프레서나 아니타 게리(Garey, 1999) 같은 연구자들이 지적한 바 있는데, 바로 그 비표준적 근무시간대로 인해서 가족 모두가 함께 시간을 보내기 어려워질 수 있다.

마지막으로 유연성의 중요성에 관해서 살펴보자. 직장생활에 유연성과 자율성이 많이 보장되면 여성노동자가 겪는 갈등은 줄어들 수 있다. 직장에서 더욱 많은 자율성을 가지고 일하는 사람과 가족 친화적인 직장 문화를 누리는 사람은 직장일로 인한 부정적 파급효과를 덜 느낀다. 높은 직무만족도 역시 갈등에 시달린다는 인식을 줄여준다는 점에서 아주 중요하다. 그러나 이를 고려하더라도 노동구조의 문제는 여전히 남는다. 부록 <표 3>에 제시했듯이, 관리자가 일-가족 양립을 지지하는지의 여부가 막대한 영향력을 행사한다는 결과는 가족 지원 정책이 개별 관리자의 재량에 달려 있음을 말해준다. 전체 조직차원에서 일이 사생활에 침범하는 비중을 줄여주는 조치를 마련할 수는 있지만, 그 조치가 사무실에서 실제로 실행되어야 비로소 가족 지원 정책의 실효성을 보장할 수 있는 것이다.[6]

---

6 가족책임이 많은 사람이 일-가족 양립에 더 우호적인 직장을 선택할 수도 있지만, 대다수의 다른 연구에서처럼 이 연구도 유연성을 가장 필요로 하는 사람이 맞춤한 직장을 구하기 어렵다는 것을 보여준다(Heymann, 2000).

남성도 유사하게 직장이 가정생활에 끼어드는 경험을 하게 된다. 여성과 마찬가지로 낮은 연령대의 남성과 18세 이하의 자녀가 있는 남성이 그런 방해를 더 많이 받고, 노동시간이 긴 남성과 업무 압박을 심하게 받는 남성 또한 그렇다. 그리고 직무만족도가 높거나 자신의 업무일정을 조정할 수 있거나 일 – 가족 양립을 지지하는 관리자 밑에서 일하는 사람들은 비교적 갈등을 적게 경험한다.

　유배우 기혼여성 대다수의 남편이 임금노동을 하고 있고 그 남편은 아내보다 가사일을 적게 하는 경향이 있기 때문에 남편의 취업상태가 아내의 일 – 가족 갈등 인식에 별다른 영향을 주지는 않는다. 반면 아내의 취업상태가 남편에게 많은 영향을 미칠 것 같지만, 조사결과는 그렇게 나타나지 않는다. 오히려 더 뚜렷하게 차이를 만들어내는 것은 직무특성이다. 그리고 가족 구조와 관련된 요소 중에서는 자녀유무가 직장이 가족생활을 침범한다고 느끼는 데 가장 강력하게 작용한다.

　남녀 간에 차이가 나타나는 경우도 있지만 통계적으로 유의미하지는 않다. 예컨대 여성에 비해 남성에게 자기 업무일정 조정권한이 더 많고 바로 그 권한이 남성의 스트레스를 줄여주는 것으로 나타나긴 했지만, 성별 차이가 통계적으로 유의하지는 않다. 그리고 18세 이하의 자녀가 있다는 사실이 남성보다 여성에게 갈등을 증가시키지만, 여기서 나타난 성별 차이 역시 유의하지는 않다. 통상적인 직무특성이 여성과 남성의 삶에 영향을 미치는 방식은 대체로 유사하게 나타났다. 전체적으로 보면 우리가 검토한 요인들은 파급 정도를 상당 부분 설명해준다. 여성의 경우 30%, 남성의 경우 28%가 이 요인들로 해명되는 것이다.

　가족과 일을 통합하는 어려움은 여성에게만 국한되는 것도 아니고, 단순히 '여성의 문제'만도 아니다. 일 – 가족 갈등은 구조적인 뿌리를 가지고 있다. 또한 이 갈등은 가족책임과 함께, 일상을 잠식할 정도로 융통성 없는 노동을 병행해야 하는 노동자라면 그 누구라도 직면하게 되는 제도적 마찰에서 비롯된다. 여성이 이러한 갈등을 더 많이 혹은 더 강도 높게 경험하고 있다면, 그건 바로 여성이 그런 곤경을 야기하는 환경에 놓여 있을 가능성이 높기 때문이다.

노인 돌봄과 샌드위치 세대

<전국 노동력 변동조사>의 "지난 한 해 동안 당신은 노인 가족구성원을 돌보는 문제로 직장에서도 고민한 적이 있는가?"라는 질문에 여성의 37.9%가 그렇다고 응답했다. 11.0%는 장애, 질병, 고령으로 인해 돌봄이 필요한 성인이나 노인을 보살피고 있다고 응답했다. 남성은 34.8%가 노인 가족구성원을 돌보는 문제로 고민한다고 응답했는데, 여기서 성별 차이는 통계적으로 유의미하지 않다. 직접 보살핌을 제공하는 남성 비율은 여성보다 낮아 7.4%로 나타났다.

실제로 노인을 돌보기보다는 노인의 건강상태를 걱정하는 수준이 일반적인 경험이다. 생애주기 전반을 볼 때 노인을 보살피는 일은 자녀를 보살피는 일보다 통상 더 늦게 찾아온다. 하지만 출산이 늦어지면 이 두 가지 돌봄이 겹치는 경우가 발생하게 된다. <전국 노동력 변동조사>에서 취업여성의 경우 거의 절반에 이르는 43.7%의 응답자에게 돌봄이 필요한 18세 이하의 자녀가 있었으며, 10분의 1 정도(11.0%)에게 노인을 돌봐야 할 책임이 있었다. 그리고 20분의 1(4.0%)은 두 가지 돌봄 책임을 병행하고 있었다. 자녀 입장에서 본다면 자신의 부모가 조부모까지 돌보는 비율이 약 10분의 1 가량 된다. 반면 조부모의 관점에서 볼 경우 성인 자녀 중 약 3분의 1이 돌봐야 할 18세 이하의 자녀를 두고 있는 셈이다.

우리는 노인 가족구성원을 돌보는 문제가 일－가족 갈등에 어떤 영향을 미치는지 살펴보았으며 유용한 결론을 도출했다. 부록 <표 3>에서 볼 수 있듯이 우리는 일－가족 갈등 모델에 노인 돌봄 문제를 포함시키지 않았는데, 그 이유는 통계적으로 유의미하지 않았기 때문이다. 그러나 노인 돌봄 문제가 성별에 따라 다르게 작용하는 것은 분명하다. 노동 시간 및 노동 강도, 유연성 등의 변수를 고려하지 않은 상태에서 노인 돌봄은 취업여성의 일－가족 갈등 인식에 유의미한 영향을 미친다. 하지만 직장의 요구 수준과 관리자 지원이라는 변수를 고려하게 될 경우 노인 돌봄 그 자체는 더 이상 통계적으로 유의한 요소가 아니게 된다. 다시 말해 아낌없이 지원하는 관리자가 있고 스트레스가 심하지 않은 일을 하는 여성이 노인을 보살펴야 할 책임에 더 잘 대처할 수 있다는 의미이다. 반면 남성의 경우는 노인 돌봄에 관한 지원 여부가 스트레스에 그다지 영향을 미치지 않는 것으로 나타났다. 이는 다른 변수들을 통제했을 때도 마찬가지였다.

일이 문제다

전체적으로 보아 가족이 직장생활을 방해하는 정도는 우리가 예상했던 것만큼 크지 않고, 일이 가족생활에 끼어드는 것만큼 심각하지도 않다. 상호 영향 때문에 생기는 부담은 생애단계의 특정 시기에 두드러지고, 성장기 자녀가 있는 노동자에게 유독 가혹하게 무게를 더한다. 대다수 노동자가 이 단계를 거치게 되고 결국에는 이 단계를 지나갈 것이다. 따라서 단기적으로는 자녀 양육과 노인 돌봄의 부담을 덜어주고 장기적으로는 그 부담을 줄일 수 있도록 직무와 노동 경력을 구성하는 것이 필요하다. 그리고 노동 구조가 막대한 영향력을 갖기 때문에 특히 자녀 양육 책임이 가장 높은 생애단계에 속한 여성과 남성에게 제도적으로 어떻게 스트레스를 완화시켜주고 부정적 파급효과를 최소화할 수 있는지에 관심을 가져야 한다.

지난 세대를 거치며 직무 압박이 증가해왔을까? 이 질문에 대답하기는 쉽지 않다. 직무 압박은 주관적인 경험일 뿐만 아니라 같은 질문으로 시계열 조사를 한 연구가 거의 없기 때문이다. 그럼에도 오늘날 직장 업무와 관련한 요구가 평균적으로 지난 수십 년 전보다 많아졌다는 것을 뒷받침하는 증거가 제시되기도 했다. 예를 들어 "당신의 일과 가족생활이 서로의 영역을 얼마나 침범한다고 생각하십니까?"라는 질문에 대해 1977년의 조사결과보다 1997년 조사결과에서 상호 영향의 수준이 높게 나타났다. 이는 다양한 통제 변수를 고려했을 때에도 마찬가지였다(Winslow, 2002).

이러한 결과는 로빈슨과 갓베이가 주장한 바와 대체로 일치한다. 이들은 1960년대부터 1990년대까지 항상 시간에 쫓긴다고 느끼는 미국인의 비율이 점진적으로 증가해왔으며, 동시에 여가시간을 충분히 갖는다고 응답한 비율도 서서히 줄어들었다고 주장했다(Robinson and Godbey, 1999: 232). 이러한 문항이 직장에서 경험하는 것과 직접 연관되어 있지는 않지만, 직장에서 일어나는 변화는 이러한 경향에 일조하는 중요한 요소이다.

일과 가족이 분리된 세계로 인식되던 시기는 지났다. 두 영역이 별개이면서도 상호 보완적이라는 관념은 이제 직장의 요구가 대다수의 맞벌이 가족이나 (여성) 한부모 가족의 필요와 상충한다는 우려로 대체되었다. 직장은 이른바 노동헌신성이란 경력단절 없이, 전일제로, 심지어 초과근무까지 하는 것을 의미한다는 원칙에 수십 년째 기대고 있다. 가족의 필요와 직장의 압력 사이에서 등장하는 이러한 충돌은 두 영역이 분리되었다기보다는 서로 경합을 벌인다는 관념을 기반으로 해서 새로운 이미지를 생산해왔다.

일-가족 갈등이 모든 사람이 겪는 일은 아니라 해도 흔한 경험임은 분명하다. 일하는 부모, 특히 일하는 어머니는 가정과 일터의 책임을 병행하려고 노력하면서 여러 어려움에 부딪치며 시종일관 우려의 목소리를 내는 듯하다. 주당 노동시간이 가장 긴 사람들이 이러한 스트레스를 가장 첨예하게 느끼는 것은 아주 당연하다. 그리고 업무 특성도 중요한 부분이다. 직무 압박은 높고 자율성은 낮으며 가족문제에 별다른 지원을 하지 않는 직장에서 일하는 사람들은 바로 그 직장이 사생활을 침범한다고 느끼기도 쉽다.

어떻게 이러한 갈등을 줄일 수 있을까? 우리는 대다수의 사람들이 일에 쏟아야 하는 시간을 감안해, 노동자가 갈등 상황을 해결하기 위해서는 어떤 제도적 지원이 필요한지 파악해야 한다. 또한 궁지를 벗어나게 해준다고 보이는 허울 좋은 선택지들이 사실은 막대한 비용이나 위험을 내포하고 있다는 점을 노동자들이 알고 있는지의 여부도 따져보아야 한다. 요컨대 단순히 노동시간의 문제를 넘어서 어떤 제도적 장치와 노동조건이 노동자의 일-가족 갈등을 줄여줄지에 관해 충분히 이해할 필요가 있다. 다음 장에서는 직장구조와 문화가 노동자가 직면하는 갈등을 어떻게 악화시키기도 하고 완화시키기도 하는지 살펴볼 것이다.

5 직장구조와 문화

　노동시간에만 초점을 맞추면 일 – 가족 갈등에 영향을 미치는 또 다른 측면인 실제 노동조건의 문제를 소홀히 다루게 된다. 대다수 노동자들이 제한적이나마 노동시간의 양은 조절할 수 있기 때문에 직장의 어떤 다른 요인들이 고충을 줄이는 데 도움이 되는지를 파악해야 한다.

　직장구조와 문화가 노동자의 경험에 어떻게 작용하는지 밝히기 위해 <전국 노동력 변동조사>(Galinsky, Bond, and Friedman, 1993) 보고서로 돌아가 세 가지 차원에서 검토하려 한다. 우선, 직장구조와 문화가 노동자의 갈등을 심화시키는지 아니면 완화시키는지를 살펴볼 것이다. 특히 장시간 일하는 노동자에게는 유연성, 자율성, 통제력과 같은 측면이 노동시간 문제만큼이나 중요할 수 있다. 다음으로, 탄력적 근무 시간제나 보육 서비스처럼 가족을 지원하는 선택지를 둘러싼 수요와 공급을 따져 보려 한다. 이 선택지들은 광범위하게 제공되고 있는 것일까? 선택지를 보장받은 노동자들은 실제로 이를 사용하고 있나? 혹은 앞으로 이런 선택지를 제공받으면 활용할 생각이 있을까? 마지막으로, 직장의 가족 지원 정책에 숨겨져 있는 비용을 생각해볼 것이다. 그러한 선택지들이 공식적으로 보장될 때조차도 노동자들은 그것을 이용하는 데에 무언의, 그러나 실질적인 처벌과 위험이 따른다고 생각할지도 모른다. '가족 친화적'인 노동환경과 '중요한 직업기회'를 제공하는 노동환경 사이에는 어떤 긴장이 흐르는가? 노동자들은 가족 지원 정책을 사용할 경우에 장기적으로 경력 또는 직업 전망이 불리해진다고 생각하는가?

만약 노동자들이 유연성, 자율성, 통제력을 보장하는 제도 덕택에 일 – 가족 갈등을 해결할 수 있게 된다면, 그러한 제도가 어떻게 공정하게 시행될 수 있을지 파악해야 한다. 여기서의 당면 과제는 남녀 간의 형평성과 자녀 복지, 둘 다 희생시키지 않으면서 현재의 딜레마를 줄여주는 사회정책과 경제정책을 개발하는 것이다. 만약 평등한 기회의 원칙이 부모로서의 부양 원칙과 어긋난다면, 직장의 가족 친화 정책은 오래된 불평등 문제를 새로운 형태로 재창조하는 데 위험을 무릅쓴 꼴이 되고 만다.

유연성

자신의 노동시간을 조정하기 어려운 대다수 노동자에게 일터에서의 유연성과 자율성은 실제 노동시간의 문제만큼, 아니 그보다 더 중요할지 모른다. 직장 문화의 특성이라는 게 형체를 알 수 없어 계량화하기 쉽지 않지만, 유연성의 정도, 즉 노동자가 자신의 노동시간을 어느 정도 조절하고 있는지를 따져보는 것은 가능하다. 게다가 업무 일정 통제력은 권리 그 자체로서 중요할 뿐 아니라 다른 요인들과도 연관되어 있다. 예컨대 업무 자율성을 갖는다는 인식이나 지지받는다는 느낌 같은 것 말이다 (Glass and Finley, 2002). 특히 전일제 노동자에게 탄력적인 주 45시간 근무제는 엄격하게 짜여진 35시간 근무제보다 덜 부담스러울 수 있다. 실제로 많은 노동자들이 유연성 보장의 대가로 기꺼이 더 오래 일하려 할 수도 있다.

유연성은 노동자가 언제 일할지, 또는 어디서 일할지를 스스로 조절하고 있다고 생각하게 해준다. 또한 그들에게 어떻게 가족생활의 책임을 다할지, 어떻게 삶의 공적 측면과 사적 측면을 잘 통합시켜 나갈지에 관해 더 많은 재량권을 준다. 예를 들어 헤이만(Heymann, 2000)은 부모들이 엄격한 근무 일정 때문에 교사의 면담 요청에 응하거나 만성질환을 앓는 자녀를 돌보기가 얼마나 어려운지를 보여준 바 있다. '값진 시간(quality time)' 개념이 비판을 받곤 하지만, 유연성과 통제력을 발휘할 수 있는 조건에서 일하는 노동자가 일을 통해 보다 큰 기쁨을 얻고 더 행복해하며 더욱 협력적인 가족 구성원이 되리라 생각하는 데에는 그럴 만한 이유가 있다. 실제로 지난 수십 년간 이루어진 연구들은 직무 만족과 훌륭한 보육 제도야말로 취업 상태인 부모와 그 자녀의 복지에 결정적으로 영향을 미치는 요인이라는 점을 일관되게 보여준다.[1]

누가 탄력적 근무 시간제를 사용하는지, 그리고 이러한 유연성이 과연 차이를 만들어내는지 알아보기 위해 "전반적으로 당신은 노동시간을 어느 정도 유연하게 조절할 수 있습니까? ① 전혀 조절할 수 없다 ② 약간 조절할 수 있다 ③ 보통이다 ④ 많이 조절할 수 있다 ⑤ 자유자재로 조절할 수 있다"라는 문항의 응답을 검토해보자. 개인의 권한을 둘러싼 인식은 여성과 남성에게서 아주 유사하게 나타났다. 여성의 44%와 남성의 42%가 "전혀 조절할 수 없다" 또는 "약간 조절할 수 있다"고 응답했고, 여성의 26%와 남성의 27%는 "보통이다"라고 응답했다. 30%의 여성과 남성은 "많이 조절할 수 있다" 또는 "자유자재로 조절할 수 있다"고 응답했다. 제니퍼 글래스(Glass, 1990)를 비롯한 몇몇 학자들이 제시했듯이 이렇게 개괄적인 수준에서는 성별이 유연성과 연관되지 않은 것처럼 보인다. 이는 <현 인구조사> 자료를 사용해 탄력적 근무 시간제를 검

---

1 취업 상태인 어머니와 비취업 상태인 어머니를 비교한 많은 연구들은 취업 여부 자체만으로는 자녀의 복리에 아무런 영향을 미치지 않음을 보여준다. 중요한 것은 어머니가 자신의 선택에 만족하는 정도, 아버지의 참여, 보육 제도의 질과 이에 대한 만족도이다. 호프만 외(Hoffman et al., 1999), 나이와 호프만(Nye and Hoffman, 1963)을 참고할 것.

토한 다른 연구들의 결과와 일치한다(Beers, 2000; U.S. Bureau of Labor Statistics, 2002b).

탄력적 근무 시간제를 긴 주당 노동시간에 순응하거나 적응하는 것으로 볼 수도 있지만, 노동시간과 유연성 사이에는 강력하거나 유의미한 연관이 없는 것으로 나타난다. 남성들 사이에서는 업무 일정 통제력과 노동시간 사이에 어떤 관련성도 발견되지 않는다.[2] 장시간 일하는 여성은 그렇지 않은 여성에 비해 노동 유연성이 더 낮다고 보고되기도 하나 그 상관관계가 강하지는 않다(r=-.13). 즉 유연성이 총노동시간을 단순하게 반영하는 것은 아니라는 얘기다.

그런데 노동시간과 업무 일정 통제력, 이 둘 사이의 연관성을 좀 더 세밀하게 들여다보면 외관상 유사하면서도 전반적으로 불분명해 보이는 연관성 이면에 성별 효과가 숨어 있음을 알 수 있다. <그림 5-1>은 유연성에 대한 노동자의 인식과 통상적인 주당 노동시간 사이의 곡선 관계를 보여주는데, 성별에 따라 곡선 형태가 다르다. 비교적 주당 노동시간이 짧은 여성과 남성의 상당수에게서 유연성이 더 많이 나타나는 것은 당연하다. 주당 50시간 미만까지만 한정해서 보면 여성과 남성 모두 노동시간이 증가할수록 노동 유연성이 있다고 응답한 비율이 감소하는 것을 쉽게 짐작할 수 있다. 순전히 정의(定義)상으로만 따져보면 시간제 노동인 경우가 더 유연하다. 상대적으로 짧은 노동시간의 의도하지 않은 부산물로 유연성이 나타났을지도 모르지만 어쨌든 많은 사람들은 유연성을 얻기 위한 전략으로 노동시간을 줄이기도 한다.

그러나 주당 노동시간이 상대적으로 긴 노동자들을 놓고 보면 성별 양

---

2 남성의 경우 주업무에 들이는 시간과 업무 일정 통제력 사이의 상관관계는 .05이며, 전체 노동시간과 업무 일정 통제력 사이의 상관관계는 .04로 나타나 어느 것도 유의하지는 않았다. 여성의 경우는 상관관계가 각각 -.13과 -.10으로 나타났다.

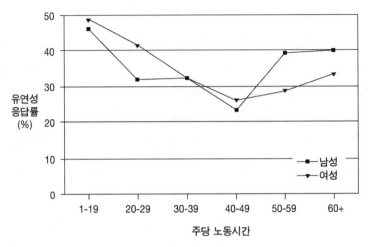

〈그림 5-1〉 성별, 주당 노동시간별 유연성 응답률(1993년)

자료: 「전국 노동력 변동조사」.

상은 예상치 못한 방향으로 갈라진다. 주당 50시간 이상 일하는 남성 집단에서는 유연성을 보장받는다고 응답한 비율이 실질적으로 증가하는 반면, 같은 상황에 있는 여성 집단에서는 이러한 반등을 경험하는 비율이 훨씬 낮다. 주당 노동시간이 중간치에 해당하는 남성들이 시간 압박에 매이는 것이 비해서 노동시간이 비교적 짧거나 긴 남성들은 유연성을 보장받는다. 하지만 여성의 경우에는 노동시간이 길어진다고 해도 이러한 보상이 주어지지 않는다. 스펙트럼의 가장 오른쪽 끝에 위치한 여성들은 노동시간이 비슷한 남성들이 누리는 자율성과 통제력을 갖지 못하고 있다.

상당히 긴 시간 일하는 여성노동자에게 유연성이 거의 주어지지 않는다는 것은 여성과 그 가족 구성원이 여러 방면에서 어려움을 겪고 있음을 의미한다. 이는 일터와 가정에서 무거운 짐을 질 가능성이 가장 높은 노동자가 정작 자신에게 필요한 유연성을 가장 조금밖에 보장받지 못한다는 것을 함의한다. 또한 일에 헌신하는 여성들에게 업무 일정 통제력이 별로 없다는 점은 여성의 승진을 제한하는 유리천장이 암암리에 존재한다고 의심할 수 있을 만큼 중요한 문제이다. 장시간 노동하는 남성들이 권위를 누리는 지위로 보상받는 반면, 똑같이 오래 일하는 여성들이 자신의 업무 일정을 통제할 수 있는 위치에 오르기는 어렵다.[3]

　업무 조건과 직장의 지원이라는 문제는 노동자의 경험을 형성하는 데에서 노동시간만큼 중대하기 때문에 업무 일정 통제력을 인식하는 정도를 강화하거나 약화시키는 구조적 요인과 개인적 요인 모두를 밝히는 것이 중요하다. 노동 조건은 가족 상황 같은 개인적 특성을 고려할 때에도 여전히 중대한 영향력을 발휘할까? 게리 베커(Becker, 1981)를 비롯한 노동시장에서 인적자본의 역할을 유독 강조하는 경제학자들은 남성과 여성이 선호하는 가족과 일 사이의 균형이 다르기 때문에 완전히 정반대로 선택한다고 본다. 그들은 남성은 가족을 부양하기 위해 소득과 직업적 성공을 극대화하려고 하는 반면, 어린 자녀가 있는 여성은 가족 일에 더 많은 시간을 들이기 위해 경제적 보상과 승진을 기꺼이 희생한다고 주장한다. 이는 여성 중에서도 특히 기혼이며 어머니인 여성은 유연성을 보장하는 직업을 선택할 가능성이 더 높은 반면 남성, 특히 기혼이며 아버지인 남성은 다른 규범에 기반을 두고 일을 선택하는 경향이 높다는 의미를 전제한다.

성별과 가족 상황

　유연성은 성별 그리고 가족 상황과 관련이 있는가? 그 대답은 '아니오'인 듯하다. 가족 특성과 노동 유연성 간의 연관성이 드러나는 경우에

---

3 <전국 노동력 변동조사>에는 직장 내 성별 직위에 관한 세부 정보가 부족하지만, 다른 연구들에서는 관리직과 전문직에 종사하는 남성이 같은 직종의 여성에 비해 조직 및 직업 위계에서 고위직을 점유하는 경향이 높다는 것을 분명하게 밝히고 있다.

도 결혼 여부나 자녀 유무와 같이 가구상황을 설명하는 핵심 지표와의 연관성은 전혀 발견되지 않기 때문이다.[4] 게다가 배우자의 취업 여부와 배우자의 노동시간은 여성이나 남성 각자의 노동 유연성에 아무 영향도 주지 않는다. 여성의 경우 남편의 직업을 더 중요하게 생각하는 것과 유연성을 보장하는 직업을 선택하는 것 사이에 어떤 연관도 없다. 남성의 경우에는 아내의 직업에 보다 많은 중요성을 부여하는 사람일수록 오히려 자신의 노동 유연성이 낮다고 인식하는 듯하다.

가정에서의 성별분업을 재생산하기 위해 여성은 유연한 노동을 선택하고 남성은 이를 기피한다는 주장을 뒷받침하는 증거는 전혀 없다. 가족 의무는 일하는 부모에게 부담을 가중시킬 수 있다. 하지만 어머니나 아버지 모두 이러한 요구를 충족시킬 만큼 충분히 유연성을 누리고 있지는 못하다. 그리고 이 연구는 사무직, 판매직, 의료관련직 등 여성 집중 직종이 남성 집중 직종, 특히 전문직과 비교했을 때 전반적으로 유연성이 더 낮다는 사실을 보여준다.

개인, 가족, 직장 각각의 상대적 중요성

자신이 처한 상황을 바탕으로 노동조건을 선택할 수 있는 권한을 가진 사람은 거의 없다. 때문에 가족 상황이 유연성과 연관이 없다는 게 당연한 귀결로 여겨지기도 한다. 그러나 맞벌이와 한부모 가구가 증가하는 현실에 아랑곳없이, 일과 가족을 꾸려가는 조건을 결정짓는 주체가 여전히 고용주라는 사실은 상황을 더욱 악화시킨다.

---

4 유연성과 결혼 여부의 상관관계는 여성이 r=.00, 남성이 -.02이고, 6세 이하 자녀 유무와의 상관관계는 여성의 경우 r=.02, 남성의 경우 -.02이다. 또 18세 이하 자녀 유무와는 여성 -.02, 남성 -.04의 상관관계가 나타난다. 이는 모두 통계적으로 유의하지 않다.

노동조건의 결정적 중요성은 부록 <표 4>에서 더 분명하게 드러난다. 이 표는 유연성과 개인 요인, 가족 요인, 직장 요인 간의 다변량 관계를 보여준다. 연령, 학력, 직업 경험, 가족 상황 같은 개인적 속성을 고려하고 나서도 직장구조와 문화는 유연성과 관련해 일관되게 주요 요인으로 나타난다.

노동시간이 업무 일정 통제력과 연관될까? 주당 노동시간이 긴 것이야말로 업무 일정을 통제하지 못한다는 사실을 보여주는 것이라고 예측하기 쉽지만, 실제로는 그 연관성이 여성의 경우 아주 낮게 나타날 뿐 아니라 남성에게서는 아예 나타나지도 않는다.

가족 책임을 더 많이 진 사람이 유연성을 보장하는 직업에 속해 있을까? 이 상식적인 전제를 뒷받침할 만한 증거는 전혀 발견되지 않았다. 자녀가 있고 아내가 취업 상태인 남성의 경우 그렇지 않은 남성에 비해 업무 일정 통제력이 더 적은 것으로 나타났다. 여성의 경우에는 결혼 여부와 부모인지의 여부가 통계적으로 유의하지 않았다. 이는 유연성을 가장 필요로 하는 사람들이 정작 그런 직장에 다니지 못한다는 결론에 한층 힘을 실어주는 증거이다.

상대적으로 높은 연령대의 노동자들이 유연성을 보장하는 직위에 있지 않다는 것은 의외의 사실이다. 남성에게는 연령 효과가 전혀 없었으며, 여성은 연령대가 높아질수록 유연성이 조금 낮아지는 경향을 보였다. 연공 순위가 유연성을 증대시킬 것이라고 기대했지만, 특정 업무에 쏟은 시간과 그 회사에서의 근속기간이 미치는 영향력을 검토한 결과 그러한 예상을 뒷받침할 증거는 없었다.

어떤 직업이 가장 유연성이 높을까? 일반적으로 직업 지위가 높을수록 보다 많은 종사자가 자신의 업무 일정을 통제할 수 있다. 하지만 예외는 있다. 남성의 경우에는 학력 수준이 유연성을 높여주고, 사무직이 생산직에 비해 유연성이 높다. 그런데 여성의 경우에는 학력 그 자체가 유연성을 높이지는 않는다. 하지만 사무직의 경우 남성보다 여성에게서 그 영향이 더 뚜렷하게 나타난다. 즉 남성은 직접적으로 학력수준이, 여성은 학력과 밀접히 연관되는 것이긴 하지만 어쨌든 그것을 기반으로 직종 형태가 유연성 확보와 연결되는 것이다. 그리고 연방정부와 공공부문의 경우에는 업무 일정이 더 경직되어 있어서 남성과 여성 모두 유연성이 적은 경향을 보인다.

관리자의 지원 정도와 직장 문화는 노동 유연성을 설명하는 또 다른 요인이다. 요컨대 관리자의 지원이 뒷받침되면 유연성이 높아질 가능성이 있다.[5] 하지만 직장에서의 유연성과 가장 강력하게 연관되는 것은 업무 자율성, 즉 업무 내용에 대한 통제력이다. 자율성 변수는 설명할 수 있는 변동치의 비율을 남성의 경우 13%에서 19%로, 여성의 경우 11%에서 18%로 끌어올린다. 자율성이 변수에 포함되면 직장 문화와 관리자의 지원 같은 요인의 중요성은 상대적으로 줄어드는 것처럼 보인다. 하지만 이 모든 맥락적 요인은 전체 노동환경의 여러 국면에서 서로 상당히 얽히고 결합하면서 나타나는 경향이 있으며, 동일한 상황에 있는 남성과 여성에게 유사한 영향력을 발휘한다.

우리가 직업 특성에 미치는 영향력의 남녀 간 유사성을 강조하는 것은 그 차이가 지나치게 과장되어온 경향 때문이다. 성별 차이에 초점을 맞추다 보면 남성과 여성의 경험에서 중층적으로 나타나는 중요한 사실을 놓치게 되곤 한다. 물론 주목할 만한 흥미로운 차이들도 분명히 있다. 통근거리가 긴 남성들은 업무 일정에서의 유연성이 더 낮다고 보고하지만, 여성의 경우는 통근거리와 유연성 사이에 아무런 연관성을 보이지 않는

---

5 협조적인 직장 문화 하에서는 남성과 여성 모두 자신의 업무 일정을 조절할 수 있는 가능성이 높아진다. 부록의 <표 4>에서 관리자의 지원은 통계적으로 유의미하지 않게 나타났는데, 이는 협조적인 직장 문화가 유연성과 더 밀접하게 연관되기 때문이다. 이 요인들을 개별적으로 분석해보면 두 가지 모두 통계적으로 유의하다.

다. 물론 이는 여성의 통근거리가 남성보다 다소 짧다는 경향을 반영하는 것일 수 있다. 또한 관리자급에 속한 여성은 그렇지 않은 여성에 비해 일정 조정에서의 유연성을 상당히 높게 보고한다. 이러한 효과는 남성 집단에서는 분명하게 나타나지 않는데, 이는 아마도 남성의 경우 관리자급이 아니더라도 같은 위치의 여성보다 유연성을 더 많이 보장받기 때문일 것이다. 초과근무를 해야 하는 직업에 종사하는 남성의 경우 유연성을 낮게 보고하지만, 여성의 경우에는 초과근무 여부와 관계없이 유연성을 낮게 보고한다.

이러한 결과는 직업 유형에 따라 일 – 가족 갈등의 유형이 다르다는 점을 부각시켜 준다. 전문직과 관리직에서 더 많은 업무 시간이 요구되기도 하지만, 사무직과 생산직에서는 가능하지 않은 유연성을 제공받기도 한다. 여성 집중 직종과 생산직 대부분은 업무 일정이 더 규칙적이면서 엄격한데도 임금수준은 턱없이 낮아서 그 종사자들이 다른 서비스를 충분히 이용할 만큼의 구매력을 갖추기 어렵게 한다. 따라서 일 – 가족 정책을 의제로 만드는 과정에서 바쁜 전문직이 직면한 문제만을 배타적으로 다룰 것이 아니라 모든 노동자가 처한 상황을 문제 삼아야 한다.

직장구조와 문화는 노동자의 삶에서 중요한 차이를 만들어낸다. 특히 관리자의 지원과 협조적인 직장 환경은 여성과 남성 모두에게 어떻게 일과 가족생활의 균형을 맞출지에 관해 더 많은 재량권을 준다. 그리고 유사한 노동조건에 처한 여성과 남성이 비슷한 정도의 영향을 받더라도, 남성은 권위가 보장되는 직급을 확보하고 있을 가능성이 더 높다.

직장의 가족 친화 제도

바쁜 미국인들에게 노동조건, 특히 노동시간 유연성은 실제 노동시간만큼 중요하다. 그렇지만 노동시간 조정 여부는 다양한 가족 지원 정책 꾸러미에 들어 있는 한 가지일 뿐이다. 노동자에게 일 – 가족 갈등을 완화시키고 복합적 의무들을 충족시킬 재량권을 제공하는 선택지로는 노동시간 유연성 이외에도 일자리 나누기, 주당 노동시간 단축, 부모휴가, 보육 서비스, 노인 돌봄 지원 등 여러 가지를 들 수 있다.

우리가 검토한 바로는 다수의 노동자가 직장의 가족 친화 정책을 지지하는 것으로 나타난다. 이러한 혜택을 제공받는 노동자의 상당수는 이를 사용한다. 물론 이 혜택이 상황 특정적이라는 점에 주목해야 하는데, 모든 사람이 정책 꾸러미에 담긴 혜택 전부를 항상 필요로 하지는 않기 때문이다. 그리고 가족 혜택을 제공받지 못하는 사람의 상당 비율은 그것을 얻을 수 있다면 다른 복리후생을 포기할 의사가 있다고 응답했으며, 심지어 많은 경우 직업을 바꿀 수도 있다고 했다. 확실히 가족 지원 정책에의 수요와 필요성에 대한 인식이 높다는 점은 틀림없다.

노동자들이 가족 지원 정책을 간절히 원하고 있고 종종 사용하기도 하지만, 그렇게 하는 데에 비용과 제재가 뒤따를 것이라는 두려움 때문에 실제로 이용하기 꺼려할 가능성이 있다는 점도 염두에 두어야 한다. 사실 그러한 선택지들은 경력 또는 직업에 위협 요인이 되지 않는다고 여겨질 때 더 많이 활용될 것이다. 달리 말하자면, 직장의 가족 지원 정책이 공식적으로 보장되더라도 비공식적으로는 사용하기 어려운 경우가 많다. 다음에서는 노동자들이 필요로 하는 정책이 무엇이고 그것을 이용할 때 부딪히는 장벽은 무엇인지, 그리고 현재 노동자들에게 보장된 가족 지원 정책에는 어떤 것이 있는지에 관해 더욱 구체적인 그림을 그려보려고 한다.

탄력적 근무 시간제

부록의 <표 5>는 가족을 지원하는 여러 가지 혜택의 이용가능성과 실제 사용 현황, 그리고 수요에 관한 조사 결과를 보여준다. 거의 86%에 이르는 많은 노동자들이 "필요한 경우"에 한해 근무시간을 바꿀 수 있는 재량권을 갖는 것으로 나타난다. 이에 비해 자신이 알아서 근무시간을 정할 수 있다는 비율은 29%로 아주 낮았고, 매일 근무시간을 바꿀 수 있다는 비율은 40%였다. 노동자 집단별 차이는 대체로 적고 일관성이 없다. 그런데 몇 가지 예외에 주목할 필요가 있다. 전문직 남성 전체에서 자신의 근무시간을 스스로 정할 수 있다고 한 비율은 약 40%로 다른 집단과 비교했을 때 가장 높다. 이에 반해 어린 자녀가 있는 전문직 남성 중 매일 근무시간을 바꿀 수 있다고 응답한 경우는 23%뿐으로 가장 낮고, 필요한 경우 바꿀 수 있다는 응답도 전체를 대상으로 했을 때 86%에 이르는 것에 비하면 74%로 가장 낮게 나타났다. 6세 이하 자녀를 둔 전문직 여성의 경우는 근무시간을 정할 수 있는 비율이 가장 낮아 26%에 지나지 않으며, 매일 시간을 바꾸는 조건에서도 불리해 38%에 그치는 것으로 나타났다. 여기서 더욱 분명해지는 것은 전문직과 관리직에서조차도 탄력적 근무 시간제를 가장 필요로 할 사람들이 그것을 얻는 데 더 어려움을 겪는다는 점이다.

하지만 반가운 점도 눈에 띈다. 어린 자녀를 둔 전문직은 휴식시간을 늘리거나 재택근무를 할 가능성, 그리고 다음에 단축 근무를 하기 위해 미리 연장근무를 선택할 수 있는 가능성에서는 비교적 상황이 나은 편이다. 그런데 이러한 혜택은 전문직이라는 직업 지위, 그리고 영향력이 아주 적기는 하지만 가족 지위보다는 성별에서 비롯되는 것이다. 일반적으로 전문직 남성은 전문직 여성 또는 비전문직 노동자에 비해 상황이 낫다. 전문직 남성의 63%는 직장에서 휴식시간을 늘릴 수 있으며(비전문직 41%), 50%는 근무일에 따라 노동시간 길이를 다르게 할 수 있고(비전문직 41%), 39%는 정기적으로 재택근무가 가능하며(비전문직 13%), 25%는 경우에 따라 재택근무가 가능하다(비전문직 8%). 전문직 여성의 경우 비전문직보다는 상황이 낫지만, 휴식시간을 늘리거나 부정기적으로 재택근무를 하는 선택지에서 전문직 남성이 누리는 만큼에는 미치지 못한다.

휴식시간을 늘릴 수 있거나 근무일에 따라 근무시간 길이를 바꿀 수 있거나 재택근무를 할 수 있는 경우 많은 사람이 그러한 혜택을 이용한다. 이 선택지들을 이용하는 비율은 모든 집단에 걸쳐 최하 63%에서 최고 88%에까지 이른다. 선택권이 보장된다면 어린 자녀를 둔 여성과 남성 모두 사무실에 있는 시간을 줄이고 대신 집에서 더 오래 보내고 싶어 하는 것으로 보인다. 이런 결과가 상식적인 것으로 여겨질 수도 있다. 하지만 이는 부모들이 사회생활을 위해 자녀와의 시간을 회피한다는 주장이 미덥지 않다는 근거가 되기 때문에 언급하는 것만으로도 가치가 있다. 재택근무를 원하고 사정에 따라 근무시간을 바꿀 기회를 얻으려는 노동자의 비율이 상당히 높다는 점은 일과 가족생활을 더 완벽하고 유연하게 통합시킬 수 있도록 지원하는 제도가 절실히 필요하다는 것을 시사한다.

시간제 노동과 무급휴가 사용 의사

전문직 여성, 특히 어린 자녀를 둔 여성들은 시간제 노동, 그리고 비율이 아주 낮긴 하지만 일자리 나누기를 원하는 경향이 가장 높다. 반면 어린 자녀를 둔 전문직 남성은 시간제 노동을 선택할 가능성이 훨씬 낮거나(여성은 59%인 데 비해 남성은 45%) 무급휴가를 사용할 가능성 역시 훨씬 낮다(여성은 38%인 데 비해 남성은 15%, 표에 제시하지 않음). 이는 여성이 더 쉽게 경력을 포기하는 것처럼 보이게 하는데, 남성과 여성의 선택지에서 나타나는 이러한 차이는 평등을 성취하려는 여성의 전략에 좋은 징후가 아니다.

시간제 노동은 상당히 즉각적이고도 장기간에 걸친 대가를 치르도록 하기 때문에 재택근무나 탄력적 근무 시간제보다는 선호되지 않는다. 부록의 <표 6>에서 보는 바와 같이 전체 노동자의 단 16%만이 시간제로 전환하면서 복리후생을 포기할 의사가 있다고 응답했으며, 시간제로 일하기 위해 직업을 바꿀 수도 있다고 응답한 비율은 11%에 그쳤다. 하지만 어린 자녀를 둔 전문직 여성의 경우에는 32%가 시간제로 일하기 위해 다른 복리후생을 포기할 수 있으며, 15%가 직업을 바꿀 생각이 있다고 응답했다.

보육 서비스

무급 부모휴가가 법으로 보장되어 보편적으로 이용이 가능한 것과는 달리 보육 서비스의 경우에는 접근가능성 자체가 현저하게 낮다는 점에 주목할 만하다(부록 <표 6> 참조). 소수의 노동자만이 탁아나 탁노 서비스, 직장보육시설, 바우처 등을 제공받는다. 6세 이하 자녀를 둔 전문직의 경우도 크게 다르지 않다. 전문직 여성의 경우 24%가 보육 위탁 서비스에 접근 가능하며, 19%는 직장보육시설을, 3%는 바우처를 이용할 수 있다. 남성의 경우도 유사해서 각각의 서비스를 제공받는 비율이 26%, 14%, 7%로 나타난다.

그런데 어린 자녀가 있고 보육 지원책을 제공받는 전문직 종사자 중 다수는 그 혜택을 실제로 이용한다. 즉 여성의 31%와 남성의 38%가 보육 자원 및 위탁 서비스를 실제 이용하고 있으며, 42%의 어머니와 47%의 아버지는 직장보육시설을 이용한다. 여성의 40%와 남성의 16%는 보육 바우처를 이용한다. 비록 전문직에 종사하는 부모의 절반에도 못 미치는 이들만이 회사가 제공하는 자원을 이용하는 것이기는 하지만, 결코 무시할 만한 수치가 아니다. 사실상 전문직은 보육 문제를 사적으로 해결할 수 있는 재정적, 사회적 자원을 가질 가능성이 비교적 높다. 이러한 맥락에서 보면 전문직 종사자가 회사가 제공하는 서비스에 의존한다는 것은 주목할 만하다.

가족 지원책에서 배제된 노동자의 수요

탄력적 근무 시간제, 재택근무 선택권, 보육 서비스 같은 가족 지원 혜택을 보장받지 못하는 노동자들은 과연 어떤 혜택을 원하는가? 많은 사람들은 이러한 혜택을 단지 희망하는 데 그치는 게 아니라 다른 복리후생과 맞바꿀 의사가 있으며, 심지어 직업을 바꿔서라도 혜택을 받기 원한다. 이런 경향은 특히 어린 자녀를 둔 전문직 어머니에게서 높게 나타난다(부록 <표 6> 참조).

탄력적 근무 시간제를 이용하기 어려운 노동자 가운데 약 28%는 유연성을 얻는 대가로 다른 복리후생을 포기할 의사가 있으며, 26%는 직업을 바꿀 의향도 갖고 있다. 6세 이하의 자녀가 있는 전문직 여성의 경우에는 그 비율이 각각 49%와 32%에 이른다. 전문직 아버지 집단에서는 다른 복리후생을 포기하겠다는 비율이 12%에 그쳤지만, 직업을 바꿀 의사가 있다는 비율은 29%에 이르렀다.

재택근무 수요 역시 높다. 전체 노동자 가운데 21%가 재택근무를 할 수 있다면 다른 복리후생을 포기할 수 있다고 응답했으며, 22%는 직업을 바꿀 수도 있다고 응답했다. 전문직 어머니 집단에서는 이 비율이 각각 48%와 32%에 이른다. 아버지의 경우 어머니에 비해 관심이 별로 없다. 전문직 아버지의 단 18%만이 재택근무를 하기 위해 복리후생을 포기할 수 있다고 응답했고, 24%는 직업을 바꿀 의사가 있다고 응답했다.

마지막으로, 보육 서비스는 이를 제공받지 못하는 부모들 사이에서 가장 선호되는 것으로 보인다. 어린 자녀를 둔 전문직 어머니와 아버지의

18%가 보육 서비스를 제공받을 수 있다면 다른 복리후생을 포기할 수 있다고 응답했다. 더 중요한 것은, 49%의 어머니와 31%의 아버지가 직장보육시설 혜택을 누리기 위해 다른 복리후생을 포기할 수 있고, 40%의 어머니와 35%의 아버지가 보육 바우처를 얻기 위해 다른 복리후생을 포기할 의사가 있다고 응답했다는 점이다.

가족 지원책을 필요로 하는 수요가 높고, 특히 어린 자녀가 있는 부모의 경우 그 필요를 더욱 절실하게 느끼는 것은 분명하다. 시간제 노동과 같이 경제적 손실이 크고 여타의 대가가 뒤따르는 지원책은 예외일 수 있지만, 많은 노동자들은 현재 제공되고 있는 혜택들을 사용한다. 그러한 혜택을 사용하기 어려울 경우 상당수는 기꺼이 다른 복리후생을 포기하거나 심지어 직업을 바꿀 의사까지도 갖고 있다. 게다가 노동자들이 자녀와 함께 시간을 보내는 것보다 일터에서의 시간을 더 선호한다는 주장을 뒷받침하는 증거도 거의 발견되지 않는다. 협조적인 직장은 노동자가 가족에서 발생하는 성가신 일들을 회피하도록 하는 대신 오히려 가족일에 충분히 신경 쓸 수 있도록 배려하는 경향이 있다. 그러한 지원이 부족할 때 노동자들은 이를 갈망하게 되고, 또 그것을 얻기 위해 기꺼이 다른 혜택을 포기할 준비가 되어 있다.

가족 지원 정책의 숨겨진 비용

노동자는 가족을 지원하는 제도로부터 분명 혜택을 누린다. 특히 어린 자녀를 둔 맞벌이 부부는 더욱 그렇다. 노동 유연성, 자율성, 업무 일정 통제력 같은 선택지를 지지하는 비율은 높게 나타난다. 그리고 이러한 혜택을 제공받지 못하는 노동자 대부분이 그것을 원한다. 예컨대 미리 연장근무하는 대신 다른 날 단축 근무를 할 수 있는 선택지가 있을 경우 응답자의 75%는 이를 이용하겠다고 응답했다. 6세 이하의 자녀를 둔 전문직 여성의 경우에는 이 비율이 81%로 높아지며, 전문직 남성 집단에서는 74%로 나타난다. 이와 유사하게, 부정기적인 재택근무가 가능하다면 79%는 이를 선택할 거라고 응답했다. 어린 자녀가 있는 전문직 여성은 이 비율이 88%에 이르며, 전문직 남성도 84%로 매우 높다.

진짜로 선택권이 보장된다면, 여성과 남성 모두 직장에서는 더 많은 노동 유연성을, 그리고 집에서는 더 많은 시간을 보내기 원한다. 어린 자녀가 있는 부모의 열망은 유달리 더 크다. 그러한 선택지가 실제 활용가능하다고 전제한 경우에 노동자들의 상당수는 재택근무 기회를 활용하고 근무시간을 탄력적으로 조절할 것이라고 응답한다. 또한 상당한 비율의 여성과 남성은 선택지가 주어지지 않을 경우에 탄력적 근무 시간제를 얻기 위해 다른 부분을 기꺼이 포기할 의사가 있는 것으로 나타났다. 노동자들이 가족과 자녀의 요구를 충족시키기보다 직장에서의 만족을 추구할 것이라는 통념과 달리, 그들은 더는 분리시켜놓고 볼 수 없는 두 영역을 통합가능하게 하는 유연하고 유동적인 선택지를 고르기 위해 고군분투하고 있다는 사실을 응답결과로부터 알 수 있다.

그런데 노동자들에게 직장의 가족 지원 제도를 갈망하는 마음이 큰 동시에 잘 충족되지 못하는 현실과는 별도로, 적잖은 노동자들은 그러한 정책을 이용하는 데에 큰 대가가 따를 거라는 두려움을 느끼기도 한다. 예를 들어 시간제 노동에 비교적 관심이 적다는 것은 노동자들이 그것을 선택할 경우 자신의 경제적·직업적 전망이 위협받을 것으로 여겨 사용하기 꺼린다는 점을 보여준다. 단 16%만이 시간제 노동을 하기 위해 다른 복리후생을 포기할 의사가 있다고 응답했으며, 겨우 11%만이 시간제로 직업을 바꿀 수도 있다고 응답한 것이다. 어린 자녀를 둔 전문직의 경우에도 시간제 노동이라는 선택지는 그다지 매력적이지 않아서 단 15%의 여성과 5%의 남성만이 시간제를 선택할 의사가 있다고 응답했다.

그러한 선택지들은 경력이나 직업을 위협할 만한 불이익이 없다는 믿음이 전제되어야 이용도가 더욱 높아질 것이다. 따라서 노동자들이 가족친화 정책을 공식적으로는 이용 가능하다지만 비공식적으로는 낙인이 찍힌다고 생각하는지를 파악하는 것이 결정적으로 중요하다. 그래야 노동자들이 무엇을 필요로 하는지에 대해서뿐만 아니라 그것을 보장받아야 할 상황에 있는 사람들이 무엇 때문에 그 필요를 충족시키지 못하는지, 심지어 그러한 필요를 표현하지조차 못하는지를 비로소 분명하게 설명할 수 있다.

과도하게 긴 주당 노동시간을 줄이는 데 따르는 대가는 특히 전문직 노동자들에게 민감한 문제이다. 『시간제의 역설(The Part-Time Paradox)』에서 신시아 엡스타인(Cynthia Epstein)과 공저자들은 변호사들이 주당 40시간보다 훨씬 더 오래 일할 거라고 기대하는 '시간 규범'에 도전한 대가로 단기적으로는 비난을, 장기적으로는 경력에 오점을 남기는 희생을 감수해야 한다고 밝힌 바 있다(Epstein et al., 1999). 저자들은 너무 긴 노동시간을 줄이려는 이들을 조직 사회가 '시간 일탈자'로 몰아가고, 부모 역할도 하려는 이들에게 억지스럽게 이중 족쇄를 채우며 어떻게 낙인을 부과하는지를 보여준다. 법조계와 같이 업무 부담이 많은 직종에서는 주당 80시간 이상 근무가 상식이며, 한때 표준이었던 주당 40시간 근무가 시간제로 정의되는 지경에 이르렀다. 이러한 시간 규범은 그렇게 긴 시간 일하지 않는 사람뿐 아니라 그 규범에 저항하는 사람들에게 직업적 성공과 사적 생활을 위한 시간 사이에서 양자택일할 것을 무리하게 강요한다(Epstein and Kalleberg, 2004 참조[*]).[6]

----

* 원서에는 *Rethinking Time at Work*라는 제목으로 출간 예정이라 명시되어 있으나, 이후 *Fighting for Time: Shifting Boundaries of Work and Social Life*(2004)로 최종 출판되었다.

6 피터 멕신스와 피터 월리(Meiksins and Whalley, 2002)는 업무에 들이는 시간을 "자신이 원하는 대로 바꾸거나" 줄임으로써 일을 "그저 제자리에 두려고 하는" 기술자, 컴퓨

이론적으로 가족 지원과 남녀 간 형평성이라는 두 가지 측면은 가족 지원 정책의 토대가 되는 기본 원칙이다. 그리고 많은 노동자들이 그러한 지원책을 얻기 위해 실질적인 희생도 각오하는 것으로 보인다. 물론 이와 같은 정책을 이용하는 것은 위험스럽기도 하다. 경력 관리를 놓고 모험하는 것일 수도 있기 때문이다. 심지어 이러한 정책이 여성만을 대상으로 한다면, 이전의 성 불평등을 새로운 형태로 재창조하는 것이 되고 만다. 예컨대 '어머니 궤도(Mommy tracks)'를 말하는 사람들은 여성이 어머니 노릇과 직장 일을 조합하기 위해서는 승진 열망을 버려야 한다고 요구한다(Schwartz, 1989). 그러면서 여성이 어머니 노릇과 경력 사이에서 하나만을 선택하게끔 부당하게 내모는 반면, 남성에게는 부모로서의 책임에 대해 아예 생각하지 않게 만들어버린다. 이른바 '성 중립적인' 가족 정책은 덜 해로운 것으로 보일 수도 있다. 하지만 그것이 부모 역할에 낙인을 부과한다면, 그 역할을 충실히 하려는 어머니 그리고 아버지 모두에게 불이익을 가져오는 셈이다. 이는 가족의 요구를 일과 경력에 종속시키면서 부모 중 어느 한쪽에게 대가를 치르게 하는 미덥지 않은 사회정책이다.

부모 노릇의 경제적 비용은 꽤 크다. 미셸 버딕과 폴라 잉글랜드(Budig and England, 2001)는 자녀 수가 1명 증가할 때마다 어머니의 소득이 7%씩 감소한다고 추정했다. 하지만 이 수치는 노동시간이 동일한 개인들을 비교한 것이기 때문에 부모 노릇에 따르는 비용을 실제보다 상당히 낮춰 잡게 된다. 어머니가 된다는 사실이 소득에 영향을 미치는 주된 방식은 노동시간 감소로 인한 것인데, 여기에는 어머니들을 아예 노동인구에서 제

터 전문가, 기술전문 저술가의 삶을 분석했다. 이들은 이렇게 조정한 것에 많은 이점이 있다는 것을 밝혀냈지만, 직업 기회와 승진을 희생해야 했다는 점을 보고하기도 했다. 특히 관리직에서 그런 경향이 더 높았다고 한다.

외되도록 밀어내는 것이 포함된다. 앤 크리텐든(Crittenden, 2001)이 생애 소득상실의 측면에서 따져본 결과, 어머니가 됨에 따르는 비용이 중간치 소득을 가진 여성의 경우 50만 달러를 초과하며, 전문대를 졸업한 여성은 100만 달러를 훨씬 웃돈다고 밝혔다. 보상수준이 낮은 직업에 종사하는 여성의 경우 경제적 손실의 절대 액수는 더 낮을 수도 있다. 하지만 이들의 수입은 가족 복지에 너무나 중요하다.

모든 가능성을 고려했을 때 최상의 상황은 어머니나 아버지 모두 자녀를 돌본다는 이유로 어떤 불이익도 당하지 않는 것이다. 이 상황은 여성에게 남성보다 더 많은 대가를 치르도록 하지도 않을 것이다. 하지만 '가족 친화적'인 것이 반드시 '여성 친화적' 혹은 '부모 친화적'인 것을 의미하지는 않는다. 취업 상태인 어머니의 곤경을 완화시키는 정책을 공표한다고 하더라도 그 선택지가 경력 향상을 포기하는 대가로 주어지는 것이라면, 노동자는 그것을 선택하는 순간 심각한 비용을 치르는 셈이 된다. 이와 반대로 가족과 일 사이에 유동적인 균형을 제공하면서 동시에 정책 이용자의 직업 기회를 보호하는 정책이 있다면 이는 단지 가족 친화적인 차원 그 이상이다. 취업 상태인 여성의 권리를 보호하고 어느 성에게든 직업과 부모 역할의 필요성을 인정하는 정책이야말로 진정으로 여성 친화적이며 부모 친화적이고 아동 친화적인 것으로 인정받을 수 있다. 그러나 가족 지원 정책은 종종 취업 상태인 어머니에게 불이익을 주고 아버지를 전적으로 배제하는 '어머니 궤도'의 관점에서 구상되고 있으며, 그 경향이 심화되고 있다.

고용주들은 그러한 정책을 사용하는 노동자들에게 큰 대가가 따르게 된다는 사실을 인정하고 싶지 않아 한다. 그렇기 때문에 노동자들이 가족 친화적인 선택지를 요구하고 이용할 때 겪는 위험의 성격을 정확하게 규명하기가 어렵다. 하지만 공식적으로 이용 가능한 정책이 비공식적으로는 무거운 처벌을 내포한다는 점을 노동자들이 알아차리고 있는지 밝히는 일은 가능하다. 게다가 노동자들이 위험을 염두에 두고 있다는 사실 자체는 그 위험의 객관적인 효력 여부와 관계없이 선택지를 저울질하고 결정하는 데 중요하게 작용한다. 이에 노동자들이 직장 문화가 가족을 지원한다고 여기는지, 집단에 따라 승진 기회가 어느 정도 있다고 생각하는지, 이 둘 사이의 관계를 파악할 필요가 있다.

<표 5-1>은 직장 문화와 승진 가능성의 관계에 관한 응답 결과를 보여준다. 직장 문화가 가족 친화적이라고 응답한 노동자들은 대개 관리자의 지원도 충분히 받고 있다고 보고하며, 여성에게서도 그 연관성은 높게 나타난다(r=.44). 하지만 가족 친화적인 직장이라고 해서 승진 기회 역시 높은 것은 아닌 듯하다. 요컨대 직장 문화에 관한 여성의 응답결과를 보면 백인 여성 및 소수민족 여성의 승진 가능성의 응답 결과와 부(-)의 관계를 보이고 있다. 또한 주목할 만한 것은, 동일한 직장 문화 하에서 백인 남성 및 소수민족 남성에게도 반드시 좋은 승진 기회가 제공되지는 않는다고 여성들이 생각한다는 점이다. 그리고 특히나 여성들이 자신의 승진 기회에 대해 직장이 가족 친화적이라는 확신과 부(-)적 태도를 보인다는 사실은 의미심장하다.

논의의 초점을 직장 전반의 개괄적 지원 수준이 아니라 관리자의 지원 측면에 맞추어볼 때도 동일한 양상이 나타나며, 사실 그 관계가 더 강하게 나타나기까지 한다. 여성 집단의 응답만 놓고 보면 관리자의 지원과 자신의 승진 가능성 사이에 부(-)의 관계가 가장 강하게 나타나는 것이다(r=-.31). 이는 남성에게도 해당된다. 남성 역시 가족 친화적인 직장 문화와 관리자의 지원이 어떤 집단에서든 승진으로 이어질 가능성은 낮다고 생각한다. 그들은 관리자가 가족의 요구를 지원한다는 것이 노동자 자신의 승진 가능성을 높여주지는 않는다고 생각한다는 점에서 여성들과 같은 의견을 보인다(r=-.32).

다른 요소가 더 고려되더라도 변함없는 결과가 나올까? 가족을 지원

〈표 5-1〉 가족 친화적 직장 문화와 승진 가능성에 관한 자기보고 간의 관계(1992년)

	직장 문화	관리자의 지원
여성		
직장 문화[a]	1.00	.44
관리자의 지원[b]	.44	1.00
승진 가능성		
백인 여성	-.12	-.21
소수민족 여성	-.17	-.28
백인 남성	-.07	-.07
소수민족 남성	-.15	-.22
자신의 승진 가능성	-.18	-.31
남성		
직장 문화[a]	1.00	.46
관리자의 지원[b]	.46	1.00
승진 가능성		
백인 여성	-.12	-.17
소수민족 여성	-.15	-.18
백인 남성	-.09	-.19
소수민족 남성	-.14	-.21
자신의 승진 가능성	-.18	-.32

a. 직장 문화는 응답자의 노동환경이 일 - 가족 문제에 민감한지를 파악할 수 있도록 고안된 4개 항목으로 구성되어 있다.

b. 관리자의 지원은 응답자의 관리자가 노동자의 필요와 관심에 주의를 기울이는지를 파악할 수 있도록 고안된 9개 항목으로 구성되어 있다.

* 주: 모든 상관관계의 통계적 유의미도는 $p < .05$임.

자료: 「전국 노동력 변동조사」.

하는 직장 문화가 승진 가능성과 부(-)적으로 연관된다는 점은 마찬가지지만, 자율성과 같은 요인이 추가될 경우 그 영향력은 줄어든다(Jacobs and Gerson, 1997). 관리자의 지원이 포함될 경우라면 직장 문화의 영향력은 완전히 사라지며 관리자의 지원만 효력을 발휘한다. 이러한 양상은 여성이 자신이나 다른 여성의 승진 기회를 질문 받았을 때 나타나며, 남성 역시 마찬가지이다.

요컨대 여성과 남성 모두 직장의 가족 친화 정책에 일련의 대가가 부착되어 있음을 감지하고 있다. 가족 지원책과 경력 쌓기 사이에서 선택하도록 강요받는다고 느끼는 데는 충분한 근거가 있는 것이다. 일례로 《뉴욕타임스(New York Times)》는 여성 승진 기록이 가장 많은 기업이 가족 친화 정책을 가장 훌륭하게 마련하고 있는 기업과 동일하지 않다는 점을 보도한 바 있다(Dobrzynski, 1996).

직장의 가족지원책이 실효성을 갖기 위해서는 단순히 조직의 한 귀퉁이를 수선하는 수준을 넘어서야 한다. 즉 그러한 정책이 만들어진 기본 전제부터 재구성할 필요가 있다. 모름지기 '여성 친화적'인 그리고 '부모 친화적'인 정책의 핵심은 직장 일을 열심히 하면서도 가족을 돌보는 데 시간을 할애하려는 사람들의 경력도 지원해야 한다는 점이다.

유연하고 평등한 일터 만들기

미국의 일과 가족 변화를 다루는 논쟁이 주로 과잉노동이라는 문제에 초점을 맞추어왔지만, 노동시간은 일 – 가족 갈등과 성 불평등의 원인으로 작동하는 여러 요소 중 일부를 차지할 뿐이다. 직장구조와 문화는 막대한 영향력을 행사하는데, 노동 유연성과 고용주의 지원을 누리는 노동자들이 그렇지 못한 이들에 비해 더 나은 상황에 있는 것은 분명하다. 전일제 노동자들은 대부분 지금보다 가족시간과 여가시간이 늘어나기를 갈망하고 있으며, 직장이 제공하는 가족 친화적 선택지를 강력하게 지지한다. 그러면서 동시에 상당한 대가를 치러야 그러한 정책이 제공하는 혜택을 얻을 수 있다는 불행한 현실에 대해서도 잘 알고 있다.

성 불평등은 제도적 틀 속에서 지속되지만, 여성과 남성이 직면한 딜레마의 양상은 점점 비슷해지고 있다. 여성들이 일터와 가족, 양쪽 모두에 그 어느 시기보다 강력한 유대를 만듦으로써 맞벌이 구도 속에서 더 혹독한 시간 압박에 직면하고 있을 때, 어머니들과 아버지들은 단순히 가족 요구 때문만이 아니라 경직된 직장 환경 때문에 근본적으로 발생하는 갈등에 대처해야 한다. 여성과 남성이 유사한 상황에 처하게 되면서 이들의 대응 역시 유사해지고 있다. 그런데도 여전히 내용이 서로 다른 선택지와 그로 인한 압력에 직면하곤 한다. 일-가족 갈등을 해결하기 위해 분투하는 가운데서도 성 불평등이 지속되는 현실은 여성을 불리한 위치에 놓이게 한다. 여성은 가사노동 책임을 더 많이 떠맡고 있는데다 직장에서의 낮은 자율성과 노동 유연성, 그리고 일시적으로라도 근무시간을 줄여 경력을 희생시키게 하는 거센 압력을 포함하는, 더 막강한 장벽을 마주하고 있다.

가족 일을 이유로 노동시간을 줄이는 경향이 남성에 비해 여성에게서 더 높게 나타난다는 사실은 성별에 따라 주어지는 기회와 제약에 차이가 있음을 반영한다. 경제구조와 가족생활의 양상은 여성에게 일터를 떠나라고 강하게 압박하며, 또 그럴 수 있는 선택지도 더 많이 준다. 성별 소득 격차가 줄어들고 있고 남편만큼 버는 혹은 남편보다 더 많이 버는 아내의 비율이 증가하고 있지만, 대부분의 부부는 이 유형에 속하지 않는다. (맞벌이 다섯 가구 중 단 한 가구만이 아내의 소득이 남편보다 높은데, 일부 사례는 영구적으로 역할을 전환한 것이라기보다는 일시적인 소득 상승 때문인 것으로 보인다.)[7] 일반적으로 남편이 아내보다 소득이 더 높은 상황은 어머니에게는 직장에서의 시간을 줄여도 된다고 부추기고 아버지에게는 일을 더 많

7 이는 1997년의 <전국 노동력 변동조사> 자료를 근거로 도출한 것이다.

이 해서 소득을 최대한 높이라고 부추긴다. 또한 문화적인 압력은 어머니의 보살핌 의무와 아버지의 생계부양 책임을 지속적으로 강조한다. 즉 일터에서 보내는 시간과 부모 노릇에서 나타나는 성별 차이는 여성과 남성 사이에 '열망의 불균등'이 줄어든다 해도 불평등한 기회 구조는 존속하고 있음을 의미한다.[8]

노동자들이 직면한 문제는 다양한 형태로 나타나지만, 대부분 직장과 가족생활을 만족스럽게 통합해나가고자 하는 열망을 공유한다는 점에서는 같다. 경제적 안정과 기회의 차원을 넘어서 여성과 남성 모두 자신이 짊어진 여러 가지 책임들을 조화롭게 해나가기 위해서는 일정한 수준의 유연성을 필요로 한다. 어머니와 아버지 모두가 일을 해야 하는 현실 속에서 가족시간을 마련하기 위해 직업 기회와 경제적 복리를 희생해도 아무 상관없는 집단이란 없다.

일-가족 갈등 문제가 제도 속에 뿌리박혀 있기 때문에 그 해결책 역시 제도 변화에 달려 있다. 헌신적으로 일하는 노동자가 부모 노릇도 충분히 할 수 있도록 기회를 보장하기 위해서는 부모들 그리고 부모가 되려는 사람들이 속한 직장 조직과 기회 구조에 관심을 기울여야 한다. 개인적 딜레마의 사회적 근원을 밝혀내지 못한다면, 자신이 만들지도 않았고 통제할 수도 없는 조건을 이유로 평범한 여성과 남성이 비난받는 일은 계속된다. 이와 달리 사회제도에 초점을 맞추게 되면 사회정책이 중요하면서도 뒤얽혀 있는 두 가지 원칙을 지지해야 한다는 점이 분명해진다. 첫째, 여성에게는 진정으로 평등한 기회를 보장하고, 둘째, 부모인 노동자에게는 성별에 관계없이 불이익이 뒤따르지 않는 지원책이 필요하다는 것이다.

---

8 성별이 삶의 선택지와 가능성을 구조화하는 제도로 고려되는 방식에 관해서는 로버(Lorber, 1994), 잭슨(Jackson, 1998), 리즈먼(Risman, 1998)의 분석을 참고할 것.

제3부
노동, 가족, 사회정책

6 비교 국가 관점에서 본 미국 노동자의 현실*

임금노동과 가족생활 간의 시간 압박이 증가하면서 미국 노동자의 삶이 극적으로 변화하긴 했지만, 이러한 경향이 미국에만 국한된 것은 아니다. 예를 들어 여성의 취업 증가는 경제 성장을 이룬 사회에서 공통으로 발견되는 보편적 현상이다. 그러나 미국은 다른 국가들에 비해 가족, 자녀, 취업부모를 위한 사회적 지원에서 현저하게 뒤처져 근본적인 사회경제적 변동에 적절하게 대응하지 못하고 있다.

미국과 사회경제적 발전 수준이 유사한 국가의 노동자들이 처한 환경을 비교해보면 국가별 변화를 측정할 수 있다. 다른 국가 노동자와 미국 노동자 간의 유사점과 차이점을 비교 관점에서 정확히 짚어봄으로써 일과 가족 변화가 보여주는 역사적 양상을 더욱 풍부하게 설명할 수 있게 된다. 또한 국가 간 비교는 노동자의 삶에 차이를 만들어내는 정책 범위에 관해 몇 가지 단서를 제공해준다. 특정한 변화들이 모든 국가에서 나타난다면, 바로 이 변화야말로 본질적으로 바뀌지 않는 뿌리 깊은 사회적, 경제적 경향을 보여주는 것이라고 믿을 만한 역설이 성립한다. 그런데 미국이 다른 국가와 아주 상이한 양상을 보이는 부분이 있다면, 특히 근본적인 경제 변동에 대응하는 방식이 현저히 다르다면, 이러한 변동이

---

* 이 장은 재닛 고닉(Janet C. Gornick)과 함께 작업했다.

야기하는 난관을 미국인들이 잘 헤쳐갈 수 있도록 충분히 지원하는 정책이 개발되어야 마땅하다. 비교 관점은 후기 산업 사회 발전에서의 고유한 특성이 무엇인지, 이러한 발전에 수반되어야 할 정책이 무엇인지를 이해하는 데 도움을 준다. 또한 이를 통해 다른 국가 정책의 장단점을 파악하고 미국인이 처한 딜레마를 해결할 수 있게 해준다.

이 장에서는 <룩셈부르크 소득연구>의 1990년대 중반 자료(De Tombeur, 1995)를 사용해 미국과 캐나다, 그리고 유럽 8개국을 비교하는 데 초점을 맞출 것이다. 분석 시기와 국가를 선정하는 데는 자료 접근성이 중요하게 고려되기도 했지만, 이 국가들이 문화유산 및 경제 발전 수준을 유사하게 공유하고 있기 때문이기도 하다. 우리는 장시간 노동하는 부부의 비율뿐만 아니라 부부 합산 임금노동시간의 평균을 비교할 것이며, 가족 내 노동시간에서 나타나는 성별 차이도 검토할 것이다.

우리의 분석은 몇 가지 측면에서 독창성을 갖는다. 첫째, 몇몇 국가 비교연구(OECD, 1998; Rubery, Smith, and Fagan, 1998)에서는 연간 및 주당 노동시간 모두에서 미국 노동자의 노동시간이 길다는 점을 밝혀냈지만, 맞벌이 부부의 합산 노동시간에 초점을 맞춘 경우는 거의 없었다. 둘째, 우리는 주당 노동시간의 평균뿐만 아니라 개인과 부부의 노동시간 분포에서 나타나는 국가별 편차에 초점을 맞추려고 한다. 셋째, 노동시간을 분석하는 데 성 평등의 차원을 고려할 것이다.[1]

---

[1] 여기에서 우리는 노동시간 문제에 초점을 맞추려고 한다. 유럽의 사회정책에 대한 일반적 논의는 윌렌스키(Wilensky, 2002), 고닉과 메이어(Gornick and Meyers, 2003)를 참고할 것.

시간사용은 모든 국가에서 유사하게 나타나는가?

거셔니는 국가별 시간사용을 정확히 측정하고 비교하는 일이 어려운 작업이더라도 노동시간, 가족시간, 여가시간 사이의 상대적 균형이 성별·계급별·국가별로 유사해지는 경향을 발견할 수 있다고 주장한다(Gershuny, 2000). 그는 20개 국가의 시간사용 방식을 지나칠 만큼 자세히 묘사하면서 여성과 남성이 임금노동시간, 가사노동시간, 실제 여가시간 사이의 균형을 맞추기 위해 노력하는 양상이 전 지구적으로 닮아가고 있음을 보여준다.[2] 예를 들어 청소나 세탁을 비롯해서 대부분의 가사노동에 드는 시간이 줄어들었지만, 보다 '의미심장한' 중요성을 갖는 요리시간은 줄지 않았다(De Vault, 1991). 게다가 자녀 수가 줄어드는데도 자녀를 돌보는 데 할애하는 시간은 오히려 증가했고, 특히 고학력 남성과 여성에게서 이런 경향이 강하게 나타났다(Bianchi, 2000). 또한 뚜렷하게 목격할 수 있는 역사적 반전 현상으로서, '바쁨'이 사회적 지위를 나타내는 징표로 작동하며 여가시간을 대체하고 있다. 불과 1세기 전에는 여가가 사회적 지위의 표상이라는 데 논란의 여지가 없었지만, 오늘날 고학력층은 저학력층에 비해 일터에서 더 오랜 시간을 보내는 경향이 강하다.[3]

거셔니는 미국인의 텔레비전 시청 시간이 하루 평균 2시간인 반면 프

---

2 거셔니는 자신의 저서 『변화의 시기: 후기 산업 사회의 일과 여가(Changing Times: Work and Leisure in Postindustrial Society)』(2000)에서 20개국의 35개 시간사용 원시 자료를 분석한 다국적 시간사용 조사(Multinational Time Use Survey) 결과를 보여준다. 9개국 비교를 위한 정보는 2회 이상의 주기를 파악할 때 유용하다.

3 윌렌스키(Wilensky, 1963)는 전문직 및 관리직 남성이 생산직 남성에 비해 더 오랜 시간 일한다고 밝힌 바 있다. 베블런에 따르자면, 여가시간은 실제로 사회적 지위를 상징한다(Veblen, 1994[1899]).

랑스인은 75분이라는 예를 들면서 국가에 따른 몇 가지 흥미로운 특색을 비교해서 설명하기도 한다. 그러나 공통적으로 나타나는 역사적 경향과 국가 간 유사성에 초점을 두기 때문에 시간사용에서 드러나는 미묘한 차이뿐만 아니라 확연히 드러나는 차이까지 간과하곤 한다. 그 결과 중요한 질문들을 놓치고 만다. 선진 산업 국가들은 일-가족 균형 상태에 도달했는가, 아니면 근접해가고 있는가? 일-가족 균형을 이루기에 아직 갈 길이 멀다면, 그 이유는 무엇이고 어떤 장애물이 남아 있는가? 유사성의 양상을 벗어난 국가별 차이는 무엇이며, 이러한 차이가 기회의 평등과 일-가족 균형을 지향하는 미래 전망에 관해 의미하는 바는 무엇인가? 거셔니는 평등과 균형을 지향하는 실제 추세를 논증해내고 있지만, 성별로든 국가별로든 간에 무릇 유사성이란 으레 도달하기 어려운 목표를 향해 강력하게 던져지는 수사이다.

거셔니의 논의를 좀 더 자세히 들여다보면 국가 간의 유사성과 차이점이 모두 발견된다. 예를 들어 그는 국가 변수보다는 개인의 고용 지위와 성별이 시간사용 변화를 더 잘 설명해준다고 본다. "그 결과 네덜란드 여성의 일상생활 패턴이 네덜란드 남성보다는 북미 여성과 더 많은 공통점을 보이고, 취업 상태인 노르웨이인의 시간사용 방식은 비취업 상태의 노르웨이인보다는 취업 상태의 헝가리인과 유사하게 나타난다"는 것이다(2000: 159). 그런데 이는 한 국가 내에서 취업 상태인 모든 사람과 비취업 상태인 모든 사람을 일괄적으로 묶어 분석한 결론이다. 뒤에서 다루겠지만, 취업상태인 사람만을 대상으로 한정해 국가별 임금노동시간을 분석하면 상당히 다양한 모습을 볼 수 있게 된다.[4]

---

4 취업 인구와 비취업 인구를 통합해서 분석하면 기본적인 분산량이 산출되는데, 이는 고용 지위 변수로 설명할 수 있다. 거셔니는 변수들이 유의미한지의 여부를 분산이 설명력을 갖는 정도를 통해 판단했는데, 1차적으로 고용 지위, 2차적으로 성별을 이유로 한 분산이 상당히 커서 다른 변수의 효과가 상대적으로 미미해지는 결과를 낳았다. 이는 관점

또한 시간사용이 국가 간에 유사하다는 주장은 동질화된 평균치에 근거를 두고 있다. 그러나 제1장에서 밝힌 바와 같이 평균적인 경험에 초점을 맞출 경우 실제 현실이 왜곡될 수 있으며, 특히 개별 값들의 분포가 양극단에서 쌍봉형 분포를 보일 때는 그 왜곡 정도가 더욱 심해진다. 거셔니의 보고(Gershuny, 2000, <표 7-1>)에 따르면 20개 국가의 평균적인 개인은 하루에 297분, 즉 약 5시간을 임금노동에 사용하는데, 사실 하루에 5시간을 일하는 사람은 거의 없다. 이 경우 '평균적인' 하루란 존재하지 않는데, 주중과 주말, 휴가기간이 모두 이 안에 포함되기 때문이다. 어떤 노동자들은 전형적으로 하루에 8~10시간을 일하지만, 전혀 일하지 않는 사람도 있다. 따라서 평균치를 보는 것은 일과 부모 노릇 사이에서 고심하는 맞벌이 부부나 한부모 여성과 같이 노동시간을 둘러싼 논쟁의 한복판에 서 있는 특정 집단을 정확하게 들여다보기 어렵게 한다. 조기 퇴직이나 광범위한 실업 때문에 '여가'가 늘어난 사람이 있다 하더라도 과잉노동하며 시간에 쫓기는 사람도 존재하기 마련이다. 가뭄 상태인 남서부와 홍수 상태인 북서부를 평균 내어 서부지역의 평균 강수량이 바람직하게 안정되어 있다고 결론짓는 기상학자를 상상해보라. 어느 지역의 주민도 이에 수긍하지 않을 것이며, 이러한 결론을 바탕으로 수자원 정책이 추진되기를 바라지 않을 것이다. 마찬가지로 한 국가의 노동 경험을 평균값만 가지고 추정하는 것은 똑같은 실수를 저지를 수 있다. 이는 똑같은 수치의 평균이 나오게 되는 다양한 방식을 무시하고 각각의 국가 맥락에 존재하는 노동자 간의 차이를 간과하는 것이다.[5] 사람

_____

의 문제이기도 하다. 화성에서 보면 지구가 둥글지만 지구 표면에서 보면 높은 산과 깊은 계곡이 뚜렷해지는 식으로 말이다. 거셔니는 멀리 떨어져서 후기 산업 국가들 사이에 일치하는 점을 본 것이지만, 좀 더 가까이에서 들여다보면 국가별 차이가 분명해진다.

5 거셔니의 분석도 이러한 모순을 드러내고 있다. 시간사용에 국가 간 유사성이 존재한다는 그의 주장은 시간사용에서 나타나는 개인 간의 다양성을 국가별 더미변수가 설명해

들이 임금노동, 무임금노동, 여가를 조정하는 과정에서 보여주는 다양한 모습들에 주목해야만 국가 평균치에 감추어진 차이를 드러낼 수 있을 것이다.

남성과 여성 간에 표면상 나타나는 유사성은 국가 평균값에 감춰진 차이가 얼마나 중요한지 보여주는 단적인 예이다. 거셔니의 연구에서는 남성의 임금노동시간이 뚜렷하게 감소하는 것으로 나타나는데, 몇몇 국가에서 보이는 이러한 경향은 조기 퇴직과 휴가일수가 증가했기 때문이기도 하겠지만 어떤 국가의 경우에는 주당 노동시간의 변화를 반영하는 것이기도 하다. 학력에 따라서도 차이가 나는데, 학력이 높은 집단에서는 주당 노동시간이 증가하는 반면 학력이 낮은 집단에서는 감소한다. 남성 집단 내에서 주당 노동시간이 전반적으로 감소하는 경향을 보이더라도 일부 고학력 남성의 주당 노동시간은 증가해왔다는 사실을 거셔니의 연구에서조차 알 수 있다(Gershuny, 2000: 8장 참조).

여성의 임금노동시간이 점점 증가하고 있다는 것은 쉽사리 짐작할 수 있지만, 증가의 정도와 양상이 국가별로 차이를 보인다는 점은 눈여겨보

주지 못한다는 점에서 뒷받침된다(이는 우리가 앞서 지적했듯이 고용 여부를 구분하지 않은 채 취업자와 비취업자를 하나의 집단으로 일괄적으로 다루었기 때문이다). 그런데 거셔니는 『변화의 시기』 6장에서 '주기'(시간) 변수와 경제발전 수준 모두 분산의 상당 부분을 설명해주지 못한다고 주장한다. 만약 국가 변수가 설명력이 지나치게 낮아 무시해도 괜찮다면, 설명력이 낮은 주기와 경제 발전 변수 또한 무시해도 무방한 것 아닌가? 거셔니의 저서에는 유사성을 보여주는 그래프(5장)와 미미한 시간 추세 효과를 보여주는 통계치(6장)가 모두 소개되고 있는데, 이 중 어떤 자료를 더 비중 있게 봐야 하는지는 분명치 않다. 이러한 모순을 해결하려면 설명력과 효과 크기를 구분해야 한다. 시간 추세 효과가 실제로 나타나고 있지만 거셔니가 6장에서 사용한 척도인 '설명력을 갖는 분산 정도'는 국가 간에 존재하는 차이뿐만 아니라 이러한 시간 추세 효과를 저평가하고 있다. 유사성을 보이는 경향이 상당히 클 수 있겠지만 국가들 사이에는 여전히 중요한 차이가 존재한다.

아야 한다. 예를 들어 스웨덴에서는 어머니들의 시간제 노동이 매우 흔하지만, 핀란드에서는 여성의 전일제 노동이 보편적이다.[6] 네덜란드는 여성의 취업률이 여전히 낮은 상태에서 시간제 노동이 여성 노동의 전형으로 남아 있다. 따라서 우리는 여성의 노동시장 참여가 국가마다 다르고, 취업 상태인 여성과 남성 사이에 중요한 차이가 있다는 점을 고려해야 한다.

무임금노동으로 초점을 돌려도 복잡한 양상이 나타나기는 마찬가지이다. 거셔니는 여성의 가사노동시간이 감소한 반면 남성의 가사노동시간은 증가했다는 점을 밝혀냈다. (이는 장기간에 걸친 자료를 보유한 국가에 한해서만 논의될 수 있다.) 그러나 여성과 남성 사이에는 여전히 상당한 격차가 존재하며, 이 격차가 정말로 줄어들기 위해서는 지금껏 어떤 국가도 도달한 적이 없는 혁신적인 변화를 필요로 한다. 남성의 가사노동 참여가 증가하고 있다고는 하지만, 이들이 현재 가사노동에 할애하는 시간은 동네 슈퍼마켓이나 공구상가에 다녀오는 시간까지 포함해 하루 평균 20~30분 정도에 지나지 않는다.

제1장에서 지적했듯이 여성의 가사노동시간이 감소하는 것은 모든 경제 선진국에서 크고 작게 발생하는 다양한 인구통계학적 변화를 반영한다. 결혼 연령의 상승, 출산 연기, 가족원 수 감소로 인해 가사노동이 줄어드는 것이다. 실제로 일하는 부모, 특히 일하는 어머니에게 가중되는 시간 압박과 수많은 어려움들은 여러 산업 국가의 출산율 저하에 영향을 미쳤다고 할 수 있다.[7]

---

6 이러한 차이는 역사적으로 뿌리가 깊다. 여성의 노동 참여를 높이기 위해 스웨덴은 상당수의 시간제 일자리를 포함한 공공 서비스 영역을 대규모로 확대한 반면, 핀란드는 여성의 전일제 고용을 증진시키는 전략을 추구했다(Blossfeld and Hakim, 1997; O'Reilly and Fagan, 1998).

7 사회적으로 성공한 여성들의 경우 출산을 보류하는 경향이 높다. 휼렛(Hewlett, 2002)

획일화된 국가 평균치에만 초점을 맞추면 사회의 핵심 집단에 특히 심각한 문제가 되는 시간 압박을 간과하거나 저평가할 위험이 있다.[8] 거셔니의 비교 국가 관점은 모든 사람이 예전에 비해 바빠졌다는 식으로 지나치게 단순화된 결론을 교정하는 데 중요한 역할을 하지만, 맞벌이 부부, 한부모 여성, 취업 부모, 그리고 더 많은 시간과 에너지를 요구하는 직업에 종사하는 사람들이 처한 시간 압박의 증가 경향을 설명해내기에는 충분하지 않다.

유럽의 사회적·정치적 맥락

지난 수십 년간의 추세를 보면 미국에서는 노동시간이 증가해온 반면 유럽 전역에서는 감소해왔다. 1979~1997년 사이에 미국 노동자의 연평균 노동시간은 증가했지만, 일본 그리고 프랑스, 독일, 영국 등을 포함한 유럽 경제권 내의 모든 국가에서 연평균 노동시간이 줄어들었다.[9] 유

의 연구는 이러한 관점을 뒷받침하는 근거를 제시한다. 그러나 거셔니는 경제 발전에 초점을 두면서 인구통계학적 변화를 거의 고려하지 않은 데다 한부모에 관한 자료를 제시하지 않고 있다. 경제 변화는 후기 산업 사회로의 전환을 설명하는 핵심 요인이지만, 동시에 주요 인구통계학적, 사회적 변화와 얽혀 있기도 하다.

8 거셔니가 응답자를 학력별로 구분해서 제시한 몇 가지 표를 보면(2000: 7장 참조), 많은 국가에서 고학력 남성이 임금노동과 가사노동에 들이는 시간은 모두 증가해온 반면, (이 집단에 속하는 남성과 결혼했으리라 생각되는) 고학력 여성의 임금노동시간은 급격히 증가했음을 알 수 있다. 거셔니의 자료에 계급 차이에 관한 정보가 제한되어 있는 것은 시간사용의 유사성보다는 시간사용에서 계급에 따른 불균등이 증가하고 있음을 지적해 주는 듯하다.

9 스테펜 렌도프(Lehndorff, 1998)는 1979~1997년 OECD 자료를 가지고 연평균 노동시간을 분석해서 이 점을 밝혀냈다. 그는 미국 노동자의 연평균 노동시간이 1,884시간에서

럽의 노동시간은 1990년대보다 1980년대에 더 많이 감소했지만, 주당 노동시간을 줄이기 위해 최근 다시 시작된 노력은 변화의 또 다른 전환점을 예고하고 있다.

노동시간 문제는 지난 수십 년간 많은 유럽 국가들의 주요 정책 의제였다. 노동조합, 정책 입안자, 학자들은 최소 세 가지 관점에서 임금노동시간에 접근했다. 첫째, 개인의 노동시간을 줄이는 것은 실업률을 낮추고 일자리를 나누는 데에 비교적 정당한 도구로 인식되곤 한다. 많은 유럽 국가들은 1970년대 후반부터 지속되는 고실업에 골머리를 앓아왔고, 비록 노동시간 단축이 실업 문제를 해결하기보다는 생산성 향상에 더 많이 기여한다는 점이 여전히 과제이기는 하지만(제4장과 제8장 참조), 어쨌든 노동시간을 줄이려는 움직임은 정치적 논의에서 보편화된 주제이자 핵심이 되어왔다.

두 번째 관심은 미국과 마찬가지로 유럽에서도 여성, 특히 어린 자녀를 둔 어머니들의 노동참여가 꾸준히 증가해왔다는 점이다. 유럽의 가족들도 시간 압박에 시달리고 있으며, 여성과 남성 모두 가정에서의 책임과 일터에서의 시간을 중재하려고 노력하고 있다. 일터에서 요구하는 시간이 노동자의 시민활동 참여와 가족생활의 질에 영향을 미친다는 점에 관심이 쏠리고 있다.

노동시간을 둘러싼 세 번째 관심은 노동시간이 바로 노동시장의 성 불평등과 관련되어 있다는 점이다. 유럽인들 역시 미국인들과 마찬가지로 성 불평등 문제로 고군분투하고 있다. 모든 선진 후기 산업 사회를 통틀어 여성들은 노동시장 참가율, 노동시간, 소득 면에서 성별 격차를 경험하고 있으며, 이러한 차이는 심지어 부부 사이에서도 커져가고 있다

1,966시간으로 증가했다고 보고했는데, 이 증가분은 전일제 노동시간을 기준으로 할 때 연간 약 2주의 기간에 해당한다.

(Gornick, 1999). 돌봄과 가사노동 책임이 여성에게 편중되는 데서 기인한 이러한 불평등은 장기적으로 소득 불평등을 부추길 뿐만 아니라 직업과 직종에서의 성별 분리를 강화하는 결과로 이어지고 있다(Padavic and Reskin, 2002; Gornick and Jacobs, 1998; Blau, Ferber, and Winkler, 1998; Rubery, Smith, and Fagan, 1998). 임금노동시간에서 나타나는 불평등은 아내가 남편의 소득을 이용할 수 없게 되는 경우 가정에서의 권력 불균형과 여성의 경제적 취약성을 심화시킨다(Hobson, 1990; Bianchi, Casper, and Peltola, 1999).

이러한 이유 때문에 유럽국가들 또한 미국 노동자들이 직면한 것과 여러 방면에서 유사한 시간 딜레마와 싸우고 있다. 그렇지만 이에 대응하는 방식은 근본적으로 다르다. 특히 북유럽 국가에서는 노동시간 단축을 실업률 감소, 가족시간 증대, 시장과 가정에서의 성 불평등 감소를 추구하는 효과적인 전략으로 간주하고, 이를 실현하기 위해 지속적이고도 체계화된 노력을 기울여왔다(ILO, 1995; OECD, 1998; 32 Hours, 2000). 노동시간을 줄이려는 시도는 광범위한 접근을 통해 대대적으로 이루어졌는데, 여기에는 산업별, 기업규모별 단체교섭과 다양한 공공 정책이 포함된다.

예컨대 덴마크는 유럽에서 연평균 노동시간이 가장 짧음에도 불구하고 노동시간 단축을 여전히 뜨거운 감자로 다루고 있다. 1998년 6월에 덴마크 정부는 가족의 요구에 맞추려면 노동시간을 재구조화할 필요가 있다고 보면서, 노동시간을 더욱 '가족 친화적'으로 만들기 위해 재계 및 노동계와 대화를 시도하겠다고 발표했다. 연평균 노동시간이 비교적 짧은 스웨덴에서도 노동시간 단축은 공공 정책과 단체교섭 의제의 우선순위를 차지한다. 정책 목표는 일자리 창출이 아니다. 덴마크에서처럼 "노동시간 단축이 노동자의 삶의 질을 향상시키고 성 평등을 증진시키는 주요 방법으로 보인다"는 점에 초점을 두었다(32 Hours, 2000). 핀란드에서는 최근 2대 주요 노조연맹에서 주당 노동시간을 35시간으로 줄일 것을 정부에 건의했다. 이 경우에는 노동시간 단축이 일자리를 늘리기 위한 차원에서 의도된 것이기도 하다(32 Hours, 2000).

주당 노동시간을 줄이려는 적극적인 노력이 성 평등 증진보다 실업 감소에 초점을 둔다고 하더라도 전 유럽 대륙에서 힘을 발휘하고 있는 것은 틀림없다. 프랑스에서는 20인 이상 사업체를 대상으로 주당 35시간 노동이 법제화되기도 했으며, 2002년에는 영세사업체까지 확대된 바 있다. 이와 유사하게 1997년 벨기에에서도 노동계와 학계의 저명인사들이 주당 35시간 노동으로 바꿀 것을 요구했으며, 주요 노동조합과 사회당에서는 주 4일, 32시간 노동을 요구했다. 독일에서는 1930년대 이래로 주당 48시간이 법적 기준이었으나 단체교섭을 통해 평균 노동시간을 줄여왔으며, 서부 지역의 경우 37.5시간까지 줄였다. 이탈리아에서도 2001년에 법을 제정하고 단체교섭을 지원한 덕택에 노동시간을 주당 40시간에서 35시간으로 단축했다. 또한 네덜란드에서는 1980년대 초반까지 오랫동안 지속된 노·사·정 협상을 통해 노동인구 절반의 노동시간을 주당 36시간까지 줄였다(32 Hours, 2000).

미국에서도 노동시간을 줄이라는 요구가 있었지만 유럽에서와 같이 공론화되지 못함으로써 별다른 성과를 얻지 못했다. 일 - 가족 긴장(Gornick and Meyers, 2000), 불충분한 여가(Schor, 1991), 지속적인 성 불평등(Crittenden, 2001), 시민사회 참여 감소(Putnam, 2000; Skocpol, 1999, 2000) 문제에 관심을 가진 많은 이들이 노동시간을 줄이기 위해 한목소리를 냈지만, 실업 문제에 맞서기 위한 노동시간 단축 요구는 유럽에서와 달리 근본적인 지지를 받지 못했다(ILO, 1995). 이와 대조적으로 캐나다에서는 몇몇 노동조합과 국가 기구가 선도하는 가운데 노동시간을 제한하려는 보다 적극적이고 가시화된 운동이 이루어졌다. 미국에서와 마찬가지로 캐나다에서도 노동시간에 대한 관심은 일 - 가족 압력과 여가

시간 제약에 관한 관심을 절충하는 입장을 취하고 있다(32 Hours, 2000).

이와 같이 경제적·사회적 유사성이 있음에도 유럽과 북미 국가 사이에는 노동시간을 '문제'로 인식하고 접근하는 방식에서 상당한 차이가 있다. 따라서 이들 국가를 비교함으로써 미국의 변화 가능성을 상당 부분 파악할 수 있을 것이다.

연간 노동시간의 차이

미국 노동자의 노동시간을 정확하게 측정하지 않으면 국가 간 비교 수치는 과장된다. 국가 비교는 전형적으로 연간 임금노동시간을 기준으로 하는데, 이는 주당 노동시간을 1년간 일한 주만큼 곱하는 방법으로 산출된다. 이상적인 측정치는 아니라고 해도 연간 노동시간은 국가 비교의 출발점으로 이미 광범위하게 활용되고 있다.

<표 6-1>은 주요 국가의 성별 연평균 노동시간을 보여준다. 연간 노동시간을 가지고 비교할 경우 미국 노동자의 노동시간이 독보적이다.[10] A열을 보면 평균적인 미국 노동자는 연간 1,976시간 일하는 것으로 나타난다. 이는 50주 동안 매주 약 40시간씩 일한다는 것을 의미하며, 다른 국가와 비교했을 때 가장 긴 것이다. A열 하단을 보면 평균적인 독일 노동자는 연간 1,556시간 일하는데, 이는 45주에 조금 못 미치는 기간 동안 매주 35시간씩 일한 것과 같다고 할 수 있다. 네덜란드 노동자의 경우는 연간 노동시간이 1,368시간으로 39주 동안 매주 35시간 일한 것과 같다. 최근의 OECD 자료를 보면 미국 노동자의 노동시간은 과잉노동으

---

10 우리는 미국의 상대적 위치를 강조하기 위해 국가들을 내림차순으로 정렬했다. 어떤 척도를 기준으로 삼는가에 따라 국가 순서는 달라질 수 있다.

<표 6-1> 주요 국가의 성별 연평균 노동시간

국가	A 개인별 실제 노동시간 (1999)	B 전일제 노동자 (1993)	C 남성(1994)	D 여성(1994)
미국	1,976			
캐나다	1,777[a]			
핀란드	1,765		1,801.5	1,660.6
영국	1,720	1,952.7	1,973.8	1,469.2
이탈리아	1,648[b]	1,709.7	1,766.1	1,600.8
벨기에	1,635[b]	1,711.2	1,728.5	1,512.1
스웨덴	1,634		1,906.2	1,748.8
프랑스	1,604[b]	1,790.0	1,792.2	1,595.4
독일	1,556	1,738.7	1,728.5	1,512.1
네덜란드	1,368[b]	1,788.4	1,679.4	1,233.4

* 주: 국가 순서는 A열의 노동시간 수치에 따라 배열함.
    a. 1997년 자료
    b. 1998년 자료
자료: A: 「고용전망(Employment Outlook)」(OECD, 2000)
      B: 유럽통계청(Lehndorff, 2000에서 재인용), 1995년
      C, D: ILO 노동시장 핵심지표, 1999년

로 악명 높은 일본인들의 노동시간을 능가한다.

연평균 노동시간의 관점에서 보면 미국 노동자는 보다 여유롭게 일하는 유럽인에 비해 혹사당하고 과잉노동하는 것처럼 보인다. 이런 비교치는 미국인들이 '일중독'이라는 독특한 취향을 갖고 있다는 신념을 당연히 강화시켜준다. ≪뉴욕타임스≫는 2001년 노동절 직전에 발표된 ILO 보고서에 대해 논평하면서 '미국인의 정신세계'와 '미국 문화'가 '과잉노동'을 지향하는 경향을 설명해준다고 지적했다(Greenhouse, 2001).

그러나 자세히 살펴보면 미국인과 유럽인 간의 차이는 이러한 수치가 보여주는 것만큼 크지 않음을 알 수 있다. <표 6-1>의 A열에 제시된 평균치는 모든 노동자를 포함하고 있기 때문에 시간제 노동과 전일제 노

동과 같이 고용형태에 따른 차이를 감추고 있다.[11] 전일제 노동만 포함한 B열을 보면 유럽 국가들의 연간 노동시간이 1,700~1,800시간(45주 동안 매주 약 40시간 노동)으로 나타나 국가 간의 차이가 훨씬 줄어든다. 영국 전일제 노동자의 연간 노동시간이 1,953시간으로 가장 긴 반면, 벨기에와 이탈리아는 겨우 1,700시간 정도로 가장 짧다. 네덜란드는 노동시간이 가장 짧은 국가로 거론되곤 하는데, 이는 시간제 노동이 보편화한 데서 기인하므로 전일제 노동자의 노동시간이 유난히 짧다고 볼 수는 없다. 네덜란드의 전일제 노동자는 프랑스, 독일 등 다른 유럽 국가들과 비슷한 만큼의 연간 노동시간을 보인다. 미국 전일제 노동자의 연간 노동시간이 이 ILO 보고서에 포함되지는 않았는데, 시간제와 전일제를 모두 포함한 평균적인 미국인이 유럽의 전일제 노동자보다 연간 노동시간이 더 길다는 사실은 여전히 설명거리로 남는다.[12]

<표 6-1>의 C열과 D열은 남성과 여성의 연평균 노동시간을 구분해서 보여준다. 유럽 남성은 노동시간 때문에 전반적으로 여가가 부족할 것으로 보이는 반면, 여성의 연평균 노동시간은 국가에 따라 다양한 범위에 걸쳐 있다. 한 예로 영국 남성은 연간 1,974시간, 즉 47주 동안 매주 약 42시간씩 일한다. (≪뉴욕타임스≫는 평균적인 미국인이 유럽인에 비해 일을 499시간 더 한다고 보고한 바 있다.) 네덜란드를 제외한 모든 유럽 국가에서 남성의 연평균 노동시간은 1,700~2,000시간인 반면, 여성의 경우

---

11 예를 들어 네덜란드 노동자 중에서 39주 동안 주당 35시간만 일하는 사람은 거의 없을 것이다. 네덜란드의 연간 노동시간에는 1,800시간을 일하는 전일제 노동자와 1,100시간 또는 1,200시간 일하는 대다수의 여성 시간제 노동자가 모두 포함되어 있다.

12 국가마다 정도는 다르지만 유럽 전역에서 나타나는 노동시간 감소 경향은 시간제 노동 비율의 상승뿐만 아니라 전일제 및 시간제 노동자의 노동시간 감소를 반영한다 (OECD, 1998). 아쉽게도 연간 노동시간 추세에 관한 자료만으로는 장기간에 걸친 변화의 근본 요인들을 분석하는 데 한계가 있다.

는 적게는 네덜란드의 1,233시간에서 많게는 스웨덴의 1,749시간까지 다양하다.[13] 이상의 결과는 국가 전체 평균값이 말해주지 않는 개별노동자 간의 차이뿐만 아니라 국가들 사이의 차이를 파악할 수 있게 해준다.

주당 노동시간

측정 방법이 어떻든 간에 미국 노동자의 연간 노동시간은 단연코 두드러진다. 그 주요 원인 중 하나는 휴가기간이 비교적 짧다는 점이다. 유럽 노동자들은 대체로 미국 노동자에 비해 휴가가 길기 때문에 주당 노동시간이 짧지 않더라도 연간 노동시간은 낮게 나타나게 된다. 그렇다면 휴가기간의 차이를 감안하더라도 미국 노동자가 유럽 노동자에 비해 더 오랜 시간 일하는 경향을 보일까?[14]

이 물음에 답하기 위해 우리는 노동시간 패턴을 분석할 수 있도록 각국의 원시자료를 집적하고 있는 <룩셈부르크 소득연구>의 10개국 자료를 검토했다.[15] 주당 노동시간이 유난히 짧은 스웨덴을 제외하고 대부

---

13 비교 국가 관점으로 접근하는 데는 단일한 산업 부문에 초점을 맞추는 방법도 있다. 이는 여러 산업의 영향력이 섞이는 것을 방지하기 위한 것이다. 단일 부문인 제조업에서의 노동시간을 비교한 자료들에서는 미국 노동자의 노동시간이 가장 긴 것으로 나타났다(ILO, 1995; Tagliabue, 1997).

14 제1장에서 언급했듯이, 미국에서 연간 노동시간이 증가하는 이유는 대부분 주당 노동시간이 증가해서가 아니라 연간 노동한 주간이 증가했기 때문이다. 그리고 이렇게 노동 주간이 증가하는 데는 고용 특성의 변화나 휴가기간 감소보다는 주로 여성의 노동시장 참여가 영향을 미친다.

15 <룩셈부르크 소득연구>는 기본적으로 가구조사에 기초하며, 인구통계학적 범주, 노동 시장, 소득 변수에 관한 개인 및 가구 단위의 세세한 자료를 포함하고 있다. 노동시간 분석에서 <룩셈부르크 소득연구> 자료는 몇 가지 장점을 가지고 있다. 이 연구는

분의 국가에서 남성의 주당 평균 노동시간은 40~44시간이었다(결과는 제시하지 않음). 미국의 경우 국가 전체를 기준으로 한 주당 평균 노동시간은 길게 나타나는 반면, 개별 미국인의 평균적인 주당 노동시간은 그리 두드러지지 않는다. 미국의 결과에서 눈에 띄는 점은 노동시간의 분포 범위가 넓고, 특히 매우 장시간 일한다고 응답한 노동자의 비율이 높다는 것이다. 미국 남성의 4분의 1 이상(26.8%)이 1주일에 50시간 이상을 일터에서 보내는데, 벨기에 남성은 25.8%, 프랑스 남성은 17.0%, 핀란드 남성은 10.6%, 스웨덴 남성은 2.8%가 이 집단에 속한다. 미국은 주당 50시간 이상 일하는 남성 비율이 높은 국가군 중에서도 가장 정점에 있다. 따라서 미국의 맥락에서 볼 때, 이 연구를 관통하고 있는 장시간 노동은 국제 비교에서도 유용한 핵심 요소가 된다. 미국이 다른 국가와 명확하게 구분되는 지점은 주당 평균 노동시간이 길다는 것이 아니라 장시간 노동을 하는 인구의 비율이 높다는 것이다.

벨기에, 독일, 네덜란드, 영국과 같은 몇몇 국가에서는 1990년대 초반 이래 노동시간의 분포가 넓어지고 있다. 좀 더 앞선 시기인 1990년 전후를 대상으로 동일한 분석을 실시했더니 미국의 결과는 훨씬 두드러졌다.

주당 노동시간의 표준은 점점 모호해지고 있다(OECD, 1998; Mutari

원시자료를 제공하기 때문에, 예컨대 OECD(1998), Eurostat(1984), ILO(1995) 등에서 정기적으로 발간하는 총합적 시간 분석 자료로는 파악할 수 없는 분석을 할 수 있다. 게다가 이 연구는 비교 국가 관점에 근거한 다른 원시자료보다 사례 수가 많다(De Tombeur, 1995). 우리가 수집한 사례는 자영업자와 임금노동자에 해당하는 비농업인구로, 이들은 조사대상 기간 중 1시간 이상 일했다고 응답할 경우 "취업 중"으로 부호화된다. 우리는 최적 연령대의 노동자에게 초점을 맞춤으로써 비교가능성을 최대화하기 위해 연령 범위를 25~59세로 엄격하게 제한했다. 25세 미만의 경우 국가 간의 교육기간 차이 때문에 나타나는 변이를 피하기 위해 제외했다. 그렇지 않으면 젊은 층 노동자의 노동시간에 영향을 미칠 수 있기 때문이다. 59세 이상의 경우도 국가별로 다양한 조기 퇴직 연령에서 비롯되는 혼동을 피하기 위해 제외했다.

and Figart, 2000). 노동시간 감소에 큰 영향을 미치는 시간제 노동의 확산이 바로 최근의 주된 경향을 말해준다. 노동시간 문제를 다른 축에서 보자면, 유럽의 고용주들은 전일제 노동자에게 더 많은 유연성을 보장하면서 장시간 노동의 비율을 높여왔다. (미국에서 '유연화'란 가족 요구에 대응할 수 있도록 노동 제도를 고안하는 것을 의미하는 반면, 유럽에서 '유연화'란 생산성을 높이고 노동 비용을 낮추기 위해 최장 노동시간 법규와 같은 규제들을 바꾸려는 고용주의 욕구를 의미한다.)

유럽의 경향이 이러한 양상을 보이는데도 장시간 노동자의 남녀 비율은 임금과 노동시간에 대한 규제가 훨씬 적은 미국에서 가장 높다. OECD(1998)에 따르면, 장시간 노동자의 비율은 영국 남성을 제외하고 미국이 제일 앞선다.[16]

더욱 극적인 차이는 여성의 주당 노동시간에서 나타난다. 미국 여성의 주당 노동시간은 평균 37.4시간으로 9개국 중에서 가장 길다. 이에 비해 독일 여성은 34.0시간, 스웨덴 여성은 31.6시간, 영국 여성은 30.4시간으로 보고된다. 네덜란드 여성의 경우 주당 평균 노동시간이 25.5시간으로 가장 짧다. 미국은 주당 50시간 이상 일하는 여성의 비율도 가장 높다. 남성만큼 많지는 않지만 노동시간이 아주 긴 여성 비율이 11%를 차지해 독일(6.8%), 영국(4.2%), 네덜란드(0.2%), 스웨덴(0.4%)을 압도한다.

이러한 비교 분석은 미국이 주당 평균 노동시간보다는 장시간 일하는 노동자의 비율 면에서 유난히 두드러진다는 것을 말해준다. 또한 여성과 남성의 노동시간 분포가 점점 더 광범위해지는 경향이 바로 미국의 주요한 특징이 되었음을 알 수 있다.

---

16 OECD 보고서에서는 장시간 노동하는 남성 비율이 미국보다 영국에서 높다고 밝히고 있는데, 우리의 연구에서는 그 반대로 나타난 바 있다(Jacobs and Gerson, 1998). 이는 범주구분 지점(OECD 보고서에서의 장시간은 45시간인 반면 우리의 분석에서는 50시간임)과 자료 출처가 다르기 때문인 것으로 보인다.

시간제 노동을 보호하는 장치는 미국에 비해 유럽에서 더 잘 마련되어 있는데, 특히 1997년 시간제 노동 차별 철폐 및 시간제 노동자 보호 정책의 도입이 중요한 계기가 되었다(European Union Council Directive, 1997. 유럽의 시간제 노동 보호 정책에 관한 논의는 Gornick and Meyers, 2003을 참고할 것). 미국에서 시간제 노동은 전형적으로 임금이 낮고, 각종 복리후생이 부족하며, 직업 안정성이 낮은 직종에 집중되는 경향이 있다. 미국에서 시간제 노동과 전일제 노동 간의 불균형은 다른 어떤 국가에서보다도 심하다(Gornick and Jacobs, 1996; Bardasi and Gornick, 2002).

부부 합산 노동시간

우리는 미국 노동자들이 직면한 시간 갈등이 가족과 가구의 관점에서 보았을 때 비로소 충분히 이해될 수 있음을 살펴본 바 있다. 국가 비교에서도 이러한 역학을 파악하기 위해 개인이 아닌 가족의 시간 압박으로 논의의 초점을 옮길 필요가 있다. 이에 국가별로 부부의 합산 노동시간을 비교하려 한다.

맞벌이 부부는 국가에 따라 서로 다른 상황에 놓여 있다. 우선 시간제 노동과 유연 근무제 등 근무 형태에서 상당히 차이를 보인다. 게다가 보육시설이나 유급 육아휴직 같은 가족 친화 제도가 국가별로 다르게 제공된다. 또한 성 평등을 둘러싼 역학에 존재하는 차이도 각각의 국가에서 부부가 선택할 수 있는 범위에 영향을 미친다. 남편과 아내의 노동시간 차이는 소득과 경력의 측면에서 성 불평등을 일으키는 원인이 되기 때문에 어떤 국가에서 성 평등을 장려하면서, 혹은 적어도 훼손하지는 않으면서 부부의 시간 압박을 줄여왔는지를 검토해야 한다. 특히 자녀가 있는 부부의 경우에 주의를 기울여야 한다. 부부 간에 임금노동시간을 어떻게 배분하는지 파악하는 것 역시 성 평등을 지지하는 동시에 가정에서의 시간 압박을 완화시키는 사회 정책을 마련하는 데 유용한 출발점을 제공한다.

이러한 문제를 다루기 위해 우리는 주당 노동시간에 다시 초점을 맞추려고 한다. 1주일은 가족생활을 고려하는 데 활용하기에 가장 적절한 시간사용 단위이다. 왜냐하면 자녀를 관리하고 돌봐야 하는 가족의 필요와 가장 밀접하게 연관되기 때문이다. 예를 들어 연간 휴가기간은 일과 돌봄의 부담에서 잠시 벗어나는 데 도움을 주지만, 가족이 일상적으로 경험하는 압력을 완화시키지는 못한다.[17]

또한 주당 노동시간은 국가별 상황을 보다 정확하게 비교하는 데도 유용한데, 연간 노동시간은 몇 가지 이유 때문에 국가별 비교에 활용하기에 무리가 따르기 때문이다. 예컨대 연간 노동시간은 연간 노동주간의 변동에 민감하게 반응하고 그 결과가 다시 노동시장 진출입에 영향을 미치게 되어, 상대적으로 여성의 노동시장 참가율이 낮거나 시간제 노동의 비율이 높은 국가에서는 노동시장에 진입하고 퇴장하는 여성의 수가 많아진다. 이렇게 되면 여성의 연간 노동시간은 상대적으로 낮아지는 경향을 보인다. 실업률이 높거나 증가하는 것 역시 연간 노동시간을 감소시키는 경향이 있는데, 직장을 잃은 사람은 노동시장에서 퇴장하고 직장을 얻은 사람은 노동시장에 진입하기 때문이다.

우리는 주당 평균 노동시간의 차이를 비교하는 것 외에도 부부의 노동

---

17 로빈슨과 갓베이(Robinson and Godbey, 1999)는 휴가기간을 늘리는 게 여가를 증대시키는 가장 좋은 방법이라고 제안하는데, 일상적으로 누릴 수 있는 자유 시간이 조금 추가되어봤자 텔레비전 시청시간만 늘어날 뿐이라고 보았기 때문이다. 그러나 주중에 부모에게 노동 이외의 시간을 더 보장하는 것은 부모와 아동 모두의 압박을 완화시키는 데 틀림없이 도움이 된다. 휴가기간은 중요하지만, 일상에서 반복적으로 맞닥뜨리는 압력을 완화시키지는 못한다.

시간에서 나타나는 다양성을 국가별로 검토할 것이다. 앞서 미국에서 매우 장시간 일해야 하는 노동자와 그렇지 않은 사람 사이에 어떻게 시간 불균등이 발생하는지를 살펴보았다. 그런데 이러한 노동시간 불균등은 어디에서나 나타나는 현상일까, 아니면 미국에서만 독특하게 전개되는 현상일까?

미국 부부의 상황과 다른 국가 부부의 상황을 파악하기 위해 네 가지 측면에서 부부의 노동시간을 분석할 것이다. 첫째, 미국 맞벌이 부부의 임금노동시간을 캐나다 및 유럽의 맞벌이 부부와 비교하기 위해 평균 노동시간과 장시간 노동의 비율을 모두 검토하려 한다. 둘째, 국가별로 노동시간과 학력 간에 어떤 관계가 나타나는지 살펴볼 것이다. 셋째, 국가별 노동시간의 차이를 자녀 유무로 구분해서 검토할 것이다. 마지막으로, 노동시간에서 성 평등한 양상을 보이는 국가들에 관해 분석할 것이다. 우리는 부부의 노동시간 길이와 자녀 유무가 국가에 따라 다른 방식으로 성 평등에 영향을 미치고 있는지 살펴보려 한다. 학력, 가족 상황, 총노동시간과 같은 요인들이 미국 부부의 일－가족 갈등에 영향을 미친다는 점은 제1장과 제2장에서 이미 밝혔기 때문에, 이러한 조건들이 다른 국가의 부부에게도 유사한 방식으로 영향을 미치는지 검토할 필요가 있다.

부부의 노동시간

미국의 남성과 여성 모두 다른 국가에 비해 더 오랜 시간 동안 일하기 때문에 미국 부부들이 일터에서 보내는 총시간도 가장 길 가능성이 높다. 또한 주당 80시간 이상, 심지어 100시간 이상 일하는 부부의 비율도 미국에서 높게 나타나고 있다(<그림 6-1>과 <그림 6-2> 참조).

<그림 6-1>은 부부 중 최소 1명이 취업했거나 맞벌이 상태인 남편

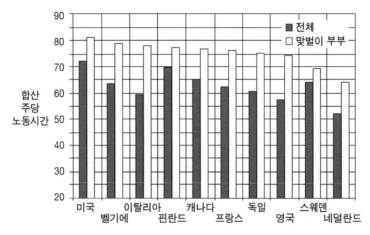

〈그림 6-1〉 국가별 부부 합산 평균 임금노동시간

자료: 「룩셈부르크 소득연구」.

과 아내의 합산 임금노동시간을 보여준다.[18] 분석 결과 10개국 중 미국 부부의 합산 노동시간이 가장 긴 것으로 나타났다. 최소 1명이 취업 상태인 전형적인 미국 부부들은 주당 72.3시간 일하고 있었다.

이렇게 평균치가 높게 나오는 것은 미국에서 맞벌이 부부의 비율이 높고 이들의 노동시간이 상대적으로 길다는 것을 의미한다. 맞벌이 부부 비율을 비교해보면, 미국은 여성의 노동시장 참여를 촉진하기 위해 각별한 노력을 기울이는 두 북유럽 국가(핀란드와 스웨덴)를 바짝 뒤쫓고 있다 (각국 맞벌이 부부의 주당 노동시간에 관한 추가 정보는 부록 <표 7> 참조).

벨기에, 캐나다, 프랑스, 독일, 스웨덴 등 절반 정도의 국가에서 전체 부부의 합산 노동시간은 주당 평균 60~65시간이다. 이들 국가의 부부 중 대다수가 맞벌이라 해도 주당 노동시간은 대개 80시간 이하로 나타

---

18 이 결과는 남편과 아내 둘 다 25~59세인 부부만을 대상으로 한 것이다. 결혼의 정의는 자료마다 다양한데, 6개국에서는 동거가 결혼에 포함된 반면 벨기에, 프랑스, 네덜란드, 미국에서는 포함되지 않았다.

난다. 그러나 부부들이 어떻게 일하고 있는가는 국가에 따라 다르다. 예를 들어 스웨덴에서는 많은 기혼 여성이 상대적으로 짧은 시간 동안 일하는 반면, 벨기에에서는 적은 수의 기혼 여성이 더 오랜 시간 동안 일한다(자세한 사항은 부록 <표 7> 참조).

네덜란드와 영국은 평균 노동시간이 가장 짧다고 보고되는데, 전형적인 영국 부부들은 주당 57.4시간을 일한다. 이는 미국에 비해 주당 14.9시간이나 적은 것이다. 사실상 영국은 기혼여성의 노동시장 참가율이 세 번째로 낮은 국가(54.6%)이며, 맞벌이 부부의 노동시간은 두 번째로 짧다(주당 74.3시간). 그런데 네덜란드의 경우 절반을 넘는 52.3%의 기혼 여성이 임금노동을 하는데도 특이하게 맞벌이 부부의 노동시간 평균이 64.0시간으로 나타나 미국보다 주당 17시간 이상 적다. 요약하자면 이 국가들은 경제발전 정도에서 유사성을 보임에도 불구하고 가족이 처한 시간 압박에서는 확연한 차이를 보인다.

<그림 6-1>의 흰 막대는 맞벌이 부부의 노동시간 분포를 보여준다. 미국 맞벌이 부부의 합산 노동시간 평균이 가장 긴 81.2시간으로 나타난 가운데, 맞벌이 부부가 주당 70시간 이하로 일하는 스웨덴과 네덜란드를 제외한 다른 국가들 대부분은 주당 74~79시간 정도에 걸쳐 있음을 알 수 있다.

<그림 6-2>는 부부 합산 임금노동시간의 비율을 보여준다. 여기서 우리는 미국이 평균 노동시간에서 다른 국가를 앞선다는 것뿐만 아니라 주당 80시간 이상 일하는 부부의 비율(68.2%)과 주당 100시간 이상 일하는 부부의 비율(12.0%)에서도 단연코 독보적이라는 것을 알 수 있다. 장시간 노동하는 부부의 비율에서 보이는 미국과 다른 국가 간의 격차는 주당 노동시간의 평균을 비교한 것보다 훨씬 크다.

핀란드, 스웨덴, 네덜란드는 장시간 노동이 매우 드문 국가이다. 그런데 흥미롭게도 평균적인 핀란드 부부의 경우 전형적인 미국 부부만큼 일

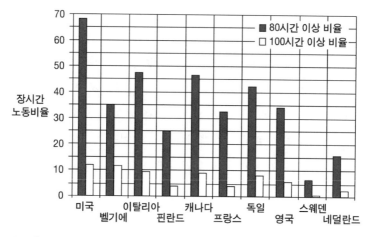

〈그림 6-2〉 국가별 부부의 장시간 노동 비율

자료: 「룩셈부르크 소득연구」.

하는 것으로 나타났다(핀란드 77.4%, 미국 81.2%). 그러나 핀란드 부부의 노동시간 분포는 중앙에 밀집해 있어서 극소수의 부부만이 주당 80시간 이상(25.1%) 또는 100시간 이상(4.0%) 일한다.

<그림 6-1>과 <그림 6-2>를 보면, 개별 노동자와 마찬가지로 미국의 맞벌이 부부는 다른 국가의 부부에 비해 일터에서 보내는 시간이 더 길다. 그 차이는 핀란드와 비교하면 얼마 안 되는 것 같지만, 영국이나 네덜란드 등과 비교해보면 상당히 커진다. 실제로 영국의 맞벌이 부부는 미국 부부에 비해 주당 거의 한 사람의 하루치 노동시간(6.9시간)만큼 적게 일한다. 즉 맞벌이 가족이 처한 노동시간의 부담은 국가에 따라 다르다는 것과, 가장 시간 압박에 가장 시달리는 이들은 바로 미국 부부임을 알 수 있다.

학력과 노동시간의 관계

앞서 보았듯이 미국에서는 학력이 높은 노동자가 그렇지 않은 노동자에 비해 주당 노동시간이 더 긴 경향이 있다. 그렇다면 이런 유형은 다른 국가의 맥락에서도 똑같이 발견될까? 노동공급에 관한 경제이론에서는 고학력 노동자의 경우 잠재소득이 높기 때문에 모든 사회에서 더 오랜 시간 일하게 된다고 제시한다. 하지만 미국은 임금 불평등이 비교적 심하기 때문에 학력의 효과가 다른 국가에 비해 클 수 있다(Freeman and Bell, 1995).

반면 제도사회학적 접근에서는 학력과 노동시간의 관계가 고용선택에 영향을 미치는 법적 조치와 같은 국가별 제도적 장치에 따라 다를 것이라고 본다(Mutari and Figart, 2000). 이 관점에서 보자면, 장시간 일하도록 하는 유인책뿐 아니라 장시간 노동할 수 있는 기회 역시 어떤 국가에서는 학력이 높은 사람을 유리하게 하고 다른 국가에서는 학력이 낮은 사람을 유리하게 하는 식으로 제각각 다르게 작용할 수 있다. 그렇기 때문에 미국에서 보이는 학력의 영향이 다른 국가에서도 동일하게 나타날지는 분명하지 않다.

교육제도의 구조와 편제가 국가에 따라 다르기 때문에 국가별 학력수준을 비교하는 것은 쉽지 않다. <그림 6-3>은 어느 한쪽 배우자가 최소한 대학교 졸업의 학력인 부부와 두 사람 모두 대학교 졸업 미만인 부부의 노동시간을 비교해서 보여준다.[19] 국가 순서는 노동시간의 평균값

---

19 대학 졸업 또는 그 이상의 학력은 다음과 같이 코드화했다. 벨기에: 대학이 아닌 고등교육기관(4년), 대학 / 캐나다: 대학 학위 / 핀란드: 교육기간 16년, 대학원 / 프랑스: 대학 학위 이상 / 독일: 공업전문대학, 대학, 외국인대학 / 이탈리아: 학사학위, 대학원 / 네덜란드: 제3차 교육(대학 및 직업 교육 과정) 이하, 대학원(또는 올드 마스터), 박사후과정 / 스웨덴: 대학, 연구 경력 / 미국: 학사학위, 석사학위, 박사학위. 영국의 자료는 활용할

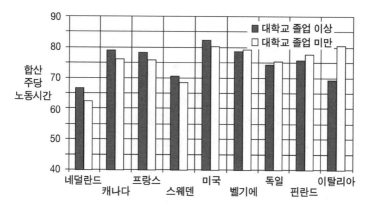

〈그림 6-3〉학력별·국가별 맞벌이 부부 합산 평균 임금노동시간

자료: 「룩셈부르크 소득연구」.

에서 학력에 따라 발생하는 차이의 크기에 따라 배치했다.

　미국에서는 학력이 주당 노동시간과 양(+)의 관계를 갖는다. 즉 학력이 높은 부부(82.4시간)일수록 학력이 낮은 부부(80.3시간)에 비해 장시간 노동을 하는 경향이 있다. 이러한 차이는 극단으로 가면 더욱 분명해지는데, 주당 100시간 이상 일하는 맞벌이 부부의 비율은 학력이 낮은 노동자(9.6%)에 비해 학력이 높은 노동자(15.2%) 집단에서 훨씬 높게 나타난다.

　대학교 졸업 이상의 학력인 부부가 가장 오랜 시간 일할 가능성이 미국에서 높게 나타나기는 하지만, 비율로 보면 학력 차이는 네덜란드, 캐나다, 프랑스, 스웨덴 등의 4개국에서 더 크다. 하지만 미국과 달리 이 국가들은 노동인구 내의 임금 불균등 정도가 작기 때문에 학력별 노동시간

　수 있는 학력 척도를 포함하고 있지 않았다. 남편과 아내 둘 다 대졸인 부부로 제한했을 때도 그 결과는 여기 제시한 것과 사실상 유사했다. '어느 한쪽 배우자'라는 규정은 벨기에처럼 자료의 크기가 워낙 작고 이탈리아처럼 상대적으로 대학 졸업자가 적은 경우를 보완해 표본 크기를 키우기 위해 설정한 것이다.

의 차이가 소득수준에 따른 심각한 불평등을 낳는다고 말할 수 없다.

또 다른 국가들에서는 학력과 노동시간 사이의 관계가 다르게 나타난다. 이탈리아와 핀란드에서는 학력이 높은 부부일수록 학력이 낮은 부부에 비해 주당 노동시간이 실제로 더 짧다. 그리고 그림에 제시하지는 않았지만 학력이 높은 집단의 남편과 아내 둘 다 주당 노동시간이 더 짧은 것으로 나타난다. 독일과 벨기에에서는 주당 평균 노동시간이 학력에 따라 다르지 않다. 하지만 학력이 높은 부부가 주당 노동시간이 가장 긴 집단에서 가장 높은 비율을 차지하는 경향이 있기는 하다.

학력이 높은 부부의 노동시간이 긴 이유를 그들이 더 많은 경제적 보상을 얻으려 하기 때문으로 돌릴 수도 있지만, 이는 일부만을 설명해줄 뿐이다. 다른 국가와 비교해 미국의 노동시간 막대가 유달리 높다는 것은 직장에 또 다른 힘이 작동하고 있음을 암시한다. 사람들이 왜 그렇게 오랜 시간 일하는지를 온전하게 이해하기 위해서는 비경제적인 유인책과 국가별 제도 현황도 고려해야 한다.

성별 노동시간 격차

노동시간 유형은 가족생활의 질뿐만 아니라 성 평등에도 영향을 미치는 중요한 문제이다. 노동시간이 아주 길다는 것은 가족 친화적이지 않음을 의미하는 게 분명하며, 가족 내에서 시간을 평등하게 배분하려는 기회도 차단하기 쉽다. 정말 그렇게 되면 부부의 노동시간과 성 평등의 관계는 역U자형 곡선을 이루게 될 가능성이 높다. 상대적으로 총노동시간이 짧은 맞벌이 부부의 경우 아내의 노동시간은 남편에 비해 적을 것이다. 주당 100시간 이상 일하는 부부 집단에서는 아내의 노동시간이 차지하는 비중도 상당할 것이다. 하지만 이 부부들의 경우 남편 역시 최장

시간 일하고 있어서 남편이 가사 일을 분담하리라 기대하는 일은 하늘의 별 따기만큼 어렵다. 임금노동에 들이는 총시간이 중간 정도인 부부들은 아내와 남편이 경제적 기여 면에서도 균형을 이루는 경향이 높다.

주당 노동시간이 어느 정도일 때 임금노동 참여에서 성 평등을 촉진할 수 있을까? 물론 노동시간의 평균뿐 아니라 그 배분에도 주목할 필요가 있다. 기혼 남성의 경우 스웨덴을 제외한 모든 국가에서 주당 노동시간은 41시간에서 45시간에 몰려 있다. 스웨덴은 주당 38.1시간이다. 미국 기혼 남성의 주당 노동시간은 주당 44.8시간으로 44.9시간인 벨기에에 이어 두 번째로 길지만, 주당 50시간 이상 일하는 비율에서는 다른 모든 국가들을 현저하게 앞지른다. 주당 50시간 이상 일하는 미국 기혼 남성의 비율(30.3%)은 핀란드(10.4%)보다 3배 가까이 높고, 스웨덴(2.8%)의 10배 이상이나 된다.

미국의 기혼 여성(36.4시간)은 핀란드(37.2시간)에 이어 두 번째로 주당 평균 노동시간이 길다. 반면 영국의 기혼 여성(30.8시간)과 특히 네덜란드 기혼 여성(22.4시간)은 주당 평균 노동시간이 가장 짧다. 그리고 미국(10%)은 벨기에와 이탈리아에 견줄 만큼 주당 50시간 이상 일하는 기혼 여성의 비율이 높은데, 이렇게 긴 노동시간은 스웨덴(0.4%)이나 네덜란드(1.7%) 기혼 여성에게는 거의 없는 일이다.

그렇다면 노동시간의 성 균형은 국가에 따라 어떤 차이를 보일까? <표 6-2>는 남편의 주당 평균 노동시간에 견주어 아내의 노동시간을 비율로 산출한 결과를 국가별로 보여준다. 미국에서 노동시간의 성 평등 정도는 부모 역할의 책임이 없는 부부에게서 절대치와 상대치 모두 높게 나타나며(.86), 스웨덴과 2위 자리를 다툰다. 그런데 18세 이하의 자녀가 있는 부부를 보면 미국 여성의 상황이 꽤 나빠진다. 남편의 노동시간에 견준 아내의 노동시간 비율은 .78로 떨어지는데, 이는 스웨덴(.79), 이탈리아(.80), 프랑스(.81), 그리고 특히 핀란드(.92)보다 뒤처지는 것이다(표에 제시하지 않음).

<표 6-2> 부부 합산 노동시간별 남편 임금노동시간 대비
아내 임금노동시간 비율(25~59세 맞벌이 부부)

국가	부부 합산 노동시간				
	전체	60시간 미만	60~79시간	80~99시간	100시간 이상
핀란드	.93	.54	.96	.91	.83
스웨덴	.82	.58	.87	.83	.65
프랑스	.82	.50	.86	.83	.86
이탈리아	.81	.64	.79	.83	.92
미국	.81	.37	.67	.91	.84
캐나다	.79	.43	.78	.87	.85
벨기에	.76	.53	.81	.82	.83
독일	.71	.41	.67	.87	.77
영국	.68	.39	.70	.79	.72
네덜란드	.53	.36	.60	.73	.58

* 주: 국가 순서는 첫 번째 열의 비율 순에 따라 배열함.

자료: 「룩셈부르크 소득연구」.

성 평등과 가족의 노동시간 사이에는 어떤 연관이 있을까? <표 6-2>를 보면 10개국 중 7개국에서 노동시간이 중간 정도인 부부가 임금노동시간에서도 가장 평등한 성 균형을 이루고 있음을 알 수 있다. 하지만 나머지 3개국에서는 총노동시간이 가장 긴 가족에서 남편과 아내의 기여가 가장 평등하게 나타났다.

미국에서는 주당 80~99시간 일하는 부부에게서 성 균형이 가장 잘 이루어지는 것으로 나타난다. 부부 합산 노동시간이 60시간 미만인 경우 아내의 노동시간은 남편의 절반에도 못 미친다(.37). 이 비율은 주당 60~79시간 일하는 부부에서 .67로 증가하고, 80~99시간 일하는 부부에서 최고점에 이르며(.91), 주당 100시간 이상인 경우 다시 떨어진다(.84).

캐나다, 독일, 영국, 네덜란드에서도 이와 비슷한 양상을 보인다. 스웨덴과 핀란드는 주당 60~79시간인 경우에 성 균형이 최고점에 이르기는 하지만, 곡선 양상은 전반적으로 미국과 유사하다. 실제로 주당 60~79시간 일하는 핀란드 부부의 경우 아내가 남편이 임금노동에 들이는 시간의 96%만큼 기여하고 있어 최상의 성 균형을 나타낸다.

그런데 벨기에와 프랑스의 아내와 남편 간 노동시간 균형은 부부 합산 노동시간이 주당 60시간을 넘는 경우에 안정적이고, 이탈리아에서는 총 노동시간이 증가할수록 성 균형도 높아져서 직장에서 가장 오랜 시간을 보내는 부부의 노동시간 균형이 가장 평등한 것으로 나타난다. 부부의 노동시간에서 드러나는 성 평등과 부부 합산 노동시간 사이에는 분명히 관계가 있다. 그리고 대개 가장 평등한 관계는 남편과 아내 모두 임금노동에 적당한 시간을 들이는 중간쯤에서 나타난다. 요컨대 대부분의 국가에서 주당 노동시간이 아주 길거나 아주 짧은 경우보다는 오히려 알맞게 균형을 맞춰 일하는 것이 대다수 노동자의 이상에 가장 적합할 뿐 아니라 성 평등을 촉진시키는 데도 유용하다. 물론 현 상태에서 네덜란드, 영국, 미국, 독일 등 몇몇 국가에서는 핀란드나 스웨덴과 달리 노동시간이 더 긴 경우에 보다 균형적이 되기는 하지만 말이다.

성별과 부모 지위의 연관성

부모라는 지위는 부부의 노동시간에 어떤 영향을 미치는가? 그 영향력의 정도는 다른 국가들보다 미국에서 더 강한가? 그리고 여성과 남성에게 다르게 나타나는가? 부모 노릇이라는 요인이 남성보다는 여성의 노동시장 참여를 훨씬 더 많이 좌우하는 현상은 여러 국가에서 나타난다 (Gornick, 1999). 미국에서도 부모 노릇은 여성에게 한층 막강한 영향을

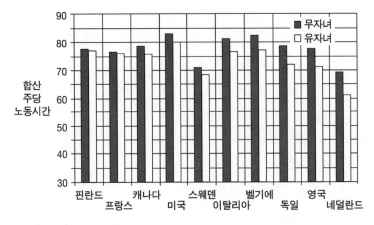

〈그림 6-4〉 자녀유무별, 국가별 맞벌이 부부 합산 평균 임금노동시간

자료: 「룩셈부르크 소득연구」.

미치지만, 미국의 어머니들은 다른 국가에서 부모인 노동자가 일과 가족을 통합할 수 있도록 해주는 유급 부모휴가나 공보육 등의 핵심적인 제도적 지원을 제대로 받지 못하고 있다. 스칸디나비아 국가들은 어머니와 아버지 모두에게 유급의 부모휴가를 제공하며, 프랑스 가족들은 도처에 위치한 보육시설을 마음껏 이용한다(Henneck, 2003).

<그림 6-4>는 자녀 유무에 따른 맞벌이 부부의 노동시간을 국가별로 보여주고 있는데, 이 표를 통해서 자녀 유무가 노동시간에 미치는 영향을 파악할 수 있다. 주당 노동시간의 길이에 따라 순위를 매기자면 미국은 자녀 유무와 관계없이 맞벌이 부부의 주당 평균 노동시간이 가장 길고 최장 노동시간 비율에서도 모든 국가들을 앞선다. 자녀가 없는 부부의 경우 벨기에와 이탈리아의 주당 노동시간은 80시간을 초과해 미국에 근접한다. 하지만 자녀가 있는 경우는 다른 어떤 국가보다 미국의 주당 노동시간이 절대적으로 길다.

자녀 유무가 부부 합산 노동시간에 미치는 영향은 국가별로 상당히 다

르다. 미국에서는 자녀가 있는 부부가 자녀가 없는 부부보다 주당 2.9시간 적게 일한다. 비율로 볼 때 그 차이(-3.5%)는 캐나다(-3.3%)와 스웨덴(-3.7%)의 유형과 비슷하다. 이탈리아, 벨기에, 독일, 영국, 네덜란드 등 5개국에서는 취업 상태인 부모가 직장에서 보내는 시간은 자녀가 없는 부부에 비해 최소5% 적다. 핀란드와 프랑스에서는 자녀 유무에 따른 차이가 거의 없다.

부모 역할의 영향력이 아버지보다는 어머니에게 더 크다는 점도 발견된다. (이 결과는 Jacobs and Gornick, 2002에 더 상세히 제시되어 있다.) 10개국 모두에서 어머니는 자녀가 없는 기혼 여성보다 직장에서 보내는 시간이 적다. 그 차이의 범위는 핀란드와 프랑스의 3.0% 이하에서부터 미국의 8.6%, 독일과 영국, 네덜란드의 20% 이상에까지 넓게 걸쳐 있다. 남편의 경우 그 영향력은 훨씬 적을 뿐 아니라 진행 방향도 일반적으로 다르다. 벨기에, 프랑스, 이탈리아를 제외하고 대부분 국가의 아버지들은 자녀가 없는 남성들보다 직장에서 더 오랜 시간을 보낸다. (물론 그 수치는 기껏해야 독일이 1.8%로 최대인 정도이다.) 어디에서든 자녀가 생기는 것의 영향은 아버지보다 어머니가 더 많이 받는다.

요컨대 부모 역할이 미치는 영향력은 여러 국가에서 나타나며, 주로 어머니에게 해당한다. 그런데 부모가 됨으로써 여성이 직장에서 내몰리게 되는 정도는 국가별로 현저하게 다르다. 미국 아내들의 경우 부모가 됨으로써 받는 영향력은 공보육이 보편화되어 있는 핀란드나 프랑스의 아내들보다 실질적으로 더 크다. 하지만 영국과 3개 유럽 대륙 국가(벨기에, 독일, 네덜란드)보다는 더 작다. 이러한 차이는 국가별 상황, 특히 공공 정책과 노동 제도의 구조가 부모 역할과 임금노동을 조화시키려는 여성의 역량을 촉진시킬 수도 있고 방해할 수도 있음을 시사한다.

정책과 제도가 노동시간에 미치는 영향

비교 국가 관점에서 볼 때 미국의 맞벌이 부부는 주당 노동시간이 가장 긴 것으로 나타난다. 미국의 남편들은 주당 평균 노동시간이 두 번째로 높고(44.8시간), 심지어 주당 50시간 이상 일하는 비율이 가장 높다(30.3%)는 점에서도 두드러진다. 아내들 역시 상대적으로 주당 평균 노동시간이 길고(36.4시간), 50시간 이상 일하는 경우도 많다(10.2%). 그리고 자녀가 없는 맞벌이 부부는 임금노동시간에서 비교적 균형을 이루지만, 이러한 성 균형이 유자녀 부부에서는 상당히 줄어든다.

이러한 차이는 무엇을 의미하는 것일까? 유독 미국 부부에게서 나타나는 특유의 상황은 무엇을 말해주는가? 이 연구는 노동 제도와 공공 정책의 국가별 차이가 미국의 독특한 유형을 설명하는 데 유용하다는 점을 보이려고 한다. 예를 들어 유럽 국가의 노동시간이 미국에 비해 일관되게 낮은 것은 이 국가들이 단체협약과 법을 통해 노동시간을 규제하고 상한선을 설정해온 맥락을 반영한다. 시간제 노동 수요 역시 국가별로 다르게 나타난다. 그리고 맞벌이 부모가 이용할 수 있는 공보육과 같은 지원이 국가별로 다양한 양태를 보이기는 하는데, 미국보다는 유럽 국가에서 전반적으로 보편화되어 있다는 점 또한 의미심장하다. 이러한 각각의 제도적 장치는 아내와 남편 사이에 노동시간이 배분되는 방식뿐만 아니라 부부의 총노동시간을 좌우할 가능성이 높다.

노동시간 규제

미국이 예외적이긴 하지만 대부분의 산업 국가에서는 노동인구 다수에 적용되는 최대 노동시간과 그 표준 노동시간을 규정하고 있다. 대다수 유럽 국가에서는 단체교섭을 통해 표준 노동시간을 정해왔다. 질 루버리(Jill Rubery), 마크 스미스(Mark Smith), 콜레트 파간(Colette Fagan)은 "국가의 (집단적이고 명문화된) 규제 시스템이 일상적인 노동시간에 막대한 영향을 미치는 것으로 보인다"고 주장한 바 있다(Rubery, Smith, and Fagan, 1998: 75). 그리고 통상적인 주당 노동시간, 주당 초과근무시간, 그리고/또는 주당 총노동시간의 법적 한도를 명문화함으로써 최대 노동시간 역시 규제하고 있다. 실제로 이 장에서 검토한 국가들 중 미국과 영국만이 최대 노동시간을 제한하는 성문법을 마련하고 있지 않다(ILO, 1995; OECD, 1998).[20] 노동시간을 이렇게 직접적으로 통제하는 것은 모든 노동자에게 영향을 미치는데, 특히 최대한 오래 일할 가능성이 높으면서 자녀를 돌보기 위해 시간제로 일하거나 직장을 그만둘 가능성은 낮은 남성들에게 상당히 중요하다. 이 연구에서 살펴본 다수의 국가에서는 대부분의 산업에 적용되는 단체교섭을 통해 주당 노동시간의 표준을 34시간에서 40시간 사이로 정하고 있다. 그러나 미국의 경우는 공공부문 노동자의 37.5%가 노동조합원으로 조직되어 있지만 민간부문에서는 단지 9.0%만이 조직화되어 있다(U.S. Bureau of Labor Statistics, 2001). 미국에서 노동시간 규제는 「공정노동기준법」에 의거해서 이루어지는데, 1938년 제정된 이 법은 주당 40시간을 국가 표준으로 명시하고 있다. (이 법의 한계에 관해서는 제8장에서 자세히 논하겠다.)

지금까지 살펴본 바와 같이 최근 몇 년 동안 대부분의 유럽 국가에서 남성의 주당 평균 노동시간은 40시간에서 45시간의 범위 내에 분포한다. 요컨대 유럽 국가의 정책은 노동시간 평균을 낮추는 것보다 장시간

----

20 우리는 노동시간을 규제하는 정부 정책의 적용을 받지 않지만 이 연구에 포함되어 있는 자영업자들이 근로소득을 받는 피고용인보다 실질적으로 더 장시간 일할 가능성을 고려했다(Rubery, Smith, and Fagan, 1998). 임금근로자만을 대상으로 실시한 분석을 반복해보면 주당 노동시간이 50시간 이상인 노동자의 비율은 대부분의 국가에서 여전히 다소 낮게 유지되는데, 미국의 비율만 아주 약간 변한다.

노동이 널리 확산되는 것을 막는 데 주효하다. 프랑스처럼 주 35시간 방침을 채택하게 되면 네덜란드를 제외한 모든 국가에서 남성의 주당 평균 노동시간이 상당히 줄어들 것이다. 또한 유럽 국가들은 휴가를 연장하는 정책에서도 성과를 거두었다. 그런데 '유연화'를 촉진하려는 움직임이 유럽의 노동시간 규제가 갖는 영향력을 잠식하고 있다.

시간제 노동

전일제 노동에 적용되는 정부와 노동조합의 규제가 주당 노동시간의 길이를 제한하는 경향이 있는 반면, 제도적 요인과 노동공급 측 요인은 시간제 노동의 범위에 영향을 미친다. 많은 문헌들은 시간제 노동의 비율이 산업 국가별로 현저하게 다르지만 어느 국가에서든 시간제 일자리가 압도적으로 여성의 몫임을 보여준다(OECD, 1994, 1999; Rubery, Smith, and Fagan, 1998; Gornick, 1999).

이론적으로 볼 때 여성이 시간제 노동을 선호하는 정도는 '자발적인' 시간제 노동 비율을 분석하면 규명할 수 있다. 즉 스스로 시간제 일자리를 구했다고 보고하는 시간제 노동자의 비율을 분석하면 그만이다. 그런데 현실에서는 근본적으로 시간제 노동을 '선호'하지 않아도 공급 측면의 실질적인 제한 때문에 시간제 노동을 찾는 경우가 많다. 예컨대 만족스러운 질을 보장하는 보육시설이 부족하다는 이유로 말이다. 여성의 선호를 사실상 거의 밝혀내지 못한 채 측정한 '자발적인 시간제 노동'의 비율이 강력하게 제시됨으로써 이 시간제 노동자들은 '자발적'이라고 간주되고 만다(Bardasi and Gornick, 2002).

시간제 노동을 선택하는 데 영향을 미치는 요인을 수요 측과 공급 측으로 명확하게 구분하는 것은 쉽지 않은 작업이다(Hakim, 1997; Fagan and O'Reilly, 1998; Bardasi and Gornick, 2003). 그럼에도 "노동력 수요 측

제약이 시간제 노동의 수준을 결정하는 최우선 요인"이라는 틴다라 아다보(Tindara Addabbo)의 견해는 일리가 있다(Addabbo, 1997: 129). 시간제 노동 수요는 사회보험 규정과 세금 구조, 그리고 시간제 일자리 조성에 보상 또는 불이익을 주는 보조금 제도, 노동조합의 선호와 권력 등과 같은 제도적 요인의 영향을 받는다.

취업 상태인 많은 아내들, 특히 어린 자녀를 둔 어머니들은 일과 가족의 균형을 맞추려는 방편으로 시간제 일자리를 구한다. 이탈리아와 핀란드, 그리고 일부 미국에서도 이런 여성들의 상당수는 적당한 시간제 일을 구하지 못해 전일제 노동을 할지도 모른다. 이들 국가에서 전일제 고용 비율이 높은 것은 맞벌이 부부의 주당 노동시간을 늘리는 데 일조한다. 반면 영국, 스웨덴, 특히 네덜란드에서는 어린 자녀가 있는 기혼 여성들이 훨씬 더 많은 시간제 노동 수요에 접하게 되고, 그래서 시간제 일자리를 더 쉽게 구할 수 있다. 물론 이는 이들 국가에서 아내와 부부의 주당 평균 노동시간을 줄이는 데 기여한다.

그런데 시간제 노동이 널리 보급되면 전일제로 일하고 싶은 여성들의 포부가 꺾이게 된다. 시간제 여성 노동자의 비율이 높은 국가에서 많은 여성들은 사실상 시간제 노동을 하도록 강제되는 것이다. 브렌든 버첼(Brendan Burchell), 안젤라 데일(Angela Dale), 헤더 조쉬(Heather Joshi)는 영국에서 1960년대에 노동력 부족에 대응하는 방편으로 시간제 노동을 장려하고 그 일자리를 기혼 여성들로 채우도록 하는 정책을 공식적으로 추진했던 점에 주목한다. 이들은 "그런 식의 구분이 오늘날까지도 여전히 지속되고 있다"고 결론짓는다(Burchell, Dale, and Joshi, 1997: 211). 전일제 일자리에 비해 시간제 일자리의 수적 우세가 몇몇 국가에서 훨씬 뚜렷하게 나타나기 때문에, 전일제로 일할 기회에 접근하기 어려운 이들 국가의 아내들은 원치 않더라도 시간제 노동에 묶이기 쉽다. 아내의 노동시간이 자신 또는 그 가족의 필요나 욕구와 관계없이 제한되고 마는 것이다.

요컨대 전일제 일자리를 구하려는 여성의 기회를 제한하는 국가들은 노동시간뿐 아니라 소득 수준과 경력에서도 평등을 이룰 기회 또한 차단하는 제도적 맥락을 만들어낸다. 이 점에서만 보자면 미국 여성이 유럽 국가의 여성에 비해 상황이 낫다고 할 수도 있다.

보육 지원

시간제 일자리의 수적 우세가 제도의 성 평등성을 제한하는 반면, 공보육과 공교육은 여성의 고용을 지원하고 부부의 노동시간 배분이 더 평등하게 이루어지도록 장려할 가능성이 높다. <표 6-3>은 바로 이러한 점을 보여준다. 여기에서 국가 순서는 기혼아버지의 노동시간 대비 기혼어머니의 노동시간 비율에 따른 것이고, 학령 전 아동이 이용할 수 있는 보육 서비스 현황이 비교되어 있다. 미국은 전반적으로 공적 지원 수준과 보육시간 측면 모두에서 대다수 유럽 국가들보다 뒤처져 있다. 그런데 이보다 눈여겨봐야 할 것은, 노동시간 배분에서 보다 성 균형을 이룬 것으로 보이는 핀란드, 프랑스, 이탈리아, 스웨덴 모두 유아기 아동의 보육을 지원하기 위해 공적 재원을 많이 들이고 있다는 점이다.

미국에는 3세 미만의 자녀를 맡길 수 있는 공보육 서비스가 제한되어 있어 전체 영유아의 단 5%만이 혜택을 받는 데 그친다. 미취학 아동 (3~5세)의 경우는 이보다 훨씬 많은 54%가 공보육을 이용할 수 있는데, 대부분 반일제로만 제공된다. 미국에서 공보육을 지원하는 수준이 낮은 것은 노동시간 배분이 성 평등하게 이루어지는 데 방해가 된다. 돌봄 노동의 상당 부분을 여전히 여성들이 수행하고 있기 때문에 보육 지원이 부족할 경우 남편과 아내의 시간 사이에 균열이 일어나는 것이다.[21]

〈표 6-3〉 유아기 교육과 보육 이용가능성(ECEC), 1990년대 중반

국가(아버지 노동시간에 대한 어머니 노동시간의 비율)		공보육 이용 아동 비율		3~5세 아동 보육의 기본 시간
		0~2세	3~5세	
핀란드	(.92)	21%	53%	전일
프랑스	(.81)	23%	99%	전일
이탈리아	(.80)	6%	91%	전일
스웨덴	(.79)	33%	72%	전일
미국	(.78)	5%	54%	반일
캐나다	(.76)	5%	53%	반일
벨기에	(.73)	30%	95%	전일
독일	(.63)	2%	78%	반일
영국	(.60)	5%	60%	혼합
네덜란드	(.46)	8%	71%	혼합

* 주: 국가 순서는 노동시간 성 평등 지표의 하나인 아버지의 임금노동시간 대비 어머니의 임금노동시간 비율 순서에 따른 것이다.

자료: 메이어와 고닉(Meyers and Gornick, 2003).

외국 사례를 통한 교훈

비교 국가 관점은 미국 노동자의 상황을 보다 풍부하게 이해할 수 있게 해주며, 성 평등뿐 아니라 일 - 가족 통합의 실현 가능성에 대해서도 교훈을 제공한다. 그런데 이들 국가의 예를 보더라도 두 마리 토끼를 잡

------

21 그런데 보육 제도의 영향에서 시간제 노동 수요 수준의 영향을 가려내는 것은 공분산이 높아서 쉽지 않다는 점에 주의해야 한다. 일례로 이탈리아에서는 취업 상태인 아내의 주당 노동시간이 긴 편인데, 이는 3세 아동부터 거의 보편적으로 이용할 수 있는 전일 제 보육이 제공되기 때문일 뿐만 아니라 시간제 노동 선택지가 매우 제한되어 있기 때문이기도 하다.

기는 어려운 것 같다. 게다가 이 둘은 갈등 관계에 있는 것으로 여겨지기도 한다.

예를 들어 네덜란드의 경우 부부 합산 노동시간을 줄임으로써 일 - 가족 갈등을 완화시키는 데 앞장서 왔지만, 이는 노동시간 배분에서의 성평등을 대가로 치름으로써 가능했다. 네덜란드 여성은 으레 시간제로 일하며, 다른 어떤 국가의 여성보다도 주당 노동시간이 짧다. 여성에게 시간제 일자리를 장려하는 네덜란드의 가족생활 지원 방안은 결국 네덜란드 아내들의 경제적 의존도를 상당히 증가시킨다. 스웨덴도 그 정도가 약하기는 하지만 유사한 타협을 해왔다. 스웨덴 남성의 주당 노동시간이 상대적으로 짧고 다수의 여성이 시간제 노동을 하는 것은 일 - 가족 갈등을 줄이는 데 주효하다. 하지만 노동시간에서의 성 불균등은 특히 일하는 부모 사이에서 여전히 중요한 문제로 남아 있다. 두 경우 모두 가족 지원이 그 대가로 형평성을 포기하도록 만든 것이다. 이는 여성이 임금노동 세계에 진입할 때조차도 성 불평등을 재창조시키는 기본적인 방식이다.

반면 핀란드는 임금노동시간에서 평등 수준이 가장 높다. 핀란드 기혼 여성의 노동시간은 남편의 93%에 해당하며, 심지어 유자녀 여성들도 남편이 직장에서 보내는 시간의 92%만큼을 직장에서 보낸다. 그런데 전형적인 핀란드 부부는 주당 거의 80시간 가까이 일한다. 요컨대 성평등을 얻은 대가로 맞벌이 가족이 상당한 시간 압박에 시달리게 된다는 것이다.

다른 국가와 비교해볼 때 미국은 부부가 직장에서 보내는 시간이 길다는 점에서도 독보적이고, 노동시간 배분에서 나타나는 불평등이 중간 정도라는 점에서도 눈에 띈다. 노동인구에서 맞벌이 부부의 비율이 높고, 주당 평균 노동시간이 특히 여성의 경우 다른 국가 여성보다 비교적 길게 나타나며, 노동시간이 아주 긴 부부의 비율도 높다. 앞서 제시했듯이 자녀가 없는 맞벌이 부부의 임금노동시간은 평균 수준을 넘는데, 유자녀 노동자 집단에서는 다소 낮아진다.

미국의 성 평등 전망은 복잡하다. 너무 많은 부부들이 최장 노동시간 동안 일하는 현실은 가족시간 자체를 압박할 뿐 아니라 시간 배분에서도 불평등을 만들어낸다. 다른 국가들과 마찬가지로 미국에서도 노동시간의 성별 격차가 주당 100시간 이상 일하는 부부 사이에서 정점에 이른다는 것은 쉽사리 짐작할 수 있다. 노동시간이 지금보다 줄어들면 일과 사적 생활 사이의 갈등이 완화되는 동시에 노동시간에서 남편과 아내의 성 평등도 더욱 촉진될 것이다. 제3장에서 살펴보았듯이 대다수 노동자들은 적정한 주당 노동시간을 문화적 이상으로 공유하고 있다.

노동조건을 규정하는 제도가 미국 노동자의 독특한 양상, 특히 장시간 노동과 중간 수준의 성 평등을 설명하는 데 유용하다는 주장은 여러 가지 근거로 뒷받침된다. 고용주들과 입법가들이 노동시간을 규제하고 통제하는 정책을 도입하기 꺼리는 것은 미국인들이 직장에서 오랜 시간을 보내는 데 틀림없이 일조한다. 시간제 노동보다 전일제 노동 수요가 상대적으로 높다는 점 역시 주당 노동시간을 늘리는 데 기여하며, 특히 취업 상태인 여성에게 더욱 영향을 미친다. 게다가 취업 상태인 부모가 이용할 수 있는 보육 지원이 상대적으로 부족하다는 점은 미국 가족이 직면하는 압력과 갈등을 증폭시킨다.

그런데 이와 같은 제도적 동력은 젠더 구조에 관해서도 모호하게 암시하는 바가 있다. 남성의 긴 주당 노동시간과 보육 지원 부족은 부부가 집과 일터에서 보내는 시간을 평등하게 배분하는 데 심각한 장애로 작용하는 것이다. 하지만 미국 여성들이 시간제로 일하는 비율이 낮다는 점은 시간 압박에 시달리게 하는 측면도 있지만 동시에 노동 참여를 균등하게 하는 측면도 있다.

우리는 다른 국가의 현실을 들여다봄으로써 제도적인 장치와 정책이 중요하지만 하나의 정책으로는 충분하지 않다는 교훈을 얻게 된다. 제도에 뒤따르는 제약과 기회들은 그 제도의 목적이 일 - 가족 균형 그리고 남녀 간의 형평성 실현일 때 유독 서로를 방해하고 있는 것이다. 그런데 이러한 비교 관점은 미국인이 직면해 있는 압박이 현대사회의 노동, 특히 전문직에 필연적인 것도, 부득이한 것도 아님을 분명하게 해준다. 모든 선진 산업 국가와 마찬가지로 미국도 선택의 기로에 직면해 있다. 어떤 정책을 선택하느냐에 따라 노동자들이 처하는 딜레마의 정도와 그 성격이 달라져 버린다.

또한 비교 관점은 시간 압력이 왜 미국 사회에서 공적 논의의 초점이 되었는가를 분명하게 밝혀준다. 최장 시간 일하는 미국인들은 그에 따라 불가피하게 수반되는 압력을 완화시킬 수 있는 정책을 거의 제공받지 못하고 있다. 다른 많은 국가들은 임금노동시간을 제한하는 것에서부터 부모가 직장에 있는 동안 자녀를 돌보는 지원에 이르기까지 다양한 방법으로 이러한 압력을 줄이는 길을 택해왔다. 그 선택이 노동시간을 제한하는 것이든 자녀양육을 지원하는 것이든 간에 궁극적인 목적은 미국 가족이 가정과 일 사이에서 공평하고 만족스럽게 균형을 이루어낼 수 있도록 보장하는 것이어야 한다. 다음 장에서는 미국 노동자들이 남녀 간의 형평성과 가정과 일 사이의 통합 모두를 이루어낼 수 있도록 해주는 지원정책에 관해 살펴보도록 한다.

7 분열된 시간 사이에 다리 놓기

"하루 24시간은 너무 부족해"라는 말은 어떤 반향도 일으키지 못하는 공허한 메아리일 뿐이다. 부모들은 시간이 없고 잠이 부족하다며 하소연한다. 노동자들은 사무실에서 오랜 시간을 보내는 것만이 자기 가치를 입증하고 앞으로의 직업 전망을 보장하는 유일한 길이라는 데 우려를 금치 못한다. 대중매체와 정치인들은 독촉에 시달리며 늘 쫓기는 시민들의 삶에 관심이 높아지고 있다며 판에 박힌 듯 목소리를 높인다. 학자들과 정책연구자들은 시간이 마치 돈처럼 어떻게, 왜, 그리고 얼마나 부족한 사회적 자원으로 여겨졌는지 설명하는 데 초점을 맞추어 광범위한 학제 간 연계 연구를 수행해왔다.[1]

시간 압박에 관한 진단들이 많은 경우 오진이었다는 점을 우리가 밝히긴 했지만, 그렇다고 해서 시간 압박이 점점 증가하고 있다는 우려가 오해라고만은 볼 수 없다. 정책이란 그 기반이 되는 내용 분석을 통해 정당성을 확보할 수 있다. 이에 정책을 제언하기에 앞서 일 – 가족 '문제'를 정의하는 데 활용되어온 다양한 관점과 거기서 도출되는 여러 정책

---

1 이미 수십 년 전 클레어 비커리(Vickery, 1977)는 경제적 자원 측면에서 많은 가족이 빈곤해지는 것과 같은 방식으로, 맞벌이 등 다양한 가구형태가 등장하면서 "시간 빈곤"을 유발할 수 있음을 고려해야 한다고 지적한 바 있다.

적 처방에 대해 고찰할 것이다. 그 맥락 속에 우리의 분석 결과를 위치시키면서 일 - 가족 긴장을 이해하기 위한 다면적 틀을 제공하려 한다. 그 틀이란 널리 알려져 있는 논의를 일부 포함하는 동시에 넘어서는 차원이 될 것이다. 이를 통해 우리의 분석에서 도출되는 일련의 정책 원칙을 제시하고, 일 - 가족 정책이 추구해야 할 목표를 강조하려고 한다. 그리고 이 책의 마지막 장에서는 미국 가족이 직장의 요구와 가족의 요구 사이에서 보다 나은 조화를 이루는 데 유용한 정책을 제안할 것이다. 우리는 전문직 부부에서부터 가난한 노동계급 부부, 한부모 가구에 이르기까지 각기 다른 상황에 놓인 사람들이 직면하는 도전의 다양성에 촉각을 세울 것이다.

다양한 진단, 다양한 처방

미국인이 경험하는 시간 압박의 원인과 해결 방안을 설명하기 위해 취하는 접근 방식은 다양하며 때로는 상충한다. 그 한쪽 극단에서는 시간 사용을 통제하는 개인의 능력이 강조된다. 이러한 '개인주의적', '자기 수양적(self-help)' 접근은 사람들에게 시간을 효율적으로 관리해야 한다고 충고하지만, 일상생활의 기본 조건을 변화시킬 전략은 제공하지 못한다. 또 다른 극단에서는 기술의 총체적 지배력을 강조한다. 자기 수양적 관점과는 반대로, '기술적 통제' 관점은 근본적으로 우리가 통제할 수 없는 조건에 순응해야 한다고 주장한다. 이 두 가지 접근 방식은 명백하게 다르지만, 둘 다 집단적 대응이 아닌 개인적 적응이 시간 압박에 대처하는 가장 현실적인 방법임을 함의하고 있다는 점에서는 같다.

이와 달리 문화적 접근은 가치를 중요시한다. 특히 소비주의, 물질만능주의, 과잉노동이라는 에토스(ethos)의 역할을 강조하면서 우리에게 가치, 관습 그리고 삶의 목표를 변화시킴으로써 다른 길을 선택하라고 권한다. 마지막으로, 노동문화를 강조하는 접근은 일터의 유인 장치와 규제 장치 모두를 날카롭게 지적한다.

이상의 접근 방식 모두는 진실의 핵을 관통하는 것이지만, 그 각각은 현재 미국인을 에워싸고 있는 시간 불균등의 전체 범위를 설명하기에 너무나 협소하다. 이에 우리는 미국 노동자와 그 가족들이 처한 상황이 그들의 요구, 열망, 시간 제약 차원에서 모두 다양해지고 있음에 주목하려한다. 이를 통해 노동 구조와 공동체 구조에서 무엇이 새롭게 요구되는지를 인식할 수 있는 다면적 접근 방식을 제시할 것이다. 우리는 시간 압박이 순전히 개인적인 문제도, 우리의 통제를 넘어서는 생래적 과정도 아닌, 사회 구조적 질서로부터 야기되는 것임을 주장할 것이다. 이러한 주장을 바탕으로 해 현재의 시간 딜레마를 해결하기 위해서는 근대적 노동이 조직되어온 방식이 근본적으로 변화해야 함을 보이려 한다.

개인적 접근: 자기 수양과 시간 관리

개인의 자기 통제 중요성을 강조하는 사회, 심지어 사회구조적인 문제에서도 개인적 특성을 중시하는 사회에서 개개인이 시간을 보다 효율적으로 사용함으로써 통제력을 발휘할 수 있고 또한 그래야 마땅하다고 보는 관점이 가장 우세한 접근 중 하나라는 점은 어쩌면 당연하다. 자기 수양적 관점은 학문적 차원에서는 거의 다루어지지 않은 반면 대중문화에서는 널리 확산되어왔다. 서점의 진열대나 인터넷 사이트를 잠깐 살펴보기만 해도, 어떻게 하면 시간을 좀 더 효율적으로 사용할 수 있을지 고민하는 독자에게 조언해주는 다양한 책과 정보가 가득함을 알 수 있다. 예를 들어 아마존닷컴(Amazon.com)의 최근 도서목록에는 시간 관리에 관한 도서가 1,164종이나 된다. 앨런 액설로드(Alan Axelrod)의 『시간을 잘 관리하는 201가지 방법(201 Ways to Manage Your Time Better)』, 브라이언 해리스(Brian Harris)의 『바쁜 사람들을 위한 471가지 시간 절약법(471 Time Savers for Busy People)』, 스테파니 컬프(Stephanie Culp)의 『하루에 더 많은 일을 할 수 있게 해주는 611가지 방법(611 Ways to Do More in a Day)』 등은 단적인 사례이다. 이 중에서도 도나 스멀린(Donna Smallin)의 저서가 시간 절약에는 가장 효과적인 것 같다. 『당신의 삶을 정돈하기 위한 간단한 7단계(7 Simple Steps to Unclutter Your Life)』는 말 그대로 간단하게 제시하고 있으니 말이다.

보다 야심찬 목표를 표방하는 책도 있다. 예컨대 로버트 블라이(Robert Bly)의 『매 1초 1초를 가치 있게 만드는 101가지 방법(101 Ways to Make Every Second Count)』은 스트레스를 덜 받으면서도 극도의 효율성을 쟁취할 수 있다고 약속한다. 하이럼 스미스(Hyrum W. Smith)의 『성공적인 시간 관리와 인생 관리를 위한 10가지 자연법칙(10 Natural Laws of Successful Time and Life Management)』은 생산성을 높이면서 동시에 내면의 평화를 찾을 수 있는 방법을 알려준다.

자기 수양을 주제로 한 도서가 이렇게 넘쳐나는 것은 시간을 둘러싼 고민이 문화적으로 중시되고 있다는 뚜렷한 증거이다. 시간 문제가 작가와 출판사에게 시장을 만들어준 건 분명하다. 그러나 이 도서들이 효율성 측면에서도 많은 도움을 주었는지는 분명하지 않다. 사실상 그 책들을 읽는 데 드는 시간의 양, 그리고 그 책들을 읽어야만 한다는 의무감의 정도를 생각해보면 이 지침서들은 자기들이 해결해주겠다고 발 벗고 나선 그 문제를 오히려 키우는 데 일조하는 셈이다.

자기 수양에 관한 책들은 시간 부족 문제가 개인적 차원의 일이라고 전제한다. 그러나 대부분의 사람들이 직면하고 있는 시간 압박은 개인의 비효율성보다 훨씬 더 뿌리 깊은 사회 구조에서 기인한다. 그런데도 시간 관리를 다룬 논의는 넘쳐나는 것과 달리, 일 - 가족 균형을 이룰 수 있도록 다양한 방법을 제공하는 적절한 공공 정책, 합리적인 기업 정책, 효과적인 제도적 지원은 찾아보기 어렵다. 개인적 해법에만 전적으로 초점을 맞추면 집단적 대응을 만들어내는 데 필요한 에너지를 소진시키게 된다. 그뿐 아니라 개인적으로 통제하기 어려운 문제에 자책감을 느끼도록 부추김으로써 사람들이 처한 난국을 한층 부각시킬 위험이 있다.

기술적 통제 접근

다른 한쪽에서는 삶의 속도를 높이려는 열망을 창조하는 데 기여한 기술의 역할을 부각시킨다. 저명한 과학 저술가인 제임스 글릭(James Gleick)은 전보(電報)가 발명된 이래로 이어진 기술 진보의 행렬이 시간을 항상 염두에 두지 않을 수 없게 만들어왔다고 이야기한다. 기차와 자동차로부터 제트기, 개인용 컴퓨터, 인터넷에 이르기까지 기술 혁신은 삶의 속도를 꾸준히 높여왔다. 그는 자신의 저서 『빨리 빨리!(Faster)』(1999)에서, 예전에는 시간 측정이 하루와 계절 단위로 이루어졌다면 이제는 1,000분의 1초, 심지어는 10억분의 1초 단위로 이루어진다고 지적한다. 오늘날 우리는 흘러가는 매 1분 1초까지도 훨씬 더 많이 의식하며 살아간다. 생산적으로 사용되지 않은 모든 순간은 '상실'의 시간이 되어버린다. 기업은 단축번호 전화기, 텔레비전 리모컨, 멀티태스킹 컴퓨터와 같이 생활 곳곳에서 몇 초의 시간이라도 줄여주는 다양한 기기를 생산하는 데 열을 올리고, 소비자들은 이를 구매하면서 행복을 느낀다. 이제 인터넷을 통해서라면 누구나 더욱 빠르게 뉴스를 접하고, 주식을 거래하며, 안부를 주고받고, 비행기 티켓이나 자동차, 대출 상품을 검색할 수 있다. 이렇게 속도를 더해주는 기기는 일터에서 처음 사용되기 시작해 이제는 가정에까지 보급되고 있다. 집에 있든지 직장에 있든지, 또는 그저 길을 걸어가고 있을 때도 우리는 점점 더 "다중작업을 수행한다(multitasking)". 즉 한꺼번에 많은 일을 동시에 처리하면서 스스로를 컴퓨터에 견주는 것이다.

속도 증가라는 맥락에서 보자면, 밀리는 차 안에 앉아 있기, 공항 보안 검색대 앞에서 순서 기다리기, 전화 통화중 신호 듣고 있기, 통화 연결 기다리기 등과 같은 현대 생활의 병목 현상이 점점 더 부조리하고 성가신 일로 여겨진다. 우리는 즉시 부팅되는 컴퓨터와 단 몇 초 만에 많은 양을 출력하는 프린터에 애착을 갖는다. 엘리베이터가 빨리 도착하지 않는 상황, 인터넷 브라우저가 원하는 사이트를 즉각 열어주지 않는 상황을 견딜 수 없어한다. 교통 체증에 묶여 있거나 음식점에 자리가 나기를 기다리는 등 뭔가 즉각 이루어지지 않고 대기해야 하는 시간이 생기면 곧바로 휴대전화를 꺼내 든다. 이처럼 현기증이 날 것 같은 속도의 한복판에서 시간을 의식하는 일상의 연속에 둘러싸인 채, 우리는 역설적이게도 느림을 실천해보겠다며 요가나 명상 같은 치유법을 추구한다.[2]

글릭은 현대 생활의 속도를 우리의 생물학적 능력에 대한 도전이라고 보고, 표면상 시간을 절약하도록 돕는 기술들이 종종 더 많은 시간을 잡아먹는다고 지적한다. 예를 들어 '멀티태스킹'은 몰입할 수 있는 시간을 줄이기 때문에 실제로는 생산성을 낮출 수도 있다는 것이다. 또한 그는 기술 변화가 갖는 영향력이 인간의 통제 범위를 넘어서고 있다고 생각한다. 일터가 어쩔 수 없이 첨단기술의 통제를 받아야 한다면, 우리는 빨라

---

2 글릭(Gleick, 1999)은 익숙한 사실을 완전히 새로운 시각에서 볼 수 있게 해준다. 예컨대 그는 화면 정지 기술을 이용해서 느린 재생으로 사물을 보게 되면 속도 감각을 높이는 데 도움이 된다고 언급한다. 에비아타 제루바벨(Eviatar Zerubavel)은 시간 경험이 여타의 자연 현상과 마찬가지로 사회적·문화적 힘에 의해 얼마나 강력한 영향을 받는지 생생하고도 설득력 있게 보여주고 있다(Zerubavel, 1981, 1997).

지는 삶의 속도에 그저 맞춰야 할 뿐이라는 것이다. 그러나 기술 변화가 갖는 결점과 모순은 새로운 기술에 저항할 수 없다는 데 있지 않다. 오히려 우리가 서툴러서 기술을 적절하게 사용하지 못한다는 점을 부각시킨다는 데 있다. 이 관점은 본질적으로 기술을 저항할 수 없는 보편적 힘으로 보고 있다. 글릭은 다음과 같이 말한다. "기술은 현대 생활의 법칙이 될 것이다. 예전에는 기계가 인간의 삶에 스며들어 진리가 되었다면, 이제는 특히 컴퓨터와 통신 기술이 진리가 되었다. 처음에 우리는 그것을 경멸하고 혐오했지만, 이제는 그것에 의존하고 있다. 그 과정에서 일어난 변화를 우리는 거의 알아차리지 못하고 있다"(2001: 66).

기술이 세상을 변화시키는 주요 요소임은 틀림없다. 기술은 이전의 선택지를 폐기하면서, 새로운 위험을 내포하면서, 새로운 도전을 창조하면서, 어떤 길은 저항할 수 없게 만들면서 가능성을 열어놓는다. 하지만 관점을 달리해서 보자면, 기술이 우리가 살아가는 방식을 반드시 결정하는 것은 아니다. 동일한 기술이 적용되더라도 현대 생활에서의 압력은 국가마다 다양하게 나타난다. 일례로 휴대전화는 미국보다 네덜란드에서 더 일상적으로 사용되고 있다. 하지만 네덜란드에서 휴대전화는 주로 업무 영역에서 사용되기 때문에 사회생활 전반을 지배하지는 않는다. 결과적으로 암스테르담과 뉴욕에서의 삶의 속도는 상당히 다르다.

글릭의 관점에서건 혹은 또 다른 관점에서건 기술적 통제를 다루는 이론들은 여러 사회에서 수많은 시민이 기술을 자신의 삶에 포섭해가며 사용하는 다양한 방식을 설명하지 못한다. 기술 결정주의 입장에서는 기술이 인간의 통제력을 능가하고 대체한다고 가정한다. 기술 혁신이 새로운 선택을 창조한다는 점에는 의심의 여지가 없을 것이다. 하지만 궁극적으로 이러한 기술적 도구에 그 의미와 목적을 부여하고 형태를 규정하는 것은 바로 인간 사회와 사회적 행위자이다. 기술이 변화의 조건을 만들어낼 수는 있지만, 혁신적 기술이 언제, 어떻게, 어떤 조건에서 활용될지를 택하는 것은 개별적 행위자이자 집단적 행위자로서의 인간이다. 우리는 우리가 인식하는 것보다 훨씬 더 많이 이러한 기술 활용을 통제할 수 있는 능력과 책임을 가지고 있다. 설령 우리가 그러한 통제력을 효과적으로 발휘하지 못한다 하더라도 말이다. 통제력을 기계에게 양도한다면, 우리가 살고 싶은 세상을 만들기 위한 집단적·개별적 가능성을 포기하는 것과 같다.

기술적 접근은 현대 생활의 속도를 바꾸고 형성하고 늦추는 인간의 능력을 지나치게 비관적으로 바라보며, '바쁨'의 문화 속에 존재하는 수없이 다양한 양상에 관해 거의 아무런 통찰도 주지 못한다. 예컨대 글릭이 평범한 것으로 여기는 일상의 경험은 상대적으로 부유한 도시 거주자들의 경험을 일반화하여 묘사한 것일 뿐이다. 삶의 속도가 빠른 도시 거주 전문직 종사자의 경험에서부터 이와는 완전히 다른 속도로 살아가는 노동자 및 그 가족의 경험을 한데 묶어 다루는 것은 이런 종류의 접근에서 보여주는 공통적인 문제점이다. 하지만 다른 환경에 놓여 있으면서 자신의 필요나 어려움을 이야기하지 못하는 특정 집단을 위한 해결책을 모색할 필요가 있다.

결국 기술 결정론을 강조하는 관점은 시간 압박과 일 - 가족 긴장을 느슨하게 해줄 새로운 기술을 경시하는 결과를 낳는다. 이러한 역설은 특히 비관적인 시선을 전제하고 있을 때 더욱 극명하게 드러난다. 과거에 대한 향수 어린 상상이 어떤 것이건 간에, 우리가 컴퓨터 없는 세상으로 돌아가고 싶어 하지 않는 것은 식기세척기나 수도, 전기, 전화가 없는 세상에서 살고 싶어 하지 않는 것과 같다. 이 모든 기술 혁신은 생활의 속도를 높이는 데만 기여한 것이 아니라 시간이 많이 걸리고 하기 힘든 일들을 보다 손쉽게 만들어주는 데도 막중한 역할을 했다.[3] 컴퓨터는 회

---

3 어떤 이들은 이제껏 불가능했던 기회가 기술 혁신을 통해 주어지고 있다는 점을 시인하

사 업무를 집에서도 할 수 있게 해주었다. 이제 아픈 아이를 돌보면서 혹은 수도꼭지를 고치러 오는 수리공을 기다리면서 직장 일을 하는 게 가능해진 것이다. 휴대전화는 상사의 감시망을 피하기 어렵게 만든다. 그러나 휴대전화 덕분에 부모는 직장에 앉아서도 자녀가 방과 후에 어디서 무엇을 하고 있는지 알 수 있게 되었다. 이메일 때문에 고용주들은 언제 어디서건 노동자의 가정에 침입할 수 있다. 그러나 이메일은 노동자가 일과 사적 생활을 통합할 수 있는 시기, 장소, 방법 면에서 더 많은 유연성을 발휘할 수 있게 해주기도 했다. 정보통신 기술이 도입됨에 따라 일 – 가족 균형 상태를 보여주는 대차대조표도 긍정적인 평가를 받을 수 있게 된 것이다. 이러한 이익이 궁극적으로 비용을 능가할 것인지 여부는 우리 삶의 방식을 결정하는 기술의 힘을 제한하면서 동시에 새로운 기술이 갖는 해방적 잠재력을 가치 있게 활용하는 집단적 선택에 달려 있다.

저명한 기술역사학자인 코완은 기술 변화에 수반된 예상치 못한 결과를 지적한다. 코완은 노동 절약 기술이 일을 덜 하게 해주기보다는 더 많이 생산하도록 만들기도 한다고 주장한다. 왜냐하면 이 기술이 생산물이나 서비스의 질을 극적으로 향상시키기 때문이다. 일례로 19세기에 무쇠 난로가 최고의 조리기구로 등장하면서 기존의 화덕을 대체하자 식사가 복잡하고 다양해졌다. 난로 덕분에 여러 개의 다른 음식을 동시에 조리하기 쉬워졌기 때문이다. 식단이 풍성해지고 각각의 음식을 만드는 데 들어가는 시간은 줄어들었지만, 요리하는 데 소모된 전체 시간은 줄어들지 않았다. 그런 사례는 지금도 충분히 찾을 수 있다. 복사기는 문서 복

면서도 '시간절약형' 도구들이 시간을 실질적으로 줄여주는 것이 아니라 눈높이만 끌어올릴 뿐이라고 주장한다. 예를 들어 루스 슈워츠 코완(Ruth Schwartz Cowan)의 『과학기술과 가사노동(More Work for Mother)』(1983)을 참고할 것. 그러나 제 1장에서 살펴본 것처럼 코완의 책이 출판된 이래 20년 동안 가사노동시간이 줄어든 것은 사실이다.

제를 간편하게 해주었지만, 복사본의 양을 증가시켰다. 프린터는 타자기보다 빠르고 사용하기 쉽지만, 초안과 교정본을 더 많이 양산하기 일쑤이다. 그렇지만 글릭과 달리 코완은 기술이 사회적 목적을 위해 유용하게 활용될 수 있다고 주장한다.

문화적 접근: 소비주의와 과잉노동 문화

개인주의적 관점이나 기술적 관점과 달리 문화적 접근은 시간사용 및 오용에 영향을 미치는 사회적 가치와 관습의 역할을 강조한다. 이러한 접근을 취하는 논의들은 매우 광범위한데, 주로 '소비주의 문화' 그리고 이에 대응하는 주장인 '과잉노동 문화'에 초점을 맞춘다.

쇼어는 『과소비하는 미국인(The Overspent American)』(1998)에서 사람들의 일상을 재촉하는 힘은 기술보다 문화라고 강조한다. 그녀는 더 비싸지고 더 풍부해진 소비재를 향해 커져 가는 욕망이야말로 노동시간을 늘리게 하는 주범이라고 본다. 그녀는 경쟁적 소비 윤리가 중산층에게 더 큰 집, 더 좋은 차, 더 색다른 휴가를 비롯한 물질적 풍요로움의 상징을 갈망하도록 몰아간다고 주장한다. 이러한 열망은 노동에 영혼을 팔게 만든다. 고액의 청구서와 비대해진 욕망이 더 많은 소득을 필요로 하고, 따라서 더 긴 노동시간을 요구하기 때문이다.

소비주의를 비판하는 주장은 기술에 비판적인 관점보다 훨씬 근본적이다. 물질적 소비가 인간의 기본적 욕구를 만족시킬 수 없기에 결국 좌절과 불만에 사로잡히게 하는 덫일 뿐임을 내포하기 때문이다. 이러한 관점은 반스 패카드(Vance Packard)의 『지위를 좇는 사람들(The Status Seekers)』(1959), 그리고 이보다 훨씬 이전에 출판된 소스타인 베블런(Thorstein Veblen)의 『유한계급론(The Theory of the Leisure Class)』(1994[1899])

등 중산층과 상류층의 고군분투를 다룬 사회비평의 오랜 전통을 이어가고 있다. 베블런의 『유한계급론』에서는 '과시적 소비(conspicuous consumption)' 라는 용어가 처음으로 등장했다. 이러한 사회비평의 역사는 우리가 오랫동안 물질적 획득이라는 목표를 향해 달려왔음을 분명하게 드러내준다. 그것이 좋든 나쁘든 말이다. 소비 욕망은 시기에 따라 강화되기도 하고 약화되기도 했지만, 이러한 기복이 엄청난 시간 압박의 증가와 딱 들어맞는 것은 아니다.[4]

그렇다면 왜 현대 미국인들은 소비에 열광하면서 과도한 노동 스케줄을 쫓아가야만 하는 것일까? 오늘날에는 예전의 이웃이나 동료만큼 흔하게 주위에서 부자들을 접할 수 있게 되었기 때문에 그들을 모방하고픈 충동을 거부하기 어렵게 되었다고 쇼어는 대답한다. 베블런이 언급한 것처럼, 과거에는 대항 규범이 만연해 있었기에 소비 열망을 한풀 꺾는 데 일조했을 것이라는 분석도 가능하다. 베블런에 따르자면 그러한 규범의 하나가 바로 '과시적 여가'인데, 여기에서 경제적 지위는 일하지 않음을 통해 드러난다.[5] 오늘날과 달리 당시에는 명예의 의미에 여가, 그리고 그에 수반되는 품위, 교양이라는 항목이 결합되었으며, 그 결과 생산노동

---

4 예를 들어 쇼어도 개개인의 소비 패턴과 각자의 노동시간 결정을 연관시키지는 못했다. 이는 아마도 부유한 가구들을 제외하고는 집, 자동차, 대학 등록금과 같이 규모가 큰 소비 항목은 대다수 가구의 경제 사정에 부담이 되기 때문일 것이다.

5 베블런에 따르면 점잖은 여가생활이 반드시 일종의 게으름을 의미하지는 않았다. 그는 순전히 실용주의적이지 않은 모든 방식의 교양과 고상함을 비판했다. 여가시간은 가장 눈에 띄는 과시 중 하나였는데, 재산을 물려받은 사람들은 대부분 여가를 누릴 여유가 있었고, 따라서 시간 역시 흥청망청 '소비'할 수 있었기 때문이다. 베블런에게 여가는 이윤을 창출하려는 노력에서 벗어난 것을 의미했지만, 여가의 목적에는 정치, 전쟁, 스포츠, 종교 등의 영역에 시민으로서 참여하는 것이 포함되어 있었다. 따라서 여가라는 생활양식이 가지고 있는 매력은, 베블런이 언급한 것처럼 "그 자체로 그리고 결과적으로 시민권을 가진 남성의 눈에 아름답고 고상한 것"(Veblen, 1994[1899]: 38)이라는 사실에서 파생된다.

은 부정적으로 의미화되었다.[6] 하지만 노동이 도덕적 책무로 격상됨에 따라 이제 이러한 윤리는 거의 남아 있지 않다.

상류층의 생활양식이 미친 문화적 영향력은 "이웃에게 지지 않으려고 허세 부리기"가 물질주의의 비애를 연상시키는 슬로건이 되었던 20세기 중반에 이르기까지 오랜 기간에 걸쳐 조금씩 감소되었다(Cannadine, 1990). 그러나 강제된 여가에 지위가 부착되어 있던 자취는 여전히 남아 있었다. 특히 2차 세계대전 이후 문화적 상징으로 등장한 '가정'주부가 그 흔적이라 할 수 있다. 그 시기 중산층 남성에게는 교외에 안락한 주택을 장만하고 가족을 위해 헌신하는 아내를 거느리는 것이 성공한 남성성의 표상이었다(Kimmel, 1996). 따라서 1950년대에 피고용인으로 일하는 아내는 소수집단 빈곤 가구에서만 찾아볼 수 있었고, 노동계급의 많은 남편들은 아내의 소득에 의존할 수도 있다는 가능성을 거북해했다.

모든 사람에게 포용되기란 불가능한 이러한 문화적 규범 또한 거의 멸종 수준에 이르렀다. 20세기 중반부터 여성들이 노동시장에 진입함에 따라 일련의 직업 장벽에 균열이 일어났고, 과거 남자다운 여가라는 개념만큼 확고했던 여자다운 여가라는 개념은 서서히 사라지기 시작했다. 돌봄 전담자로서 갖는 책임과 생계벌이자로서 "자기 몫을 다해야 한다"는 의무감 사이에 강력한 문화적 모순이 남아있지만, 안정적 전업주부의 시대는 확실히 지나갔다.[7] 남성 생계부양자의 임금 감소, 여성의 직업 기

---

6 따라서 베블런은 "일하지 않는 것은 존경스럽고 가치 있는 행동일 뿐만 아니라 근래 들어 품위 유지의 필수품이 되고 있다"고 언급한 바 있다(Veblen, 1994[1899]: 41). 베블런에 따르면 경마를 하거나 지금은 사용되지 않는 고대 언어를 배우는 식으로 실용적인 의미가 제거되면 제거될수록 그 활동은 더욱 매력적인 것이 된다.

7 취업상태가 아닌 어머니를 평가 절하하는 상징으로서 '복지(welfare)'를 '노동복지(workfare)'로 대체하고, 이를 통해 한부모 여성이 임금노동을 하고자 노력하게 만드는 정부의 결정보다 더 그럴 듯한 것은 없다. "모성의 문화적 모순(cultural contradiction of

회 증대, 여성과 남성 대다수에게 보험과도 같았던 영구적 결혼을 대체하는 선택의 확대 등 상호 얽혀 있는 심오한 사회 변화들은 다가올 수십 년 동안 집 밖의 노동과 강력한 유대를 맺으려고 할 것이다(Bergmann, 1986; Cherlin, 1992; Spain and Bianchi, 1996).

베블런, 패카드, 쇼어의 논의를 비교해보면 문화적 접근이 아무리 흥미진진한 설명을 제공한다고 하더라도 여전히 의문의 여지가 많다는 게 분명해진다. 그 하나는 지위를 나타내는 상징이 역사적으로 변화해왔다는 점이다. 해외여행이나 완벽한 운동 실력이 부러움의 대상인 것은 여전하지만, 여가생활은 20세기를 지나오면서 속도 빠른 생활양식에 그 매력을 빼앗겼다. 임금노동의 세계가 점점 더 많은 사람들에게 사회적 지위를 나타내는 중요한 표식이 되고 있기에 "바빠!"라는 말은 "어떻게 지내?"라는 해묵은 질문에 가장 적절한 대답이 되고 있다. 여가가 갖는 명예에서 바쁨이 갖는 위세로 문화적 가치가 이동했다는 것이 그 자체로 충분한 설명력을 갖는 것은 아니다. 그보다는 사람들이 시간에 가치를 부여하고 시간을 사용하는 방식이 어떻게 변화했는지가 설명되어야 한다.

문화적 접근은 현재 진행 중인 광범위한 사회 변화의 주요 요소를 명쾌하게 진단해내지만 정책적 함의가 불분명하며 설명력이 불완전하다. 핵심적으로 제기되는 문제들이 어떤 우세한 가치로부터 파생한 것이라면, 가치의 변화만이 해결책을 제시할 수 있을 것이다. 하지만 그러한 해결 과정을 시도하기가 어렵고 위험하며 대개는 비효율적이기 마련이다. 사회적 관습에 기꺼이 도전하면서 적게 일하고 적게 벌고 적게 소비하는 생활양식을 통해 진심어린 만족을 찾으려는 사람들도 있지만, 이것이 대

---

motherhood)"에 관한 통찰력 있는 분석을 보기 위해서는 같은 제목의 헤이스(Hays, 1997)를 참고할 것.

다수 사람들에게 매력적이거나 유용한 선택지이기는 어려울 것이다. 그 뿐 아니라 이러한 접근은 간신히 생계를 유지하고 있는 대다수 노동자의 문제에 관해서는 말하지 않거나 말하지 못하게 된다. 국가적인 당면 과제가 어떠한 형태를 취하고 있건 간에 개개인에게 소비주의의 유혹을 뿌리치라고 훈계한다고 해서 오늘날 사회 질서에 각인되어 있는 고질적인 일 – 가족 긴장이 제거되기는 어렵다. 남성뿐만 아니라 여성 역시 가정 밖에서 경제적 자율성을 누려야 할 권리와 의무가 있다. 일을 향한 욕망이 문제의 근원이라고 주장하는 것은 비현실적이며 심지어 불공평하기까지 하다.

우리가 일터에서의 시간과 그 이외의 삶에 할애하는 시간을 통합하는 데 점점 더 어려움을 느끼는 이유는 현대 여성과 남성의 열망 때문이 아니다. 그러한 열망을 추구하는 과정에서 맞닥뜨리는 장벽 때문이다. 일하는 시간을 줄여 가족시간을 더 많이 갖기 원하건 혹은 노동시간을 늘릴 수 있도록 충분한 지원망을 필요로 하건 간에 우리가 처한 딜레마는 정부, 기업, 지역 사회의 지원 없이는 결코 해결될 수 없다. 소비주의 문화와 과잉노동 문화를 개인의 문제로 축소하거나 비난하는 것은 광범위한 일 – 가족 갈등에 관해 국가적인 해결책을 제시하게 못하게 한다. 이에 우리는 가치관의 변화 혹은 개인적 전략을 강조하는 차원을 넘어서야 한다. 일하는 가족이라는 거대한 흐름을 정확히 파악하고, 이들이 가족 생활을 잘 운용할 수 있도록 지원하는 사회를 향해 차근차근 단계를 밟아 나가야 한다. 사람들은 자신이 얼마나 많이 혹은 얼마나 적게 벌고 싶고 소비하고 싶은지 결정할 수 있어야 한다. 이때 그러한 선택은 합리적이면서 정말로 유용한 선택지가 제공되는 맥락에서 이루어져야 함은 물론이다.

일터 중심의 접근

또 하나의 이론적 전통은 일터가 시간 압박을 결정하는 주요인으로 어떻게 작동하는지에 초점을 둔다. 이러한 접근 중 하나는 일에 수반되는 인센티브와 요구 체계가 '기회 구조'를 만들어내는 방식에 주목한다. 여기에서 기회 구조는 노동자가 다양한 경로를 추구하게 되는 동기를 결정할 뿐만 아니라 그 길을 갈 수 있는 방법 혹은 갈 수 없는 방법을 결정한다. 칸터는 자신의 고전적 저서인 『기업의 남성과 여성(Men and Women of the Corporation)』(1977)에서 대규모 노동조직의 세 가지 결정적 측면, 즉 기회, 권력, 수치(數値)가 헌신성에 영향을 미친다고 주장했다. 높은 수준의 기회와 권력을 보장받는 사람은 기회와 권력 면에서 주변화되어 있다고 느끼는 사람에 비해 조직과 끈끈하고 헌신적인 유대를 맺을 가능성이 높다는 것이다.[8] 칸터는 직장에서 지위가 더 높은 사람이 마찬가지로 직장에 투자하는 시간도 더 많을 가능성이 있다고 언급한다. 또한 그녀는 관리자, 기혼여성, 비서를 구분하면서 전통적 노동조직의 성별화된 특성을 지적한다. 많은 기회가 보장되는 직무는 일에 엄청난 양의 시간을 투자하기를 요구할 뿐만 아니라, 배우자의 직업 경력을 지원하고 가사 책임을 덜어주는 역할을 직업으로 삼은 무급 노동자, 즉 아내에게 의존한다.

미국 가구의 변동과 여성의 임금노동시장 참여 행렬은 칸터가 신랄하게 묘사했던 바로 그 전통적 노동조직의 기반을 맹렬한 기세로 흔들어왔다. 아내가 전일제로 가사서비스를 제공해야 한다고 생각하는 가족은 이

---

8 '수치'는 구성원으로 간주되는 노동자가 속한 집단의 규모를 가리킨다. 이에 칸터 (Kanter, 1977)는 "지배 집단", "다수 집단", "소수 집단", "명목 집단(token)"으로 구분하고 있다.

제 거의 없다. 하물며 과잉노동하는 남편의 경력에 보탬이 되기 위해 아내가 언제나 대기해야 한다고 보는 가족은 더더욱 드물다. 그런데 여성들은 승진 가능성이나 경제적 보상을 적절하게 제공하지도 않는 조직을 벗어나기 어려우리라는 뻔한 미래에 점점 더 좌절감을 느끼고 있다. 여성의 삶과 가족 경제의 현실이 극적으로 달라졌음에도 불구하고 노동조직은 그 변화를 따라잡지 못하고 있다. 오히려 노동자에게 가족의 요구나 가족에 대한 책임과 상관없이 일을 최우선으로 삼고 있음을 증명하도록 하는 기대 수준을 높이고 있다. 한때 아주 극소수 직업의 전용물이었던 '전문가 정신(professionalism)'이라는 윤리는 사회적·조직적 기준이 되어가고 있다.[9]

그렇다면 이 기준은 어디에서 오는 것일까? 혹실드는 일터의 모든 영역에 걸쳐 있는 이러한 전환을 촉진시키는 요인이 고용주의 요구가 아니라 노동자의 선호라고 주장한다. 사무실이 노동자 친화적인 장소가 되어감에 따라 일터는 우리의 시간과 관심을 끌어당기는 강력한 자석으로 작동하고 있다. 그뿐 아니라 가족 불안정의 시대에 점점 증가하는 가족 내 긴장에서 벗어날 수 있는 안식처라는 분위기를 풍기고 있다. 결과적으로 혹실드는 아무리 바쁜 노동자라 하더라도 회사가 제공하는 가족 친화 정

----

9 수십 년 전에 윌렌스키(Wilensky, 1964)는 '전문직'이라는 용어가 소수의 고위 직업부터 전문대학 졸업 이상의 학력을 요구하는 많은 직업에 이르기까지 널리 사용될 것이라 예견한 바 있다. 막스 베버(Max Weber)는 전문가적 헌신을 "소명(calling)"이라고 지칭했다. 그는 근대 사회의 성장을 가져온 세속적 노동 세계가 변화하고 있음을 설명하기 위해 한때 종교 영역에서만 전용되던 용어를 사용했다. 이를 통해 전문가적 헌신에 대한 대가가 단지 재정적, 개인적 차원만이 아니라 도덕적 차원에도 걸쳐 있다는 점을 제시했다. 블레어-로이(Blair-Loy, 2003)는 이러한 전문가적 헌신의 도덕적 측면이 오늘날 어떻게 많은 직무의 특징이 되고 있는지를 보여준다. 예컨대 여성 금융전문가들은 베버의 유사 종교적 개념에 공명하는 "노동 헌신"을 실천하고 있다는 것이다. 오늘날 다양한 직무의 많은 노동자에게서 그러한 헌신이 나타나는 바는 틀림없다.

책을 사용하지 않는다고 주장한다. 근대 가족이 한때 "삭막한 세상에서의 안식처"(Lasch, 1977)로 이상화되었다면, 혹실드는 그 그림을 뒤집어 일터가 안식처가 되어왔다고 주장한다. 즉 가족 질서가 종잡을 수 없이 다양해지는 시대에 사적 생활의 복잡다단함을 벗어날 수 있게 해주는 게 바로 일터라는 것이다.

우리는 일터가 강력한 유인책이 되고 있다는 점에 동의한다. 또한 만족감을 주는 직장이 여성과 남성 모두에게 매력적이라는 데 동의한다. 그러나 앞서 보았듯이 유연성을 높여주는 선택지를 정말로 이용할 수만 있다면 대다수 노동자는 이를 적극적으로 활용하겠다는 의사를 밝히고 있다. 그러한 지원책에서 배제된 상당수의 노동자들은 소득과 그 외 복리후생을 포기하고서라도 선택지를 제공받겠다고 각오를 다진다. 대다수의 여성과 남성이 회사의 가족 친화 정책을 사용하기 주저하는 이유는 장기적으로 직업 이력과 경제적 복리에 타격을 입을까 봐 두려워하기 때문이다. 이 두려움은 심지어 단체교섭을 하는 단계에서도 힘을 발휘한다. 칸터의 연구 이후로 어마어마한 변화가 일어났지만, 일터는 노동자의 선택을 설명해주는 강력한 요인으로 여전히 남아 있다.

그렇다고 해도 새로운 세대들이 개인적 만족과 재정적 안정 모두를 위해 임금노동에 기대고 있다는 점은 분명하다. 한때 노동을 향한 높은 열망은 최고의 직업에 접근할 수 있는 백인 남성 집단의 전유물이었지만, 이제는 성, 인종, 민족에 관계없이 찾아볼 수 있다. 오랫동안 숭상되었던 '노동윤리'를 남성뿐만 아니라 많은 수의 여성도 받아들이게 되면서 충분한 보상 및 만족감을 주는 직업 경력과 눈에 뻔히 보이는 가족생활 사이에서 양자택일하기를 기대하는 것은 점차 불합리한 일이 되어가고 있다. 노동자의 성별이 무엇이든 간에 노동이 주는 매력이 가정생활에 참여하면서 얻는 기쁨을 막아서는 안 되며, 반대로 가족 책임이 만족스런 일을 통한 경력 축적 기회를 방해해서도 안 된다. 우리는 대부분의 남녀 노동자가 원하는 것이 가족이나 일에서 도망치는 게 아니라 가족과 일 사이에서 합리적이고 유연하게 균형을 맞추는 것임을 반복해서 강조해 왔다.

혹실드는 대다수 성인이 집 밖에서 일을 해야 할 뿐만 아니라 그러기를 강력하게 원하는 현실에서 가족생활의 여지를 넓힐 수 있는 방법이 무엇인지에 관해 국가 차원의 논의가 필요하다고 요구한다. 우리도 이러한 논의의 필요성에 동의하며, 이 논의가 노동자의 동기를 향한 비판을 넘어서 노동 제도가 기초하고 있는 기본 전제로 확장되어야 한다는 점을 강조하려 한다.[10] 고용주가 어떤 상황에서도 일을 최우선으로 하는 사람을 좋은 노동자로 가정하는 것은 결코 타당하지 않다. 이제는 노동자가 가정 내 무급노동자를 먹여 살릴 만큼 충분히 벌고 있지 못하다. 이른바 좋은 노동자란 일과 가족 모두를 효과적으로 만족시키는 방식으로 자신의 다중적 의무를 조화롭게 해낼 수 있는 사람이라는 점을 인정할 때이다. 인간의 수명이 늘어나고 가족 규모는 줄어들고 있기 때문에 노동 참여를 장기적 관점에서 바라봐야 한다. 어린 자녀에게 집중적인 돌봄과 관심을 주어야 할 비교적 짧은 시기 동안 부모 노릇에 전력을 다할 수 있게 하기 위해서, 아동기 후반과 청소년기에도 이어지는 자녀 양육을 할 수 있게 하기 위해서, 부모 노릇 뒤에 따라오곤 하는 간병 등의 돌봄 책임을 할 수 있게 하기 위해서는 노동 참여를 생애주기 전반과 연관시켜 고려할 필요가 있다. 이러한 관점을 통해 우리는 가족과 일터 모두를 위해 보다 공평한 경쟁의 장을 창출하는 구체적인 정책을 구상할 수 있을 것이다.

---

10 취업 상태인 부모, 특히 어머니에게 끈질기게 따라붙는 비판이 가진 속성은 임금노동을 "해도 욕하고 안 해도 욕한다"는 점이다. 어머니들은 임금노동 때문에 자녀를 방치한다는 질책을 받을 때조차도 노동윤리를 고수해야 한다는 기대를 받는다.

상생(win - win) 전략으로서의 일-가족 정책

최근 일과 가족의 문제가 새로운 연구 영역으로 등장하면서 연구자들은 기업의 일 - 가족 관련 정책이 어떠한 이점을 가지고 있는지 분석하기 시작했다. 경제학자, 사회학자, 심리학자가 모인 공동연구팀은 가족 친화 정책이 자녀를 둔 노동자에게뿐만 아니라 기업에게도 상생 전략이 되고 있다고 보고한다(Barnett and Hall, 2001; Barnett and Rivers, 1996; Kelly, 1999; Berg, Kalleberg, and Applebaum, 2003; Friedman and Greenhaus, 2000; Rayman, 2001를 참고할 것). 가족 친화 정책은 단기적으로는 비용이 많이 드는 것처럼 보이지만 장기적으로 보면 충분히 이익이 된다. 기업은 직무 유연성과 친화적인 노동 환경을 통해 노동자에게 사적 생활을 돌볼 여지를 만들어줌으로써 노동자의 스트레스를 줄여주는 동시에 이직률과 결근율을 낮출 수 있다(Fernandez, 1986; Glass and Estes, 1997; Thompson, Beauvais, and Lyness, 1999를 참고할 것). 기업이 보장하는 유연성과 지원책은 노동자의 애사심과 헌신도를 고무한다. 제니퍼 글래스와 리사 릴리(Lisa Riley)는 육아휴직을 사용하는 여성의 경우를 예로 드는데(Glass and Riley, 1998), 지원 정책이 비교적 많은 회사에 다니는 유자녀 여성이 그렇지 않은 회사에 다니는 여성에 비해 1년 이내에 복직할 가능성이 높다는 점을 보여준다(Glass and Finley, 2002도 참고할 것).

기업이 일 - 가족 문제를 개선하기 위해 조직적으로 노력하기 시작한 것은 의미심장한 돌파구로 읽힌다. 노동자의 요구와 기업의 이익이 생래적으로 충돌할 수밖에 없다고 가정하지 않는 틀을 제공하기 때문이다. 기업은 그 규모가 크든 작든 간에 노동자의 선택에 영향을 미치는 중요한 장이며, 따라서 포괄적인 개혁의 한 부분을 담당할 필요가 있다.

기업을 대상으로 직장 내 가족 친화 정책이 가져다주는 이익에 관해 교육하는 것이 중요하기는 하지만, 그것만으로는 충분하지 않다. 기업의 이익을 깨닫게 하는 게 유일한 논거라면, 기업이 얻을 수 있는 이익이 명확하게 보이지 않을 때 지원 정책은 위축될 것이다. 그러한 분위기에서 정책은 조직의 변덕과 경제구조 변동의 바람에 흔들리게 된다. 다시 말해서 인력난에 시달리는 시장 상황에서는 가족 친화 정책이 매력적으로 여겨지기 쉽지만, 노동력 공급이 확대되고 지원 정책이 미흡한 노동조건도 기꺼이 감수하려는 고급인력이 넘쳐날 때는 그 매력을 잃게 된다.

게다가 고용주도 노동자도 종신고용을 기대하지 못하는 경제 상황에서 고용주는 노동자가 반길 만한 즉각적인 혜택과 회사가 얻는 장기적 이익 사이에 성립하는 공정한 거래를 알아차리지 못할 수도 있다. 그리고 노동자는 고용주가 지원하는 프로그램을 사용할 경우 임금 삭감이나 승진 탈락 같은 장기적 불이익을 받게 될까 봐 두려워하기도 한다. 이러한 대가는 주로 여성에게 무겁게 부과되기 때문에 여성은 출산 후 가정과 직장 사이에서 분열감을 느끼기 쉽다.

결국 일-가족 정책을 매력적으로 만들려는 목표가 단지 가장 우수한 노동자를 보유하기 위한 것이라면, 상당수의 노동자들은 홀로 일-가족 문제를 감당하도록 방치될 수밖에 없다. 이유가 어쨌든 간에 많은 기업들은 노동력의 빠른 이동을 기대하고 심지어 그것에 의존한다. 또한 이러한 흐름을 저지하기 위해 굳이 비용을 들이면서 적극적으로 조치를 취해야 한다고 생각하지 않는다(Pfeffer and Baron, 1988). 대다수의 피고용인들은 그저 소모적이고 대체 가능한 인력으로 보일 뿐이다. 이러한 맥락에서 본다면 가족 친화 정책이 회사에 이익을 가져다준다는 전제 하에서만 구축될 경우 위태로운 운명에 처하게 될 것이 자명하다. 가족 지원책을 소수에게만 베푸는 특권이나 보상으로서가 아니라 모든 노동자의 권리로 정의할 때 비로소 폭넓은 정책을 효과적으로 시행할 수 있을 것이다.

그동안 기업에서 호응을 받아온 제안들은 기업이 노동자의 시간에 통제력을 행사하는 상황을 문제 삼지 않고, 심지어 그런 상황을 심화시키기까지 하는 내용을 담고 있다. 예를 들어 제5장에서 언급한 '어머니 궤도'는 기업이 주당 40시간 이상을 요구하는 구조를 근본적으로 변화시키지 않은 채 가족을 지원하는 척하기 위해 제공해온 방식이다. 자녀가 있는 여성이 부모 노릇과 직장생활을 겸하는 것은 무방하지만, 다른 사람에게 열려 있는 기회를 포기할 때만 가능하다는 것이다. 남성에게는 부모 노릇의 여지를 거의 주지 않는 반면, 여성에게는 부모 노릇과 경력 중에 택일하도록 압박한다. 또한 기업은 하위 직급에게 복리후생도 없는 데다 저임금인 시간제 노동을 권하는 경향이 있다. 하위직급에는 유난히 여성노동자가 많다. 이러한 정책들은 일 – 가족 갈등을 줄이는 가장 나쁜 방법이다. 기존의 성 불평등에 새로운 가면을 씌워 위장하는 것일 뿐만 아니라 자녀가 아버지와 어머니 모두에게 경제적으로 의존하며 모든 부모가 단기적이든 장기적이든 회사의 보복성 조치에 대한 두려움 없이 가족을 돌볼 기회를 원하는 시대에 맞게 노동 구조를 근본적으로 재평가하기 어렵게 만든다.[11]

보다 평등하고 유연하게 가족과 직장을 통합할 수 있도록 지원하는 노동 제도는 기업과 노동자 모두를 이롭게 하는 방식을 고려해야 한다. 그러나 이러한 접근만으로는 지금의 일 – 가족 딜레마를 완화시키는 단편적인 정책만 제시할 수 있을 뿐이다. 기업이 노동자에게 지원책을 제공함으로써 기업 자신도 이익을 얻는다는 점을 주장하는 것에 덧붙여, 국

---

11 루이스 로스(Roth, 2000)는 월가(Wall Street)에 관한 연구를 통해 최고위 투자회사들은 헌신적으로 일하는 여성이 남성과 동등하게 경쟁할 수 있게 하는 반차별 정책을 지지한다는 것을 밝혀냈다. 그러나 여기서의 반차별 정책이란 노동자의 첫 번째 우선순위가 직장이어야 한다는 기본 전제를 문제 삼지 않는 범위로 제한된다. 다시 말해서 이 회사들은 직업적 성공이 사무실에서 보내는 기나긴 날들을 조건으로 주어진다는 관점을 뒤흔드는 정책을 지지하는 데는 주저했다.

가 차원의 가족 지원 정책이 설사 기업에게 어떤 비용을 치르게 하더라도 그 필요성이 부인되어서는 안 된다는 점을 인정하도록 해야 한다. 일하는 가족의 복리를 추구하는 가장 좋은 길은 기업의 이익을 넘어서 궁극적으로 기업을 번성하게 해주는 공익에 초점을 맞추는 것이다. 이때 공익은 모두에게 공평한 경쟁의 장을 만드는 것뿐만 아니라 기업의 이익을 젠더 정의(正義)라는 확장된 원칙과 새로운 세대의 복리 모두를 포괄할 만큼 광범위한 조건 속에서 정의(定義)하는 국가 정책을 통해서만 실현될 수 있다.

분열된 시간을 중첩시키기

개인적·문화적 관점에서 일터에 기반을 둔 분석에 이르기까지 앞서 소개한 접근들은 모두 미국 노동자와 그 가족이 처한 시간 딜레마를 꿰뚫는 통찰을 제시한다. 그러나 각각을 따로 떨어뜨려 놓고 보면 퍼즐 맞추기에서 빠진 조각이 있는 듯 보인다. 시간 딜레마는 다양한 형태를 띠고 여러 층위를 관통하며 많은 원인에서 파생하기 때문에 이 딜레마를 효과적으로 다루기 위해서는 다면적 접근을 취해야 한다. 사실 우리는 하나가 아니라 다섯 개의 시간 불균등을 발견할 수 있었다. 첫째, 미국 가구의 변화는 노동자가 일터와 집 사이에서 극심한 갈등에 시달리도록 하는 일-가족 불균등을 야기해왔다. 둘째, 날로 심각해지는 노동력 양극화는 직종 불균등을 강화하는 데 기여해왔다. 어떤 직업은 너무 긴 시간을 필요로 하고 어떤 직업은 너무 짧은 시간만 허용하는 식으로 노동자를 분리하고 있다. 셋째, 노동자가 이분화되어가는 맥락 속에서 열망의 불균등 역시 확산되고 있다. 대다수 노동자는 실제 노동시간과 선호하는 노동시간 사이의 격차에 좌절감을 느낀다. 넷째, 부모 역할의 불균등이 지속되면서 자녀가 있는 노동자는 불리하고 위태로운 지위에 놓일 뿐만 아니라 심지어 자녀가 없는 노동자와 경쟁해야 하는 구도에 놓인다. 다섯째, 부모 노릇과 임금노동의 균형을 추구하는 기회, 전도유망하면서 유연한 직업을 찾는 기회에서 불평등이 지속됨으로써 성 불균등이 심화되고 있다. 이로 인해 여성과 남성은 성별을 이유로 각기 다른 선택지와 딜레마에 직면하게 된다. 이렇게 복합적이고 중첩되며 교차하는 불균등은 시간, 일, 가족의 상호작용에 관해 폭넓게 접근할 것을 요구하면서 우리를 둘러싼 딜레마의 사회구조적 뿌리를 심각하게 고려하도록 만든다.

일-가족 불균등, 미국 가정의 변혁

일터와 가정은 둘 다 명확한 경계선이 없고 무제한으로 팽창될 가능성을 지닌 "탐욕스러운 제도"이다.[12] 과연 가족이나 직장에 '충분한' 시간을 할애하는지 확신할 수 있을까? 설사 완벽하게 확신한다 치더라도 가족을 향한 의무와 직장을 향한 충성을 사이에 놓고 아슬아슬하게 곡예를 해야 하는 경우가 다반사이다. 미국 가족의 변혁은 이 오래된 갈등 국면을 강화시켜왔다.

대중적으로든 학문적으로든 노동시간 증가 현상에 대해 관심이 집중되었음에도, 실제로 미국인의 시간 배분 방식을 보다 근본적으로 뒤흔든 요인은 가족생활의 변혁이었음을 우리는 지적한 바 있다. 사실상 지난 수십

---

12 이 용어는 루이스 코저(Lewis Coser)와 로즈 랍 코저(Rose Laub Coser)가 만든 것이다. 이들은 가족을 가정주부, 특히 어머니의 시간을 무제한 요구하는 탐욕스러운 제도로 묘사했다. 그들이 보기에 근대의 일터는 그리 과하게 욕심을 부리는 곳이 아닌데, "개인이 고용주에게 내주도록 되어 있는 시간의 양이 규범에 따라 형성되고, 법적 근거까지 확보하고 있기" 때문이다(Coser and Coser, 1974: 2). 성직자나 입주 가사도우미와 같은 극소수 직업만이 그들의 분석에서 "탐욕스러운" 것으로 지칭된다.

년 동안 개개인의 평균 노동시간이 실질적으로 증가하지는 않았다. 그런데 개인의 노동시간이 다소 줄어들었다 하더라도 대다수의 가족은 전례 없이 심각한 시간 압박에 대응해야 한다. 가족생활은 근본적인 변화를 겪어온 반면, 노동 구조는 그만큼 변하지 않았기 때문이다.

정책이 효과를 발휘하기 위해서는 먼저 가족 변화가 포괄적일 뿐만 아니라 되돌릴 수 없는 성격을 지니고 있음을 시인해야 한다. 대다수의 아동은 부모 둘 다 또는 어느 한쪽의 소득에 의존한다. 대다수의 여성은 남성의 벌이만으로는 장기적으로든 단기적으로든 자신이나 가족의 경제적 복리를 보장받을 수 없다는 점을 알고 있다. 그리고 대다수의 남성은 생계벌이가 점점 더 나누어 해야 할 일이 되고 있음을 인정하며, 임금노동이 주는 개인적, 경제적 보상을 전업주부 역할과 맞바꿀 여성이 거의 없다는 것도 알아차리고 있다. 많은 여성을 노동시장으로 내보냈던 젠더 혁명과 가족 혁명은 가정이 안전하기 때문에 직장은 '탐욕'을 부려도 된다는 식의, 한 번도 의심받지 않았던 전제를 송두리째 무너뜨리고 있다.

오랜 기간에 걸쳐 형성된 이러한 새로운 가족 시대는 모든 선진 사회에 해당되며, 그 변화 과정이 역행할 징조는 전혀 보이지 않는다. 오히려 새로운 세대가 성인으로 성장해갈수록 맞벌이 가족과 한부모 가족은 더욱 보편적인 가족형태로 자리매김할 것이다.[13] 이렇게 돌이킬 수 없는

....

13 2000년의 <현 인구조사> 결과를 통해 가족 변화의 정도를 가늠할 수 있다. 20세기 중반 내내 지배적이었던 기혼·유배우·유자녀 가구의 비율은 이제 전체 가구 중 4분의 1 이하로 하락했다(Queenan, 2001). 그리고 앞서 밝힌 바와 같이, 이 가구 유형에 속하는 아내의 다수가 임금노동을 하고 있다. 2002년에는 18세 이하의 자녀를 둔 기혼 여성 중 66.6%가 취업 상태였는데, 여기에는 6세 이하의 자녀를 둔 여성의 57.9%가 포함되어 있다. (<현 인구조사>자료에서 이 통계치를 산출해준 바바라 버그만(Barbara Bergmann)에게 감사를 전한다.) 보다 많은 어머니들이 집에 있다고 주장하는 세평과 정반대로, 모든 지표들은 어머니가 일터에 있는 가족이 지금 여기에 존재한다는 사실을 보여준다.

변화를 인식하지 못하거나 혹은 악의적으로 그 변화를 역전시키려는 정책은 실패할 수밖에 없다. 전통적 결혼이 줄어든다고 탄식하는 몇몇이 보다 평등주의적이고 유동적인 형태를 향해 가는 가족 변화의 흐름을 저지하진 못하지만, 진보적인 사회 정책을 지향하는 운동을 막을 가능성은 있다. 따라서 우리는 되돌릴 수 없는 변화가 지닌 위험 요소에 절망하는 차원을 넘어서, 새로운 시대를 살아가는 가족을 지지하려면 무엇이 필요한지를 논하는 더 근본적인 차원으로 나아가야 한다. 다양한 가족 형태가 지금 여기에 존재하기에 정책적 함의는 분명하다. 어머니, 아버지, 그리고 자녀의 필요에 보다 충분히 화답하기 위해 노동구조를 다시 생각해야 할 때인 것이다.

직종 불균등, 노동시장의 양극화

전체 노동자의 평균 노동시간이 아주 조금밖에 증가하지 않았다 하더라도 미국 노동력은 중요한 변화를 겪어왔다. 모든 사람의 노동시간이 증가하는 대신, 아주 긴 시간 일하는 사람과 그렇지 않은 사람 사이의 이분화가 점점 심해지고 있는 것이다. 과도한 시간을 요구하는 직업과 노동자의 요구나 선호를 충족시킬 만큼의 시간을 부과하지 않는 직업 사이에서 직종 간 불균등은 커져만 가고 있다.

고용주는 이윤을 높여주고 노동자를 구속할 다양한 전략을 마련하려고 한다. 그 때문에 우리는 고용주가 왜 어떤 노동자에게는 터무니없이 많은 시간을 요구하고 다른 노동자에게는 낮은 보상만이 따르는 짧은 시간을 요구하는지 파악해야 한다. 이윤을 높이는 방법 중 하나는 노동자의 시간과 충성심에 상응하는 보상조건을 내거는 것이다. 그러나 완전히 상반되는 방법도 있다. 시간제 일자리와 하도급에 의존함으로써 비용을 줄이고 노동자의 헌신성과 의무의 수준을 낮춰주는 것이다. 두 가지 전략 모두 대다수 노동자의 요구는 충족시키지 못하지만 고용주에게는 매력적일 수 있다.

노동시간 양극화를 촉진하는 요소는 무엇일까? 스펙트럼의 한쪽 끝을 보자. 고용주는 시간외 노동을 해도 아무런 추가 수당을 받을 수 없는 월급제 노동자에게 노동시간을 늘리도록 밀어붙이려고 한다(Landers, Rebitzer, and Taylor, 1996을 참고할 것). 게다가 과도하게 시간을 들여도 그에 상응하는 보상을 받지 못하는 노동자의 규모가 눈에 띄게 늘어나고 있다. 1938년 「공정노동기준법」이 통과되었을 때, 7명 중 1명(전체 노동력의 14.8%)에 해당하는 전문직 혹은 관리직 노동자는 이 법의 보호 대상에 포함되지 않았다. 그런데 1995년까지 그 비중이 7명 중 약 2명(28.3%)으로 늘어났다. 노동력 구성이 달라짐에 따라 현재 시간외 근무수당을 받지 못하는 노동자가 상당히 증가한 것이다. 심지어 건강보험 같이 가장 값비싼 '부가' 혜택의 액수는 노동자가 전일제로 얼마나 오랜 시간 일하는지와 상관없이 정해져 있다. 복리후생 비용이 전체 급여에서 차지하는 비중이 상승함에 따라 고용주는 전일제 노동자에게 더 장시간 일하도록 강제하려고 하기 쉽다. 이 모든 이유들 때문에 고용주는 월급제 노동자가 주당 40시간 이상 일하기를 기대하게 되고, 노동시간을 헌신성의 척도와 승진 및 임금 인상의 근거로 사용할 동기를 갖게 된다.

일단 장시간 노동이 규범이 되고 나면, 노동시간의 의미를 과장하는 비공식적 규칙이 발달한다. 시간이 노동 헌신성을 대표하게 되고, 효율성 여부를 떠나 긴 노동시간이 지속적으로 유지된다. 따라서 더 적은 시간 일하고자 한다면 '시간 규범'을 벗어난, 그럼으로써 승진 등의 보상을 받을 가치가 없는 '일탈자'로 낙인찍히는 위험을 무릅써야 한다(Epstein et al., 1999).

스펙트럼의 또 다른 한쪽 끝에는 시간당 급여를 받는 사람들이 놓여 있다. 특히 주당 40시간을 초과할 경우 시간당 1.5배의 임금을 지불해야 하는 식으로 초과노동이 시간당 임금을 가파르게 높일 때, 고용주는 시간외 노동을 허용하기 꺼리게 된다.[14] 그리고 복리후생 비용의 상승은 월급 노동자를 장시간 근무로 이끌어 내는 요소로 작용하지만, 동시에 시간제 노동자를 고용할 이유가 되고 있다. 시간제 노동자는 복리후생 적용 대상에서 거의 제외되어 있기 때문에 고용주는 시간제 노동을 활용해 비용을 상당 부분 줄일 수 있다. 복리후생이 거의 없는 저임금의 시간제 일자리 창출은 결국 많은 노동자들을 여러 개의 일자리로 전전하는 불안정한 상태로 만들어 궁극적으로는 주당 노동시간이 늘어나게 한다. 이처럼 복리후생 비용은 노동자에게 가해지는 압력은 줄이지 않으면서 긴 노동시간과 짧은 노동시간 모두를 통제할 가능성을 높인다.

요컨대 일련의 경제적·사회적 동력이 긴 주당 노동시간과 짧은 주당 노동시간이라는 전제 하에 직종의 분화를 재촉한다고 할 수 있다. 상대적으로 학력이 높고 고도로 훈련된 월급 노동자는 장시간 일해야 한다는 압력이 거세지는 상황에 놓이는 반면, 시급제, 시간제, 임시직같이 불안정한 환경에서 일하는 노동자는 자기가 원하는 시간만큼 일하지 못하는 상황에 놓여 있다. 1980년대 초반 이래 대량해고가 확산되고 있는데, 이는 국제 경쟁력 강화 압력이 증가하는 데 따른 대응 방법일 뿐만 아니라 비용을 낮추고 이윤을 높이는 신속한 방법으로 활용되고 있다. 그런데 대량해고는 전체적으로 노동시간을 증가시키기보다는 직종 사다리에서 차지하는

---

14 그러나 상황에 따라서는 추가 비용이 든다고 해도 노동자를 적게 고용하고 이들이 시간외 노동을 하도록 할 수도 있다. 예를 들어 경기침체가 예상되는 시기에 일시적으로 노동자를 해고하고 단체협약을 통해 고용주에게 해고노동자를 지원하도록 요구할 수 있는 경기 민감 산업(cyclical industries)의 경우, 기업 입장에서는 더욱 적은 수의 노동자를 선호하기 마련이다. 그러면 시간외 노동에 상응해 시간당 임금이 증가하기는 하지만 복리후생에서는 아무런 추가 비용이 발생하지 않기 때문이다. 그럼에도 전국조사 분석 자료를 보면 시간외 노동을 할 여력이 있는 사람이 그렇지 않은 사람에 비해 일하는 시간이 적은 경향을 보인다(Jacobs and Gerson, 1997).

위치에 따라 집단별로 다른 효과를 미쳤다. 고위 직급인 전문직과 관리직도 종종 해고되었는데, 이때 살아남은 사람은 노동시간을 늘리고 노동 강도를 높여 해고된 사람의 몫까지 해내야 한다는 부담에 시달렸다. 그러나 하위 직급에서는 주당 노동시간을 늘리는 것보다 일자리 줄이기와 외주화가 우선시되었다. 따라서 노동 강도의 전반적 증가가 반사적으로 노동시간의 전면적 증가를 야기한 것은 아니라고 할 수 있다(일례로 Cappelli, 2001; Gordon, 1996; Pfeffer and Baron, 1988을 참고할 것).

노동에 관련된 기회 및 압력과 마찬가지로 시간 요구도 노동력 전반에 걸쳐 균등하게 분포되어 있지 않다. 긴 주당 노동시간과 짧은 주당 노동시간으로의 양극화는 노동력이 다양한 노동자들의 집합체라는 점을 상기시켜 준다. 이는 정책적 대응이 각기 다른 직종에 부착되어 있는 각양각색의 압력, 강제, 부대비용을 고려해서 이루어져야 함을 의미한다.

이렇게 직종 불균등이 심화되는 현실은 지금이야말로 시간제 노동이 지배적이던 수십 년 전에 만들어진 법적 조치의 종류와 범위를 재고할 때임을 말해주고 있다. 월급제의 증가와 노동시간의 다양화는 비전문직 노동자뿐만 아니라 전문직의 변화된 현실을 담아내어 노동보호법을 새롭게 구성해야 한다는 점을 시사한다. 직종 구조의 특정 위치에 속한 사람이 끈질기게 증가하는 시간 요구로부터 한숨 돌릴 수 있는 휴식을 원한다면, 또 다른 위치에 속한 사람은 자신과 가족 복리에 필요한 임금과 복리후생을 보장받기 위해 노동시간이 충분한 일자리를 갖기 원한다.

열망의 불균등, 이상과 현실의 괴리

노동력의 구성이 점차 다양해지면서 노동자들이 원하는 노동 스케줄과 실제로 이용할 수 있는 선택지 사이에 격차가 발생하고 있다. 특히 노동시간 스펙트럼의 양극단에서 공급되는 일자리는 노동자의 선호와 요구를 반영하지도 않고 잘 들어맞지도 않는다. 많은 노동자들은 자신의 이상과 실제 노동조건 사이의 격차가 심각하다고 생각한다. 아주 오랜 시간을 일하는 데 쏟는 사람은 일을 줄이고 싶어 하고, 비교적 일에 들이는 시간이 적은 사람은 더 많이 일할 수 있기를 바라는 경향을 보인다. 현재의 상황에서는 긴 주당 노동시간의 문제점도 아주 뚜렷하게 드러나지만, 짧은 노동시간 역시 중대한 결점을 지니기는 마찬가지다. 이러한 경향이 지속된다면, 우리는 적게 일하고 싶은 사람과 많이 일하고 싶은 사람 간의 간극이 점점 더 벌어지는 것을 지켜봐야 할 것이다.

기업이 누리는 이익이 무엇이든 간에 긴 주당 노동시간 때문에 개인적, 사회적 비용이 발생한다는 점은 분명해지고 있다. 확실히 장시간 노동으로 인해 노동자가 일 – 가족 균형, 공적 생활과 사적 생활 간의 균형, 생계유지의 필요와 자신 및 타인을 돌볼 필요 간의 균형을 이루기는 어려워진다. 이렇게 개인과 가족을 둘러싼 딜레마뿐만 아니라 사회적으로도 비용이 발생한다는 것에 주목해야 한다. 일이 너무 많은 시간을 요구하게 되면, 사람들이 시민사회에 참여할 시간은 줄어들게 마련이다. 그리고 다음 부분에서 논의하겠지만, 이는 성 평등과 부모 노릇의 평등이라는 전망을 위태롭게 한다.[15]

마찬가지로 과도하게 짧은 노동시간도 개인과 가족, 그리고 사회에 손실을 가져온다. 이러한 일자리는 실업, 불충분한 소득, 재정적 불안정을 의미하는 경우가 많다. 전일제로 일하는 사람에게 안전망으로 제공되는 복리후생조차 마련하지 않고 있다. 그리고 과도하게 긴 노동시간이 부모 노릇을 평등하게 할 가능성을 손상시키듯이, 너무 짧은 노동시간은 특히

---

15 로버트 퍼트넘(Putnam, 1996, 2000)은 자원 활동 모임, 시민 협의체, 기타 공적 모임 참여가 긴 주당 노동시간 때문에 줄고 있다는 점을 환기시킨다. 특히 일과 자녀 양육의 조화를 이루려 노력하는 사람은 공적 활동에 참여하기가 더욱 어렵다. 시민참여 문제를 둘러싼 복잡성을 다룬 논의로는 테다 스카치폴(Skocpol, 1999)도 참고할 것.

여성에게 집과 일터 모두에서 성 불평등을 감내하도록 한다.

따라서 임금노동과 그 이외의 삶 사이에서 보다 공평한 균형을 이룰 수 있게 하는 기회를 창출하는 것은 단순히 고용주와 피고용인 간의 사적인 문제가 아니라 더 커다란 공적 이해(利害)가 결합되어 있는 문제이다. 이러한 사회적 요구는 노동자 개인의 이상 속에도 반영되어 있다. 노동자들은 노동시간의 분산이 순전히 개인적 선호를 보여준다는 주장과 상반되는 욕망을 표출한다. 즉 대다수가 집과 일터 사이에서 균형을 이루기를 열망하고 있는 것이다. 이상과 현실 간의 격차는 노동자의 요구와 욕망이 직업 구조 및 직업 선택지와 대개 일치하지 않는다는 것을 명확하게 보여준다. 이는 기업이 미국 노동력의 필요 및 선호에 부응하는 구조를 만들어내지 못했다는 점을 드러내는 것이다.[16]

요컨대 점점 커져 가는 노동시간 불균등은 임금노동과 가족시간 간의 균형을 원하는 노동자의 욕망을 반영하지도, 지지하지도 않는다. '열망의 불균등'에 효과적으로 대응하기 위해서는 직업이 구조화되고 보상이 부과되는 방식에 합리적인 기대와 합리적인 경계가 설정될 수 있게 하는데 초점을 맞춰야 한다. 공익과 가족 복리는 고용주가 주당 노동시간을 부당하게 줄이거나 늘릴 유인책을 갖지 못하도록 평등한 장을 조성하는 공공 정책을 수립함으로써 달성할 수 있다.

---

16 어떤 경제 이론에서는 효율적인 노동시장이라면 노동자들이 원하는 유형의 일자리만 생산해야 한다고 주장한다. 다시 말해서 노동자가 원하는 바와 너무 거리가 먼 일을 고용주가 제시할 때에는 적절한 인력을 끌어들이기 위해 부가적으로 '차별적 보상액'을 지출해야 한다는 것이다. 제8장에서 논의하겠지만 저녁근무 및 야간근무에 제공되는 교대 근무수당을 분석한 결과뿐만 아니라 지금껏 제시된 증거들은 노동시장이 이러한 방식으로 작동하지 않는다는 점을 보여준다. 이 문제에 관한 구체적인 논의로는 제이콥스와 스타인버그(Jacobs and Steinberg, 1990), 왁스(Wax, 2002)를 참고할 것.

부모 역할의 불균등, 부모 노릇으로 인한 불이익

부모 역할의 불균등은 자녀가 있는 노동자를 그렇지 않은 노동자들과 분리시킨다. 자녀가 생기고부터 어머니들과 아버지들은 노동 구조가 부모 역할에 불이익을 주고 부모 역할의 불평등을 강화하는 현실과 계속해서 씨름하게 된다. 이러한 구조는 많은 가족의 요구와 이상에 맞지 않는다. 대다수 여성과 남성은 주당 30~40시간 정도의 노동과 일터 밖에서 충분한 시간을 보내는 생활을 병행하길 원한다. 그러나 여전히 주당 55~60시간의 노동이 규범으로 작동하고, 일을 줄일 경우 상당한 대가를 치르도록 하는 환경에서 이러한 병행의 가능성은 희박해 보인다. 최근 들어 이를 가능하게 하는 직종 구조가 생겨나고 있다지만, 이는 너무나 많은 노동자가 그다지 구미가 당기지 않는 대안 사이에서 어쩔 수 없이 하게 되는 선택일 뿐이다.[17]

부모 노릇과 임금노동을 병행하는 것은 도전을 필요로 하는 일이며, 또한 도전하는 이들을 고무시키는 일이기도 하다.[18] 현재와 미래의 부

---

17 "중요한 질문은 '여성과 남성이 무엇을 원하는가?'도 아니고 '가족이 무엇을 원하는가?'도 아니다. 바로 '많은 것이 바뀐 세상, 즉 여성은 생계벌이자로, 남성은 돌봄 제공자로 온전하게 인정받는 세상, 직업 구조가 노동자로 하여금 임금노동과 부모 노릇을 병행할 수 있게 하는 세상, 공공 정책이 남녀 모두에게 적절한 지원과 인센티브를 제공하는 세상, 이런 세상에서도 여성과 남성이 자녀의 10대 시기를 포함한 그 이상의 기간 동안 생계벌이 및 돌봄 제공에서 성별에 따라 구분되는 선택을 하게 될 것인가?'이다. 우리의 관점에서 보자면 이 질문의 답은 고전적인 조건법적 서술(counterfactual)을 구성한다. 즉 오늘날과 같이 사회적으로 구조화되고 고도로 강제적인 세계에서는 간단하게 답하기 어렵다. 만일 성 평등한 생계벌이자/돌봄 제공자 사회를 지지하고 진척시키는 공공 정책이 장기간에 걸쳐 채택되고 실행되고 유지되었다면, 우리는 생계벌이 및 돌봄 제공과 관련해 여성과 남성 그리고 가족이 '진실로 원하는 바'가 무엇인지 밝혀낼 수 있었을 것이다"(Meyers and Gornick, 2002: 22).
18 페이에 크로스비(Crosby, 1987)는 배우자, 부모, 노동자가 되는 것과 결부되는 많은 활

모들 대부분은 우선 요구되는 것을 선택할 가능성이 높다. 예를 들어 젊은 남성과 여성은 직장이 없는 데서 오는 고립 가능성과 경제적 불안정보다는 바쁜 생활이 낫다는 데 동의하는 경향을 보이는 것이다.[19] 부모와 노동자가 점점 더 다양한 환경에 직면하는 세상에서 '모든 사람에게 걸맞고 모든 것을 충족시키는' 방법이란 있을 수 없으며, 부모는 자신이 최선이라고 여기는 것을 선택할 필요가 있다. 부모 노릇과 노동을 통합하고픈 사람들이 점점 늘어나고 있기 때문에, 그에 따르는 도전은 이들이 처한 딜레마를 줄이고 필요한 지원을 제공하는 데 도움을 주는 것이어야 한다.

성 불균등, 노동 참여와 부모 역할에서의 불평등 지속

일과 가족, 긴 노동시간과 짧은 노동시간, 이상과 열망 간의 다층적인 시간 불균등은 남성과 여성 사이에 존재하는 성 불균등의 원인이다. 성 불균등은 여러 유형을 띠고 있으며, 모두 과거의 성 불평등을 새롭고도 문제적인 방식으로 재창조하고 있다.

일례로 노동력에서 나타나는 시간 불균등은 성 중립적이지 않다. 여성은 시간제로 일할 가능성이 더 높은데, 시간제 노동으로는 가족의 경제적 필요를 충족시키기 어렵고 장기적인 경력 개발 기회도 얻지 못한다.

동을 조화롭게 수행하는 것이 스트레스에 시달리는 일이 될 수도 있고 만족감을 느끼는 일이 될 수도 있음을 보여준다.

19 또 다른 연구에서 제이콥스(Jacobs, 2002)는 남녀 대학 4학년생의 93%가 회사를 선택할 때 일−가족 균형을 가장 먼저 고려하고 일의 흥미 여부를 두 번째로 고려한다고 밝힌 바 있다. 거슨(Gerson, 2002)은 일과 가족에 변화가 있었던 최근에 성인이 된 세대를 연구했는데, 여기에서도 부모 노릇과 일을 결합하고 싶어 하는 욕망이 유사하게 나타났다.

여성은 남성에 비해 주당 평균 6시간을 적게 일하고 있으며, 아주 긴 시간 일하는 여성의 비율은 남성에 비해 낮다. 그런데 성별 임금 격차를 언급할 때 종종 인용되는 대부분의 통계는 이러한 차이를 조정하기 때문에 통계를 통해서는 단지 노동시간의 차이에서 발생하는 임금 격차 부분만을 파악할 수 있다.

직종 간 시간 불균등의 또 다른 측면을 보면, 시간을 과도하게 많이 요구하는 직무 역시 성 평등을 위협한다는 점이 드러난다. 여성의 승진을 가로막는 유리 천장과 상대적으로 여성 전문 관리직이 부재한 현실은 고위 직급에서 요구하는 시간의 기대치에 그 원인이 있음을 뚜렷하게 보여준다. 게다가 우리는 주당 노동시간이 길면서 고도의 직무 수행성이 요구되는 일을 하는 여성의 경우 과도한 노동 헌신성과 일터 밖에서의 생활을 통합하느라 남성 동료에 비해 유연성과 자율성을 누리지 못한다는 점을 밝혀냈다.

그러나 이렇게 성 불균등이 나타나면서도 여성과 남성이 추구하는 이상과 열망의 양상은 점차 비슷해지고 있는 듯하다. 우리는 남녀 모두에게서 집과 일터가 유연하고 조화롭기를 바라는 경향이 나타난다고 밝힌 바 있다. 평균적으로 여성이 남성보다 조금 덜 일하려고 하지만, 이런 작은 차이는 젠더 범주 내에 존재하는 어마어마한 다양성, 그리고 일-가족 갈등을 완화해야 한다는 데 공감하는 사람의 증가 추세에 비하면 아무 것도 아니다. 어머니뿐만 아니라 아버지들도 가족 친화적인 직장을 선호하며, 가족 친화적인 직장을 얻기 위해 일과 관련된 다른 혜택을 포기하려고도 한다.[20] 그러나 성 불균등을 경험하는 노동자들은 자신이 가

---

20 남성 한부모 가족은 현재 전체 한부모 가족의 10% 이상을 차지하고 있다. 남성 한부모 가족의 급증은 부모로서의 역할 수행에 불이익을 주지 않는 직업을 원하는 남성의 욕구와 필요가 점차 증가하고 있음을 보여준다[제 2장과 Fritsch(2001)를 참고할 것].

족을 위해 사용한 시간 때문에 헌신적인 노동자로서의 신뢰성이 떨어지고 장기적으로 가혹하게 대가를 치를 것이라는 점을 여전히 우려하고 있다. 요컨대 노동자들의 행동과 그들의 선호가 일치한다고 보는 것에는 오해의 소지가 있다.

정의와 공평의 원칙은 성별과 부모 지위를 이유로 노동자들을 분리해 내는 불평등을 치료할 만한 충분한 근거이다. 그러나 노동과 부모 노릇을 통합하려는 동등한 기회 보장은 본질적으로 가치 있는 일이며 새로운 세대를 위한 복리 및 공공선을 실천한다는 점에서도 의의가 있다. 가족 구성이 다양하게 변화하는 시대에 자녀는 점점 더 어머니의 소득에 의존하게 된다. 그렇기에 더더욱 아버지와 어머니뿐 아니라 기타 다른 사람을 포함하는 폭넓은 돌봄 제공자의 조직망을 믿고 의지할 수 있어야 한다. 임금노동자로서의 여성에게뿐만 아니라 돌봄 제공자로서의 남성 모두에게 동등한 기회를 창출하는 것은 효율적이고 공정한 사회 정책을 형성하는 데 핵심적인 요소이다.

8 이제 우리는 어디로 가야 할까?

시간은 돈과 마찬가지로 한정되어 있으면서 불평등하게 배분되는 자원이다. 하루 24시간, 주 7일이 동일하게 주어진다고 해도 제도적 장치와 개인의 상황에 따라 시간이 '쓰이는' 방식은 달라진다. 사회제도들은 집단별로 다르게 시간 압박을 부과하며, 이로 인해 딜레마를 겪는 양상도 다양하게 나타난다. 따라서 가족, 일, 성 평등의 미래를 전망하는 과정에서 우리가 처한 시간 압박의 범위와 근원을 충분하게 파악하기 위해서는 개인의 선택이나 가치관 그 이상을 조망할 필요가 있다.

미국의 경제체제는 너무 많이 일해야 하는 일부와 일거리가 매우 부족한 그 밖의 사람들을 양산함으로써 양극단에 놓인 노동자들이 현실에서 제각각의 이유로 힘겨워하도록 방치해왔다. 노동 구조와 공적 서비스 체계 모두 성별 관계와 가족 관계에서 발생하고 있는 광범위하고 심오한 변화에 충분히 대응하지 못하고 있다. 그 결과 미국은 가족과 일 사이뿐만 아니라 과도하게 요구가 많은 직업과 기준선 이하의 보수를 받는 직업 간에, 노동자의 열망과 그들에게 실제로 주어지는 선택지 간에, 자녀가 있는 노동자와 그렇지 않은 노동자 간에, 남성과 여성 간에 필연적인 불평등을 낳고 있다. 시간사용 행태의 변화를 다루는 모든 논의는 노동자의 선호에만 관심을 두어선 안 된다. 자신과 가족의 요구를 모두 충족시키려는 노동자이자 부모인 이들의 권리도 고려해야 한다. 시간 딜레마가 증가하는 현실을 바꾸려면 개별 행위에 초점을 맞추는 차원을 넘어서 노동 구조를 재고하고 지역 사회의 책임을 성찰해야 한다.

정책 개혁은 우리가 추구하는 목표를 포괄적이고 유연한 관점에서 바라보되 세부사항에까지 관심을 기울여야 가장 효과적으로 이루어질 수 있다. 여기에는 일과 가족 사이에서 공평하고 융통성 있게 균형 잡기, 부모와 자녀를 보호하고 모든 노동자에게 기회를 보장하기, 시간 불균등을 극복할 수 있는 내실 있는 선택지 제공하기 등이 포함된다. 이러한 목표에 도달하기 위해서는 직장을 재구조화하고, 부모와 노동자의 권리뿐 아니라 동등기회 원칙을 지지하며, 기업과 지역 사회 그리고 공적 제도의 책임을 다시금 숙고하는 새롭고도 폭넓은 방안을 고려해야 한다.

오늘날 미국인이 직면한 시간 딜레마에 대처할 '만능' 해법이란 없다. 일-가족 정책은 하나의 특수한 접근을 뛰어넘어야 한다. 동시에 모두를 적용 대상으로 하는 획일적인 전망을 전제하거나 강제하지 않으면서도 가족 친화적 노동 조건을 장려할 수 있어야 한다. 가족 구성과 노동자가 처한 환경에서 등장하는 새로운 다양성은 가족들이 사회구조, 소득 수준, 우선순위의 변화를 겪으며 맞닥뜨리는 무수히 많은 요구에 정책이 민감해야 함을 시사한다. 이는 과잉노동하는 사람의 노동시간을 줄여주고 불완전 고용 상태인 사람에게 더 많은 일거리를 제공하는 것을 의미한다. 또한 경직된 직업 구조에 유연성을 부여하고 일터 바깥에 제도적 지원책을 구축하는 성과로 이어지며, 다양한 경제적 자원, 가족 환경, 성별 구조 안에서 경쟁하고 있는 노동자들의 요구에 귀를 기울이도록 한다. 이는 궁극적으로 우리가 일과 가족생활에서 현재 갖고 있는 열망은 물론이거니와 향후 우리의 삶에서 그 열망이 달라지더라도 충족시켜줄 만한 다양한 정책을 창조하는 것을 의미한다. 노동자들이 원하는 것은 설교가 아니다. 그들은 진정한 선택권과 사회적 지원을 필요로 한다. 부모와 노동자의 다양한 요구를 인정하는 '관용의 문화'를 조성하는 것이야말로 국가적 논쟁을 통해 이루어내야 할 가장 중요한 기여가 될 것이다.

이 장에서는 미국 문화에서 일과 가족이 놓인 위치를 고려하면서 세 가지 유형의 정책적 접근을 생각해보고자 한다. 첫째, 가족과 임금노동의 통합을 장려하는 **노동 촉진 – 가족 친화 개혁**, 둘째, 성별이나 가족상황과 관계없이 모든 노동자가 노동 기회와 부모 역할을 조화시킬 수 있도록 권리를 보장하는 **평등 기회 개혁**, 셋째, 노동시간을 제한하는 데 공평하고 합리적인 방법을 제공하는 **노동 규제 개혁**이다. 각각의 접근은 직장 규제 조항, 노동자 보호 조치, 사회 서비스 규정, 입법 발의권 등을 개혁하는 포괄적인 정책의 일부를 구성한다. 우리는 각각의 정책 영역을 살펴보겠지만, 노동시간을 재구조화하는 가능성에 보다 비중을 두고 논의하려고 한다. 가족 지원을 강조하는 접근에 비해 노동시간을 재구조화하는 접근은 주목을 받지 못해왔는데, 임금노동시간을 편성하고 규제하는 방식을 변화시키면 노동자와 그 가족이 이용할 수 있는 선택지의 전체 범위를 변경할 가능성이 확보된다.

가족 지원을 통한 노동 참여 촉진

일 – 가족 갈등을 줄이는 방안으로 제시되는 여러 유용한 정책들은 주로 맞벌이 가구와 한부모 가구를 대상으로 하는데, 임금노동 참여를 가로막는 장벽을 낮추려 한다는 점에서 '노동 촉진적'이라 할 수 있다. 예를 들어 지역 사회에 기반을 둔 보육시설은 노동시간을 반드시 줄이지 않고도 일과 가족생활을 원활히 병행할 수 있게 해준다. 미국에는 이런 지원이 그다지 활성화되어 있지 않지만, 다른 선진 산업 사회에서는 보편적으로 제공되는 서비스이다.

자녀가 아주 어린 어머니조차 자신과 그 가족을 부양하는 일이 당연시되므로 취업 상태인 부모를 지원하는 보육관련 정책을 마련하는 것은 시급하고도 중요한 일이다. 빈곤가구의 어머니와 그 자녀에게만 엄격하게 정부의 지원이 이루어지는 현 상황에서, 영유아 자녀를 둔 일하는 어머니의 3분의 2 가량은 양질의 보편적 보육 서비스를 대체할 만한 지원을 전혀 받지 못한다. 또한 잘 개발된 보육 서비스를 원하는 수요뿐만 아니라 학교수업 연장이나 방과후 프로그램 개발 같은 교육개혁 요구도 점차 증가하고 있다.

자녀 보육과 방과후 프로그램을 통한 가족 지원

어린 자녀를 맡길 수 있는 양질의 보육 서비스를 제공하는 것은 일 - 가족 갈등을 해결하려는 노동촉진 접근 방안에 빠져서는 안 될 핵심 요소이다. 물론 방과후 프로그램도 마찬가지이다. 이러한 지원이 없으면 부모는 자녀에게 경제적 자원을 제공하는 일과 자녀의 심리 및 감성 발달을 도모하는 일 사이에서 양자택일해야 하는 상황에 놓이곤 한다.

보육

제6장에서 살펴본 바와 같이 경제활동참가율이 높은 국가의 취업자들을 분석한 결과 미국 여성이 가장 긴 시간을 일하는 것으로 나타났다. 맞벌이 부모들 또한 가장 오랜 시간 일한다. 보육 지원이 부족한 상태에서 고용 양상이 이렇게 나타난다는 것은 미국의 부모가 다른 경제 선진국의 부모에 비해 훨씬 심각한 상황에 처해 있음을 알려준다.

미취학 아동(3~5세) 보육을 위한 공적 지원이나 보조금은 미국에서 드물지 않은 제도로, 유치원에 다니는 5세 아동을 포함해 전체 어린이의 54%가 공보육을 이용하고 있다. 그러나 공보육 대부분은 하루 중 몇 시간만 제공되는 것이어서 이탈리아 91%, 벨기에 95%, 프랑스 99%의 미취학 아동이 낮 시간뿐 아니라 하루 종일 이를 이용하는 것과 대조된다 (<표 6-3> 참조). 프랑스는 아동보육 영역에서 모범적인 국가로 모든 가족에게 보육과 교육 서비스를 지원하고 있다. 프랑스의 아동보육 체계는 모든 계층을 포괄하며, 가족의 경제적 능력에 맞춰 지불 수단을 차등화해서 적용하고 있다(Bergmann, 1997; Helburn and Bergmann, 2002).

더 어린 아동에게 적용되는 지원 실태를 보면 미국 가족의 상황은 더 열악해진다. 미국에서는 3세 미만 영유아의 단 5%만이 공보육이나 재정 지원을 받는다. 몇몇 유럽 국가들은 이 정도 수준을 가뿐히 넘어서는데, 일례로 프랑스는 23%, 벨기에는 30%, 스웨덴은 33%에 이른다. 보육 문제에서 미국은 '낙오자'임이 분명하다. 하지만 다른 국가의 앞선 경험을 활용해 시행착오를 줄일 수 있기도 하다.[1]

양질의 유용한 보육 제도가 미비한 현실은 어머니들이 출산 후 직장에 복귀할 가능성을 제한하고 전일제 노동에 참여하기 더 어렵게 만든다. 보육 제도가 마련된다면 여성들이 더 오랜 시간 일하려 한다는 연구는 이미 쏟아져 나왔다(Hayes, Palmer, and Zaslow, 1990; Mason and Kuhlthau, 1992). 육아휴직 문제(Glass and Riley, 1998; Klerman and Leibowitz, 1999)와 더불어 양질의 보육 제도는 일하는 어머니의 관심사를 대표하는 것이자 어린 자녀를 둔 어머니가 더 많이 일할 수 있게 거드는 방안이고, 궁극적으로 경제 성장에 기여할 잠재력까지 지닌 정책이다.

---

1 윌렌스키는 복지국가 "선도자"와 "낙오자"라는 개념을 사용한다(Wilensky, 1974). 그러나 여러 복지국가들이 선도자들을 쫓아가느라 오랜 시간에 걸쳐 부득이하게 팽창했다는 그의 전제는 지난 20여 년 동안 의문시되어 왔다.

그런데 미국에는 아동보육 제도에 반감을 갖는 정서가 팽배하다. 그런 반감이 보통 왜곡되고 부정확한 정보에서 비롯되기는 하지만 말이다. 노동시간 논의와 마찬가지로 보육에 관한 논의도 으레 너무나 포괄적이어서 모든 종류의 돌봄을 지나치게 뭉뚱그려 다루는 데다, 지나치게 단순한 방식으로 '어머니의 돌봄'과 '그 외 돌봄'을 구분한다(Scarr, 1984; Clarke-Stewart, 1993). 따라서 보육 의제는 당연하면서도 중요한 몇 가지 측면을 구분해서 다루어야 한다. 즉 가족이 외부의 돌봄에 의존하는 정도, 돌봄을 필요로 하는 아동의 연령, 돌봄의 질, 이에 의존하는 가족의 형태에 주목할 필요가 있다.

유럽의 사례는 보육 제도에 가장 회의적인 미국인들조차 포괄적인 양질의 보육 서비스가 아동 복지에 기여할 수 있고 어떤 불이익도 주지 않는다는 점을 납득할 수 있게 한다. 물론 똑같은 조건이라도 오전 9시부터 저녁 5시 사이에 4세 아동을 돌보는 것과 오전 7시부터 저녁 7시 사이에 3개월 된 영아를 돌보는 것은 매우 다르다. 보육기관에서 아주 오랜 시간을 머무는 어린이가 있다는 사실은 사람들의 마음을 불편하게 하며, 특히 아동의 나이가 어릴수록 사람들이 느끼는 불편함은 커진다.[2] 다음에서 논의하겠지만 노동시간을 단축해 주간보육에 의존하는 정도를 낮추는 것은 아동보육 제도를 향한 반감을 줄이는 하나의 방안이 될 수 있다. 또한 아주 어린 자녀를 돌볼 수 있게 해주는 유급 육아휴직은 아동보육 제도가 너무 어린 아이에게는 적절치 못하다는 우려를 근본적으로 불식시킬 수 있다. 이렇게 일과 가족이라는 이질적인 조각을 가진 퍼즐은 전체적인 상황을 조정하는 노력 속에서 맞춰질 수 있다.

----

2 조앤 윌리엄스(Joan Williams)는 자신의 저서 『완고한 젠더(Unbending Gender)』에서 주간보육이 일 – 가족 갈등의 해법으로 제시되는 것에 반감을 갖는 주원인은 일부 전문직 부모들의 장시간 노동이라고 지적한다(Williams, 2000: 50).

그런데 보육 서비스의 범위와 아동의 연령에 대한 우려보다는 보육의 질이 더 문제가 된다. 부모(어머니)가 돌보는 것과 별다른 차이가 없으면서도 심지어 양질의 보육 서비스가 주는 유용함이 보고되고 있다. 예를 들어 국립아동보건인간개발연구소(National Institute of Child Health and Human Development, NICHD) 영아보육연구네트워크의 보고서에서는 충분히 훈련받은 교사가 소규모 단위로 돌보는 어린이들의 인지능력과 사회성이 향상된다고 밝힌 바 있다.[3] 그렇다면 문제는 보육 자체에 있는 것이 아니라 양질의 보육 서비스가 부족한 데 있는 셈이다. 특히 빈곤층과 노동자 계급이 양질의 서비스를 받기 어렵다는 점이 문제의 심각성을 더한다. 보육교사 양성 비율과 보육교사 1인당 아동 수를 측정한 결과를 살펴보면, 보육 지원의 약 57% 정도가 양질의 서비스를 보장하지 못한다는 안타까운 사실이 보도되기도 한다(McCartney, 2001). 이제 남은 과제는 소규모 학급 운영, 아동 대비 교사 수 증원, 충분한 훈련과 적절한 보상을 통한 보육 교사의 이직률 감소와 같이 양질의 보육을 보장하는 지원 체계를 수립하는 것이다. 이러한 체계를 구축하는 데에는 비용이 들지만, 현재의 체계를 고수하는 데 따르는 손실이 훨씬 더 크다.

양질의 아동보육 제도를 마련하는 것에 집단적 반감을 갖는 현실은 저소득층 여성 한부모에게 가장 극명하고 가혹한 딜레마로 각인된다. 1930년대에 채택되어 전후(戰後) 시기에 확대된 복지 정책은 아무런 생계 수단이 없는 비혼모가 어린 자녀를 양육할 수 있도록 충분한 지원을 받아야 한다는 원칙에 입각했다. 그러나 현재의 정책은 그 원칙에 역행하고 있다. 빈곤한 어머니는 복지(welfare) 대신에 '근로복지(workfare)'를

---

3 동일한 요인이 아동의 학업 성취에도 영향을 미치는지에 관해서는 대체로 일치하는 바가 없다. 국립아동보건인간개발연구소 영아보육연구네트워크(NICHD Early Child Care Research Network, 2002: 199~206)를 참고할 것.

마주하게 되었다. 정부 지원을 받는 기간도 엄격하게 제한되었다.[4] 게다가 이와 같이 새롭고도 일괄적인 노동 요건은 보육 서비스 지원이 전무한 상태에서 적용되어 왔다. 많은 주(州)에서 1세 이하 자녀를 둔 어머니에게조차 근로복지를 면제해주지 않고 있는 데다 복지 정책이 분산된 방식으로 실시되고 있는데도 아동보육 지원은 여전히 부족하다.[5]

보육지원 유형이 다양하다 하더라도 저소득 가족의 경우는 보육비가 소득에서 차지하는 비중이 너무나 크기 때문에 보육시설을 이용하기 어렵다(Scarr, 1998). 따라서 저소득 가족의 아동은 정부 규제에서 벗어난 비인가 시설에 맡겨지거나 가족, 친구, 이웃과 같이 약간의 보수만 받거나 아예 받지 않는 사람의 돌봄을 받기 쉽다(Ross and Paulsell, 1998). 게다가 최저임금을 받는 빈곤한 부모들은 이렇게 비표준화된 방식으로 이용할 자원마저 없는 경우가 많다.

더 나은 직업을 가진 중산층 어머니가 자녀에게 양질의 보육을 보장하고 있냐는 책망에 시달리는 반면, 보육 지원을 충분히 받지 못하는 빈곤층 어머니가 열악한 저임금 직종으로 내몰리는 현실은 너무나 부조리하다. 일과 가족 문제를 둘러싼 인식과 관련정책에서 나타나는 이러한 이율배반적 입장은 사회 변화가 지닌 성격에 뿌리깊이 박힌 모순 그 이상을 폭로한다. 모순이 표출되는 방식에서 드러나는 계층 및 성 불평등을 꼬집어주기 때문이다.[6] 요컨대 아동보육은 빈곤한 한부모 여성과 자원

---

4 1996년 개정법에 준해 실시하고 있는 정책은 복지 수혜자의 50%에게 노동복지에 참여할 것을 요구하는데, 조지 W. 부시 대통령은 그 비율을 70% 수준까지 올리려고 했다.

5 2000년에 연방기금에서 74억 달러가 보육발전기금(Child Care Development Fund)과 빈곤가족 한시부조정책(Temporary Aid to Needy Families, TANF)을 통해 제공되었지만, 정보와 여력이 불충분했던 탓에 많은 여성들이 보조금을 받지 못한 것으로 보고되었다. 아담과 로하섹(Adams and Rohacek, 2002)과 슈마허와 그린버그(Schumacher and Greenberg, 1999)를 참고할 것.

이 풍부한 부모에게 각기 다른 차원의 문제를 겪게 한다. 그러나 모든 어린이는 경제 여건과 가족 상황에 관계없이 양질의 보육을 받을 수 있어야 한다. 양질의 보육을 제공하는 데에 우리 모두의 이해관계가 공동으로 얽혀 있다는 점을 인식해야 비로소 좋은 사회정책을 수립할 수 있다. 친족 네트워크와 이웃의 수고로움에 보조금을 지급하는 방식이든 직접적으로 보육 서비스를 제공하는 방식이든 간에, 우리는 각기 다른 어려움과 각기 다른 자원을 가진 부모와 어린이의 요구에 다양한 방법으로 부응할 필요가 있다.

방과후 프로그램

미국은 미취학 아동 대상의 보육 지원뿐만 아니라 방과후 프로그램과 고학년 아동을 위한 지원 제도 또한 부족하다. 하지만 이러한 프로그램이 필요하다는 목소리가 높다. 오전 8시 30분이나 9시에 시작해서 오후 3시나 3시 30분에 마치는 학교수업은 부모의 노동시간에 비해 짧다.[7] 아침에 자녀를 학교에 데려다주는 것은 가능하다 하더라도, 자녀의 하교시간이 부모의 퇴근시간인 5시에 비해 상당히 이르기 때문에 어쩔 수 없이 시간상의 격차가 분명하게 발생한다. 퇴근시간이 이보다 더 늦는 경우 자녀의 하교시간과 부모의 퇴근시간 격차는 상당히 크게 벌어진다.

1997년에 실시한 <전국가족조사(National Survey of America's Families)>

---

6 보육을 둘러싼 논쟁에서는 또 다른 모순이 나타나는데, 이는 비취업 상태인 어머니를 포함해 부유층 가족이 으레 자녀에게 남보다 앞선 출발점을 제공하고자 보육시설과 '조기교육 프로그램'에 의존한다는 점이다.

7 1년 중 자녀의 여름방학은 석 달인데 부모의 휴가가 2주라는 점도 또 다른 난제로 작용한다. 일 - 가족 문제의 맥락에서 여름학교에 관한 이해를 돕는 논의로 헤이만(Heymann, 2000)을 참고할 것.

는 아동의 방과후 일과를 가늠할 수 있게 해준다(Capizzano, Tout, and Adams, 2000). 6~9세 아동의 5%는 주로 "스스로 돌본다"고 응답했고, 10%의 아동은 항상 일정한 시간을 혼자 보낸다고 응답했다. 연령을 10~12세 아동으로 높여서 보면, 이 비율은 각각 24%, 43%에 이르는 것으로 나타났다.[8]

이러한 시간 격차를 메우기 위한 일환으로 방과후 프로그램이 증가하는 추세를 보이기는 한다. 2001년 조사에 따르면 공립초등학교의 3분의 2 가량이 선택사항으로 방과후 프로그램을 운영하고 있었는데(National Association of Elementary School Principals, 2001), 시작한 지는 대개 5년 이내였다. 하지만 이를 운영하는 학교의 교장들은 재정과 담당인력이 부족해서 앞으로도 프로그램을 계속 운영할 수 있을지 불투명하다는 우려를 내비쳤다.

이런 상황에서 2001년에 상정된 「아동낙오방지법안(No Child Left Behind Act)」이 2002년 1월 국회를 통과해서 방과후 프로그램에 대한 재정 지원이 전년도 대비 18% 올라 10억 달러로 증가했다. 그런데 지원액이 급격히 증가했다고는 하지만 이는 6~9세 아동의 21%, 10~12세 아동의 10%만이 방과후 프로그램에 참여했던 1997년의 열악한 상황에 준해서 올린 예산이다. 따라서 지원 대상을 10세 미만 아동으로만 좁혀서 보더라도 부모가 취업 상태인 아동이 방과후 프로그램을 더 많이 이용할 수 있게 하기 위해서는 예산이 더욱 획기적으로 확대되어야 한다.

방과후 프로그램은 일하는 부모와 그 자녀의 귀가시간이 다른 데서 파생되는 문제에 대처하는 데도 도움이 될 뿐만 아니라 부모, 아동, 국가가

---

8 이 비율은 400~800만 명의 아동이 방과 후에 방치되고 있다는 근거로 자주 인용된다. 방과후 방치 상태에 있는 12세 이하 아동의 수는 가장 적게는 450만 명, 가장 많게는 830만 명으로 보고된다.

또 다른 어려움에 맞서는 데에도 유용하다. 예를 들어 스포츠교실에서 음악 레슨에 이르기까지 중산층 가족시간의 상당부분을 차지하는 많은 활동을 방과후 프로그램에서 다루게 된다면 가족생활에 필요한 시간을 어느 정도 확보할 수 있게 된다. 더 중요하게는 방과후 프로그램이 정규 학습 과정을 보완해주는 차원을 넘어서 하교 후부터 저녁식사 이전까지의 자유 시간을 행여 위험하게 사용할 가능성을 방지하는 대안으로 활용될 수 있어 교육적 잠재력 또한 충분하게 보유하고 있다는 점이다. 2000년에 교육부와 법무부는 「아동 및 가족 연구(Working for Children and Families)」라는 제목의 방과후 프로그램 관련 보고서를 공동으로 발간했는데, 이 보고서는 청소년 범죄의 절반이 오후 2시에서 저녁 8시 사이에 발생한다고 밝히고 있다(U.S. Department of Education, 2000). 따라서 방과후 프로그램을 강화하는 것은 아동의 심리적·신체적 건강을 증진하고, 잠재적으로 향후 20세 미만의 청소년들이 위험 상황에 처하는 것을 다소 예방할 수 있다는 전망도 담고 있다.

미취학 아동보육의 질과 범위를 개선하려는 목적이든 학령기 아동을 위해 다양한 기회를 강화하고 확대하려는 목적이든 간에, 국가는 자주 거론했던 "아동을 최우선한다"는 이상(理想)을 실질적인 자원으로 뒷받침하고 그 이상에 맞게 정책을 펼 때가 되었다. 아동을 중심에 둔 정책이 일과 가족생활의 균형을 도모하는 노력을 대체해버려서는 안 되지만, 현재 아동 관련 정책은 시간 압박을 완화시키려는 포괄적 접근의 일부이기도 하다.

광범위한 보육 서비스와 교육 개혁은 취업 상태인 부모를 지원할 뿐만 아니라 교육적인 성과를 제공할 것으로 기대된다. 그러나 이것만으로는 충분치 않다. 이러한 지원은 부모의 업무 능률을 높여 그 가족에게 도움을 주지만, 직업의 속성을 그대로 둔 채 구조적 개혁이라는 쟁점을 회피하는 것이기도 하다. 부모가 더 오래 일할 수 있도록 돕는 게 전부가 아니다. 부모가 자녀를 돌볼 권리, 자녀가 부모의 돌봄을 받을 권리 또한 지지하고 보호해야 한다. 따라서 '노동 촉진' 정책은 아동 보육과 다른 교육 제도를 공적으로 지원하는 데 그치는 것이 아니라 근로빈곤층의 소득을 지원하고 직업과 일터를 보다 유연하는 만드는 문제에까지 걸쳐 있다.

가족 소득 지원

도움을 필요로 하는 가족을 가장 직접적으로 지원하는 방안 중 하나는 소득지원이다(Ehrenreich, 2002; Sklar, Mykyta, and Wefald, 2001). 경제구조 사다리의 가장 아래 단계 직업에 종사하는 사람이 빚을 지지 않고 살기 위해서는 2개 이상의 직업을 갖거나 초과근무를 할 수밖에 없다. 이들의 직업은 대개 경제적 보상도 적거니와 개인적 보람도 찾기 어려운 경우가 많다. 소득도 높고 업무 압박도 심한 전문직뿐 아니라 이보다 낮은 단계의 노동자들도 남녀 할 것 없이 대체로 노동시간과 가족시간 간의 균형을 추구하려고 노력한다. 하지만 노동자들은 가족의 경제적 안정을 위한 지원도 필요로 한다. 때문에 일 – 가족 정책은 모든 노동자가 주 40시간의 노동으로 충분한 생활수준을 유지할 수 있도록 소득을 보장해야 한다. 그게 어렵다면 빈곤층으로 떨어지지 않게라도 해야 한다. 이렇게 한다고 해도 초과근무를 하거나 두 가지 이상의 직업에 종사하는 사람이 완전히 없어지지는 않겠지만, 누군가는 일을 덜 해도 되는 선택지를 제공받게 된다.

최저임금 또는 최저생계비를 지원하는 가장 신속한 방법은 최저임금 수준을 높이거나 심각하게 임금이 낮은 직종에 대해 세금을 공제해주는 것이다. 세금 공제는 빈곤층의 일자리 수를 줄이지 않으면서도 소득을 높여주는 방법이라는 점에서 옹호되곤 하는데, 사실 해당자 중에서도 이러한 혜택을 잘 몰라서 신청하지 않는 경우가 흔하다. 이와 달리 최저임금 인상은 노동자의 노력에 정당한 보상을 해줄 1차적 책임이 고용주에게 있다는 전제하에 세금 구조를 바꾸지 않고 소득을 높이는 방법이다. 최저임금 인상이 일자리 창출을 방해하지 않고 세금 공제가 고용주에게 터무니없는 급여체계를 만들도록 부추기지 않기 위해서는 그야말로 적정한 수준과 균형점을 찾는 것이 중요하다. 이러한 작업은 하나의 도전 과제가 되겠지만, 이들 정책 수단은 사용 가능한 것이 되어야 한다. 최저 임금 인상과 세금 공제 방안을 병행해야만 열심히 일을 해도 급여수준이 낮은 사람들의 최저생계비를 보장할 수 있다.

기회의 평등 보장과 부모권 보호

가족 친화적이면서 노동촉진적인 지원이 성별이나 부모 지위에 관계 없이 모든 노동자의 권리를 보장하는 기회의 평등 정책과 맞물리지 않는 다면 이에 연관된 부모 – 남성의 수가 증가하고 있다고는 하나 대개는 여성 – 들은 가족을 돌보는 책임 때문에 직업 경력을 희생해야 하고, 일터에 매여 있는 노동자들은 경력과 경제적 안정을 위해 가족생활을 희생할 수밖에 없게 된다. 우리는 남성과 여성, 아버지와 어머니, 자녀가 없는 노동자와 있는 노동자 모두의 기여에 의존하는 경제구조 속에서 비로소 생존할 수 있다는 것을 염두에 두어야 한다.

이렇게 모두의 삶을 보장하려면 19세기와 20세기 동안 노동자들이 획득한 권리에 비견될 만한 입법 조치를 취해야 한다. 최저임금제와 주 40시간 노동이 한때 불가능하게 여겨졌으나 지금은 당연시되는 입법 성과인 것처럼, 일하는 부모의 권리와 성 평등한 노동권 보장은 21세기에 일과 가족을 재구조화하는 데 필요한 절대적 요소로 인식되어야 한다. 또한 노동자의 권리를 주장한 초기의 운동이 당시엔 지나치게 앞서 나가는 것이라 여겨졌지만 지금은 생산적이고 인간적인 경제 구조에 필수 요소로 인식되는 것과 마찬가지로, 여성과 부모의 권리를 보장하는 것은 우리의 개인생활뿐만 아니라 사회의 기반을 탄탄하게 해줄 것이다.

단적인 예로, 집안일을 처리하느라 업무시간을 줄였다고 해서 그에 상응하는 대가를 치러야 하는 것은 노동의 본질적 특성이 아니라 사회적 재정의의 과정에서 구성된 맥락적 장치를 배경으로 한다. 2차 대전에 참전한 남성이 국가에 봉사했던 시간을 이유로 직장에서 불리한 상황에 처하지 않았듯이 부모, 그 중에서도 특히 여성이 자녀를 돌보느라 쓴 시간 역시 부당하게 불이익을 당하는 빌미가 되어서는 안 된다. 인간의 수명이 길어지고 임금노동에 종사하는 기간도 길어지는 만큼 자녀와 그 외 가족 구성원을 돌보기 위해 시간을 할애하는 것을 보장해주어야 한다. 특히 가족 책임이 절정에 달하는 비교적 짧은 시기를 반드시 고려해야만 한다. 여성과 부모에게 이러한 기회가 주어지지 않으면 많은 사람들은 돌봄의 비용이 너무 가혹하다고 생각할 것이고, 가족을 돌보느라 노동시간을 줄이는 사람들은 계속해서 불이익을 당할 수밖에 없다.[9]

노동 유연성을 통한 가족 지원

가족이 양질의 보육 제도와 광범위한 방과후 프로그램, 근로빈곤층 소득 지원 정책에 지속적으로 의존할 수 있게 되더라도 개혁해야 할 과제는 여전히 남는다. 바로 노동자가 공적 생활과 사적 생활을 어떻게 엮어

---

9 부모 노릇과 노동 모두를 평등하게 함으로써 생기는 이익에 관한 경제적 분석은 폴브레 (Folbre, 2001)와 고닉과 메이어(Gornick and Meyers, 2003)를 참고할 것. 제 5장에서 인용한 바와 같이 크리텐든은 자녀를 돌보느라 무수히 많은 경제적 불이익을 감수해야 한다는 점을 비판하고 있다(Crittenden, 2001).

나갈지를 결정하는 데 더 많은 선택지를 보장받으려면 일터에서 유연성이 확대되어야 한다는 점이다. 예를 들어 「가족의료휴가법(Family and Medical Leave Act)」에서는 환자나 노인을 돌봐야 하거나 어린 자녀가 있는 사람에게 사적인 시간을 보다 많이 제공하도록 규정하고 있다. 이는 노동자에게 더 많은 유연성을 보장하고 노동과 가족 사이의 불균형을 시정케 하는 출발점이 된다. 노동자의 권리를 노동구조 전반에 걸쳐 광범위하게 법제화함으로써 이제 막 부모가 된 사람, 과중하지만 일시적으로 가족 책임을 맡게 된 사람 모두 최소한의 지원이라도 받을 수 있게 될 것이다. 이러한 법제화가 이전과 비해 더욱 많은 노동자에게 보호막이 되어준다는 점은 이미 몇몇 연구를 통해 밝혀졌다(Waldfolgel, 1999).

개인 삶의 유연성을 높이는 데 여러 개혁이 필수적이기는 하지만 노동자들이 처한 변화된 환경에 부응하기에는 여전히 불충분하다. 「가족의료휴가법」은 사용기간을 제한하고 무급 휴가만 인정하고 있어 고용주의 의무를 근본적으로 바꿔내지 못하고 기본적인 직무구조를 고스란히 유지시킨다. 긴 노동시간과 경력단절 없는 노동 참여가 직업적 성공을 위한 필수요건으로 남아 있는 한, 단기간이든 장기간이든 당분간 일을 줄여야 하는 사람은 앞으로도 계속해서 상당한 대가를 치를 수밖에 없을 것이다.

헤이만은 일상에서의 돌봄을 치밀하게 관찰함으로써 노동 유연성의 문제가 얼마나 중요한지를 논증한 바 있다(Heymann, 2000). 그녀는 근무 일정을 변경할 수 없는 사람이 자녀의 담임교사나 생활지도교사와의 면담에 참석하기가 얼마나 어려운지, 평일에 다른 약속을 잡는 것이 얼마나 난감한지를 보여준다. 또한 수백만 명의 어린이가 천식과 같이 부모의 관심과 정기적 검진을 필요로 하는 만성 질환으로 고생하고 있는 사례도 들고 있다. 가족이 언제 이런 곤경에 처할지를 정확하게 예측하기란 불가능하지만, 사실 이런 일이 언제든 일어날 수 있다는 것은 분명하게 예측할 수 있다. 또한 공공보건의 관점에서 보더라도 일하는 부모가 이러한 난관에 적절히 대처할 수 있는 노동 유연성을 필요로 한다는 점은 쉽게 짐작할 수 있다. 경제 전문가들은 탄력근무제와 같은 유연한 노동형태가 결근율을 줄이고 이직률을 낮춤으로써 노동자 1인당 생산성을 높일 뿐만 아니라 임금도 높여준다고 밝히고 있다(Gariety and Shaffer, 2001).

노동 유연성은 법제화하기가 어려운 데다 직종에 따라 다른 형태로 제공되어야 하기에 더욱 복잡한 문제이기는 하다. 그렇지만 직업구조 전반의 노동조건을 더 유연하게 만드는 방안을 모색하는 일에서부터 시작하면 된다. 현재 시행 중인 최소한도의 육아휴직 정책에서 나아가 조세 지원을 비롯한 여러 조치를 도입함으로써, 유연한 환경을 조성하려는 고용주에게는 혜택을 주고 제도 도입을 망설이는 기업에게는 직무 구조를 혁신하도록 독려할 수 있다.

육아휴직이나 다른 형태의 유연한 제도를 남성이 이용한다고 해도 그러한 제도가 '어머니 궤도'라 불리는 것은 어쩌면 당연하다. 여성은 어린 자녀와 함께 시간을 보내야 한다는 압력을 더 많이 받는다. 게다가 다른 전략을 사용하고 싶어도 여성의 임금이 일반적으로 낮기 때문에 '어머니 궤도'가 최소한의 저항 경로로 등장하곤 한다. 따라서 아버지가 가족을 돌보는 역할에서 계속 뒷전으로 밀리는 반면, 어머니와 예비 어머니는 돌봄과 경력 쌓기 사이에서 결코 쉽지 않은 균형을 모색해야 한다. 성별에 관계없이 부모지위를 보장하는 기본적 장치가 없는 상태에서는 이러한 정책이 오히려 저임금, 경력단절 증가, '1차적' 양육담당자의 유연성 차단을 지속시키는 순환을 누적하는 데 일조하게 된다. 결국 여성이 이러한 비용을 몸소 치러야 하기 때문에 성 불평등은 강화되고 악화된다. 이와 달리 아버지들은 유연한 직종에 종사하고 있을 경우 가족 내에서 평등한 동반자가 되기 쉽다(Coltrane, 1996; Gerson, 1993; Risman, 1998).

탄력근무제는 평등한 기회를 보장하는 조치와 함께 실시되어야 한다.

여기에는 「기회균등법」을 더 강력하게 적용하고 노동자의 직업안정성을 훨씬 광범위하게 보장하는 내용이 포함되어야 한다. 「기회균등법」은 1960년대부터 있었으나 엄격하게 집행되지는 않았다. 동일(comparable) 노동에 동일(equal) 임금을 제공하려는 시도에서처럼 현행법을 집행하고 관련 문제를 해결하는 것은 노동시장의 성 평등을 이뤄내기 위해 결정적으로 중요하다.

일반적으로 미국 노동자들은 어떤 산업 사회보다도 가장 해고되기 쉬운 국가에 살고 있으며, 대개 시간제 노동자는 전일제 노동자에 비해 직업 안정성이 훨씬 낮다. 이에 저임금과 복리후생 부족뿐만 아니라 예기치 않은 실직의 위험에도 더 직접적으로 노출되어 있는 것이다. 그러나 다른 여러 국가에서는 시간제 노동자에게 전일제 노동자와 동일한 수준의 직업 안정성을 보장한다. 시간제 노동에 대한 차별을 금지하는 유럽 연합의 정책은 그러한 보호 장치를 마련하는 데 유용한 모델이 될 수 있다(European Union Council Directive, 1997).

노동 촉진-가족 친화 정책의 한계

가족을 지원하고 노동 참여를 촉진하는 정책은 필요하지만, 이 정책들은 시간 불균등의 구조적 근원을 다루지 않기 때문에 불충분할 수밖에 없다. 개인이 다양한 선택지와 지원을 필요로 하는 것에 비해 노동 촉진 – 가족 친화 정책은 선택의 맥락에 영향을 미치는 가능성을 재구조화하려는 보다 광범위한 노력의 일부에 지나지 않는 것이다. 개인의 선택권을 강조하는 것은 가족 친화 정책을 사용하는 노동자에게 부담을 지우고, 심지어 개인의 직업, 경력, 경제적 안정을 위태롭게 하기까지 한다. 직장문화가 초과근무를 애사심과 동일시하고 고용주와 관리자 역시 그러한 속뜻을 내비치는 한, 노동자는 그 선택의 내용이 무엇이든 간에 상당한 대가가 수반되는 방안을 '사용해도 비난받고 사용하지 않아도 매도당하는' 상황에 처하게 된다. 가족 지원 정책을 이용하는 이들은 직장에서 그 대가를 치러야 하며, 많은 경우 자신의 직업과 경력 전망을 보호할 수 있는 '기회'마저 여지없이 포기하게 된다. 실제로 현재의 인센티브 구조는 노동자들이 별 것 아닌 대가가 따르는 선택지를 고르기보다는 차라리 일터에서 더 오랜 시간을 보내도록 유도한다.

문제는 사람들이 비합리적인 선택을 할지도 모른다는 것이 아니라 이용할 수 있는 선택지가 그다지 매력적이지 않다는 점이다. 선택이 이루어지는 기회 구조를 변화시키지 않은 채 '선택'을 넓히기만 한다면, 사람들은 문제가 많고 만족스러운 해법을 제공하지도 못하는 선택지 중에서 결정을 내려야 하는 상황에 놓이게 된다. 주당 50~60시간을 일하느라 가족을 보살피거나 다른 일을 할 시간을 거의 갖지 못하는 일상을 매력적으로 느끼는 사람은 극소수이다. 그런데 바로 그렇게 하길 요구하는 직장은 아주 많다. 달리 취할 수 있는 방도라고는 임금도 낮고 복리후생도 거의 없으며 노동시간 또한 제한적으로만 바꿀 수 있어 아무 장점도 없는 업무 또는 직업뿐이라면, 이는 다른 사람을 보살필 시간을 얻기 위해 치러야 할 대가치고는 너무나 혹독하다. 요컨대 단지 선택만을 강조하는 정책 모델은 자녀와 함께 시간을 보내려는 부모를 비난하고, 여성과 그 가족이 경제적 정의(正意)를 필요로 하는 시대에 오히려 남녀 간의 형평성을 기대하는 바람마저 위태롭게 한다.

원칙적으로 '개인의 선택권'을 강조하는 접근은 가족 친화적인 선택지를 사용하는 데 어떤 비용도 들지 않는다고 전제한다. 노동 유연성 증대의 주된 목표는 '비표준적인' 노동 형태를 선택한다는 이유로 받게 되는 불이익을 줄이는 것이다. 그런데 현실에서는 노동시간이 노동 헌신성을 대표해왔다. 강력한 보호 조치가 만들어지지 않으면 아주 짧은 기간 동안만이라도 일과 개인생활의 균형을 추구하는 이들은 그 대가를 치를 수밖에 없다. 악마의 딜레마에 빠지게 하기보다는 매력적이고 실용적인 대안들 사이에서 유용한 선택을 할 수 있는 구조를 제공해야 한다. 즉 단지 선택의 종류를 늘리는 것뿐만 아니라 현재 구조를 근본적으로 개혁하는 방식으로 접근할 필요가 있다. 노동 촉진 – 가족 친화 정책을 통해 선택지를 넓히는 것에 더해 평등한 기회를 제공하고 부모로서의 권리를 보장하며 노동자를 보호하고 노동시간을 규제하는 정책이 필요하다.

노동시간 규제

직장구조와 문화를 근본적으로 변화시키지 않은 채 기회의 평등을 보장하는 것만으로는 노동자들이 처한 시간 딜레마를 해결할 수 없다. 따라서 사회 정책은 노동시간 구조에도 초점을 맞춰야 한다. 현재의 구조는 어떤 이들에게 그들이 원하는 이상의 장시간 노동을 받아들이도록 유도하거나 장기간에 걸쳐 상당한 불이익을 감내하도록 한다. 또 다른 이들에게는 그들의 바람보다 짧게 일하는 시간제 일자리와 그들의 필요에 못 미치는 복리후생, 낮은 직업안정성, 빈약한 경제적 자원을 감수하라고 한다. 공공 정책은 노동자의 필요와 직업 구조 사이에 존재하는 엄청난 규모의 불일치를 다루어야 한다. 그래야 고용주들이 경쟁하는 장을 공평하게 만들 수 있고, 현재의 체계를 만들어낸 반(反)생산적인 유인책을 제거할 수 있으며, 가족 친화적이면서도 성 평등한 기회를 예외가 아닌 표준으로 위치시킬 수 있다. 그러한 노력은 노동자의 선택지를 확장하는 것보다 더 많은 것을 이루어낼 수 있다. 즉 더욱 실행 가능하고 공정한 선택의 범위를 만드는 것이다.

노동시간 문제를 직시하는 개혁이 이루어지지 않는다면, 가족과 함께 보낼 시간이 필요함에도 시종일관 장시간 일하는 사람이 경제적·사회적 보상의 큰 몫을 차지할 가능성이 높다. 반면 전일제보다 짧게 일하고 초과근무도 덜 하며 심지어 임시직으로 일하는 사람은 그런 보상을 받을 기회를 얻지 못해 낙담하게 된다. 시간 불균등의 증가는 노동시간 구조를 재구성해야만 타개책을 찾을 수 있다. 이제 그간 사회 정책에서 간과되어왔던 측면으로 관심을 옮겨 직업을 장시간 노동과 단시간 노동으로 왜곡해온 경제적 힘을 균형 잡는 개선책을 고려해보자. 이는 과잉노동하는 사람의 시간 압박을 줄여주고 일거리가 부족한 사람에게 기회를 주어 궁극적으로 임금노동과 가사노동 간의 새롭고 성 평등한 조화를 창조해내는 것을 목적으로 한다.

역사적 관점에서 본 노동시간

미국의 노동시간 규제 정책은 1938년의 「공정노동기준법」에 입각해 만들어져 현재까지 유지되고 있다. 이 법에서는 다수 노동인구의 표준노동시간을 주당 40시간으로 정하고 그 이상 일할 경우 시간당 1.5배의 임금을 지급하도록 하고 있다. 따라서 현 체제는 19세기 말까지 거슬러 올라가는 수십 년에 걸친 투쟁과 논쟁의 정점을 보여주는데, 노동시간은 바로 이 시기 노동운동의 최초이자 가장 가시적인 요구 중 하나였다. 영국, 미국을 비롯한 한창 산업화가 이루어지던 국가의 노동자들은 하루 12시간 일하기 위해 싸웠고, 그 다음에는 하루 10시간, 그리고 최종적으로 하루 8시간 노동을 쟁취하기 위해 투쟁했다. 하지만 1929년 말경 미국 제조업 노동자의 80% 이상은 여전히 주당 48시간 이상을 일하고 있었다.[10]

---

10 앨라배마 주의 상원의원 휴고 블랙(Hugo Black)은 대공황으로 인해 실업이 확산되고

주당 노동시간 단축을 지지하는 주장이 몇 가지로 제기되었다. 첫째, 지지자들은 노동량을 규정하면 노동자들에게 더 공평하게 일이 배분될 수 있다고 주장했다. 즉 모든 사람을 하루에 6시간씩 일하도록 고용하는 것이 3분의 2의 노동자에게 하루 10시간씩 일하도록 하고 나머지 3분의 1의 노동자를 실업 상태로 두는 것보다 더 공정하다는 것이다. 둘째, 주당 노동시간 단축이 상품 구매 수요를 자극하는 데 도움이 된다고 주장했다. 임금을 유지한 상태에서 고용을 늘리면 노동자 전반의 구매력을 높이고 더 많은 상품 수요를 창출해서 결국 경제 불황을 타개하는 데 도움이 된다는 것이다. 또한 어떤 이들은 주당 노동시간 단축이 업무 효율성을 높여주기 때문에 노동자들이 조금 더 짧은 시간 일하더라도 동일한 일당을 받는 것이 정당화된다고 주장하기도 했다.

「공정노동기준법」이 채택된 지 60년 이상 지나면서 노동시간을 어떻게 조정할지 재고해야 할 만큼 미국의 직업 구조에는 근본적인 변화가 일어났다. 맞벌이 가족과 한부모 가족의 광범위한 증가는 대다수 가구가 두 명의 소득자 또는 한부모에 의존하지 않았던 시기에 채택한 40시간 기준이 과연 적절한지 질문을 던진다. 게다가 전문직과 관리직 노동인구가 증가한 것도 법 적용 대상을 벗어난 노동자 집단의 규모를 키우는 데

주당 노동시간 단축 요구가 높아지던 한복판에서 주당 노동시간을 30시간으로 규정한 법안을 1933년 봄에 제출했다(블랙은 후에 대법원 판사가 되었다). 표결에 부친 결과 그 법안은 찬성 56표, 반대 21표로 상원을 통과했지만, 하원에서는 그러지 못했다. 루스벨트 대통령은 블랙의 법안에 반대하고 「국가산업부흥법(National Industrial Recovery Act, NIRA)」을 찬성한다고 밝혔다. 이 법에 근거해 특정 산업의 임금과 노동시간 결정권을 갖는 여러 자문위원회가 만들어졌고, 여기에서 전체 노동자의 약 절반에게 적용되는 주당 40시간제를 결정했다. 그러나 1936년 연방대법원은 「국가산업부흥법」을 위헌이라고 판결했고, 이에 노동시간은 이전 수준으로 퇴보해 기다렸다는 듯 급증했다. 1938년 「공정노동기준법」이 최저임금제와 주당 40시간제를 규정할 때까지 그 상태가 유지되었다(Roediger and Foner, 1989).

일조했다. 그리고 전체 인건비의 극히 일부분인 건강보험 등의 복리후생 비용이 폭등한 것은 복리후생을 제공하면서 장시간 노동을 요구할 수 있는 경우와 40시간 기준보다 적게 일하기 때문에 복리후생을 제공하지 않는 경우로 직업을 양분하는 요인이 되었다(Lettau and Buchmueller, 1999).

오늘날 노동시간이 쟁점으로 부상하는 데는 과거와 다른 맥락이 존재한다. 예를 들어 노동시간 제도를 개선한다는 것은 주당 노동시간 단축이 실업을 줄이고 복지를 보편화시킬 것이라는 전통적인 주장을 넘어 새롭고 보다 현대적인 관심에 근거한다.[11] 전체적으로 주당 노동시간을 줄이고 직업들 간의 노동시간을 더욱 균등하게 배분하도록 규제하는 것은 가족의 스트레스를 줄이고 직장과 가정에서 성 평등을 모색할 수 있는 방안을 제공한다.[12] 또한 가족과 일 사이에 균형을 도모하고자 하는 열망을 가졌음에도 자신에게 주어진 선택지 앞에서 좌절하곤 하는 미국 노동자들의 필요와 선호를 대변해준다. 게다가 고임금을 받지만 과로하는 노동자와 저임금의 불완전 고용에 시달리는 노동자 사이를 더 벌어지게 하는 계급 불평등을 완화시킬 가능성도 내포한다.

우리는 노동 정책이 보다 가족 친화적이고 보다 성 평등하며 보다 많은 직업을 포괄할 수 있게 노동시간을 개혁하는 방안을 크게 세 가지로 제안하고자 한다. 첫째, 직업 구조에서 나타난 변동에 맞추어 「공정노동

---

11 특히 유럽에서는 주당 노동시간 단축을 옹호하면서 자꾸 전통적인 화제로 회귀하려는 사람들이 있다. 노동시간을 단축하라는 목소리는 경기 침체기와 고실업 시기에 가장 커진다. 일례로 주당 노동시간 단축 요구는 1980년대와 1990년대 유럽 경기 침체 시기에 광범위하게 퍼졌다. 더 많은 사람들과 일정한 양의 일을 나누자는 논리는 주당 노동시간 단축을 지지하는 흥미진진한 주장이다. 그러한 논리가 영국, 이탈리아, 프랑스에서도 통용되었든 아니든 간에 이들 국가에서는 1990년대에 주당 35시간제를 획득하자는 주장이 주류를 이루었다.

12 이는 최근 몇 년간 북유럽 국가들과 네덜란드에서 실행되었다.

기준법」을 전문직, 관리직, 여타 임금노동자로 확대적용하는 것이 시의 적절하고 합리적이다. 둘째, 모든 노동자에게 일한 시간에 비례해 의무적으로 복리후생을 제공해야 공정성이 확보되는 시대이다. 셋째, 맞벌이 가구와 한부모 가구가 다수를 이루는 상황이므로 주당 35시간을 표준으로 고려할 때이다. 이러한 방안들은 과거가 미래를 진두지휘해야 한다고 전제하는 이들에게는 터무니없이 비실용적으로 보일 수도 있다. 하지만 역사적인 관점은 오늘 비실용적이고 불가능한 것이 내일은 없어서는 안 될 당연한 것으로 여겨질 수 있음을 시사한다.

노동 보호 조치와 「공정노동기준법」 확대

1938년 「공정노동기준법」이 제정되었을 당시에는 7명 중 1명인 14.8%의 노동자가 전문직이나 관리직으로 분류되었다. 1995년까지 이 비율은 7명 중 2명인 28.3%로 늘어나 거의 두 배가 되었다.[13] 이 직종에 속한 노동인구는 그 수가 증가하면서 점차 최장 시간 일해야 하는 가장 강력한 압력을 받게 되었다. 이제 노동자 10명 중 거의 3명이 전문직과 관리직에 종사하고 있는 실정이므로 이들 역시 초과 노동시간에 따라 시간외 수당을 지급받는 집단에 포함되어야 한다. 시간제 노동자뿐 아니라 봉급생활자들도 초과근무 보호 조항을 적용받을 수 있게 「공정노동기준법」을 확대하는 것은 이들에게 장시간 일하도록 압력을 가하는 고용주의 동기를 줄여줄 것이며, 이에 따라 노동자를 초과 근무하는 집단과 충분한 일거리가 없는 집단으로 분할하려는 동력 또한 약화될 것이다.[14]

....

13 이 수치는 미국 인구조사국(U.S. Bureau of the Census, 1975, 1996)에 실린 1940년의 인구조사와 1995년의 <현 인구조사>에서 인용했다.

14 초과근무 수당 지급 조항의 예외를 다룬 보완적 논의로는 「공정노동기준법」을 전문직과 관리으로 확장해서 적용하는 데 찬성했던 라코프(Rakoff, 2002)를 참고할 것.

어떻게 하면 지나치게 관료적인 번잡함을 거치지 않고서도 이러한 보호조치를 설득력 있게 확대할 수 있을까? 전문직과 여타의 봉급생활자들이 출퇴근시각을 입력하고 싶어 하지 않는다는 점은 확실하다. 사실 눈에 보이지 않게 노동시간을 감시하는 방법은 여러 가지이며, 변호사나 회계사처럼 시간에 따라 비용을 청구하는 전문직 종사자들은 이미 자신의 노동시간을 주의 깊게 모니터하고 있다. 이들에게 본인의 노동시간을 직접 체크하는 것이 용인되지 않았다면, 임금노동자의 노동시간을 관리하기 위해 수많은 방법이 개발되어왔던 것처럼 다른 방안들이 고안되었을 것이다.[15] 노동부에서는 「공정노동기준법」의 적용 범위를 더 많은 노동자로 확장하기보다는 증가한 노동자 집단을 '관리직'의 하위 부문에 포함시킴으로써 이 법의 적용 범위를 협소하게 유지시키는 새로운 규정을 공포하려 하고 있다. 국회는 변화를 방해하기 위해 여전히 분투하고 있는 듯하다(Hulse, 2003). 앞서 제시한 바와 같이 「공정노동기준법」이 전문직과 관리직을 포함한 봉급생활자로 그 적용 범위를 넓힌다면, 직업 분류가 바뀐다 해도 노동자 보호 조치는 위협받지 않을 수 있다.

비례적 복리후생 의무화

주 40시간 기준은 대부분의 복리후생 꾸러미가 '전부 주거나 아무것도 주지 않는' 특성을 갖는다는 점에서도 문제가 있다. 현재 체계에서 전일제 노동자는 40시간 넘게 일해도 복리후생 혜택을 추가로 받지 못하며, 시간제 노동자는 어떤 것이든 그 혜택을 받는 게 행운이라고 생각한

---

15 예를 들어 노동자 각자의 시간을 체크하도록 하기보다는 노동자들이 직장에서 일하는 평균 시간에 준해 표준을 정할 수도 있다. 게다가 불편하고 형식에 구애받는 강제적인 절차를 거치지 않도록 주당 노동시간을 단축했음을 입증하는 기업에게 보상으로 조세 지원을 제공할 수도 있다.

다. 모든 노동자에게 노동시간에 비례해 복리후생을 제공하도록 의무화하면 전일제로 일할 수 없거나 전일제로 일하기 원하지는 않지만 건강보험 등의 지원을 필요로 하는 이들이 보호받을 수 있고, 동시에 장시간 노동자는 공정하게 추가 혜택을 받을 수 있게 된다.

주당 40시간 노동을 기준으로 한 표준적인 꾸러미가 건강보험, 퇴직연금, 산재보상 등의 기본적인 내용을 담고 있다면, 더 오랜 시간 일하는 노동자는 탄력적으로 추가 혜택을 받을 수 있어야 한다. 이 혜택은 퇴직금, 생명보험 또는 추가 소득의 형태가 될 수 있다. 마찬가지로 표준 노동시간보다 약간 적게 일하는 사람도 더는 모든 복리후생에서 배제되지 않고 자신이 일한 시간에 비례해 그 혜택의 일부를 받을 수 있어야 한다. 시간제 노동자는 자신이 사용하지 않는 혜택과 자신이 필요한 혜택을 교환하는 등 가장 유용하게 활용할 수 있는 복리후생 꾸러미를 제공받아야 할 것이다.

모든 노동자가 살면서 겪게 되는 뜻밖의 사고에 대비할 수 있게 되면, 노동자를 초과 근무하는 사람과 일거리가 부족한 사람으로 구분하려는 고용주의 동기는 약화될 수밖에 없다. 이 경우 노동 배치는 노동자를 고용하는 데 드는 비용을 인위적으로 분할하는 방식이 아니라 해당 직무의 근본 원칙을 보다 충실히 반영하게 될 것이다. 노동자의 수가 많을 때보다 적을 때 실제로 효율성이 높아진다면, 고용주는 추가 혜택을 지급하더라도 장시간 일하겠다는 사람을 채용하려고 할 것이다. 노동시간에 비례해 복리후생 지급을 의무화하는 방안이 시간제 일자리에 드는 비용을 높여 그 일자리의 수가 줄어들게 만들 수도 있다. 하지만 시간제 일자리가 노동자의 기본적 필요를 충족시키고, 그렇기에 정말 매력적인 선택지일 수 있음을 보장하는 것이기도 하다.

비례적인 복리후생은 장시간 노동에도 더 많은 비용이 들게 한다. 초과 근무에 따라 보수를 지급하는 등 추가로 발생하는 비용은 고용주에게 장시간 노동과 단시간 노동 모두를 줄이고, 상품 생산이나 서비스 제공에 가장 좋은 방법일 경우에만 그러한 일자리를 제공하도록 고무한다. 즉 비례적인 복리후생 조치는 노동인구를 양분하는 인위적인 이유를 또하나 제거해준다.

주당 35시간제

「공정노동기준법」의 확대와 비례적인 복리후생 제공 등의 정책은 고용주와 노동자 모두에게 영향을 미친다. 하지만 이러한 노력이 노동시간 자체에 관한 정책을 직접적이고 근본적으로 전환시키는 것은 아니다. 주당 노동시간 길이의 기본 전제를 다시 생각해야 할 때이다. 주당 40시간 노동은 남성 생계부양자 가족에 적합하게 만들어진 것으로, 한 사람의 소득으로도 전체 가구가 살기에 충분하다는 가정에 기반을 두고 있다. 하지만 이제 더는 그런 상황이 아니다. 고용주들이 집에 있는 무급의 (여성) 배우자를 더는 정기적으로 보조하지 않기 때문에 이전과 달라진 사회적·개인적 필요를 충족시키기 위해서는 이전에 만들어진 바로 그 기준을 다시 검토해야 한다.

맞벌이 가족과 한부모 가족이 노동자의 다수를 이루는 상황에서 주당 35시간 노동은 설득력을 지닐 뿐만 아니라 새로운 위기를 관리하는 데도 도움을 준다. 현재 기준에서 이렇게 조금만 줄여도 일하는 부모의 시간 압박이 줄어들고, 가족원을 보살필 시간을 확보할 수 있다. 또한 부모 노릇과 임금노동에서 남녀 간에 형평성을 이룰 수 있으며, 어떤 형태의 가족에 속했든 간에 노동자들은 지역 사회에 충분히 참여할 수 있게 된다. 주당 40시간 노동이 결코 모든 사람에게 강제될 수 없는 것처럼, 35시간 노동도 모두에게 필요하지 않을 수 있다. 하지만 주당 35시간 노동은 우리 사회의 이상과 가치, 규범을 구체화하는 표준으로 유용할 거라는 기대를 받고 있다.[16] 이는 고용주와 피고용인 모두의 기대에 부응할 것이고 기업 내부뿐 아니라 기업 간의 효율성과 균형을 촉진시킬 것이며 직장, 가족, 지역 사회 간의 협력을 더 활발하게 만들 것이다.

주당 35시간제가 급진적인 견해로 여겨질 수도 있다. 그런데 주당 40시간도 집단적인 사회적 투쟁을 통해 표준으로 정착시키기 전까지 혁명적으로 여겨지기는 마찬가지였다는 점을 기억하자. 게다가 다른 방안들이 그다지 매력적이지 않다는 점도 중요하게 고려해야 한다. 가장 뻔한 방안은 어떤 조치도 취하지 않고 현재 조건을 그대로 두는 것, 다시 말해서 노동자 개인이 죽을힘을 다해 난관을 극복하도록 책임을 떠넘기는 것이다. 이 각본은 노동자가 완전히 녹초가 되거나 일찍 은퇴해버리거나 일 이외의 생활을 가지려는 희망을 포기하기 전까지 증가하는 압력에 내내 시달리도록 방치하고, 고용주들이 주당 50~60시간 노동이 적절하다고 여기도록 내버려두는 것을 의미한다. 그다음 방안은 개별 노동자의 유연성과 선택을 강조하면서도 그러한 선택의 범위가 구성되는 노동 구조는 도외시하는 것이다. 이 접근은 어떤 노동자들에게는 더 나은 균형점을 찾는 데 도움을 주기도 하지만, 기회의 평등과 남녀 간의 형평성을 희생할 때에만 가능하다는 치명적인 맹점을 지닌다.

달라진 가족생활에 보다 잘 조응하도록 노동 기준을 재편하는 접근은 노동자, 고용주, 지역 사회 모두에 도움이 된다. 이 접근은 진심으로 가족생활을 지원하려는 고용주가 그러한 노력으로 인해 불리해지지 않는 공정한 경쟁의 장을 제공한다. 또한 성별이나 가족 상황과 관계없이 모든 노동자가 가계경제의 안정 또는 자녀의 복리를 희생시키지 않고도 가

---

16 엡스타인과 공저자들은 전문직 노동자에게 규범으로 작용하는 현재의 표준이 주당 40시간을 훨씬 넘으며, 법조계를 비롯한 업무 압박이 높은 직종에서는 주당 40시간이 '시간제'로 정의된다고 꼬집었다(Epstein et al., 1999). 저자들은 일에서 성공하는 것과 일에 들이는 시간을 등치시키는 '시간 규범'을 근본적으로 재구성해야 한다고 요구했다.

족생활과 일을 원활히 통합시키도록 거들어준다. 그리고 직업과 경력에서 성 불평등을 조장하는 영향력들을 조금이나마 누그러뜨린다.

급진적으로 보이는 이러한 방안을 어떻게 실현할 수 있을까? 역사가 보여주듯이 시민, 노동자, 정부로부터 결집된 강력한 의지는 노동에 대해 생각하고 조직하는 방식에 근본적인 변화를 일으킬 수 있다. 구체적으로 기업에게는 조세 지원을 통해 주당 노동시간을 단축하도록 독려할 수 있다. 예컨대 주당 35시간제를 실시하는 고용주에게 사회보장, 산재보험, 실업보험, 그 외 의무적으로 지출되는 사회보험 비용을 낮춰주는 것이다. 이는 고용주에게 과도하게 긴 노동시간과 초과 근무를 기대할 동기를 줄여주면서 동시에 노동시간 단축을 허용할 경제적 유인책을 제공한다. 주당 35시간제를 표준으로 만들기 위해 취할 수 있는 방법은 많다. 그 첫 번째 단계는 그것이 가능하다고 상상하는 것이다.

강제적 초과근무 제한

주당 50~60시간 일할 것이라는 기대가 봉급생활자에게 압박을 주는 것과 마찬가지로 초과근무를 의무적으로 부과하는 것은 모든 임금노동자에게 시간 압박을 겪도록 한다. 물론 초과근무가 필요한데도 금지하는 것은 가능하지도 않거니와 바람직하지 않다. 일례로 간호 인력이 부족한 병원처럼 어떤 고용주들은 심각한 인력 부족에 시달리기 때문에 필수적인 서비스를 제공하거나 규제 조항을 지키려면 초과 근무 외에 달리 취할 수 있는 방도가 없기도 하다.

하지만 초과근무 의무화는 노동자를 더 많이 채용하기 꺼리는 고용주에 의해 손쉽게 오용될 수 있다. 이 경우 초과근무는 어떤 노동자는 과로하게 하면서 다른 노동자는 실업 상태에 머물게 한다. 다시 말해서 어떤 이들은 직업을 포기할지 아니면 수년 동안 내내 시간 압박을 감당할지를 선택해야 하는 기로에 서는 반면, 다른 이들은 일자리를 구할 수가 없어 좌절하는 것이다. 이러한 경우 일부 노동자에게 강요되는 초과근무 일자리를 합리적인 시간으로 재편성해 더 많은 일자리를 만드는 것은 확실히 나은 방법이다. 강제적인 초과근무를 사리에 맞도록 제한하기만 해도 이런 양극단의 상황이 오랫동안 한꺼번에 지속되지 않을 수 있다.

주당 노동시간 단축과 경제적 생산성

주당 노동시간을 단축해도 생활수준을 유지하는 것이 가능할까? 아니면 경제 상황도 나빠지고 생활수준도 낮아질까? 비교 국가 관점에서 보면 주당 노동시간 단축에 따르는 경제적 손실은 미미하며, 궁극적으로 사회적 이익이 그러한 손실을 압도한다는 결론을 내릴 수 있을 만큼 강력한 근거가 발견된다. 예를 들어 유럽 국가들은 노동자에게 상당히 긴 휴가를 정기적으로 보장하고, 주당 50시간 이상 일하는 사람도 비교적 적다. 네덜란드처럼 주당 평균 노동시간이 현저하게 짧은 국가들도 높은 생활수준을 유지해왔다.

주당 노동시간 단축의 경제적 영향을 고려할 때에는 전체 산출물과 시간당 효율성을 구분하는 것이 중요하다. 과연 전체 노동 공급이 감소할 것인가? 주당 평균 노동시간이 짧아진다고 해도 어떤 여성은 남편이 집에 있는 시간이 많아져서 상대적으로 더 오랜 시간 일할지도 모른다. 또한 노동시간 감소는 나이든 남성의 노동 참여가 줄어들어 나타난 것일 수도 있다. 실제로 이들의 노동 참여는 1960년대 이후 꾸준히 낮아져 왔다.[17] 즉 전체 노동인구의 노동시간에서 나타나는 전체 감소분은 개별

---

17 55~64세 남성의 경제활동참가율은 1970년에 83.0%였던 것에 비해 1997년에는 65.5%로 낮아졌다. 이 비율은 미국 노동통계청(U.S. Bureau of Labor Statistics, 1971,

노동자의 노동시간 감소분보다 분명히 적을 수 있다.

미국 노동자들은 휴가가 짧기 때문에 주당 35시간제로 바꾼다고 해도 전체 노동시간이 유럽에 비해 확 줄어들지는 않을 것이다. 미국은 여성의 경제활동참가율이 높고 노동시간도 유럽에 비해 길기 때문에 1인당 노동시간에서도 여전히 유럽을 앞설 것이다. 임금노동에 참여하는 미국인의 비율은 2차 세계대전 종결 이후 꾸준히 증가해왔고 오늘날에는 전례 없이 높다. 1997년 현재 14세 이상 인구의 3분의 2 이상인 67.1%가 노동인구인데, 이 비율은 1950년의 59.2%보다 높아진 것이다. 표준 주당 노동시간의 단축은 더 많은 시민이 노동인구에 합류하도록 독려할 것이다.

그렇다면 주당 노동시간을 줄이는 것이 시간당 노동 효율성을 손상시킬까? 고객 또는 동료가 시간 조정을 원할 때 항상 그 필요에 응할 수 있다는 점을 효율적이라고 볼 수도 있겠지만, 주당 40시간 이상 일하는 사람의 경우에는 노동시간이 조금 줄어든다고 해서 그런 조정이 어려워질 정도로 영향을 받지는 않는다. 그보다는 개인의 노동 유연성을 강조하는 정책 체제를 도입한다는 점에서 확실한 파급력을 갖는다. 일부에서는 주당 노동시간 단축이 퇴근 이후 다시 업무를 파악하는 데 시간이 오래 걸리게 하기 때문에 더 비효율적이 될 것이라 주장할 수도 있겠지만, 노동자가 충분히 재충전해 업무에 임함으로써 전력을 다할 수 있게 해주기도 한다. 극도로 오래 일하는 사람들은 일의 능률이 틀림없이 떨어진다는 것을 몸소 느끼는데, 직무 수행을 다룬 연구들은 직장에서 보내는 시간이 과도하게 길면 피로와 수행 능력 저하, 그리고 사고를 더 많이 일으키는 경향이 있음을 보고해왔다(Rosa, 1995; Harrington, 1999; Insurance Institute for Highway Safety, 2002; International Council of Nurses, 2002). 요컨대 표준

<hr />

1998)에서 인용했다.

주당 노동시간을 줄이는 것은 보다 한정된 시간 내에 생산성을 높일 수 있는 가능성을 제공한다.

주당 노동시간 단축은 노동력을 부족하게 만들어 결과적으로 인건비를 높일 수도 있다. 하지만 노동력 부족 현상이 나타난다면, 고용주는 노동자가 지나치게 낮은 임금을 받거나 아무런 추가 보상도 없이 초과근무하는 것을 막고 노동자를 더 효율적으로 활용하려고 애쓸 것이다. 노동자의 시간이 비싸지면, 효율성을 향상시키고 노동 조건을 개선하는 노동력 절감 방안들이 보다 매력적으로 다가오게 된다.

주당 35시간제는 프랑스 경제에 어떤 영향을 미쳤을까? 이에 대해서는 노동력과 기업 양 측면에서 여전히 논쟁적이다. 노동력 측면에서 보자면 노동시간 단축이 많은 보호 조항을 완화시키면서 이루어졌기 때문이고, 기업 측면에서는 고용주들이 35시간 일한 것에 대해서도 39시간 노동과 똑같은 임금을 지급하도록 규정되었기 때문이다. 프랑스 정부가 소기업의 고용주들에게도 '35시간제(le trente-cinq)'를 완전히 이행하게 하려고 한다면 논란이 분분한 상황은 지속될 것이다.

그럼에도 초기에 나타난 경제적 영향은 중요한 몇 가지 측면에서 우호적으로 보인다. 프랑스의 국내총생산(GDP)은 법이 이행된 1998년부터 2001년까지 매년 평균 3%의 증가세를 보여 유럽 평균을 넘어섰다. 생산성 역시 증가했다. 실업률도 감소세를 보였으나, 이러한 추이는 최근의 경기침체로 정체된 상태이다. 생산성은 고용보다도 많이 증가했다. 이는 나일랜드의 주장을 뒷받침하는 것으로, 그는 고용주들이 새로운 노동자를 채용하지 않고도 생산성을 향상시키는 경우가 많다면서 노동시간 단축에 따른 실제 이득은 일자리 창출이 아니라 생산성 증대라고 언급한 바 있다(Nyland, 1989). 업무 속도가 빨라지기는 했지만, 대다수의 프랑스 사람들은 35시간 정책을 선호하는 것으로 조사되었다(Manpower Global, 2000; Economist, 2002).

물론 프랑스와 미국의 상황에는 많은 차이가 있어서 미국이 이 모델을 단순히 모방할 수는 없다. 예를 들어 주당 35시간제는 많은 노동자들의 노동시간이 급격하게 줄도록 하고, 특히 전문직과 관리직에서는 감소분이 유난히 클 것이기 때문에 당장 35시간으로 직행하지 못할 수 있다. 따라서 첫 번째 단계는 전문직과 관리직 종사자가 주당 40시간 일할 수 있게 보장하는 것인데, 이것만으로도 대단한 성과가 될 것이다. 하지만 프랑스의 경험은 주목할 만한 가치가 있다. 주로 실업률을 낮추기 위해 주당 35시간 기준을 채택했다 하더라도 프랑스의 실험은 가족 친화와 남녀 간의 형평성을 동시에 진전시킨다는 전제를 담고 있기 때문이다.

모든 것을 고려해보자면 혹여 주당 노동시간 단축이 전체적인 경제 산출량을 줄일 수 있더라도 그 정도는 얼마 되지 않는다. 생애 단계의 변화 흐름이 들쑥날쑥한데도 노동자가 자신의 책임을 다하면서 노동 활동을 지속시키는 일이 더 용이해진다면, 노동시간 단축이 가져올 산출량의 감소 효과는 더 적을지 모른다. 예컨대 어린 자녀를 둔 어머니와 나이든 (특히 남성) 노동자가 노동 활동을 지속하기가 훨씬 용이해질 것이다. 그리고 노동시간 조정에 수반되는 비용은 더욱 활기 넘치고 민첩하며 성실하고 일에 만족하는 노동자를 확보해 얻는 이득으로 상쇄되고 생산성을 향상시키는 기술로 메워지기 때문에 시간당 노동 생산성의 감소는 부수적인 것이 될 것이다.[18]

물론 가족, 지역 사회, 직장으로부터 얻는 이익보다 경제 생산성의 손

---

18 제4장에서 살펴본 바와 같이 역사적으로 노동시간 단축이 이루어져 온 경험이 있고, 그 결과 효율성이 향상되었다는 점은 반복적으로 드러났다. 최근 100년의 세월 동안 주당 노동시간은 현저하게 줄어든 반면 생활수준이 높아졌다. 이는 오로지 기술의 진보와 노동자의 효율성을 통해 이루어낼 수 있었다. 단기적으로 보면 짧은 시간 안에 일을 많이 해내기를 기대하는 게 비현실적이고 심지어 유토피아적으로 보일지 모르지만, 이는 장기간에 걸쳐 역사적으로 되풀이된 일이다.

실이 클 수 있다는 점은 매우 중요할 수 있다. 하지만 경제 생산성은 다른 사회적 목표에 준해 평가될 필요가 있다. 예를 들어 주당 노동시간의 표준을 40시간에서 50시간으로 높이면 경제 산출물을 증가시킬 수는 있지만, 그러한 정책에 수반되는 사회적 비용은 훨씬 높아질 것이다. 궁극적으로 모든 사회는 경제적으로 생산적이라고 간주되는 일과, 금전적 거래를 포함하지는 않지만 시민의 건강과 행복을 생산해내면서 실제로도 필수적인 활동들 사이에서 적절하게 균형을 추구해야 한다.[19] 주당 노동시간 단축은 모든 노동자에게 더욱 확장된 삶의 영역을 만들 수 있게 하는 필수적 활동, 즉 자녀와 함께 보내기, 공익 활동에 참여하기, 지역 사회 연대 조성하기 등에 보다 많은 시간을 양보한다. 이는 장기적 안목에서 보면 공공선을 위해서도 유익하며, 심지어 그러한 변화를 거부하는 노동 구조에도 유익해서 헤아릴 수 없이 막대한 혜택을 가져다준다. 현재의 아동이 미래 세대의 노동자가 되었을 때, 결국 이들에게 의존하게 될 고용주들은 일과 가족생활이 불화하지 않는 사회를 만드는 것이 자신에게도 유리하다는 사실을 깨달아야 한다.

노동시간 규제 역시 우리가 고려해야 할 개혁 꾸러미의 일부일 뿐이다. 더는 간과해서는 안 될 시간 불균등 문제를 타개하기 위해 다양한 영역에서 협력과 창조적 사고가 요구되고 있다. 이러한 목표가 실현 불가능하리라 생각된다면, 대부분의 사회적 목표가 그것이 성취되기 전까지는 손에 잡히지 않을 것처럼 보인다는 점을 기억하자. 주당 40시간 노동과 안전한 노동조건, 최저임금제, 반차별법, 실업자 보호조치, 심지어 사회보장제도를 획득하기 위해 19세기와 20세기에 일어났던 투쟁들은 우리가 이상향이라 여기는 바를 성취할 수 있다는 것을 일깨워준다. 제6

---

19 이렇게 사회적으로는 값어치가 있지만 경제적 보상은 없는 일이 바로 산업 사회 부흥 이래로 여성들이 수행할 것이라 기대된 일이다.

장에서 보았던 유럽 국가들의 짧은 주당 노동시간과 여타의 가족 친화 정책은 이러한 방안이 현실적인 선택지라는 증거이다.

저녁근무, 야간근무, 주말근무

'24시간 주 7일' 내내 쉼 없이 재화와 서비스를 제공하는 경제 개념이 옹호되면서 저녁, 야간, 그리고 주말에도 근무를 해야 하는 직업의 수가 확대될 것으로 예상된다(Presser, 2003). 그러한 일자리를 아예 없애려고 노력하는 것은 바람직하지도 않고 가능하지도 않겠지만, 그렇게 일을 함으로써 가족 붕괴와 노동시간 연장, 특히 밤 근무로 인한 개인의 부담 같은 사회적 위험이 초래될 수 있다는 점을 인지할 필요가 있다. 그러한 일자리에 주어지는 경제적 보상은 사회적 비용에 필적할 만큼 높아져야 한다. 야간근무자의 임금을 높이면 통상적으로 그 일을 하는 사람에게도 더 나은 보상을 해야 하고, 잠재적으로 그 숫자를 줄일 가능성이 높아진다. 예컨대 슈퍼마켓과 할인소매점에서는 구매자가 직접 계산대를 이용하는 방식을 실험하고 있다. 머지않아 사람들은 자기가 구입한 물건의 무게를 직접 달고 수프깡통의 바코드를 직접 읽히고 있을 것이다. 3교대제로 일하는 계산원의 임금을 특히 야간근무자에게 올려줘야 한다면, 이런 방식은 더 매력적일 수 있다.

「공정노동기준법」의 적용을 받는 노동자에게 주당 40시간 이상의 시간외 노동에 50%의 할증 임금을 지급하는 것처럼, 야간근무와 주말근무에 대해서는 누진 수당을 제공해야 한다. 예를 들어 저녁 또는 주말근무에 추가로 25%를 지급하고, 자정 이후 근무에 50%까지 추가 지급하도록 법률을 제정할 수도 있다. 지금은 비표준적 근무에 맞춰 초과임금을 받는 노동자가 거의 없다(Kostiuk, 1990; Schumacher and Hirsch, 1997).

프레서는 어린 자녀를 둔 부모가 저녁근무와 야간근무를 많이 한다는 점에 주목한 바 있다. 아이를 맡기는 데 너무 많은 돈이 들거나 보육의 질이 너무 낮은 문제에 대처하는 방편으로 한 사람은 낮에 아이를 돌보고 다른 사람은 저녁에 아이를 돌보는 '2인조 팀'의 부모 노릇을 한다는 것이다. 이런 와중에 부부의 이혼가능성이 높아지는 등의 대가를 치르기도 한다. 따라서 아동보육 서비스를 더 많이, 더 낫게, 더 싸게 제공하는 것은 부모가 야간근무에서 탈출할 수 있게 함으로써 그러한 위험을 줄여 주고, 전반적으로 가족에게 이롭게 작용할 것이다.

밤과 주말에 일하는 부모들은 결국 보육 서비스를 이용해야 하는데, 특히 복지 수혜자에게 임금노동을 요구하는 근로복지 개혁의 맥락에서 그 필요성이 더욱 절실해진다. 더구나 복지 수혜자에게 주당 40시간을 일하도록 요구하는 상황은 보육 서비스의 문제를 더욱 중요하게 부각시킨다.

일 – 가족 정책의 정치학

남녀 간의 형평성과 일 – 가족 균형을 지향하는 사회 정책 의제는 심각한 정치적 반대를 불러일으켜 왔고, 앞으로도 계속될 것이 분명하다. 광범위한 사회경제적 변화가 뿌리를 내리려는 과정에서는 정치적 보수주의자뿐만 아니라 이런 변화에 뒤쳐져 있거나 당혹스러워하는 사람들에게 양가감정과 반발을 일으키기 마련이다. 이 경우 일반적으로 상호 얽혀 있는 세 가지 우려가 이들의 반감에 불을 붙이게 된다.

첫째, 경제적 보수주의 입장은 '자유 시장'에 개입하는 것에, 민간 영역을 규제하려고 정부를 이용하는 것에, '사적인' 필요를 충족시키려고 공적 재원을 들이는 것에 관해 미국인들이 전통적으로 갖고 있는 불편함에 기댄다. 둘째, 문화적 보수주의 입장은 가족 구조 내에서 여성의 위치가 달라지고 그에 수반하는 변화에 저항한다. 이들은 맞벌이 가구와 한 부모 가구의 증가뿐 아니라 여성의 경제활동 참여를 '가족 쇠퇴'라고 본다.[20] 레베카 클래치(Klatch, 1987)가 지적했던 것처럼, 자유 시장에 침입하는 것을 우려하는가 혹은 '가족 가치'가 쇠퇴하는 것을 우려하는가는 경제적 보수주의 입장과 문화적 보수주의 입장을 구분하는 기준이 된다. 문화적 보수주의자들은 여성 고용, 혼외 출산, 성 평등, 새로운 가족 형태에 반대하는 경향이 있는 반면, 경제적 보수주의자들은 정부의 개입 범위를 제한하는 데 관심을 둔다.[21] 이렇게 다른 관점에서 출발하지만, 두 집단 모두 새로운 가족 형태를 지원하는 일 - 가족 정책을 명문화하는 데 반대하고 방해하기는 마찬가지다. 셋째, 아직 목소리를 높이고 있지는 않지만 점차 커지고 있는 집단으로, 가족, 특히 부모를 지원하는 정책이 불공평을 내재한다고 주장하는 입장이 있다. 이들은 자녀 없는 사람들을 대변하는데, 잘 알려져 있지 않고 조직화되어 있지 않다. 이들의 주장은 자신을 전통적인 의미에서의 보수파라고 여기지 않는 사람들의 생

---

20 '가족 쇠퇴' 관점에 근거한 사례는 블랭큰혼(Blankenhorn, 1994), 포포노(Poponoe, 1989), 포포노·엘슈테인·블랭큰혼(Poponoe, Elshtain, and Blankenhorn, 1996)에서 찾아볼 수 있는데, 이 관점에서는 일반적으로 한부모 가구와 맞벌이 가구의 증가를 애석해한다. 리나 구즈먼(Lina Guzman), 로라 립먼(Laura Lippman), 크리스틴 무어(Kristin Moore)는 미국의 공공부문이 아동의 사회경제적 문제를 대체로 지나치게 과장한다고 지적한다(Guzman, Lippman, and Moore, 2003). '가족 쇠퇴' 주장을 논박한 내용은 에이콕과 데모(Acock and Demo, 1994), 바넷과 리버스(Barnett and Rivers, 1996), 쿤츠(Coontz, 1997), 스코닉과 로젠크란츠(Skolnick and Rosencrantz, 1994), 스테이시(Stacey, 1996)를 참고할 것.

21 낙태권을 반대하고 복지 정책을 통해 결혼을 장려하는 시도는 모든 보수주의 입장이 똑같지는 않다는 것을 상기시켜 준다. 경제적 보수주의 입장이 경제생활은 정부의 개입으로부터 자유로워야 한다고 주장하는 반면, 문화적 보수주의 입장은 정부가 섹슈얼리티, 임신, 양육 등 대다수 국민의 사적 결정에 특정한 도덕적 기준을 강요함으로써 실질적으로 개입해야 한다고 주장한다.

각을 표명하는 방식으로서 새롭다고 볼 수 있다. 하지만 자유 시장 개인
주의를 되풀이하고 가족 변화에 관해 양가감정을 반복하고 있다는 점에
서는 전혀 새롭지 않다. 이상 세 가지 입장은 저마다의 근거를 가지고 일
—가족 정책에 반대하는 목소리를 지속적으로 낼 것이다. 따라서 그 각각
에 맞게 대응할 필요가 있다.

자유 시장주의자의 비판

자유 시장 원칙을 신봉하는 보수주의자들은 경제적, 사회적 문제에 대
처하기 위해 정부가 제시하는 해법에 반대하는데, 그 해법이 사기업에
제한을 가하거나 과세를 수반하거나 상당량의 정부 지출을 필요로 할 때
유독 목소리를 높인다. 미국사회의 맥락에서 이런 종류의 반감이 새로운
것은 아니다. 유럽에 비해 미국에 정부지원 프로그램이 부족하다는 점은
이렇게 보수적인 경제철학을 가진 정치적 힘이 지속되고 있음을 보여주
는 증거이다.

하지만 우리는 정부 규제와 정부 프로그램이 산업 경제나 기업의 발전
을 저해하지 않는다는 점을 분명하게 분석해냈다. 오히려 비교 대상인
유럽 국가들은 우리가 제안한 접근 방식을 적절히 혼합해 사용함으로써
경제적으로 번성했다. 또한 현재 많은 기업들이 규제 조치에 대항하고
있는데, 우리가 지향하는 정책이 규제와 자유 시장 중 한 가지만을 택해
야 하는 게 아니라는 점을 기억해야 한다. 우리의 과제는 미국사회를 근
본적으로 바꾸고 그 변화를 지속시킬 수 있는 방식으로 규제 조치와 프
로그램을 조정하고 발전시키는 것이다.

정부 지출을 우려하는 것은 전적으로 정당하다. 양질의 보육, 방과후
프로그램, 정부 보조 가족휴가 및 의료휴가에는 자금 지원이 필요하기
때문이다. 하지만 정부가 이러한 영역에 아낌없이 지출해야 한다는 점은

아주 당연한 것이다. 양질의 보육과 여타 아동 관련 서비스는 현재의 복지 상태뿐 아니라 국가의 미래를 조망하는 데 교육만큼 핵심적이다. 국가재원을 쓰는 데 이보다 더 중요한 사용처가 과연 있을까? 지난 세기 동안 미국에서 양질의 공교육이 대규모로 증가했다는 사실은 정부가 아동의 중요성과 아동에 대한 책임을 인식했을 때 무엇이 성취될 수 있는지를 보여주는 좋은 사례이다. 국가의 적절한 권한을 통해 아동 지원체계를 구축하고 지속하려는 정치적 이해관계를 폭넓게 형성할 수 있다.

문화적 보수주의자의 비판: 성 평등 반대, 가족 변화 반대

정부 규제와 지출을 필요로 하는 다른 정책들과 마찬가지로, 성 평등을 이루기 위한 노력 역시 뿌리 깊은 양가감정과 심각한 반대에 부딪혀 왔다. 수십 년 전, 여성의 노동시장 참여가 대중적인 주목을 받기 시작했던 당시에 이루어진 비판은 주로 여성이 가정 중심적인 삶을 떠남으로써 스스로 감내해야 하는 비용에 집중되었다. 휼렛의 말처럼, 일부에서는 이러한 변화가 여성에게 "더 보잘 것 없는 삶(lesser life)"을 의미한다고 주장하기까지 했다.[22] 수십 년이 지나면서 이러한 주장이 타당하지 않다는 점이 속속 밝혀지고 있다. 여성들은 직업과 직종을 불문하고 자신의 영역을 확립해왔기 때문에 자신의 경제적·사회적 자율성이 증가했다는 점

----

22 휼렛(Hewlett, 1986)을 참고할 것. 휼렛은 최근 저서인 『삶의 창조(Creating a Life)』(2002)에서 상당히 성공한 전문직 여성 중에 자녀가 없는 사람의 비율이 상대적으로 높다는 점에 주목하고 있다. 그리고 이러한 결과는 여성에게 성공의 대가가 무엇인지를 경고하는 이야기라고 언급한다. 그러나 여기서 주목해야 할 진짜 이야기는 여성의 생물학적 시계가 아니라 시간을 요구하는 양상이 변하지 않는다는 점, 일하는 여성의 요구를 수용할 만큼 보상이 많은 직종의 '경력 시계'가 결여되어 있다는 점이다.

을 대다수가 기쁘게 받아들였다. 물론 일터와 가정에서 반복적으로 장벽에 직면하고 있지만, 이 문제는 여성을 가정중심성에 묶어두어 해결되는 것이 아니라 더 평등한 기회를 창출해야 비로소 해결될 수 있다.

오늘날 여성의 평등 요구에 쏟아지는 대중적인 비판의 핵심은 성인에서 아이들로 이동했다. 그러한 주장에 따르자면, 여성의 노동시장 참여는 성인에게 매력적일 수 있지만 어린아이들을 위험에 빠뜨리는 것일 수도 있다. '방치되는' 혹은 '목에 현관문 열쇠를 걸고 다니는' 아이들을 우려하는 목소리는 음흉한 뉘앙스를 품고 있다. 즉 여성의 삶에서 나타난 변혁이 냉담한 모성을 함축하고 있다면서 도덕적 공포를 부채질하는 것이다. 우리 사회가 아이들의 필요에 부응하지 못하는 방식에 초점을 맞추는 것은 적절하고 중요한 일이다. 하지만 그 우려를 부모를 향한 비난, 특히 모성을 향한 비난과 분리하는 것 역시 똑같이 중요하다. 아이들이 위험에 노출되는 것은 어머니가 노동시장에 참여하기 때문이 아니라 일터와 지역 사회가 맞벌이 부부와 그 자녀를 지원하지 않기 때문이다.

어머니의 임금노동은 자녀에게 해를 끼치기는커녕 여러 방식으로 자녀의 복리를 높이는 데 기여한다. 여성의 소득이 가족에게 경제적 자원을 제공한다는 점은 분명하다. 자녀는 맞벌이 부모와 살건 한부모와 살건 어머니의 소득에 의존한다. 따라서 여성에게 경제적 기회를 평등하게 제공하는 것은 자녀를 빈곤으로부터 보호하고 삶의 기회를 향상시키는 데 기여한다.

아이들은 어머니의 긴 노동시간과 경직된 노동환경으로 인해 문제점이 생긴다는 점을 알지만, 동시에 이를 통해 경제적 혜택을 얻는다는 것도 알고 있다. 대부분의 아이들은 부모가 일하는 것에 찬성하며, 어머니가 일을 하는 것이 자신의 복지에 매우 중요하다고 믿고 있다(Galinsky, 1999; Gerson, 2001). 또한 정서적으로나 사회적으로 이롭다고 말하기도 한다. 딸과 아들 모두 일하는 어머니를 발전적인 여성 모델로, 맞벌이 부부를 매력적인 결혼 모델로 인식하는 경향이 있는 것이다(Barnett and Rivers, 1996; Gerson, 2002). 그리고 자녀에게 쏟는 '질적' 시간에 초점을 맞추어 보더라도 취업 상태인 어머니는 비취업 상태인 어머니만큼 자녀에게 시간을 할애하고 있다(Bianchi, 2000).

한편, 자녀들은 부모의 취업이 가져다주는 자원에 감사하면서도 긴 노동시간과 불만족스러운 노동환경 때문에 어머니와 아버지 모두 부담을 느낀다는 것 또한 인식하고 있다. 따라서 자녀들은 아동과 청소년을 위한 가족 친화적 지역 사회뿐 아니라 부모를 위한 유연하고 가족 친화적인 일터를 바라기도 한다(Glass, 2000). 우리는 어머니의 노동시장 진출을 사회 문제로 바라보는 대신, 일터와 공동체가 가족생활에서 나타나는 이러한 근본적인 변화에 충분히 부응할 수 있게 만드는 방식에 관심을 가져야 한다.

또한 어머니가 전담하던 전일제 돌봄을 다른 방식으로 대체한다는 사실을 우려하는 것은 생물학적 어머니가 그 누구보다도 한결같이 그리고 예외 없이 우월하다고 보는 모호하고도 지속적인 믿음에 뿌리를 둔다. 하지만 그러한 주장을 전폭적으로 수용할 수 있는 노동 형태는 상상하기 어렵다. 어머니들이란 각기 다른 이해관계와 욕망과 능력을 가진 대단히 크고 다양한 집단이다. 그들 모두가 자녀의 유일한 혹은 최고의 돌봄 제공자가 되도록 동질하게 준비된 유일무이한 존재라고 가정하는 것은 불가능하다. 오히려 아이들은 아버지, 친척, 유급의 전문양육자 등 더 광범위한 범위에서 열성적이고 사려 깊은 돌봄 제공자를 접함으로써 양질의 돌봄을 받을 수 있다. 또한 아이들은 일을 선택하든 하지 않든 간에 자신의 결정에 만족하는 부모에게서 더 많은 것을 얻는다.[23]

---

23 최근의 연구는 자녀와 함께 보내는 시간의 절대적 양이 부모가 주는 지지와 감성의 양보다 중요하지 않다는 것을 보여준다. 예를 들어 앤 크루터 외(Crouter et al., 1999)는 부

미국을 비롯한 여러 국가에서 전문직 여성의 기회가 확대됨에 따라 유급 돌봄 노동자 수요가 급증했다. 특히 쉽게 이용할 수 있고 보육의 질도 높으면서 공적 재원이 뒷받침되는 보육 서비스가 부재한 상황이기에 그 수요는 더욱 부각되었다. 여성의 노동시장 진입을 마뜩찮아하는 보수주의자들은 자녀 양육을 유급 돌봄 노동자에게 맡기는 것이 적절한가를 지속적으로 우려해왔다. 그런데 최근 들어서는 몇몇 페미니스트가 이러한 비판에 목소리를 보태고 있다. 특히 유급 돌봄 노동자가 빈곤 국가에서 온 이주자일 때 그 목소리는 더 높아진다. 이 페미니스트들은 유급 돌봄 노동 시장의 확대가 일하는 부모, 특히 전일제로 일하는 어머니가 새로운 형태의 전 지구적 식민주의에 동참하게 된다는 점을 우려한다. 이러한 관점에서 보면, 부유한 국가의 부유한 가족은 자녀를 집에 남겨놓고 떠나온 가난한 이주자로부터 돌봄 노동뿐만 아니라 심지어 사랑까지도 끌어내고 있는 것이다(Ehrenreich and Hochschild, 2002).

자녀 양육에 적절한 사회적·경제적 가치를 부여하지 않는 사회에서 모든 양육노동자는 양육을 전담하는 부모와 마찬가지로 불이익과 차별을 겪게 된다. 이주자를 비롯한 개별 가정에서 양육노동자로 일하는 여성들은 사실상 공적 영역에서 양육노동을 하는 이들에 비해 훨씬 취약한 상황이다. 특히 그들이 영어를 못하거나 도움을 받을 만한 친구 또는 친지가 거의 없을 경우에는 그 취약함이 배가된다. 미국 태생의 양육노동자와 달리 이주 가사노동자는 정당하게 규칙적으로 임금을 받지 못하기도 하고, 육체적·감정적 폭력을 경험하기도 하며, 불이익에 항의하면 국외 추방된다는 협박을 받기도 한다. 그리고 이주자이건 아니건 개별 가

모가 일방적으로 자녀의 시간을 모니터하는 것보다 하루 일과를 부모와 이야기하려는 자녀의 의지가 훨씬 더 중요하다고 보고한다. 또한 이들은 어머니가 취업 상태일 때, 아버지의 자녀 양육 관련 지식이 훨씬 더 풍부해지며 양육에 직접 참여하게 된다고 밝혔다.

정에서 일하는 노동자들이 직면한 문제는 비가시화되기 일쑤이다. 그들은 고립되어 지내기 때문에 집단으로 세력화하거나 자신이 처한 곤경을 다른 사람에게 알릴 기회가 제한되어 있는 것이다.

그렇다고 해서 복잡하게 얽힌 장애물에 둘러싸이기는 마찬가지인 일하는 어머니들에게 양육 체계 부족과 그에 따른 위험성의 책임을 전가시켜서는 안 된다. 그러한 접근은 중산층 여성의 경제적 독립이 마치 가난한 이주 여성과 그 자녀의 희생을 대가로 성취되는 것인 양 보이게 하면서, 여성들을 서로 경쟁하도록 만든다. 이는 유급의 돌봄 노동을 돌봄의 '상품화'로 형상화함으로써 공적 일터에서건 사적 가정에서건 임금노동에 종사하는 모든 여성을 향해 쏟아지는 비판을 가중시킨다. 더 중요하게는, 사적 보육에 초점을 맞출 경우 보육기관에의 의존도가 높아지는 추세를 포착하기 어려워지는데, 보육기관은 상대적으로 돌봄 노동자가 처한 노동조건과 그들의 권리가 보다 가시적으로 드러날 수 있는 영역이다.

중산층 여성의 노동시장 참여가 필연적으로 외국인 돌봄 노동자의 증가를 수반하는 것은 아니다. 실제로 미국 노동력에 관한 공식 통계를 살펴보면, 아동 양육 관련 고용 증가는 개별 가정에서 일하는 가사노동자가 아니라 양육 시설 종사자에게서 가장 컸음을 알 수 있다. 물론 보고되지 않은 가사노동자의 수는 통계에 잡히지 않기 때문에 이러한 비교치를 정확하게 산출하기는 어렵다. 그렇다고 해도 대다수 양육노동자는 미국 태생이며 이주자들은 개별 가정의 가사노동자로 종사하는 경우가 많아 양육노동자 전체에서 차지하는 비중이 적다.

게다가 개별 가정에서 일하는 노동자의 수가 미국 노동력에서 차지하는 부분은 많지 않으며, 감소하는 추세이다. 가사노동자 수는 1940년에 240만 명(전체 노동력의 4.6%)으로 최대치를 보인 이후 1960년대에는 현저하게 줄어들었다. 2000년에는 처음으로 100만 명까지 줄어들었고, 현재 전체 노동력에서 차지하는 비중은 1%도 채 되지 않는 0.66%이다. 1960년 이래 10년 간격으로 보면 이들의 수는 꾸준히 줄어들었다.[24]

그렇다면 개별 가정에서 일하는 돌봄 노동자 혹은 '보모'의 유행은 기혼여성의 노동시장 진출이 꾸준히 증가하면서 오히려 감소했다고 볼 수 있다. 사실 개별 가정에 고용되는 사람의 상당수가 아동 양육을 맡지는 않는다. 2000년의 경우 약 27만 5,000명의 가사노동자는 아동 양육을 맡아 하고 있었지만, 나머지는 요리와 청소를 비롯한 가사 일을 수행했다. 이러한 노동자 모두가 적절한 급여와 노동조건을 보장받아야 마땅하다. 하지만 그들이 모두 아이를 돌보고 있는 것은 아니라는 점을 분명히 할 필요가 있다.

물론 노동력 통계에 포함되지 않은 이주자들도 있을 것이다. 그러나 최근의 통계가 이전 조사에 비해 완성도가 높다는 점 또한 사실이다. 통계에 잡히지 않은 이주노동자의 수가 최근의 통계가 보여주는 뚜렷한 감소세를 상쇄할 만큼 급격하게 증가하지 않았다면 말이다. 다른 연구에서도 이주노동자의 수가 감소하는 것을 확인할 수 있다. 자녀양육을 누가 수행하는지 조사한 여러 결과는 자녀 양육이라는 파이에서 보모가 차지하는 조각이 작다는 견해를 뒷받침해준다. 미국 인구조사 결과에 따르면, 1991년 미취학 아동의 4.8%만이 자신의 집에서 가족이 아닌 사람의 돌봄을 받았다. 인구조사국의 1998년 통계는 이런 양육유형이 1977년 7.0%에서 1994년 5.1%로 시간이 지남에 따라 감소하고 있음을 보여준다. 또한 샌드라 호퍼스(Sandra L. Hofferth)와 데보라 필립스(Deborah A. Phillips)는 1965년과 1982년 사이에 보모 양육이 감소했다고 보고한 바 있다(Hofferth and Phillips, 1987). 유자녀 여성의 노동시장 참여 증가가 미

---

24 우리는 <현 인구조사>의 유효 자료에 준해 1900년부터 2000년에 걸쳐 각 연도별로 인구자료를 만들어 사용했다.

국 태생의 보모든 빈국에서 이주해온 보모든 간에 보모 인력풀에 의존해 있는 게 아니라는 점은 분명하다. 아동 양육 시설이 점점 높아져 가는 양육 서비스 수요를 상당 부분 흡수해왔는데, 이러한 시설에서는 원칙적으로 미국 태생의 여성을 채용한다. 2000년 인구조사 자료를 가지고 추산해보면, 보모 중 약 30%가 외국 출생인 것에 비해 시설 종사자의 거의 90%가 미국 태생임을 알 수 있다.

다른 사람의 자녀를 돌보기 위해 자기 가족을 떠나는 이주 여성의 가슴 아픈 사례가 있기는 하지만, 이러한 경우가 전형적인 것은 아니며 양육을 둘러싼 상황이 복잡해지고 있다는 점을 나타내는 것도 아니다. 대다수 양육노동자는 이주자가 아니다. 그리고 대부분의 이주자는 모국에서 발견할 수 없었던 기회를 찾고자 미국으로 건너온다. 또한 그들은 이미 정착한 배우자나 가족원과 합류하고, 또 다른 가족원을 새롭게 정착한 가정에 불러오기 위해 일하는 이주 사슬의 과정에 놓여 있기도 하다. 실제로 많은 이주 여성들은 미국에 거주하고 있는 이주 남성과 결혼하거나 미국 태생의 남성과 결혼한다. 상당수는 일단 자신이 자리를 잡고 안정되었다고 느끼면 자녀를 데리고 오거나 자녀를 데리러 사람을 보낸다. 미국 가사노동자의 급여가 분명 충분하게 높지는 않지만, 그래도 이주자들이 모국에서 받을 수 있는 급여보다는 많다. 이러한 이유들을 고려한다면 학자들이 강조하고 있는 착취의 이미지는 기회라는 측면에서 균형이 맞춰질 필요가 있다.

양육노동자는 자신의 출신국과 관계없이 공평하고 정당한 노동조건뿐 아니라 적정한 임금을 보장받아야 한다. 적정 임금은 양육노동자에게 이득을 주면서 아이들에게도 이롭다. 양육노동자의 만족감을 높여 지속적으로 고용관계를 유지하게 함으로써 이직을 줄이고, 이에 궁극적으로 아이에게 안정된 환경을 제공할 수 있기 때문이다. 바로 이것이 양육의 질을 높이는 핵심 요소이다. 이러한 목표를 추구한다는 점에서 우리는 현재의 양육 체계를 비판하는 학자들과 결합해야 한다. 하지만 양육이라는 퍼즐 전체의 틀은 착취당하는 외국인 노동자라는 이미지를 통해 파악되는 것보다 훨씬 크고 복잡하다는 점 또한 중요하게 고려되어야 할 것이다.

미국 여성들은 자신의 일터가 사무실이건 아동양육기관이건 가정이건 간에 유자녀 여성노동자에게 거의 아무런 지원도 제공하지 않는 체계 속에서 최선을 다해 대처하고 있다. 모든 양육노동자는 양질의 노동조건과 합리적 수준의 보수를 보장받아야 한다. 그러한 노동환경이 조성되지 못한 것의 책임은 개별적인 유자녀 여성노동자가 아니라 미국 사회에 훨씬 더 많이 있다. 일하는 부모가 양육노동을 모두 수행할 수도 없고, 또한 그럴 필요도 없다는 점은 확실하다. 가사도우미를 고용하려는 결정에는 어떤 잘못도 내재되어 있지 않다. 만일 그러한 노동자들이 적절한 대우와 존중을 받는다면, 그들과 그 가족은 여성의 유급 고용 증가로 생긴 기회를 통해 이익을 얻을 수 있게 될 것이다.

여성을 일터로 진입하게 만드는 사회경제적 힘에 대해 양가감정을 갖거나 반대하는 사람들이 있다 하더라도 이제는 되돌릴 수 없으며, 결국 우리 사회를 이롭게 할 것이다. 여성의 취업에 위험이 뒤따른다는 생각은 허구적 환상이며, 오히려 유연한 일터, 양육 지원, 평등한 기회가 필요하다는 요구를 못 본 척 하는 것이 더 위험하다. 새로운 사태를 수용하려는 정책에 반대한다고 해서 성별 질서가 변화하는 흐름을 막을 수는 없다. 다만 여성과 그 가족의 일상을 고단하게 만들어버릴 뿐이다.

'삶의 선택'을 강조하는 입장과 자녀가 없는 성인

또 다른 근거를 가지고 가족 친화 정책을 반대하는 입장도 있다. 자녀가 없거나 '자녀를 원하지 않는' 성인 중 일부는 자신이 받을 수 없는 '특별한' 혜택을 부모라고 해서 받는 것은 부당하다고 주장한다. 예를 들어 엘리노어 버켓(Elinor Burkett)은 『자녀 혜택(The Baby Boon)』(2000)에서 부모가 될 것인가 말 것인가는 개인의 선택이므로 부모가 되는 데 따르는 결과 역시 그걸 선택한 사람들이 감수해야 한다고 주장한다. 특히 고소득 부모가 자신의 생활 방식을 유지하는 비용을 다른 사람이 부담하리라 기대해서는 안 된다는 것이다.[25]

버켓은 유자녀 여성이 자녀의 축구 경기에 참석한다고 일찍 퇴근하거나 보다 편리한 업무 분장과 스케줄을 고집하기 때문에 부모인 노동자들의 업무가 부모가 아닌 노동자에게 전가되기 십상이라고 주장한다. 또한 출산휴가는 더 문제적이라고 말한다. 출산을 앞둔 여성의 업무는 으레 동료에게 넘어가는데, 그렇다고 그 동료가 추가된 업무 부담에 상응하는 혜택을 받을 가능성은 거의 없다는 것이다. 게다가 기업은 직장 내 보육시설과 같이 이용 대상이 확실하게 정해져 있는 복리후생에 상당한 자금을 지출하라고 요구받는다. 자녀가 없는 노동자에게 이와 견줄 만한 지원은 고려하지도 않은 채 말이다.

이렇게 볼멘소리가 있기는 하지만, 가족 친화 정책에 반발하는 목소리는 실제로 아주 작다. 헤이만은 전국조사를 분석한 결과 자녀유무를 떠나 노동자들의 거의 대다수가 아픈 가족원 간호, 정기적 병원 진료, 자녀의 담임교사 면담 등의 다양한 가족 일을 이유로 직장을 잠시 비울 수 있

---

25 버켓의 저서는 가족 친화성이라는 이름으로 부모가 아닌 사람에게 부과되는 불공평함에 격렬히 반대하고 있다. 예컨대 정치인이 아동에게만 주목해 자녀가 없는 사람에게는 관심도 갖지 않는 것에서부터 자녀를 이유로 세금을 공제해주고서는 그에 따르는 세액 부족분을 자녀가 없는 성인이 부담하게 하는 방식 등의 불공평함 말이다. 버켓이 가족 친화 정책을 반대하는 요지를 파악하기 위해서는 과거에 있었던 이런 신파조의 정책에 관해 살펴볼 필요가 있다.

게 허용하는 정책을 지지한다고 보고한다(Heymann, 2000: 164). 현재 자녀가 없건 앞으로도 영원히 자녀가 없을 계획이건 우리 중 다수가 형제자매, 조카, 부모가 있는 가족의 일원이라는 점을 떠올려보면, 가족 지원 정책의 폭이 넓어야 하는 것은 어쩌면 당연한 일이다. 대부분의 미국인들은 자신이 부모이건 아니건 간에 아동을 지원하는 것이 국가에 이롭다는 것을 잘 알고 있다. 초·중등교육을 공적으로 지원하는 전통적인 형태로든 일-가족 지원 정책이라는 새로운 형태로든 말이다.

중요한 것은 우리가 제안한 여러 정책 접근이 노동자의 다양성과 개인의 삶에서 발생하는 예측불가능한 변화를 인식해야 한다는 점이다. 자녀가 없는 노동자 역시 지원을 받아야 한다. 하지만 그들이 자신의 이해관계에 따라 다른 집단에게 필요한 것을 반대해서는 안 될 것이다. 임신을 늦추고 자녀를 입양하는 경향이 증가하고 있다는 점을 감안할 때, 사실 현재 자녀가 없는 사람 중 다수가 미래에는 부모가 될 수도 있다.

우리는 집단에 따라 달라지는 필요에 걸맞게 다양한 지원을 제공하는 것이 중요하다는 점을 강조하고 싶다. 예를 들어 의료·가족 휴가를 반드시 부모인 노동자만 이용할 수 있게 만들 것이 아니라 노부모, 친구, 친지를 돌볼 책임이 있는 모든 노동자가 이용하도록 고안하는 것이다. 심지어 가족 의무를 적게 지고 있는 사람을 위해 휴가 사용 요건에 공동체 서비스가 포함되도록 확장할 수도 있다.

유사한 방법으로 고용주는 유자녀 노동자가 휴가를 사용할 때 단기 대체 인력을 고용해 자녀가 없는 노동자에게 업무가 전가되는 것을 막을 수 있다. 물론 이러한 정책이 비용을 유발할 수는 있다. 그러나 불만을 줄이고 열의를 높여줄 것이다.[26] 휴가 중인 사람의 업무가 동료에게 떠

---

26 고용주들은 가족휴가에 임금을 지급하지 않아도 되기 때문에 여기에서 절감한 비용으로 대체 인력을 고용할 수 있다. 물론 이는 몇몇 유럽 국가에서처럼, 유급 부모휴가로

넘겨지는 한, 여기에 뒤따르는 불만은 가족 친화 정책 자체에서 생기는 게 아니라 고용주가 가족 친화 정책을 이행하는 방식에서 비롯되는 것이다. 물론 인력을 운용하는 것은 국가 정책이 개입할 수 있는 범위를 넘어서는 일이다. 하지만 국가는 인센티브 시스템을 활용함으로써 고용주가 휴가 중인 노동자의 공백을 메우기 위한 대안을 마련하도록 유도할 수 있다. 예를 들어 고용주가 단기 대체 인력을 채용한다는 조건하에서 개별 노동자에게 준 가족 및 의료 휴가에 상응해서 국가가 장려금을 지급하는 식으로 말이다.

부모인 노동자에게만 특별한 혜택을 제공함에 따라 발생하는 표면적인 문제들은 쉽게 해결될 수도 있다. 이미 많은 기업에서는 피고용인이 자신의 선택에 따라 복리후생을 사용할 수 있도록 '플렉스 달러(flex dollars)'*를 제공하고 있다. 예를 들어 배우자와 자녀가 있는 노동자는 비용이 많이 나가는 가족 의료 서비스를 구매할 수 있는 반면, 배우자와 자녀가 없는 노동자는 본인 한 사람에게만 적용되는 의료 서비스를 구매하고 추가로 다른 복리후생을 선택할 수 있게 해주는 것이다. 몇몇 기업에서는 특정 집단에게만 혜택을 주는 데다 유연한 복리후생을 제공하지 않고 있는데, '플렉스 달러'같이 유연한 복리후생을 도입해 자녀가 없는 노동자에게도 유용한 선택지를 제공해야 한다.[27] 원칙적으로 부모인 노동자와 자녀가 없는 노동자를 구분해서 복리후생 계획을 만들 필요가 없

나아가는 긍정적인 첫 걸음이 되어야 할 것이다.

* 플렉스 달러(flex dollars)는 고용주가 피고용인에게 지급하는 일종의 화폐로, 피고용인들은 플렉스 달러를 가지고 다양한 종류의 복리후생을 구매하거나 이용할 수 있다. 출처는 http://dictionary.reference.com.

27 예를 들어 사립대학에서는 직원 자녀의 학비를 제한적이나마 지원하는 경우가 있다. 그런데 이런 대학에서 직원의 학비를 보조하기도 하는데, 많은 경우 자녀가 없는 사람들이 이 혜택을 제공받는다.

다. 오히려 유연한 프로그램을 통해 유자녀 노동자와 그렇지 않은 노동자 간의 불공평을 제거하거나 줄일 수 있다.

비판에 대응하기

정치적으로 조직화된 집단의 비판이건 사회변화에 당혹스러워하는 평범한 시민의 비판이건, 가족 친화 정책을 향해 계속되고 있는 우려의 목소리를 통해서 우리는 정책이 최대한 유연하고 공정하게 설계되어야 한다는 점을 다시 한 번 확인할 수 있다. 유연하고 공정한 설계는 사적 시장 우선권을 이유로 가족 친화 정책의 도입을 방해하는 움직임을 제한하기 위해서 뿐만 아니라 잠재적인 분열의 가능성을 줄이기 위해 반드시 필요하다. 즉 여성과 남성 사이에, 전문직과 임금노동자 사이에, 유자녀 노동자와 자녀가 없는 노동자 사이에 정치적 지지망을 만들기 위해서이다. 일 – 가족 정책은 삶의 선택을 다양하게 만드는 생애 여러 단계에서 사람들의 필요에 부응하도록 만들어질 수 있으며, 또한 그렇게 되어야 한다.

전체적으로 볼 때 우리가 제안한 내용은 모든 노동자에게 도움이 될 잠재력을 지닌다. 예를 들어 주당 노동시간 단축은 여성과 남성, 부자와 빈민, 유자녀 노동자와 자녀가 없는 노동자 모두에게 이로울 수 있다. 또는 학기를 늘이고 방학을 줄이는 방안은 방학 중인 자녀를 돌보느라 업무 결손이 발생하는 부모를 도와줌으로써 결근율을 낮추는 데 도움이 될 것이며, 다른 노동자에게 업무가 과부하되는 것도 방지할 수 있게 해준다.

광범위하고 지속적인 지원을 보장하는 정책을 만들기 위해서는 생애 단계와 삶의 선택에서 나타나는 다양성을 인식하는 것이 필요하다. 이에 더해 아이들은 결국 공동의 자원이므로 아이들의 필요는 국가 의제에서 우선권을 가져야만 한다. 모든 노동자에게 자녀가 있는 것은 아니지만, 거의 모든 아이들이 일하는 부모를 두고 있다. 아무리 만족스럽고 상당히 높은 보수를 보장하는 직업을 가졌더라도, 부모 노릇이란 일터의 장시간 노동과는 양립하기 어려운 시간 집약적 직무이다. 더구나 여성은 일과 경력 기회를 보류하면서 부모 노릇과 돌봄 노동에 수반되는 대가를 감내하고 있다. 그 희생을 '(여성의) 선택'이라고 주장하는 것은 이러한 딜레마를 만들어 낸 사회질서를 도외시하고, 성 불평등이 가져올 막대한 손실을 감수하며, 우리 공동의 미래인 아이들을 지원하는 일에 실패하는 것이다.

21세기 일과 가족을 통합하기

가족 친화 정책을 반대하는 목소리의 한복판에서도 강력한 사회적, 정치적 힘이 사실상 변화를 요구하고 있다. 시간 압박을 만들어 온 근본적인 인구학적 변동에 아무 영향도 받지 않는 미국인은 거의 없다. 이러한 인구학적 변화는 일 – 가족 이슈를 보다 절박한 문제로 만들기 때문에 반드시 정치적 추진력을 얻게 된다. 테다 스카치폴(Theda Skocpol), 스탠리 그린버그(Stanley Greenberg), 모나 해링턴(Mona Harrington)을 비롯한 몇몇 정치학자들은 '일하는 가족'을 지원하는 것이 정치 의제를 진보적으로 발전시키는 데 주목할 만한 전례를 만드는 것이라고 제안해왔다. 가족 친화 정책은 단순히 기발한 아이디어들의 집합체가 아니다. 이 정책은 가족의 요구뿐만 아니라 국가 정치 의제에서도 핵심이 되어가고 있다. 평범한 미국인이 필요로 하고 원하는 것은 비현실적인 유토피아가 아니라, 바로 일 – 가족 갈등을 조정할 수 있는 일련의 합리적인 지원과 선택지이다.

우리가 제안한 정책들은 일 - 가족 변화가 만들어낸 딜레마에 접근하는 수많은 가능성 중 일부일 뿐이다. 그 형태가 무엇이건 간에, 효과적인 정책은 부모를 비난하는 관점과 문화적 비판을 뛰어넘어 노동자와 그 가족이 직면하고 있는 일터의 질서, 지역 사회의 지원, 기회 구조를 재고하는 것으로 국가적 논쟁을 확장해야 비로소 그 모습을 드러낼 것이다.

사람들이 자신의 삶에서 시간 균형을 발견해낼 수 있는지가 관건이라고 해도, 그 그림이 단순히 과잉노동 하나에 몰두해서 그려질 수 있는 것은 아니다. '과잉노동하는 미국인'에게는 실제 시간이 갖는 중요성만큼 노동 유연성과 가족생활을 위해 제공되는 실질적인 공식적·비공식적 지원도 중요하며, 사실 후자의 영향이 더 크기도 하다. 이에 비해 저임금 직종에 종사하고 일거리가 부족한 사람에게는 자신과 자녀의 복리를 위한 안정성과 기회가 가장 절실하다.

일 - 가족 변화는 여러 직종과 계급에 걸쳐 있다. 대규모의 헌신적인 노동자 집단으로 부상하고 있는 여성들이 대표적인 경우이다. 이들은 남성에게 제공된 것과 동일한 기회를 요구하기도 하며, 그것을 기대할 권리도 갖는다. 그리고 그들의 가족은 여성이 이러한 직업 기회를 획득하는 능력에 기대고 있다. 여성과 남성 사이에는 업무 헌신성과 가족 지원책을 향한 욕망에서 유의미하게 수렴되는 지점이 있다. 그러나 여성은 동료남성이 누리는 동일한 수준의 지원을 받지 못하며, 특히 일터에서 장시간 보내는 여성의 경우 상황은 더욱 심각하다. 새로운 가족현실뿐만 아니라 정의의 원칙은 일 - 가족 갈등을 해소할 목적으로 만들어지는 모든 정책에 남성과 여성 간의 형평성이 필수적으로 고려되어야 한다는 점을 보여준다.

가장 광범위한 수준에서 보자면, 시간 불균등이 복합적으로 서로 얽혀 있는 현실은 개혁 추진 과정에서 두 가지 중요한 원칙이 담보되어야 함을 시사한다. 하나는 여성과 남성에게 기회가 평등하게 주어져야 한다는 것이고, 또 다른 하나는 성별이나 계급에 관계없이 모든 부모들을 아낌없이 지원해야 한다는 것이다. 남성에 비해 여성의 업무 헌신성이 낮다는 낡고 오래된 고정관념 위에 일 - 가족 정책을 건설할 수는 없다. 또한 일하는 어머니가 가족생활을 회피하고 자녀를 도외시한다고 묘사하는 새로운 고정관념 위에도 정책을 세울 수가 없다. 그 정도는 덜하겠지만, 일하는 아버지를 비난하는 고정관념도 마찬가지이다.

이러한 모습들은 업무 헌신성을 가족에 소홀한 상태로 정의하고, 가족 일에 참여하는 것을 업무 헌신성이 결여된 상태로 정의하면서 너무나 많은 노동자들을 사면초가로 몰아넣고 있다. 이는 선택이라는 것이 성립할 수 없게 만드는 부적절한 모습이다. 노동자가 가장 필요로 하는 것은 자신에게 일과 가족생활을 통합할 수 있게 보장하는 환경에서 유연하고 만족스러우며 경제적 보상도 충분한 일을 하는 것이다. 이러한 지원책을 통해 오늘날의 노동자들과 그 뒤를 잇는 세대는 자신이 직면하는 시간 분열에 다리를 놓을 수 있을 것이다.

부록

〈표 1〉 맞벌이 부부의 총임금노동시간에 대한 합동회귀분석(1970년, 2000년)

변수	모델 1		모델 2	
	모수추정	표준오차	모수추정	표준오차
y절편	78.30***	0.19	63.23***	1.84
연도(2000)	2.97***	0.25	1.20***	0.28
18세 이하 자녀 수			−1.28***	0.11
남편				
연령			0.55***	0.15
연령제곱*10			−0.06***	0.02
학력				
대졸			−1.93***	0.51
전문대졸			−1.55***	0.45
고졸			−0.34	0.38
고졸미만			−	−
직종				
관리직			4.73***	0.35
전문직			0.29	0.40
판매직			3.80***	0.44
기타			−	−
아내				
연령			0.29	0.15
연령제곱*10			−0.04*	0.02
학력				
대졸			2.43***	0.56
전문대졸			−0.34	0.48
고졸			−0.27	0.40
고졸미만			−	−
직종				
관리직			6.36***	0.42
전문직			1.17***	0.37
판매직			0.30	0.43
기타			−	−
R^2			0.01	0.05

* $p < .05$; *** $p < .001$.

〈표 2〉 성별, 18세 이하 자녀유무별 일-가족 스트레스 측정치(1997년)

스트레스 지표	전체	남성			여성		
		합계	18세 이하 자녀 있음	18세 이하 자녀 없음	합계	18세 이하 자녀 있음	18세 이하 자녀 없음
일과 가족 간의 침해("약간" 및 "많음"의 비율)	44.6	47.1*	55.6**	37.1	42.0	49.4**	33.4
일과 여가시간 간의 침해 ("약간" 및 "많음"의 비율)	45.6	47.2	52.4**	42.8	44.1	47.8**	40.8
일, 개인생활, 가족생활 간 조화에 대한 갈등 ("매우 많음", "많음", "약간"의 비율)	57.6	59.8	70.3**	50.6	55.5	66.9**	46.3
업무로 인해 개인시간 부족 ("매우 자주" 및 "자주"의 비율)	31.6	31.5	37.9**	26.1	31.7	40.2**	24.5
업무로 인해 가족 또는 주요 인간관계에 필요한 시간 부족 ("매우 자주" 및 "자주"의 비율)	27.4	28.7	33.9**	24.4	26.0	31.7**	21.1
업무로 인해 가족 또는 주요 인간관계에 필요한 에너지 부족 ("매우 자주" 및 "자주"의 비율)	28.8	27.2*	30.7**	24.3	30.4	33.3**	27.9
업무로 인해 집에서 활동할 에너지 소진 ("매우 자주" 및 "자주"의 비율)	35.8	33.5**	39.3**	28.8	38.2	42.7**	34.4
업무로 인해 집에서 좋은 컨디션 유지 어려움 ("매우 자주" 및 "자주"의 비율)	25.3	24.2	25.9*	22.8	26.5	30.4**	23.1

가족 또는 개인생활로 업무 집중 방해 ("매우 자주" 및 "자주"의 비율)	6.2	6.4	6.1	6.5	5.9	7.3**	4.7
지난 3개월간 자녀 질병으로 인한 결근일 비율	9.4	6.1**	13.4**	0.0	13.0	28.4**	0.0
지난 3개월간 보육시설 휴업 등으로 인한 결근일 비율	2.0	1.4**	3.3**	0.0	2.7	6.4**	0.0
지난 3개월간 자녀 이외 가족으로 인한 결근일 비율	12.0	10.8	17.1**	5.6	13.3	15.5**	11.4
지난 3개월간 가족적 사유로 인한 조퇴일 비율	18.3	16.1**	24.4**	9.1	20.7	34.0**	9.6
업무로 인해 정서적으로 소진된다는 느낌 ("매우 자주" 및 "자주"의 비율)	26.0	23.0**	25.1*	21.2	29.2	29.4	29.1
일과 후 기진맥진한다는 느낌 ("매우 자주" 및 "자주"의 비율)	36.2	34.7**	36.4	33.4	37.9	38.0	37.8
업무로 인한 피로누적으로 이직/가사일이 어려움 ("매우 자주" 및 "자주"의 비율)	36.0	36.5	37.6	35.7	35.3	38.2**	32.8
업무로 인해 극도로 피곤하고 스트레스를 받음 ("매우 자주" 및 "자주"의 비율)	26.3	23.7**	24.5	23.2	28.9	28.4	29.2
신경이 날카롭다고 느끼거나 스트레스를 받음 ("매우 자주" 및 "자주"의 비율)	22.8	17.0**	15.3	18.4	29.0	30.0*	28.2
다양한 책임을 감당할 수 없음 ("매우 자주" 및 "자주"의 비율)	13.4	11.1**	10.3	11.8	15.9	18.7**	13.6

* p < .05; ** p < .01.

자료 : 「전국 노동력 변동조사」.

〈표 3〉 직장이 가정에 미치는 부정적 파급효과 회귀분석 결과(1992년)

	여성(n=1,258)[b] (표준오차)	남성(n=1,122)[b] (표준오차)
인구통계학적 특성		
기혼	0.111	0.079
	(0.226)	(0.300)
취업 배우자	0.041	−0.084
	(0.654)	(0.181)
18세 이하 자녀	0.295***	0.218***
	(0.000)	(0.000)
연령	−0.003	−0.003
	(0.150)	(0.200)
학력	0.005	0.021
	(0.700)	(0.084)
노동시간 및 노동강도[a]		
주당 노동시간	0.014***	0.012***
	(0.000)	(0.000)
비표준적 교대근무	0.160***	0.194***
	(0.004)	(0.000)
업무 스트레스	0.346***	0.290***
	(0.000)	(0.000)
일을 집으로 가져감	0.075***	0.076***
	(0.000)	(0.000)
유연성[b]		
근무일정 조정	−0.023	−0.067**
	(0.229)	(0.022)
자율성	−0.106***	−0.071
	(0.003)	(0.095)
가족 친화적 상사[c]	−0.129***	−0.175***
	(0.001)	(0.000)
가족 친화적 직장	−0.054***	−0.046***
	(0.000)	(0.004)
직무 만족도	−0.175***	−0.214***
	(0.000)	(0.000)
R^2	0.300	0.282

** $p < .01$; *** $p < .001$.

a. 비표준적인 일정으로 근무했던 노동자, 집으로 일을 가져갔던 노동자, 업무에 대한 압박이 있었던 노동자의 경우는 일주일 간 일했던 시간을 포함함.

b. 유연성은 다음의 항목을 포함한 복합척도임: 자신의 근무일정 조정에 대해 노동자들이 갖는 생각, 상사가 가족 친화적인지의 여부, 직장 문화가 가족 친화적인지의 여부.

c. 가족 친화적 상사인지의 여부는 다음의 질문으로 측정함: 개인/가족문제를 보살펴야 하는 직원의 책임을 고려하고 배려할 의지가 있는가, 개인/가족문제로 인해 업무에 영향을 받는 직원의 상황을 어느 정도 이해하는가, 개인/가족문제에 관한 대화상대로 직원이 얼마나 편하게 생각하는가, 업무요구가 직원의 개인/가족생활에 미치는 영향에 대해 어느 정도 관심을 갖는가 등.

* 주: 부정적 파급효과는 다음의 5개 항목(역전환)으로 구성된 복합척도이다. 항목별로 "매우 자주", "자주", "가끔", "거의 없음", "전혀 없음" 중 하나를 택해 답하도록 했다.

① 지난 3개월간 당신은 일 때문에 자신을 위한 시간을 충분히 갖지 못한 경우가 얼마나 있었습니까?

② 지난 3개월간 당신은 일 때문에 가족 혹은 중요한 인간관계에 필요한 시간을 충분히 갖지 못한 경우가 얼마나 있었습니까?

③ 지난 3개월간 당신은 일 때문에 가족 혹은 중요한 인간관계에 필요한 에너지를 충분히 발휘하지 못한 경우가 얼마나 있었습니까?

④ 지난 3개월간 당신은 일 때문에 집에서는 아무 일도 할 수 없었던 경우가 얼마나 있었습니까?

⑤ 지난 3개월간 당신은 일 때문에 집에서 당신이 원하는 만큼 기분 좋은 컨디션을 유지하지 못했던 경우가 얼마나 있었습니까?

자료: 「전국 노동력 변동조사」.

<표 4> 유연성 결정 요인(1992년)

변수	남성		여성	
	b	표준오차	b	표준오차
y절편	0.585*	(.389)	0.482	(.356)
인구통계학적 변수				
연령	−0.003	(.004)	−0.007+	(.004)
학력	0.075*	(.030)	−0.008	(.030)
18세 이하 자녀 유무	−0.191*	(.097)	−0.117	(.081)
결혼 여부	0.006	(.124)	0.126	(.146)
배우자의 취업 상태	−0.188+	(.103)	−0.185	(.179)
직종				
전문/기술직	0.131	(.145)	0.382**	(.151)
관리직	0.141	(.124)	0.717**	(.179)
사무직	0.377+	(.207)	0.582**	(.143)
판매직	0.272*	(.119)	0.590**	(.143)
기타	−	−	−	−
노동 환경				
자율성	0.540**	(.070)	0.647**	(.064)
직장 문화	0.126+	(.062)	0.173**	(.071)
관리자의 지원	0.119	(.086)	0.066	(.074)
직업 특성				
노동시간	0.001	(.004)	−0.013**	(.003)
초과근무 필요성	−0.203*	(.098)	0.159+	(.084)
통근시간	−0.026**	(.012)	0.006	(.014)
관리자	0.042	(.095)	0.233**	(.089)
연방정부	−0.368**	(.108)	−0.475**	(.105)
공공부문	−0.298+	(.162)	−0.421*	(.191)
R^2	0.18		0.19	

+ $p < .10$; * $p < .05$; ** $p < .01$.

자료: 「전국 노동력 변동조사」.

〈표 5〉 탄력적 근무 시간제의 이용가능성과 실제 사용 현황(1992년)

(단위: %)

내용		전체	여성	남성	전문/기술직	비전문직	전문직 여성	전문직 남성	6세 이하 자녀가 있는	
									전문직 여성	전문직 남성
이용 가능성	근무시간 결정	29.4	28.3	30.5	36.2	24.5	32.1	40.1	25.9	39.6
	매일 변경	40.2	44.5	36.3	36.4	55.7	44.7	30.3	37.6	23.1
	필요할 때 변경	85.8	89.4	83.0	87.3	83.9	88.0	86.9	84.6	74.2
	점심시간/휴식시간 연장	46.9	43.8	50.0	54.5	41.2	54.1	62.6	56.9	62.4
	연장근무, 단축근무 교대로 선택	43.9	45.0	42.7	48.1	40.7	53.4	50.4	49.2	54.3
재택근무	정기	23.6	23.1	24.1	38.5	12.7	38.1	38.9	35.5	33.5
	부정기	12.5	12.1	13.0	21.4	7.9	17.9	24.7	16.9	23.2
시간제 노동	시간제 허용	45.4	52.8	38.2	45.8	45.1	53.8	38.3	59.0	45.3
	일자리 나누기	1.2	1.4	1.0	0.9	1.5	1.5	0.3	0.7	0.0
	둘 다	10.1	11.4	8.8	12.9	8.0	13.9	12.0	13.8	7.1
이용 가능할 경우의 실제 유용성	점심시간/휴식시간 연장	69.2	69.3	69.1	73.3	65.1	73.1	73.5	69.2	63.9
	연장근무, 단축근무 교대로 선택	74.8	75.7	74.0	74.4	75.2	75.3	73.6	81.2	74.2
	부정기적 재택근무	78.9	80.6	77.5	82.4	74.1	86.6	79.5	88.0	83.5
표본 크기		3,381	1,588	1,793	1,511	1,870	795	716	149	143

자료: 「전국 노동력 변동조사」.

〈표 6〉 가족 지원 정책의 이용가능성, 실제 이용 현황 및 수요(1992년)

(단위: %)

내용	전체	여성	남성	전문/기술직	비전문직	전문직 여성	전문직 남성	6세 이하 자녀가 있는	
								전문직 여성	전문직 남성
이용가능성									
육아휴직/부모휴가	88.4	92.6	84.4	92.2	85.6	94.6	90.0	95.5	89.6
직원지원계획(EAP)	54.8	50.1	59.2	63.6	48.2	57.0	69.7	62.8	69.1
가족간호휴가	90.2	91.0	89.3	94.5	86.9	94.0	95.0	94.8	93.0
보육 위탁 서비스	20.3	18.4	22.2	25.9	16.1	23.9	28.0	23.5	26.2
직장보육시설	10.4	10.9	9.8	15.0	6.9	15.6	14.5	18.7	13.7
보육 바우처	4.1	3.6	4.5	4.9	3.4	3.9	5.8	3.4	7.2
노인 돌봄 위탁 서비스	10.7	10.6	10.8	14.5	7.9	13.9	15.0	8.5	9.6
이용 가능할 경우의 실제 유용성									
보육 위탁 서비스	10.8	12.0	9.8	12.5	8.7	15.0	10.5	30.7	38.4
직장보육시설	11.7	12.1	11.3	12.7	10.1	11.9	13.6	42.4	46.8
보육 바우처	8.3	15.1	3.1	9.8	6.6	18.3	4.4	40.2	15.9
노인 돌봄 위탁 서비스	6.4	9.8	3.1	6.6	6.1	10.2	3.3	0.0	22.1

다른 복리후생을 포기할 의향									
탄력적 근무 시간제	27.8	31.2	24.1	28.4	27.4	30.8	25.5	48.8	11.9
재택근무	21.3	24.8	17.8	19.4	22.2	22.0	16.7	47.8	18.3
시간제 노동	16.1	23.6	9.3	18.6	14.2	28.2	9.3	32.0	4.6
보육 위탁 서비스	17.4	18.5	16.3	16.4	18.0	18.7	13.6	18.2	18.2
직장보육시설	23.5	26.6	20.5	22.5	24.1	25.3	19.2	49.4	30.7
보육 바우처	23.4	25.7	21.0	22.6	23.9	24.3	20.8	39.9	34.5
노인 돌봄 위탁 서비스	14.6	15.7	13.4	13.9	15.0	16.2	11.3	17.2	7.9
직업을 바꿀 의향									
탄력적 근무 시간제	26.1	29.6	22.4	25.1	26.7	27.2	22.7	32.1	29.0
재택근무	22.4	24.2	20.7	19.9	23.7	19.5	20.3	31.5	23.5
시간제 노동	11.3	15.6	7.3	11.7	10.9	15.3	8.3	14.6	4.6
표본 크기	3,381	1,588	1,793	1,511	1,870	795	716	149	143

자료: 「전국 노동력 변동조사」.

<표 7> 25~59세 맞벌이 부부의 합산 노동시간

국 가	전체 부부의 평균 주당노동시간	맞벌이 비율(%)	맞벌이 부부		
			평균 주당노동시간	80시간 이상 비율(%)	100시간 이상 비율(%)
미국	72.3	75.5	81.2	68.2	12.0
핀란드	69.8	80.6	77.4	25.1	4.0
캐나다	65.0	65.6	77.0	45.6	9.0
스웨덴	64.0	85.1	69.3	6.6	0.7
벨기에	63.8	57.5	79.0	35.0	11.7
프랑스	62.1	61.3	76.3	32.9	4.0
독일	60.4	55.9	75.1	42.7	8.3
이탈리아	59.4	45.7	78.2	47.6	9.6
영국	57.4	54.6	74.3	34.4	5.8
네덜란드	51.9	52.3	64.0	15.8	2.7

* 주: 국가 순서는 1열 값의 내림차순에 따름.
자료: 제4차 <룩셈부르크 소득연구> 자료 재분석

참고문헌

Acock, Alan C., and David H. Demo. 1994. *Family Diversity and Well-Being.* Thousand Oaks, Calif.: Sage Publications.

Adams, Gina, and Monica Rohacek. 2002. *Child Care and Welfare Reform.* Brookings Institute Policy Brief No.14. Washington, D.C.: Brookings Institution.

Addabbo, Tindara. 1997. "Part-Time Work in Italy," pp. 113~132 in Hans-Peter Blossfeld and Catherine Hakim, eds., *Between Equalization and Marginalization: Women Working Part-Time in Europe and the United States of America.* Oxford: Oxford University Press.

Bardasi, Elena, and Janet C. Gornick. 2002. "Explaining Cross-National Variation in Part-Time/Full-Time Wage Differentials among Women." Paper presented at conference, Comparative Political Economy of Inequality in OECD Countries, Cornell University, Ithaca, N.Y., April 5-7.

_____. 2003. "Women's Part-Time Employment across Countries: Workers' 'Choices' and Wage Penalties," pp. 209~243 in Brigida Garcia, Richard Anker, and Antonella Pinnelli, eds., *Women in the Labour Market in Changing Economies: Demographic Issues.* Oxford: Oxford University Press.

Barnett, Rosalind C., and Douglas T. Hall. 2001. "How to Use Reduced Hours to Win the War for Talent." *Organizational Dynamics* 29 (3): 192~210.

Barnett, Rosalind C., and Caryl Rivers. 1996. *She Works/He Works: How Two-Income Families Are Happier, Healthier, and Better-Off.* San Francisco: HarperCollins.

Becker, Gary S. 1981. *A Treatise on the Family.* Cambridge, Mass.: Harvard University Press.

Beers, Thomas M. 2000. "Flexible Schedules and Shift Work: Replacing the '9-to-5' Workday?" *Monthly Labor Reviews* 123 (6): 33~40.

Bell, Daniel. 1976. *The Coming of Postindustrial Society.* New York: Basic Books.

Berg, Peter, Arne L. Kalleberg, and Eileen Appelbaum. 2003. "Balancing Work and Family: The Role of High-Commitment Environments." *Industrial Relations* 42 (2): 168~188.

Bergmann, Barbara. 1986. *The Economic Emergence of Women.* New York: Basic Books.

_____. 1997. *Saving Our Children from Poverty: What the United States Can Learn form France.* New York: Russell Sage Foundation.

Bianchi, Suzanne M. 2000. "Maternal Employment and Time with Children: Dramatic Change or Surprising Continuity?" *Demography* 37(4): 401~414.

Bianchi, Suzanne M., Lynne M. Casper, and Pia K. Peltola. 1999. "A Cross-National Look at Married Women's Economic Dependency." *Gender Issues* 17(Summer): 3~33.

Bianchi, Suzanne M., Melissa A. Milkie, Liana Sayer, and John P. Robinson. 2000. "Is Anyone Doing the Housework? Trends in the Gender Division of Household Labor." *Social Forces* 79 (1): 191-228.

Bianchi, Suzanne, John Robinson, and Melissa Milkie. 2007. *Changing Rhythms of American Family Life.* New York: Russell Sage Foundation.

Blair-Loy, Mary. 2003. *Competing Devotions: Career and Family among Women Executives.* Cambridge, Mass.: Harvard University Press.

Blankenhorn, David. 1994. *Fatherless America: Confronting Our Most Urgent Social Problem.* New York: Basic Books.

Blau, Francine, Marianne Ferber, and Anne Winkler. 1998. *The Economics of Men, Women, and Work.* Upper Saddle River, N.J.: Prentice Hall.

Blossfeld, Hans-Peter and Catherine Hakim, eds. 1997. *Between Equalization and Marginalization: Women Working Part-Time in Europe and the United States of America.* New York: Oxford University Press.

Bluestone, Barry, and Stephen Rose. 1997. "Overworked and Underemployed: Unraveling an Economic Enigma." *American Prospect* 31 (March-April): 58~69.

Bond, James T., Ellen Galinsky, and Jennifer E. Swanberg. 1998. *The 1997 National Study of the Changing Workforce.* New York: Families and Work Institute.

Brody, Elaine M. 1985. "Parent Care as Normative Stress." *Gerontologist* 25: 19~29.

Budig, Michelle J., and Paula England. 2001. "The Wage Penalty for Motherhood." *American Sociological Review* 66: 204~225.

Burchell, Brendan, Angela Dale, and Heather Joshi. 1997. "Part-Time Work among British Women." pp. 210~246 in Hans-Peter Blossfeld and Catherine Hakim, eds., *Between Equalization and Marginalization: Women Working Part-Time in Europe and the United States of America*. Oxford: Oxford University Press.

Burkett, Elinor. 2000. *The Baby Boon: How Family-Friendly America Cheats the Childless*. New York: Free Press.

Cancian, Francesca M. 1987. *Love in America: Gender and Self-Development*. Cambridge: Cambridge University Press.

Cannadine, David. 1990. *The Decline and Fall of the British Aristocracy*. New Haven: Yale University Press.

Capizzano, Jeffrey, Kathryn Tout, and Gina Adams. 2000. "Child Care Patterns of School-Age Children with Employed Mothers." Occasional Paper 41. Washington, D.C.: The Urban Institute.

Cappelli, Peter. 2001. "Assessing the Decline of Internal Labor Markets," pp. 207~245 in Ivar Berg and Arne Kalleberg, eds., *Sourcebook of Labor Markets: Evolving Structures and Processes*. New York: Kluwer Plenum.

Cherlin, Andrew J. 1992. *Marriage, Divorce, Remarriage*, 2d ed. Cambridge, Mass.: Harvard University Press.

Clarkberg, Marin, and Phyllis Moen. 2001. "Understanding the Time-Squeeze: Married Couples' Preferred and Actual Work-Hour Strategies." *American Behavioral Scientist* 44 (7): 1115~1136.

Clark-Stewart, Alison. 1993. *Daycare*. Cambridge, Mass.: Harvard University Press.

Coleman, Mary T., and John Pencavel. 1993a. "Changes in Work Hours of Male Employees, 1940-1988." *Industrial and Labor Relations Review* 46 (2): 262~283.

_____. 1993b. "Trends in Market Work Behavior of Women since 1940." *Industrial and Labor Relations Review* 46 (4): 653~676.

Coltrane, Scott. 1996. *Family Man: Fatherhood, Housework, and Gender Equity*. New York: Oxford University Press.

Coontz, Stephanie. 1997. *The Way We Really Are: Coming to Terms with America's*

Changing Families. New York: Basic Books.

Coser, Lewis A., and Rose Laub Coser. 1974. "The Housewife and Her Greedy Family," pp. 89~100 in Lewis A. Coser, *Greedy Institutions: Patterns of Undivided Commitment.* New York: Free Press.

Cowan, Ruth Schwartz. 1983. *More Work for Mother: The Ironies of Household Technology from the Open Hearth to the Microwave.* New York: Basic Books.

Crittenden, Ann. 2001. *The Price of Motherhood: Why the Most Important Job in the World is Still the Least Valued.* New York: Metropolitan Books.

Crosby, Faye J., ed. 1987. *Spouse, Parent, Worker: On Gender and Multiple Roles.* New Haven: Yale University Press.

Crouter, A. C., H. Helms-Erikson, K. Updegraff, and S. M. McHale. 1999. "Conditions Underlying Parents' Knowledge about Children's Daily Lives: Between- and Within-Family Comparisons." *Child Development* 70: 246~259.

Csikszentmihalyi, Mihaly. 1991. *Flow: The Psychology of Optimal Experience.* New York: Harper Collins.

Current Population Survey. *See* U.S. Bureau of Labor Statistics 2002a.

De Tombeur, Caroline, ed. 1995. *LIS/LES Information Guide*, rev. ed. Luxembourg Income Study, Working Paper Number 7. Luxembourg: Centre d'Etudes de Populations, de Pauvrete et de Politiques Socio-Economiques(CEPS).

De Vault, Marjorie. 1991. *Feeding the Family: The Social Organization of Caring as Gendered Work.* Chicago: University of Chicago Press.

DiMaggio, Paul, John Evans, and Bethany Bryson. 1996. "Have Americans' Social Attitudes Become More Polarized?" *American Journal of Sociology* 102 (3): 690-755.

Dobrzynski, Judith H. 1996. "Somber News for Women on Corporate Ladder." *New York Times*, November 6.

Drago, Robert, and Carol Colbeck. 2003. "The Avoidance of Bias against Caregiving: The Case of Academic Faculty." Manuscript, Pennsylvania State University.

Economist. 2002. "France's 35-Hour Work-Week Is Fine, So Long as It Is Voluntary." June 15.

Ehrenreich, Barbara. 2002. *Nickel and Dimed: On (Not) Getting By in America.* New York: Owl Books.

Ehrenreich, Barbara, and Arlie R. Hochschild, eds. 2002. *Global Woman: Nannies, Maids, and Sex Workers in the New Economy*. New York: Metropolitan Books.

Epstein, Cynthia Fuchs, and Arne Kalleberg. Forthcoming. *Rethinking Time at Work*. New York: Russell Sage Foundation.

Epstein, Cynthia Fuchs, Carroll Seron, Bonnie Oglensky, and Robert Sauté. 1999. *The Part-Time Paradox: Time Norms, Professional Lives, Family, and Gender*. New York: Routledge.

Estes, Richard J., and Harold L. Wilensky. 1978. "Life-Cycle Squeeze and Morale Curve." *Social Problems* 25 (3): 277~292.

European Union Council Directive. 1997. 1997 *Directive on Part-Time Work*. Council Directive 97/81/EC. December 15. Brussels.

Eurostat. 1984. *Working Time Statistics: Methods and Measurement in the European Community*. Luxemburg: Office for Official Publications of the Europena Community.

Fagan, Colette, and Jacqueline O'Reilly. 1998. "Conceptualizing Part-Time Work," pp. 1~31 in Jacqueline O'Reilly and Colette Fagan, eds., *Part-Time Prospects: An International Comparison of Part-Time Work in Europe, North America and the Pacific Rim*. London: Routledge.

Faunce, Williams A. 1963. "Automation and Leisure," pp. 85~96 in Erwin O. Smigel, ed., *Work and Leisure*. New Haven, Conn.: College and University Press.

Fernandez, John P. 1986. *Child Care and Corporate Productivity*. Lexington, Mass.: D.C. Heath.

Figart, Deborah M., and Ellen Mutari. 1998. "Degendering Work Time in Comparative Perspective." *Review of Social Economy* 56 (4): 460~480.

Folbre, Nancy. 2001. *The Invisible Heart: Economics and Family Values*. New York: New Press.

Frank, Robert H. 1995. *The Winner-Take-All Society*. New York: Free Press.

Franke-Ruta, Garance. 2002. "Creating a Lie: Sylvia Ann Hewlett and the Myth of the Baby Bust." *American Prospect* 13 (12) (July 1): 30~33.

Freeman, Richard B., and Linda Bell. 1995. "Why Do American and Germans Work Different Hours?" pp. 101~131 in Friedrich Buttler, Wolfgang Franz,

Ronald Schettkat, and David Soskice, eds., *Institutional Frameworks and Labor Market Performance*. London: Routledge.

Freidson, Eliot. 1986. *Professional Powers: A Study of the Institutionalization of Formal Knowledge*. Chicago: University of Chicago Press.

Friedman, Stewart D., and Jeffrey H. Greenhaus. 2000. *Work and Family—Allies or Enemies?* Oxford: Oxford University Press.

Fritsch, Jane. 2001. "A Rise on Single Dads." *New York Times*, May 20.

Furstenberg, Frank F. 1995. "Fathering in the Inner City: Parental Participation and Public Policy," pp. 119~147 in William Marsiglio, ed., *Fatherhood: Contemporary Theory, Research, and Social Policy*. Thousand Oaks, Calif.: Sage Publications.

Galinsky, Ellen. 1999. *Ask the Children*. New York: Quill-Harper Collins.

Galinsky, Ellen, James T. Bond, and Dana E. Friedman. 1993. *The Changing Workforce: Highlights of the National Study*. New York: Families and Work Institute.

Galinsky, Ellen, Stacy S. Kim, and James T. Bond. 2001. *Feeling Overworked: When Work Becomes Too Much*. New York: Families and Work Institute.

Garey, Anita I. 1999. *Weaving Work and Motherhood*. Philadelphia: Temple University Press.

Gariety, Bonnie Sue, and Sherrill Shaffer. 2001. "Wage Differentials Associated with Flextime." *Monthly Labor Review* 124 (3): 68~75.

Gershuny, Jonathan. 2000. *Changing Times: Work and Leisure in Postindustrial Society*. Oxford: Oxford University Press.

Gerson, Kathleen. 1985. *Hard Choices: How Women Decide about Work, Career, and Motherhood*. Berkeley: University of California Press.

_____. 1993. *No Man's Land: Men's Changing Commitments to Family and Work*. New York: Basic Books.

_____. 2001. "Children of the Gender Revolution: Some Theoretical Questions and Findings from the Field," pp. 446~461 in Victor W. Marshall, Walter R. Heinz, Helga Krueger, and Anil Verma, eds., *Restructuring Work and the Life Course*. Toronto: University of Toronto Press.

_____. 2002. "Moral Dilemmas, Moral Strategies, and the Transformation of

Gender: Lessons from Two Generations of Work and Family Change," *Gender and Society* 16 (1) (February): 8~28.

Glass, Jennifer. 1990. "The Impact of Occupational Segregation on Working Conditions." *Social Forces* 68 (3): 779~796.

_____. 2000. "Toward a Kinder, Gentler Workplace: Envisioning the Integration of Family and Work." *Contemporary Sociology* 29: 129~143.

Glass, Jennifer L., and Sarah Beth Estes. 1997. "The Family Responsive Workplace." *Annual Review of Sociology* 23: 289~313.

Glass, Jennifer L., and Ashley Finley. 2002. "Coverage and Effectiveness of Family Responsive Workplace Policies." *Humans Resource Management Review* 12: 313~337.

Glass, Jennifer L., and Lisa Riley. 1998. "Family Responsive Policies and Employee Retention Following Childbirth." *Social Forces* 76 (4): 1401~1435.

Gleick, James. 1999. *Faster: Acceleration of Just About Everything*. New York: Pantheon.

_____. 2001. "Inescapably, Obsessively, Totally Connected: Life in the Wireless Age." *New York Times Magazine*, Sunday, April 23.

Goldberg, Jonah. 2000. "Oh, How the Tables Have Turned: Japan Needs to Become More Like...the United States." *National Review Online*, January 20.

Gordon, David M. 1996. *Fat and Mean: The Corporate Squeeze of Working Americans and the Myth of Managerial "Downsizing."* New York: Free Press.

Gornick, Janet C. 1999. "Gender Equality in the Labor Market," pp. 210~242 in Diane Sainsbury, ed., *Gender Policy Regimes and Welfare States*. Oxford: Oxford University Press.

Gornick, Janet C., and Jerry A. Jacobs. 1996. "A Cross-National Analysis of the Wages of Part-Time Workers: Evidence from the United States, the United Kingdom, Canada, and Australia." *Work, Employment, and Society* 10 (1): 1~27.

_____. 1998. "Gender, the Welfare State, and Public Employment: A Comparative Study of Seven Industrialized Countries." *American Sociological Review* 63 (5):688-710.

Gornick, Janet C., and Marcia K. Meyers. 2000. "Building the Dual Earner/Dual

Career Society: Policy Lessons from Abroad." Paper presented at the Family, Work, and Democracy Conference, Racine, Wisc., December 1.

_____. 2003. *Families that Work: Policies for reconciling parenthood and employment.* New York: Russell Sage Foundation.

_____. 2003. *Earning and Caring: What Government Can Do to Reconcile Motherhood, Fatherhood, and Employment.* New York: Russell Sage Foundation.

Greenhouse, Steven. 2001. "Report Shows Americans Have More 'Labor Days.'" *New York Times*, September 1, p. A~8.

Guzman, Lina, Laura Lippman, and Kristin A. Moore. 2003. "Public Perception of Children's Well-Being." Washington, D.C.: Child Trends Working Paper.

Hakim, Catherine. 1997. "Sociological Perspectives on Part-Time Work," pp. 22~70 in Hans-Peter Blossfeld and Catherine Hakim, eds., *Between Equalization and Marginalization: Women Working Part-Time in Europe and the United States of America.* Oxford: Oxford University Press.

Harrington, Mona. 1999. *Care and Equality: Inventing a New Family Politics.* New York: Knopf.

Hayes, Cheryl D., John L. Palmer, and Martha J. Zaslow, eds. 1990. *Who Cares for America's Children: Child Care Policy for the 1990s.* Washington, D.C.: National Academy Press.

Hays, Sharon. 1997. *The Cultural Contradictions of Motherhood.* New Haven: Yale University Press.

Helburn, Suzanne W., and Barbara R. Bergmann. 2992. *America's Child Care Problem: The Way Out.* New York: Palgrave for St. Martin's Press.

Henneck, Rachel. 2003, "Family Policy in the U.S., Japan, Germany, Italy, and France: Parental Leave, Child Benefits/Family Allowances, Child Care, Marriage/Cohabitation, and Divorce." New York: Council on Contemporary Families Briefing Paper.

Hertz, Rosanna. 1986. *More Equal Than Others: Women and Men in Dual-Career Marriages.* Berkeley: University of California Press.

Hetrick, Ron L. 2000. "Analyzing the Recent Upward Surge in Overtime Hours." *Monthly Labor Review* 123 (2): 30~33.

Hewlett, Sylvia A. 1986. *A Lesser Life: The Myth of Women's Liberation in America*. New York: Morrow.

_____. 2002. *Creating a Life: Professional Women and the Quest for Children*. New York: Miramax.

Heymann S. Jody. 2000. *The Widening Gap: Why America's Working Families Are in Jeopardy and What Can Be Done about It*. New York: Basic Books.

_____. 2006. *Forgotten Families: Ending the growing crisis confronting children and working parents in the global economy*. New York: Oxford University Press.

Hobson, Barbara. 1990. "No Exit, No Voice: Women's Economic Dependency and the Welfare State." *Acta Sociologica* 33 (3): 235~250.

Hochschild, Arlie R. 1989. *The Second Shift*. New York: Avon Books.

_____. 1997. *The Time Bind: When Work Becomes Home and Home Becomes Work*. New York: Metropolitan Books.

Hofferth, Sandra L., and Deborah A. Phillips. 1987. "Child Care in the United States, 1970-1995." *Journal of Marriage and the Family* 49: 559~571.

Hoffman, Lois W., and Lise M. Youngblade, with Rebekah Levine Coley, Allison Sidle Fuligni, and Donna Dumm Kovacs. 1999. *Mothers at Work: Effects on Children's Well-Being*. Cambridge: Cambridge University Press.

Hulse, Carl. 2003. "House Defeats Democrats' Bid to Thwart New Overtime Rules." *New York Times*, July 11, p. A~10.

ILO(International Labour Office). 1995. *Conditions of Work: Digest, Volume 14: Working Time around the World*. Geneva: ILO.

Insurance Institute for Highway Safety. 2002. "Fatality Facts: Large Trucks." Available on-line: www.hwysafety.org/safety_facts/fatality_facts/trucks.htm.

International Council of Nurses. 2002. "Nursing Matters: Nurses and Overtime." Available on-line: www.icn.ch/matters_overtime.htm.

Jackson, Robert Max. 1998. *Destined for Equality: The Inevitable Rise of Women's Status*. Cambridge, Mass.: Harvard University Press.

Jacobs, Jerry A. 1989. *Revolving Doors: Sex Segregation and Women's Careers*. Stanford, Calif.: Stanford University Press.

_____. 1998. "Measuring Time at Work: an Assessment of the Accuracy of Self

Reports." *Monthly Labor Review* 121 (December): 42~53.

_____. 2003. "Gender and Earnings Expectations of College Seniors." Manuscript, University of Pennsylvania.

Jacobs, Jerry A., and Katheleen Gerson. 1997. "The Endless Day or the Flexible Office? Working Time, Work-Family Conflict, and Gender Equity in the Modern Workplace." Report to the Alfred P. Sloan Foundation, New York.

_____. 1998. "Who Are the Overworked Americans?" *Review of Social Economy* 56 (4): 442~459.

_____. 2000. "The Overworked American Debate: New Evidence Comparing Ideal and Actual Working Hours," pp. 71~95 in Toby Parcel and Daniel B. Cornfield, eds., *Work and Family: Research Informing Policy*. Thousand Oaks, Calif.: Sage Publications.

Jacobs, Jerry A., and Janet C. Gornick. 2002. "Hours of Paid Work in Dual-Earner Couples: The U.S. in Cross-National Perspective." *Sociological Focus* 35 (2): 169~187.

Jacobs, Jerry A., and Ronnie Steinberg. 1990. "Compensating Differentials and the Male-Female Wage Gap: Evidence from the New York State Comparable Worth Study." *Social Forces* 69 (2):439~468.

Juster, Thomas F., Frank P. Stafford, eds. 1985. *Time, Goods, and Well-Being*. Ann Arbor: Survey Research Center, Institute for Social Research, University of Michigan.

Kanter, Rosabeth M. 1977. *Men and Women of the Corporation*. New York: Basic Books.

Kelly, Erin L. 1999. "Theorizing Corporate Family Policies: How Advocates Built 'The Business Case' for 'Family-Friendly' Programs." *Research in the Sociology of Work* (ed. Toby L. Parcel) 7: 169~202.

Kimmel, Michael. 1996. *Manhood in America: A Cultural History*. New York: Free Press.

Kim, Toe-Hong and Hye-Kyung Kim. 2004. "Reconciling work and family: Issues and policies in the Republic of Korea." *International Labour Office*, Geneva.

Klatch, Rebecca. 1987. *Women of the New Right*. Philadelphia: Temple University Press.

Klerman, Jacob A., and Arleen Leibowitz. 1999. "Job Continuity among New Mothers." *Demography* 36 (2): 145~155.

Kmec, Julie A. 1999. "Multiple Aspects of Work-Family Conflict." *Sociological Focus* 32 (3): 265~285.

Kneisner, Thomas J. 1993. "Review Essay: The Overworked American?" *Journal of Human Resources* 28 (33): 681~688.

Kostiuk, Peter F. 1990. "Compensating Differentials for Shift Work." *Journal of Political Economy* 98 (5): 1054~1075.

Kurz, Demie. 2000. "Work-Family Issues of Mothers of Teenage Children." *Qualitative Sociology* 23 (4): 435~451.

Landers, Renee M., James B. Rebitzer, and Lowell J. Taylor. 1996. "Rat Race Redux: Adverse Selection in the Determination of Work Hours in Law Firms." *American Economic Review* 86 (3): 329~348.

Lareau, Annette. 2000. "My Wife Can Tell Me Who I Know: Methodological and Conceptual Problems in Studying Fathers." *Qualitative Sociology* 23 (4): 407~433.

_____. 2002. "Invisible Inequalities: Class, Race, and Child Rearing in Black Families and White Families." *American Sociological Review* 67 (5): 747~776.

Lasch, Christopher. 1977. *Haven in a Heartless World: The Family Besieged.* New York: Basic Books.

Leete, Laura, and Juliet B. Schor. 1994. "Assessing the Time-Squeeze Hypothesis: Hours Worked in the United States, 1969-1989." *Industrial Relations* 33 (1): 25~43.

Lehndorff, Steffen. 2000. "Working Time Reduction in the European Union: A Diversity of Trends and Approaches," pp. 38~56 in Lonnie Golden and Deborah M. Figart, eds., *Working Time: International Trends, Theory, and Policy Perspectives.* New York: Routledge.

Leicht, Kevin T., and Mary L. Fennell. 2001. *Professional Work: A Sociological Approach.* Malden, Mass.: Blackwell Publishers.

Lerman, Robert I. 1997. "Is Earnings Inequality Really Increasing?" *Economic Restructuring and the Job Market* (1) (March): Urban Institute.

Lettau, Michael K., and Thomas C. Buchmueller. 1999. "Comparing Benefits Costs for Full- and Part-Time Workers." *Monthly Labor Review* 122 (3): 30~35.

Levine, James A., Robert Weisell, Simon Chevassus, Claudio D. Martinez, Barbara Burlingame, and W. Andrew Coward. 2001. "The Work Burden of Women." *Science* 294 (October 26): 12.

Levy, Frank. 1999. *The New Dollars and Dreams*. New York: Russell Sage Foundation.

Lorber, Judith. 1994. *Paradoxes of Gender*. New Haven, Conn.: Yale University Press.

Luxembourg Income Study. *See* De Tombeur 1995.

Manpower Global. 2000. "Companies That Exceed the 35-Hour Work Week Frequently Turn to Outside Employment Flexibility." www.manpower.-com/en/gpres_.asp?ID=68, March 23, 2000.

Mason, Karen O., and Karen Kuhlthau. 1992. "The Perceived Impact of Child Care Costs on Women's Labor Supply and Fertility." *Demography* 29 (4): 523~543.

McCartney, Kathleen. 2001. "The Real Child-Care Question: How Can It Be the Best There Is?" *Boston Globe*, April 22, p. E4.

Medalia, Carla and Jerry A. Jacobs. 2008. "The Work Week for Individuals and Families in 29 Countries." pp. 137~157 in Ronald J. Burke and Cary L. Cooper(eds.). *The Long Work Hours Culture: Causes, Consequences and Choices*. Bingley, UK: Emerald Group Publishing.

Meiksins, Peter, and Peter Whalley. 2002. *Putting Work in Its Place: A Quiet Revolution*. Ithaca, N.Y.: ILR Press.

Meyers, Marcia K., and Janet C. Gornick. 2003. "Public or Private Responsibility? Inequality and Early Childhood Education and Care in the Welfare State." *Journal of Comparative Family Studies* 34 (3): 379~411.

Miller, Dorothy. 1981. "The 'Sandwich' Generation: Adult Children of the Aging." *Social Work* 26: 419~423.

Moen, Phyllis, ed. 2003. *It's about Time: Couples and Careers*. Ithaca, N.Y.: Cornell University Press.

Moen, Phyllis, and Stephen Sweet. 2002. "Two Careers, One Employer: Couples Working for the Same Corporation." *Journal of Vocational Behavior* 61:

1~18.

Mutari, Ellen, and Deborah M. Figart. 2000. "The Social Implications of European Work Time Policies: Promoting Gender Equity?" pp. 232~250 in Lonnie Golden and Deborah M. Figart, eds., *Working Time: International Trends, Theory, and Policy Perspectives*. London: Routledge.

National Association of Elementary School Principals. 2001. *Principals and After-School Programs: A Survey of PreK-8 principals*. Washington, D.C.: National Association of Elementary School Principals. Available on-line: www.naesp.org/afterschool/report.pdf.

National Opinion Research Center. 2002. *General Social Survey, 1972-2000: Cumulative Codebook*. Chicago: National Opinion Research Center.

National Survey of the Changing Workforce. 1992. *See* Galinsky, Bond, and Friedman, 1993.

National Survey of the Changing Workforce. 1997. *See* Bond, Galinsky, and Swanberg, 1998.

NICHD Early Child Care Research Network. 2002. "Child-Care Structure, Process, Outcome: Direct and Indirect Effects of Child-Care Quality on Young Children's Development." *Psychological Science* 13 (3): 199-206. London: Routledge.

Nock, Steven L., and Paul William Kingston. 1988. "Time with Children: The Impact of Couples' Work-Time Commitments." *Social Forces* 67 (1): 59~85.

Nye, F. Ivan, and Lois W. Hoffman. 1963. *The Employed Mother in America*. Chicago: Rand McNally.

Nyland, Chris. 1989. *Reduced Worktime and the Management of Production*. Cambridge: Cambridge University Press.

OECD(Organization for Economic Cooperation and Development). 1994. *Women and Structural Change: New Perspectives*. Paris: OECD.

_____. 1998. "Working Hours: Latest Trends and Policy Initiatives." Chapter 5 in *Employment Outlook*. Paris: OECD.

_____. 1999, 2000. *Employment Outlook*. Paris: OECD.

Oppenheimer, Valerie K. 1980. "Life-Cycle Squeezes and Adaptive Family Strategies —Implications for Women's Economic Roles." *Population Index* 46 (3):

377~377.

O'Reilly, Jacqueline, and Colette Fagan, eds. 1998. *Part-Time Prospects: An International Comparison of Part-Time Work in Europe, North America, and the Pacific Rim.* London: Routledge.

Packard, Vance O. 1959. *The Status Seekers: An Exploration of Class Behavior in America and the Hidden Barriers that Affect You, Your Community, Your Future.* New York: D. McKay Co.

Padavic, Irene, and Barbara Reskin. 2002. *Women and Men at Work.* Thousand Oaks, Calif.: Pine Forge Press.

Parcel, Toby L., and Elizabeth G. Menaghan. 1994. *Parents' Jobs and Children's Lives.* Hawthorne, N.Y.: Aldine de Gruyter.

Park, Hyunjoon. 2007. "Inequality of Educational Opportunity in Korea by Gender, Socio-Economic Background and Family Structure." *The International Journal of Human Rights* 11(1-2): 179~197.

Peterson, Richard R., and Katheleen Gerson. 1992. "Determinants of Responsibility for Child-Care Arrangements among Dual-Earner Couples." *Journal of Marriage and the Family* 54 (3): 527~536.

Pfeffer, Jeffrey, and James N. Baron. 1988. "Taking the Workers Back Out: Recent Trends in the Structuring of Employment." *Research in Organizational Behavior* 10: 257~303.

Popenoe, David. 1989. *Disturbing the Nest: Family Change and Decline in Modern Societies.* New York: Aldine de Gruyter.

Poponoe, David, Jean Bethke Elshtain, and David Blankenhorn, eds. 1996. *Promises to Keep: Decline and Renewal of Marriage in America.* Lanham, Md.: Rowman and Littlefield.

Presser, Harriet B. 1994. "Employment Schedules among Dual-Earner Spouses and the Division of Household Labor by Gender." *American Sociological Review* 59: 348~364.

_____. 2003. *Toward a 24-Hour Economy.* New York: Russell Sage Foundation.

Putnam, Robert. 1996. "The Strange Disappearance of Civic America." *American Prospect* 24 (Winter): 34~48.

_____. 2000. *Bowling Alone: The Collapse and Revival of American Community.*

New York: Simon and Schuster.

Queenan, Joe. 2001. "Life with Father Isn't What It Used to Be." *New York Times*, June 17.

Rakoff, Todd D. 2002. *A Time for Every Purpose: Law and the Balance of Life.* Cambridge, Mass.: Harvard University Press.

Rayman, Paula M. 2001. *Beyond the Bottom Line: The Search for Dignity at Work.* New York: St. Martin's Press.

Reynolds, Jeremy. 2001. "You Can't Always Get the Hours You Want: A Cross-National Examination of Mismatches between Actual and Preferred Work Hours." Ph.D. dissertation, University of North Carolina, Chapel Hill.

Risman, Barbara. 1998. *Gender Vertigo.* New Haven, Conn.: Yale University Press.

Robinson, John P., and Ann Bostrom. 1994. "The Overestimated Workweek? What Time Diary Measures Suggest." *Monthly Labor Review* 111 (8) (August): 11~23.

Robinson, John P., and Geoffrey Godbey. 1999. *Time for Life: The Surprising Ways Americans Use Their Time*, 2d ed. University Park: Pennsylvania State University press.

Roediger, David R., and Philip S. Foner. 1989. *Our Own Time: A History of American Labor and the Working Day.* New York: Greenwood Press.

Rones, Philip L., Randy E. Ilg, and Jeffiner M. Gardner. 1997. "Trends in Hours of Work since the Mid-1970s." *Monthly Labor Review* (April): 3~14.

Rosa, R. R. 1995. "Extended Workshifts and Excessive Fatigue." *Journal of Sleep Research* 4: 51~56.

Ross, C., and D. Paulsell. 1998. *Sustaining Employment among Low-Income Parents: The Roles of Quality in Child Care, a Research Review.* Final Report. Princeton, N.J.: Manthematica Policy Research.

Roth, Louise. 2000. "Making the Team: Gender, Money, and Mobility in Wall Street Investment Banks." Ph.D.dissertation, New York University.

Rubery, Jill, Mark Smith, and Colette Fagan. 1998. "National Working Time Regimes and Equal Opportunities." *Feminist Economics* 4 (1): 71~101.

Russell, Graeme. 2000. "Work and Family: Issues in Japan and the Republic of Korea: Expanding our understanding of work and family experiences in North

Asia." *Work-Family Policy Paper Series*. Boston College.

Sayer, Liana. 2001. "Time Use, Gender, and Inequality: Differences in Men's and Women's Market, Nonmarket, and Leisure Time." Ph.D. dissertation, University of Maryland.

Scarr, Sandra. 1984. *Mother Care, Other Care*. New York: Basic Books.

_____. 1998. "American Child Care Today." *American Psychologist* 53 (2): 95~108.

Schneider, Barbara, and Linda Waite. 2003. "Working Families: Time Apart, Time Together." Manuscript, Department of Sociology, University of Chicago.

Schor, Juliet. 1991. *The Overworked American: The Unexpected Decline of Leisure*. New York: Basic Books.

_____. 1998. *The Overspent American*. New York: Basic Books.

Schumacher, Edward J., and Barry T. Hirsch. 1997. "Compensating Differentials and Unmeasured Ability in the Labor Market for Nurses: Why Do Hospitals Pay More?" *Industrial and Labor Relations Review* 50 (4): 557~!79.

Schumacher, R., and M. Greenberg. 1999. "Child Care after Leaving Welfare: Early Evidence from State Studies." Report, Center for Law and Social Policy, Washington, D.C.

Schwartz, Felice N. 1989. "Management, Women, and the New Facts of Life." *Harvard Business Review* 67 (1): 65~76.

Shank, S. 1986. "Preferred Hours of Work and Corresponding Earnings." *Monthly Labor Review* (November): 40~44.

Sklar, Holly, Laryssa Mykyta, and Susan Wefald. 2001. *Raise the Floor: Wages and Policies That Work for All of Us*. New York: Ms. Foundation for Women.

Skocpol, Theda. 1999. "Associations without Members." *American Prospect* 45 (July-August): 66~73.

_____. 2000. *The Missing Middle: Working Families and the Future of American Social Policy*. New York: W.W. Norton.

Skolnick, Arlene, and Stacey Rosencrantz. 1994. "The New Crusade for the Old Family." *American Prospect* 18 (Summer): 59~65.

Smigel, Erwin O., ed. 1963. *Work and Leisure*. New Haven, Conn.: College and University Press.

Soldo, Beth J. 1996. "Cross Pressures on Middle-Aged Adults: A Broader View." *Journal of Gerontology* 51 (6): 271~273.

Spain, Daphne, and Suzanne M. Bianchi. 1996. *Balancing Act: Motherhood, Marriage, and Employment among American Women*. New York: Russell Sage Foundation.

Stacey, Judith. 1996. *In the Name of the Family: Rethinking the Family Values in the Postmodern Age*. Boston: Beacon Press.

Sung, Sirin. 2003. "Women reconciling paid and unpaid work in a Confucian welfare state: The case of South Korea." *Social Policy and Administration* 37(4): 342~360.

Swidler, Ann. 1986. "Culture in Action: Symbols and Strategies." *American Sociological Review* 51 (2): 273~286.

_____. 2001. *Talk of Love: How Culture Matters*. Chicago: University of Chicago Press.

Tagliabue, John. 1997. "Buona Notte, Guten Tag: Europe's New Workdays." *New York Times*, November 12: D1, D6.

32 Hours. 1998. "Action for Full Employment and the Shorter Work Time Network of Canada." Newsletter. Available on-line: www.web.net/europe.htm.

_____. 2000. "Action for Full Employment and the Shorter Work Time Network of Canada." Newsletter. Available on-line: www.web.net/32hours/btfeb00.htm.

Thompson, Cynthia A., Laura L. Beauvais, and Karen Lyness. 1999. "When Work-Family Benefits Are Not Enough: The Influence of Work-Family Culture on Benefit Utilization, Organizational Attachment, and Work-Family Conflict." *Journal of Vocational Behavior* 54: 293~415.

Tsuya, Noriko O. and Larry L. Bumpass. 2004. *Work and Family Life in Comparative Perspective: Japan, South Korea and the United States*. Honolulu, HI: University of Hawaii Press.

U.S. Bureau of the Census. 1975. *Historical Statistics of the United States*. Washington, D.C.: U.S. Government Printing Office.

_____. 1996, 1998, 2002. *Statistical Abstract of the United States*. Washington, D.C.: U.S. Government Printing Office.

U.S. Bureau of Labor Statistics. 1971, 1998. *Employment and Earnings*. Washington,

D.C.: U.S. Government Printing Office.

_____. 1980-1997. *Employment and Earnings*. Establishment Survey Data.

_____. 2000. "Are Managers and Professionals Really Working More?" *Issues in Labor Statistics,* Summary, pp. 1~2 (May 12).

_____. 2001. *Union Members Summary*. Available on-line: stats.bls.gov/news.release/union2.nr0.htm.

_____. 2002a. *Current Population Survey Technical Paper 63RV: Design and Methodology*. Washington, D.C.: U.S. Government Printing Office.

_____. 2002b. "Workers on Flexible and Shift Schedules in 2001." Available on-line: www.bls.gov/news.release/flex.nr0.htm.

U.S. Department of Education. 2000. *Working for Children and Families: Safe and Smart After-School Programs*. Washington, D.C.: U.S. Government Printing Office.

Veblen, Thorstein. 1994[1899]. *The Theory of the Leisure Class*. New York: Penguin Books.

Vickery, Claire. 1977. "The Time-Poor: A New Look at Poverty." *Journal of Human Resources* 12 (1): 27~48.

Waldfogel, Jane. 1999. "Family Leave Coverage in the 1990s." *Monthly Labor Review* 122 (10): 13~21.

Wax, Amy. 2002. "Economic Models of the 'Family-Friendly' Workplace: Making the Case for Change." Manuscript, University of Pennsylvania Law School.

Wilensky, Harold. 1963. "The Uneven Distribution of Leisure: The Impact of Economic Growth on 'Free Time'," pp. 107~145 in Erwin O. Smigel, ed., *Work and Leisure*. New Haven Conn.: College and University Press.

_____. 1964. "The Professionalization of Everyone?" *American Journal of Sociology* 70: 137~148.

_____. 1974. *The Welfare State and Equality: Structural and Ideological Roots of Public Expenditures*. Berkeley: University of California Press.

_____. 2002. *Rich Democracies: Political Economy, Public Policy, and Performance*. Berkeley: University of California Press.

Williams, Joan. 2000. *Unbending Gender: Why Family and Work Conflict and What to Do about It*. Oxford: Oxford University Press.

Winslow, Sarah. 2002. "Trends in Work-Family Conflict, 1977-1997: The Influence of Demographic Factors." Master's thesis, University of Pennsylvania.

Wolfe, Alan. 1998. *One Nation, after All: What Middle-Class Americans Really Think about God, Country, Family, Racism, Welfare, Immigration, Homosexuality, Work, the Right, the Left, and Each Other*. New York: Viking.

Yeung, Jean W. 2001. "Children's Time with Fathers in Intact Families." *Journal of Marriage and the Family* 63: 136~154.

Zal, H. Michael. 2001. *The Sandwich Generation: Caught between Growing Children and Aging Parents*. New York: Perseus.

Zerubavel, Eviatar. 1981. *Hidden Rhythms: Schedules and Calendars in Social Life*. Chicago: University of Chicago.

_____. 1997. *Social Mindscapes: An Invitation to Cognitive Sociology*. Cambridge, Mass.: Harvard University Press.

찾아보기(인명)

찾아보기(용어)

지은이 소개

제리 제이콥스 Jerry A. Jacobs

1983년 미국 하버드대학교에서 사회학 박사학위를 받은 후 2010년 현재까지 펜실베이니아대학교 사회학과 교수로 재직 중이다. 여성 고용 문제, 특히 노동권, 소득, 노동 조건, 시간제 노동 및 일-가족 갈등, 남성 직종으로의 진입 문제 등을 연구했으며, 최근에는 학제 간 소통 연구에도 관심을 기울이고 있다.

2001년에 캐슬린 거슨(Kathleen Gerson)과 공동연구한 "Overworked Individuals or Overworked Families? Explaining Trends in Work, Leisure, and Family Time"(*Work and Occupations* 28(1): 40~63)으로 이듬해 퍼듀대학교 가족센터와 보스턴대학교 일-가족 센터가 주관하는 Rosabeth Moss Kanter Award를 수상했다. 2003년에는 미 동부 사회학회(Eastern Sociological Society) 회장을 역임했으며, 2006년에는 지난 10년간의 사회과학 분야 인용논문 상위 1퍼센트에 선정되기도 했다.

캐슬린 거슨과의 공저인 *The Time Divide: Work, Family, and Gender Inequality*(2004) 외에도 *Revolving Doors: Sex Segregation and Women's Careers*(1989), 캐서린 쇼(Katherine Shaw), 새라 골드릭-랩(Sara Goldrick-Rab), 크리스 마지오(Chris Mazzeo)와 함께 쓴 *Putting Poor People to Work: How the Work-first Idea Eroded College Access for the Poor*(2006), 그리고 이 책 *The Time Divide*에서의 문제의식을 발전시켜 앤 불리스(Ann Boulis)와 공동 집필한 *The Changing Face of Medicine: Women Doctors and the Evolu-*

tion of Health Care in America(2008)가 있다. 이 외에도 노동시간, 일 – 가족 갈등, 젠더와 관련된 다수의 논문이 있다.

캐슬린 거슨 Kathleen Gerson

1981년 미국 캘리포니아 버클리대학교에서 사회학 박사학위를 취득했고 1980년부터 뉴욕대학교 사회학과 조교수로 부임한 뒤 현재까지 교수로 몸담고 있다. 후기 산업 사회에서의 젠더와 일, 가족생활 간의 연계에 관심을 두고 있으며, 사회적·개인적 변화 과정의 상호연관성을 설명하고자 노력해왔다. 특히 어떻게 제도적 갈등과 모순이 인간의 행동을 촉발하는지에 주의를 기울인다.

저서로는 일 – 가족, 젠더 문제와 세대 연관성에 초점을 맞춘 최근의 *The Unfinished Revolution: How a New Generation is Reshaping Family, Work and Gender in America*(2009)가 있으며, 클로드 피셔(Claude S. Fischer) 등과 함께 쓴 *Networks and Places: Social Relations in the Urban Setting*(1977), *Hard Choices: How Women Decide About Work, Career and Motherhood*(1985), *No Man's Land: Men's Changing Commitments to Family and Work*(1993)이 있다. 이 외에도 다수의 논문을 집필했다.

제리 제이콥스와 함께 저술한 이 책 *The Time Divide*는 미 동부 사회학회에서 주관하는 Mirra Komarovsky Book Award를 수상(Honorable Mention)했으며, *Strategy＋Business Magazine*에서 '2005 Best Business Book'으로 선정되기도 했다.

옮긴이 소개

국미애

이화여자대학교 여성학과 박사과정을 수료하고 서울시립대학교, 동국대학교에서 여성학 등을 강의하고 있다. 저서로 『성희롱과 법의 정치』(2004), 『젠더 노동과 간접차별(공저)』(2006)이 있고, 『성적 차이, 민주주의에 도전하다』(2009)를 공역했다.

김창연

이화여자대학교 여성학과 석사학위를 취득하고 서울시여성가족재단에 근무하고 있다. 주요 연구로는 「서울시 환경교육정책 성별영향평가」(2007), 「서울시 성인지지표(GSI) 측정 및 개선방안 연구」(2009), 「서울시 이주여성노동자 안전실태 및 개선방안 연구」(2009) 등이 있다.

나성은

이화여자대학교 여성학과 박사과정을 수료하고 이화여자대학교, 서울시립대학교에서 여성학, 성과 사랑 등을 강의하고 있다. 『성적 차이, 민주주의에 도전하다』(2009)를 공역했다.

한울아카데미 1306

시간을 묻다
노동사회와 젠더

ⓒ 국미애·김창연·나성은, 2010

지은이 | 제리 A. 제이콥스·캐슬린 거슨
옮긴이 | 국미애·김창연·나성은
펴낸이 | 김종수
펴낸곳 | 도서출판 한울

책임편집 | 김경아
편집 | 이소현

초판 1쇄 인쇄 | 2010년 11월 5일
초판 1쇄 발행 | 2010년 11월 25일

주소 | 413-756 경기도 파주시 교하읍 문발리 535-7 302(본사)
         121-801 서울시 마포구 공덕동 105-90 서울빌딩 3층(서울 사무소)
전화 | 영업 02-326-0095, 편집 02-336-6183
팩스 | 02-333-7543
홈페이지 | www.hanulbooks.co.kr
등록 | 1980년 3월 13일, 제406-2003-051호

Printed in Korea.
ISBN 978-89-460-5306-9 93330(양장)
ISBN 978-89-460-4357-2 93330(학생판)

* 가격은 겉표지에 표시되어 있습니다.
* 이 도서는 강의를 위한 학생판 교재를 따로 준비했습니다.
   강의 교재로 사용하실 때는 본사로 연락해주십시오.